KB051950

헬렌 켈러

HELEN KELLER

'기적'에 가려진, 사회운동가의 정치 역정 **헬렌 켈러**

AFTER THE

맥스 월리스 지음
장상미 옮김

MIRACLE

arte

언제나 선한 싸움을 한 나의 어머니

필리스 베일리(Phyllis Bailey)

그리고

기억 속에 살아 있는 나의 조카

해나 월리스(Hannah Wallace)를

기리며

DR. HOWE TEACHING LAURA BRIDGMAN.

로라 브리지먼을 가르치는 하우 박사.

1887년 퍼킨스학교 연례보고서의 삽화에는 퍼킨스 설립자 새뮤얼 그리들리 하우의 무릎에 앉은 시청각장애를 지닌 소녀 로라 브리지먼의 모습이 담겨 있다. 시청각장애를 지닌 아동이 교육받을 수 있음을 증명하는 것을 사명으로 삼은 하우를 통해 지문자를 익혀 정식으로 의사소통하는 법을 배운 로라의 이야기는 미국인의 상상력을 사로잡았고 장애인을 인도적으로 바라보게 했다. 세월이 흐른 후 헬렌 켈러는 "제2의 로라 브리지먼"으로 알려진다. (퍼킨스학교 기록보관소 제공)

1909년 매사추세츠주 렌섬의 자택 창가에 앉은 존 메이시가 한 손에 서류를 들고 다른 손으로 헬렌 켈러의 손에 지문자로 글씨를 쓰고 있다. 헬렌의 뒤쪽에는 메이시의 아내 애니 설리번이 서 있다. 메이시는 1903년에 출간된 헬렌의 회고록『내 인생의 이야기(The Story of My Life)』의 편집자로서, 헬렌이 거둔 뛰어난 업적에 거의 홀로 기여한 "기적의 일꾼"으로 설리번을 그려 내는 서사가 형성되는 데에 중요한 역할을 했다. 헬렌이 메이시보다 먼저 사회주의자가 되었음에도 불구하고, 메이시는 이후 헬렌이 사회주의를 받아들이도록 영향을 준 인물로 평가받는다. (미국시각장애인재단 헬렌켈러기록보관소 제공)

마크 트웨인이 의자에 앉은 15세의 헬렌 켈러 뒤에 서 있다. 트웨인은 헬렌을 "세계 8대 불가사의"라 칭하여 헬렌의 업적이 널리 알려지는 데 중요한 역할을 했다. 다정하게 농담과 유머를 주고받으며 서로 존경했던 두 사람의 오랜 우정이 여러 연대기 작가들을 통해 부각되었지만 이들이 세계적인 현안에 관해서도 자주 토론을 나누었으며 어두운 배경을 공유했다는 점은 무시되는 경우가 많았다. 둘 다 자신이 노예제라는 악행에 연루된 남부 집안 출신이라는 사실을 오점으로 여겼다. 트웨인처럼 헬렌도 자신의 명성을 바탕으로 미국 사회를 변화시키고자 하는 급진적 선동가가 된다. (크리에이티브코먼스 국제 공중 라이선스 4.0 공유자료)

캐나다 케이프브레턴에 있는 알렉산더 그레이엄 벨의 여름 별장에서 14세의 헬렌 켈러가 벨과 함께 야외에 앉아 있고 그 뒤에 애니 설리번이 서 있다. 청각장애인의 교육을 위해 헌신한 벨은 헬렌이 첫 회고록을 그에게 헌정할 정도로 헬렌의 인생에 큰 영향을 미쳤다. 전화기를 발명한 사람으로 가장 유명하지만, 벨은 유사 과학인 우생학 신봉자로서 청각장애인 간의 결혼을 부추겨 "결함 있는 인종"을 낳게 할 수 있다는 이유로 미국 수화 사용에 반대했고 그 싸움을 성공적으로 이끌기 위해 헬렌을 이용했다. 헬렌이 잠시 우생학을 받아들여 자신의 유산에 영원한 오점을 남기게 된 데에 벨이 영향을 미쳤는지는 확실치 않다. (의회도서관 제공)

헬렌의 1912년 미국사회당 당원증. 1912년에서 1924년 사이에 헬렌은 미국에서 가장 저명한 사회주의자로서 혁명의 이점을 강조하는 한편 세계산업노동자연맹(IWW) 회원으로서 인종차별과 아동노동, 미국의 제1차세계대전 개입에 반대하는 투쟁을 벌였다. 그리고 자주 실명과 장애를 자본주의와 연결했다. 미국시각장애인재단에서 일하기 시작한 1924년부터는 공개적인 발언을 자제했지만 평생토록 사회주의의 신념을 유지했고 1917년 러시아혁명 이후 좌파로 급격히 이동했다. 헬렌은 수십 년 동안 소련 정권을 옹호했고, FBI에서는 1930년대와 1940년대 동안 여러 공산주의 전선 단체에 관여한 헬렌의 행보를 추적했다. (Copyright © 미국시각장애인재단 헬렌켈러기록보관소)

HELEN KELLER CHEERS ACTORS' STRIKE PICKETS

THOSE NOT FOR
EQUITY
ONLY 27!
Guaranteed Harmless
Spirits Pack

Helen Keller, who, though she has been blind since infancy, has become one of the most noted of American women, is taking an active part in the strike of the actors. Daily she can be seen on Broadway, sometimes encouraging the pickets to stick it out to the end, sometimes leading the strike parades through the Rialto. Left to right are Franklin Ardell, Miss Ann

'헬렌 켈러, 배우 파업 피켓시위를 응원하다'라는 제목의 1918년 신문 기사 조각. 헬렌은 자신의 삶을 다룬 무성영화 〈딜리버런스(Deliverance)〉에 본인 역으로 출연한 이후 배우와 무대 담당을 대표하는 노조가 격렬한 노동쟁의에 들어가자 영화 개봉 기념 시사회 참석 요청을 거절했다. 브로드웨이에서 "파업 행렬"을 이끄는 헬렌의 모습이 자주 눈에 띄었다. 헬렌은 "이 영광스러운 투쟁에 배우들과 전미배우조합(Actors' Equity Association)과 함께하지 않으니 제 영화가 망하는 편이 낫죠"라고 말했다. (그리니치빌리지 역사보존협회 제공)

1918년 로스앤젤레스에 있던 무성영화 〈양지바른 쪽(Sunnyside)〉 촬영장에서 헬렌 켈러가 찰리 채플린의 얼굴에 손가락을 대고 입술을 읽고 있다. 애니와 함께 할리우드에서 자신의 전기 영화 〈딜리버런스〉를 촬영하는 동안 헬렌은 당대 최고의 배우들로부터 큰 관심을 받았지만, 채플린을 제외하면 누구도 선생님에게 관심을 주지 않아 "사기당한 기분"을 느꼈다. 매카시 시대에는 헬렌과 채플린 모두 좌파적 정치 신념으로 인해 표적이 된다. (Copyright © 로이엑스포트유한회사 Roy Export Company Limited)

1933년 5월 베를린에서 독일 학생들이 거대한 불더미에 책 수천 권을 태우며 나치 경례를 하고 있다. 새로 들어선 정권이 독일에서 "타락한" 작품을 몰아내고자 명한 첫 번째 분서 사건이었다. 저서 『나는 어떻게 사회주의자가 되었나(How I Became a Socialist)』가 불태워지면서 헬렌 켈러는 신질서의 적으로 지목된 소수의 미국인 중 한 명이 되었다. 그 주에 헬렌 켈러는 히틀러에게 이렇게 썼다. "유대인을 향한 당신의 야만성을 여기서는 모를 거라고 상상하지 마십시오." 이후 나치는 블라디미르 레닌을 향한 찬사가 담겨 있다는 이유로 헬렌의 1929년 회고록 『중류 지점(Midstream)』을 검열하고, 히틀러의 "사악한" 세력과 "미친 듯한 권력 추구"를 자주 비판했다는 이유로 1938년에 출간된 헬렌의 일기도 금지했다. (미국국립기록보관소 제공)

1936년 엘리너 루스벨트 영부인(왼쪽)이 헬렌 켈러(가운데)와 헬렌의 오랜 동반자 폴리 톰슨과 인사하고 있다. 루스벨트 영부인을 동지로 여겼던 헬렌은 프란시스코 프랑코에 의해 스페인이 파시스트 수하에 들어간 이듬해인 1940년, 영부인에게 프랑스에 망명 중인 스페인 공화파를 이송하는 사업에 참여하도록 요청했다. 영부인은 그 사업이 공산주의 전선에 속한다는 사실이 드러나자 급작스럽게 사임했다. 처음에는 입장을 고수했던 헬렌도 미국에서 반공주의적 낙인이 커지는 가운데 평판이 손상될 것을 염려하는 주위 사람들의 강력한 압박으로 인해 결국 사임했다. (의회도서관 제공)

1951년 남아공 순회 중에 헬렌이 폴리 톰슨과 함께 흑인 군중이 모인 야외무대 위에 서서 연설하고 있다. 평생에 걸쳐 인종차별에 반대했던 헬렌은 극소수의 백인이 다수 흑인을 억압하는 인종차별적 아파르트헤이트 제도가 도입된 지 3년째이던 당시 남아공을 순회하며 상당히 괴로워했다. 순회 중에 한번은 어느 기자에게 남아공 흑인이 처한 곤경에 "경악"했다고 말해 논란을 일으키기도 했다. 그로부터 몇 년 후 헬렌은 당시까지는 알려진 인물이 아니었던 넬슨 만델라를 포함해 반역죄로 기소되어 사형당할 처지에 놓인 여러 반체제인사의 변호 비용 모금을 지원했다. (미국시각장애인재단 헬렌켈러기록보관소 제공)

차례

일러두기

― 국립국어원의 한글맞춤법과 외래어표기법을 따르되, 일부는 현실발음과 관용을
   고려하여 표기했다.
― 책은 겹낫표(『 』), 정기간행물은 겹화살괄호(《 》), 단편소설, 보고서, 논문 등 짧은
   글은 홑낫표(「 」), 영화, 연극, 음악, TV프로그램 등은 홑화살괄호(〈 〉)로 묶었다.
― 원주는 원문과 같이 후주로 두었다.
― 역주는 본문 내 해당 설명부 끝에 '옮긴이'로 표기하고 괄호로 묶었다.
― 대괄호 사용에서 [ ] 기호로 묶은 것은 저자가, 〔 〕 기호로 묶은 것은 역자가
   이해를 돕기 위해 강조 혹은 추가한 것이다.
― 원문에서 이탤릭 및 대문자로 강조한 부분은 볼드로 옮겼다.

프롤로그

1959년 2월 일흔아홉 번째 생일을 넉 달 앞둔 헬렌 켈러(Helen Keller)는 조지 하우저(George Houser)라는 흑인민권운동가로부터 편지를 한 통 받았다. 헬렌이 소중히 여기는 대의에 대한 지지를 표명해 달라고 요청하는 내용이었다. 그로부터 3년 전 남아프리카공화국 정부는 잔혹한 인종차별 정권에 대항하기 위해 소수 백인 지배층에 억눌린 비백인 시민 수백만 명을 조직하고 있던 반체제인사들을 급습해 수십 명을 체포해 갔다. 반역죄로 기소당해 사형당할 처지에 놓인 그 인사들 중에는 당시 자국에서조차 잘 알려지지 않은 넬슨 만델라(Nelson Mandela)라는 운동가가 있었다.

수년 후에는 아파르트헤이트 반대 투쟁이 자유주의자들의 주 관심사로 떠오르면서 수많은 유명 인사가 인종차별적 체제에 반대하는 목소리를 냈다. 그러나 전 세계가 여전히 냉전에 휩싸

여 있던 1959년 당시 남아공반역재판(South Africa Treason Trial)
은 지난 십 년 동안 정치적 억압 기제로 활용되어 온 이데올로기
와 뗄 수 없는 관계에 놓여 있었다. 만델라를 포함한 피고인들은
반공법(Suppression of Communism Act)에 따라 기소되었고, 미
국인들은 공산주의라는 오점이 명백히 붙은 인사와는 물론이고
그 어떤 진보적인 의제에도 연루되기를 꺼리는 경우가 많았다.

사실 헬렌은 이미 몇 년 전부터 조지프 매카시(Joseph McCarthy)
의 빨갱이 몰이 전술에 공개적으로 맞섰는데, 그로 인해 자신이
오래 몸담고 일해 온 미국시각장애인재단(American Foundation
for the Blind, AFB)으로부터 노골적인 정치 신념이 헬렌 본인의
평판을 깎아먹을 뿐 아니라 평생을 바쳐 일군 대의를 위태롭게
한다는 강력한 압박을 받은 바 있었다.

이제, 남아공 법률변호위원회의 투쟁 기금이 떨어져 가자 하
우저는 세계에서 가장 존경받는 여성 중 한 명이 지지를 표명해
준다면 절실한 관심을 불러일으킬 수 있을 것이라 믿었다. 8년
전 남아공에 3개월 가까이 머물렀던 헬렌에게는 그곳의 불결한
위생 상태, 그리고 자기 고향 앨라배마주에 여전히 강고한 짐크
로(Jim Crow) 체제(19세기 후반에서 20세기 중반까지 미국 남부
여러 주에서 공공장소에서의 인종 분리를 강제했던 법 제도를
통칭한다—옮긴이)를 고통스럽게 떠올리게 하는 분리 정책에
경악했던 기억이 여전히 생생했다.

이 무렵 미국에서는 한때 헬렌이 자신의 유명세를 활용해 여

성에 대한 억압, 노동착취, 나치 독일의 범죄, 비인간적인 짐크로 체제에 반대하며 혁명의 이점을 칭송했던 급진적인 사회주의 선동가였다는 사실이 거의 지워져 있었다. 그보다는 기적처럼 다가온 선생님 덕분에 세상과 소통하는 법을 배운 "감동적인" 여섯 살 청각장애를 지닌 소녀로 보고 싶어 하는 이가 많았다. 헬렌이 위원회의 요청에 응해 공산주의와 명백히 연결된 대의에 이름을 빌려줄 경우 주위에서 그토록 열심히 쌓아 올린 성자 이미지가 산산조각날 위험이 대단히 컸다. 어쩌면 헬렌의 삶을 극화한 영화 〈미라클 워커(The Miracle Worker)〉 제작을 둘러싸고 진행 중이던 협상마저 좌초될 수 있었다.

하지만 이전에 인종차별 관련 사안을 놓고 원칙이 아닌 현실을 택한 적이 있었던 헬렌은 두고두고 그 일을 후회하고 있었다. 한 달 후 공개된 변호인단 공고문에는 모금 호소문과 함께 세상에서 가장 사랑받는 우상 중 한 명의 심금을 울리는 성명이 실려 있었다.

자유를 사랑하고 법을 준수하는 남성과 여성 여러분, 진보와 교육을 누릴 권리를 거부당한 사람들을 옹호하기 위해 전 세계적으로 연대하고, 모든 나라에서 인종차별과 억압의 해악을 걷어낼 때까지 절대로 멈추지 맙시다.

이는 익숙한 이야기에 밀려 무시되거나 잊힐 뻔한 헬렌의 특별한 삶을 드러내 주는 장면이었다.

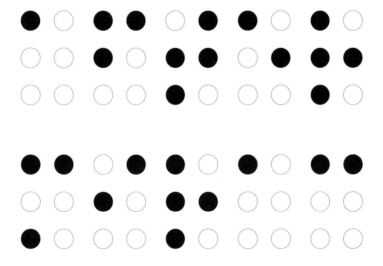

After the Miracle

part

I

기적 대 신화

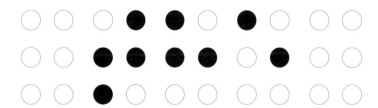

기적 이전

헬렌은 당대 가장 주목받는 여성이었다. 영아기에 끔찍한 병을 지니고 어둠과 절망에 사로잡혀 있었지만 홀로 불가능한 일을 이루어 낸 뛰어난 교사를 만난 덕에 스스로 글을 써서 소통할 수 있게 된 놀라운 소녀로 전 세계 신문과 잡지에 대서특필되었다. 헬렌은 금세 읽기와 쓰기를 익혔고 오래지 않아 철학, 역사, 문학, 수학까지 섭렵했다. 세계에서 가장 유명한 작가 한 명이 헬렌의 이야기를 출판하자 장애인을 인간으로 보게 해 주어 고맙다는 편지가 전 세계 곳곳에서 날아들었다. 그전까지만 해도 헬렌처럼 "말 못하는 시청각장애를 지닌 사람"은 인간으로서 존중받기 어려웠다. 이제는 헬렌과 만나려는 유명인이 몰려들고 사방에 헬렌의 이름을 모르는 어린이가 없을 정도가 되었다.

하지만 이는 헬렌 켈러만의 이야기는 아니었다. 헬렌이 나타나기 반 세기 **전에** 로라 브리지먼(Laura Bridgman)이 있었다. 그리고 헬렌을 가르친 앤 설리번(Anne Sullivan) 이전에 새뮤얼 그리들리 하우(Samuel Gridley Howe)가 있었다. 지금은 거의 잊혔지만 브리지먼과 하우의 업적이 없었다면 헬렌의 "기적"은 결코 일어나지 않았을 것이다.

⠈⠗⠞⠑⠗⠀⠞⠓⠑⠀⠍⠊⠗⠁⠉⠇⠑

1824년 자신이 고귀한 소명을 위해 하느님의 선택을 받았다고 확신한 새뮤얼 그리들리 하우가 첫 번째 십자군 원정에 나섰다. 하우는 보스턴의 평범한 가정에서 태어나 별다른 기대를 받지 못한 채 자랐지만 뉴잉글랜드의 상업과 정치를 주도하는 것이 타고난 권리인 양 구는 그 도시의 상류층과 달리 자신의 고유한 장점을 바탕으로 이름을 떨치겠다고 결심했다.

사회적 지위가 낮아서 그랬는지 하우의 가족은 보스턴 사회로부터 늘 조금 동떨어져 있었다. 연방주의를 고수하는 도시답게 보스턴 전역에 만연한 보수적 정치 성향을 거부하고 제퍼슨주의 민주공화당의 자유주의 사상을 받아들인 집안이었다. 이 때문에 하우는 어릴 때 다니던 보스턴라틴학교(Boston Latin School)에서 가족의 성향이 특이하다고 놀림받고 따돌림당할 때가 많았다. 하우가 연방주의자의 보루이던 하버드가 아니라 자유주의 침례교인의 대학인 브라운(Brown)에 진학하기로 결심한 데에는 이 점이 분명 영향을 미쳤을 것이다. 하버드에 가면 사회적으로 유리한 지위를 얻었겠지만 중등학교에서 자신을 괴롭혔던 자들과 함께 지내야 했을 것이다.

졸업 후에도 방황하던 하우는 하버드의학전문대학원(Harvard Medical School)에 진학하기로 해 주위 사람들을 놀라게 했다. 대학 진학 당시 기피했던 학교인 데다 의료업은 하우가 늘 우습게 여기던 분야였기 때문이다.[01] 하우는 당시 미국 최고의 대학으로 꼽히던 그 위세 높은 학교에 진학한 후로도 별다른 두각을 나타내지 못해 이 명석한 청년의 가능성을 높이 샀던 많은 이들을 당혹스럽게 했다. 동기들이 해부도와 의학용어에 골몰하는 동안 하우는 밤늦도록 자신이 제일 좋아하던 바이런 경(Lord Byron)의 시를 읽곤 했다. 바이런의 낭만적인 서사시가 오래도록 하우의 지칠 줄 모르는 모험심을 자극하기는 했지만, 결국 이 젊은 학생이 예전의 삶을 버리고 영웅적인 소명을 좇아 나서도록 뒤흔든 것은 그 영국 시인이 실제로 벌였던 무모한 일들이었다.

바다 건너 그리스에서는 독립을 주장하는 파르티잔인 필헬레네(Philhellenes)와 4세기 넘게 그리스를 지배하고 있던 오토만제국 사이에 대변혁이 일어나고 있었다. 청년들을 그리스의 대의로 끌어들이기 위해 쉴 새 없이 선전 운동을 벌이던 기독교계에서 튀르크인은 야만적인 압제자로 묘사되었다. 하우가 재학 중이던 당시 하버드대학교 교수 에드워드 에버렛(Edward Everett)은 이를 "십자가에 대적하는 초승달"의 전쟁으로 선언했다.[02] 1824년 상당한 사비를 쏟아부어 저항군을 재정비한 바이런은 직접 소집한 여단을 이끌고 전쟁에 뛰어들고자 했지만 열병에 걸리는 바람에 결국 전장을 보기도 전에 쓰러지고 말았다. 바이런의 사망 소식이 전해진 때가 하우가 하버드를 졸업하기 불과 몇 주 전이었으니 이 청년이 별안간 그리스의 자유를 위해 싸우겠다고 선언한 데는 이 일이 계기가 되었을 가능성이 높다. 그리스의 투쟁에 뛰어든 하우는 아테네 포위 작전에 참전해 한동안 함정에서 외과의 역할을 맡다 결국 군의 수석 군의관으로 승진했고, 전쟁 피난민을 위한 기금 마련차 주기적으로 미국을 방문했다.[03]

7년 후 하우가 집으로 돌아올 무렵에는 그간의 활약상이 언론을 통해 고국에 널리 알려져 "그리스 혁명의 라파예트"라는 별명이 따라붙었다. 학교를 졸업하고 막 항해에 나서던 별 볼 일 없는 느림보와는 전혀 다른, 보스턴을 손에 쥔 듯한 인사가 되어 있었다. 하지만 돌아온 이 청년의 마음에 차오른 것은 자신의 영웅적인 활약과 1832년 그리스의 독립을 보장하는 콘스탄티노플 조약을 이끌어 낸 혁명의 성공이 주는 감명이 아닌 환멸이었다.

진로를 전혀 정하지 못하고 있던 하우가 평생의 소명을 찾게 된 것은 하버드에 1년 먼저 입학한 옛 의대 동창 존 딕스 피셔 박사(Dr. John Dix Fisher)와의 우연한 만남 덕분이었다. 피셔는 몇 년 전 파리를 여행하던 중에 발랑탱 아위(Valentin Haüy)가 1784년 설립한 세계 최초의 공식 시각장애인 학교인 국립시각장애청소년학교(Institut National des Jeunes Aveugles)에 방문했다.[04] 아위는 시각장애를 지닌 어린이의 미술 및 음악 활동을 공개적으로 보여 주어, 대중이 학생들의 처지에 동정심을 느끼기보다는 그들의 능력에 감명받게 하고자 했다. 그 학교에서는 학생들이 읽을 수 있도록 글자를 도드라지게 새긴 양각 활자(raised type)라는 신기술도 실험하고 있었다. 이는 이후 같은 학교 교사였던 루이 브라유(Louis Braille)가 개발한 양각 점자 체계(tactile system of raised dots)로 대체된다. 귀국하면서 피셔는 미국에도 비슷한 학교를 세우기로 결심했다. 매사추세츠주 입법부에 호소해 설립인가는 받아 두었지만 학교를 이끌 적임자를 찾지 못하고 있던 피셔는 1831년 이사 두 명과 함께 산책하던 중에 우연히 하우와 마주치고는 그 자리에서 하우를 낙점했다.

식민지 시대 미국에서 장애인 돌봄은 지역사회의 책임으로 여겨지는 편이었다. 가정에서 자녀를 돌보기 어려운 시민을 지원하기 위해 "빈민 농장(poor farms)"과 구호소를 설립하는 지역이 많았다. 하지만 이런 체제 속에서 장애인은 범죄자나 빈민과 마찬가지로 "단정한 사회(polite society)"로부터 격리되어 과밀하고 불결한 환경에서 최소한의 보살핌만 받으며 지내는 게 마땅한, 달갑지 않은 집단으로 여겨지기 일쑤였다.[05] 신체적 또는 인지적 장애를 지닌 사람들은 돌봄을 받기보다는 "광인 수용소

(lunatic asylums, 정신병원의 다소 경멸적인 표현—옮긴이)"에 격리당하곤 했다. "비참하게 고통받아 온" 장애인을 "치료"하는 보다 인도적인 관행이 도입된 것은 19세기 초 유럽으로부터 "정신요법(moral treatment)" 개념이 전파된 후였다.[06]

새뮤얼 하우가 (곧 퍼킨스시각장애인학교로 알려지는) 뉴잉글랜드의 그 학교를 이끌기 전까지 시각장애인 교육은 가정교사를 고용할 여력이 있는 부유한 가정에서나 가능한 일이었다. 하우는 이런 현실을 바꾸기로 했다. 그리스 독립투쟁으로 얻은 풍부한 경험을 바탕으로 시각장애인이 더 이상 "빈민층"으로 여겨지지 않도록 보장하기 위한 기금 마련에 전념했다. 첫 번째 보고서에 하우는 이렇게 썼다. "시각장애는 알 수 없는 이유로 인간에게 고통을 주고자 하는 신의 섭리에 따라 채택된 도구 중 하나입니다. …… 그들을 도울 방법이 많습니다. …… 여러분이 그들에게 지식의 등불을 켜 주고, 스스로 성서를 읽을 수 있게 해 줄 수 있습니다."[07] 뒤쪽의 문장은 교육을 통해 시각장애인이 기독교를 "받아들이도록" 할 수 있다는 시각장애인 교육의 미덕을 찬양하기 위해 그 시대 개혁가들이 활용하던 특유의 표현이었다.

이사회의 허락을 받아 유럽의 교육 실태를 조사하러 몇 달에 걸친 해외여행에 나선 하우는 별다른 감명을 받지 못한 채 1832년 7월에 보스턴으로 돌아왔다. 특히 하우를 괴롭힌 현실은 관련 학교의 졸업생 중에서 스스로 생계를 유지하는 비율이 5퍼센트도 안 된다는 점이었다. 결국 많은 이들이 구걸하거나 빈민 수용소에 들어가는 처지가 되었다.[08] 하우는 시각장애인이 사회에서 제 역할을 할 방안을 제공받지 못하고 "그저 동정의 대상"이 된다고 한탄했다.[09] 자신이 이끄는 학교에서는 시각장애인이 의존적이라는 낙인 없이 사회에 통합되도록 하겠다고 결심했다.

아직 건물도 없던 이 신생 학교는 1832년 하우 아버지의 집 거실에서 여섯 살부터 스물한 살 사이의 학생 여섯 명으로 구성된 첫 번째 학급을 운영하기 시작했다. 하우가 거리에서, 또 인근 마을의 정치인에게 호소하여 모집한 학생들이었다. 프랑스에서 발랑탱 아위가 쓴 방법에 영감을 받은 하우는 마침내 보스턴 프리메이슨홀에서 학생들이 새로이 습득한 기술을 공개 시연하는 자리를 열었다. 학생들이 찬송가를 부르고 성서를 읽고 시를 낭송하자 그 능력에 감탄한 청중은 눈물을 흘리기도 했다.[10] 그 시연회가 "우리가 목격한 가장 기쁘고 만족스러운 광경 중 하나"였다는 신문 기사가 나가자[11] 뉴잉글랜드 전역의 사교계 여성들이 장안의 화제가 된 하우의 도전에 보탤 기금을 마련하기 위해 박람회와 전시회를 앞다투어 개최했다.[12] 얼마 후 하우의 손에 이끌려 나간 학생들이 매사추세츠주 의회 앞에서 행진을 벌이자 열두 명의 학비를 충당할 수 있는 연간 6000달러의 예산이 마련되었다.[13] 1833년 토머스 퍼킨스(Thomas Perkins)라는 이사가 보스턴 외곽에 있는 자기 집과 부동산을 기부하면서 퍼킨스시각장애인학교로 알려진 정규교육기관이 설립되기에 이르렀다.[14]

급속한 성공에도 불구하고 하우는 학교 운영에 뒤따르는 일
상적인 행정 업무가 금세 지겨워졌다. 한 친구에게 그 일이 너무
"협소하게" 느껴진다고 불평하면서 새로운 도전을 갈망하고 있
다고 고백했다. "내가 잘하는 일이 있다면 그건 아무도 가지 않
은 길을 개척하는 것이지. 난관에 부딪힐 때 나오는 자극을 받고
싶어." 얼마 안 가 하우는 바로 그런 도전 과제를 찾아냈다.

퍼킨스시각장애인학교가 등장하기 10여 년 전인 1817년에 로
랑 클레르(Laurent Clerc)라는 프랑스인이 코네티컷주 하트퍼드
에 미국 최초의 청각장애어린이학교를 설립했다. 초기에 이 일
을 추진하던 사람들은 시각장애인 교육 주창자들이 초기에 보
이던 태도와 비슷하게 청각장애를 지닌 어린이에게 읽기를 가
르치면 그들을 기독교로 인도하는 데 도움이 될 거라고 주장했
다. 1830년대까지, 장애인 교육을 주류로 끌어올리는 데 성공한
하우와 클레르의 노력에 혜택을 받은 사람이 수천 명에 이르렀
다. 그래도 세간에 잘 알려지지 않았지만 사회는 모든 시민을 조
건 없이 교육할 의무가 있다고 밝히는 일을 소명으로 삼은 하우
의 상상력을 사로잡은 또 다른 범주의 장애가 존재했다. 하우는
청각장애와 시각장애를 동시에 지닌 사람을 교육하는 것이 자
기의 가설을 증명하기 위한 거대한 사회의 실험 소재로서 가장
잘 맞으리라 믿었다.

그 후로 하우는 18세기 영국에서 발표되었고 초기 미국 법
체계 형성에 참고 자료로 쓰였던 블랙스톤의 『영국법 주해

(Commentaries on the Laws of England)』를 즐겨 인용했다.

사람은 자기 부모가 누구인지 자기 나이가 몇 살인지 등을 말할 수 있는 약간의 이성만 갖추고 있어도 바보로 취급받지 않는다. 하지만 귀먹고 눈멀고 말 못하는 상태로 태어난 사람은 인간의 정신에 사상을 부여하는 그러한 감각이 결여되었으므로 이해할 능력이 없다는 판단하에 법적으로 바보와 같은 상태로 간주된다.[15]

실제로 (흔히 말 못하는 사람을 가리키던 표현으로) "벙어리 (dumb)"이면서 시각장애와 청각장애까지 지닌 사람은 각각의 제약 조건에 처한 사람들이 이미 보여 주었듯이 학습 및 이해 능력을 갖출 수 없다는 믿음이 보편적이었다. 하우는 몇 년 앞서 하트퍼드에 있는 청각장애인수용소(Asylum for the Deaf and Dumb)에 방문했을 때 당시 미국에서 유일하게 널리 알려진 시청각장애인으로서 어느 정도 명성을 얻고 있던 줄리아 브레이스(Julia Brace)라는 수용인을 만났다. 줄리아는 네 살 때 티푸스에 걸려 시력과 청력을 모두 잃었다. 1825년 열여덟 살 생일을 앞두고 유일한 시각장애인으로서 하트퍼드학교에 들어온 줄리아는 학습이 쉽지 않았다. 기초적인 기호 몇 개를 이해하고 바느질과 뜨개질을 익힌 상태이기는 했지만 공식적으로 줄리아를 교육하려는 시도는 없었다. 수용소에 있는 동안 줄리아는 읽기나 쓰기를 배우는 데에 소질이 거의 없어 보였다고 했다.[16] 1831년 하트퍼드학교를 방문해 줄리아를 눈여겨본 저명한 프랑스 철학자 알렉시 드 토크빌(Alexis de Tocqueville)은 이렇게 썼다. "줄리아는 이따금 떠오르는 생각에 미소를 짓곤 했다. 기이한 광경이었다. 그렇게나 고립된 영혼이 어떻게 재미나 즐거움을 누릴 수 있으며, 그것은 어떤 형상을 취하고 있을까? 감독자 말로는 줄리아가 매우 온화하며 대하기 쉬운 인물이라고 했다."[17] 미국에서 가장 유명한 시인 중 한 명인 리디아 헌틀리 시고니(Lydia Huntley Sigourney)도 줄리아에게 관심을 보이며 자신의 시와 인기 있던 어린이용 문집에 그 사연을 실어 널리 알렸다.[18] 하우가 직접 줄리아를 만나러 하트퍼드에 찾아가게 된 것도 결국 이런 아름다운 이야기가 줄리아를 유명 인사로 만든 덕분이었다. 하지만 하우는 줄리아의 나이가 스물일곱이어서 시청각장애를 지닌 어린이가 교육받을 수 있음을 증명하려는 자신의 목표에 적합하지 않다고 판단했다.[19] 하우가 본격적으로 연구를 재개한 것은 1837년 봄 이웃 주에 사는 일곱 살 난 어린이의 사례를 다룬 보고서를 읽은 후였다.

로라 듀이 브리지먼(Laura Dewey Bridgman)은 뉴햄프셔주 해노버에서 1829년 12월 21일에 농부인 대니얼 브리지먼과 아내 하모니의 셋째 딸로 태어났다. 아기 때부터 자주 발작을 일으켜 부모는 로라가 살아남지 못할까 염려했다. 하지만 20개월이 되자 건강을 되찾아 생기 넘치고 총명한 아이로 자랐다. 24개월에는 이미 짧은 문장을 구사하기 시작했는데 그 무렵 온 집안에 성홍

열이 돌았다. 항생제가 개발된 후로는 관리할 수 있는 가벼운 질병이 되었지만 그전까지는 무수한 어린이를 사로잡은 이 병 때문에 언니 둘이 죽었고 로라도 거의 죽을 뻔했다. 열이 가라앉고 보니 염증이 남긴 피해가 극심했다. 로라는 시력과 청력, 후각 능력을 잃었다. 눈이 빛에 너무 예민해진 탓에 5개월 동안 캄캄한 방 안에서 지내야 했다.[20]

다트머스대학교 의학부장이 쓴 로라의 사연을 읽은 하우는 이 아이가 자신이 찾던 조건에 맞는 학생일지 확인할 "흔치 않은 기회"를 잡기 위해 친구들과 함께 즉시 해노버 방문 일정을 잡았다. 이 견학에 참여한 이들 중에는 당시 하버드에서 현대 언어학을 가르치던 젊은 교수로서 곧 미국에서 가장 유명한 시인 중 한 명으로 부상하게 되는 헨리 워즈워스 롱펠로(Henry Wadsworth Longfellow)도 있었다. 로라를 만난 하우는 더 이상 찾아 헤맬 필요가 없음을 깨달았다. 나중에 하우는 이렇게 회고했다. "로라는 잘 다듬어진 체형, 또렷이 드러나는 굳세고 당당한 성격, 크고 아름다운 머리 모양, 전반적으로 건강한 신체를 지니고 있었다."[21]

석 달 후인 1837년 10월에 열일곱 살 소녀 로라가 교육을 받으러 퍼킨스에 도착했다. 하우가 학생들을 묘사한 기록에 따르면 로라는 처음에는 낯선 환경에 "무척 어리둥절해"하다가 점차 동료 "동거인들"과 친해졌다.[22] 로라가 안정감을 찾자 하우는 숟가락, 포크, 열쇠 같은 일상적인 물건과 각 물건의 이름을 돋을새

김한 접착식 이름표를 활용해 본격적인 실험에 돌입했다. 오래되지 않아 로라는 이름표를 해당 물건에 정확히 붙이는 법을 익혔지만 하우는 이것이 언어적 결합보다는 "모방과 기억"의 소질을 보여 주는 것에 불과하다고 느꼈다.

몇 주 후 하우는 새로운 방식을 시도하기로 했다. 문자 개념을 도입하기 위해 이름표를 물건에 붙이는 대신 철자 단위로 잘라 놓았다. "book(책)"이라는 단어를 네 조각으로 잘라 로라의 손으로 순서대로 끌어 책에 대도록 했다. 그러고는 퍼즐 맞추기의 다음 단계로 넘어가듯이 조각을 뒤섞어 놓은 다음 이어 붙이도록 했다.[23] 로라가 이 일을 해내자 하우는 "key(열쇠)"로 같은 작업을 시켰다.

이번에도 로라는 그리 어렵지 않게 철자를 올바로 배열했다. 훗날 로라의 성장과정을 서술하면서 하우는 자신과 동료 교사들이 몇 주에 걸친 노력 끝에 "로라의 생각과 우리의 생각"을 잇는 소통의 통로를 만들어 냈음을 로라가 깨달은 그때가 "최고의 순간"이었다고 묘사했다.

여기까지는 기계적인 과정이었다. …… 가여운 그 아이는 말없이 놀라며 교사가 하는 모든 행동을 참을성 있게 모방했지만, 이제 진실이 로라 앞에서 반짝이기 시작하면서 지성이 작동하기 시작해 이렇게 하면 자기 머릿속에 떠오르는 것을 무엇이든 기호로 표현해 다른 사람의 머릿속에 전달할 수 있다는 사실을 인지하기에 이르렀다. …… 로라의 머릿속에 진실이 떠오르고 그 빛이 얼굴 위로 가득 퍼지는 그 순간 나는 눈을 뗄 수 없었다. 거대한 장벽을 뛰어넘는 광경을 목격했다.[24]

로라의 전기작가 어니스트 프리버그(Ernest Freeberg)는 이 깨달음의 순간에 관한 묘사가 로라의 성장과정에 관한 초기 서술에서는 나타나지 않다가 3년 후인 1841년 연례보고서에 처음 등장한다고 지적했다.[25] 그래도 로라가 언어의 기본 원리를 습득한 것은 분명했다. 일단 알파벳 스물여섯 자를 익히자 철자를 조합해 단어를 형성한다는 개념을 금세 파악했다.[26] 물건에 이름이 있다는 사실을 이해한 순간부터 로라는 마주치는 모든 것의 이름을 알려 달라고 졸라 댔다.

그다음 하우는 로라 가까이에서 일했던 여러 여성 교사 중한 명인 리디아 드루(Lydia Drew)로 하여금 자신이 줄리아 브레이스를 만나러 하트퍼드학교에 갔을 때 처음 보았던 지문자(manual alphabet)를 가르치도록 했다. 비교적 간단한 이 기법은로라에게 물건을 하나 제시한 다음 그 물건의 철자를 손바닥에쓰게 하는 것이었다. 로라가 손가락 철자를 익히는 속도에 하우와 교사들은 모두 깜짝 놀랐다. 하우는 이렇게 썼다. "단어와 문장을 얼마나 빠르고 능숙하게 표시하는지, 지문자에 익숙한 사람만이 빠르게 움직이는 로라의 손가락을 눈으로 좇을 수 있었다." 교사들은, 홀로 앉아 가상의 대화를 나누거나 철자 쓰기를

연습하며 즐거워하는 로라의 모습을 자주 목격했다.[27]

몇 시간씩 지문자를 연습하는 로라를 지켜보던 하우는 곧 로라가 학습에 얼마나 성실히 임하고 있는지 보여 주는 특이한 습관을 발견하고 이렇게 썼다. "로라는 오른손으로 철자를 쓰다가 틀렸을 때면 교사들이 하던 것처럼 즉시 자기 왼손으로 오른손을 쳐서 불만을 표했다."[28]

나중에 하우는 각 학습 방식을 완성해 나가는 과정이 "느리고 지루했다"라고 인정하는데, 참고할 선례가 없었던 것이 특히 큰 문제였다.[29] 하우는 로라가 학교에 온 지 2년 후인 아홉 살까지 익힌 언어능력이 평균 3세 수준에 지나지 않아 실망스러웠다고 털어놓았다. 초기에 로라가 보여 준 잠재력을 고려하면 더 빠른 속도로 발전할 게 틀림없다고 기대했기 때문이다. 그래도 열한 살이 되자 별도로 지정된 교사가 수업 내용을 손에 써 주는 조건에서 시각장애를 지닌 다른 학생들과 한 교실에서 수업받을 수 있을 정도로 성장했다. 나중에는 철학과 수학 같은 복잡한 과목도 두루 익혔다. 하지만 그러기 한참 전에 "뉴햄프셔 출신의 귀먹고 눈멀고 말 못하는 소녀"와 뗄 수 없는 관계로 명성을 얻은 스승의 밑 작업에 따른 쉴 새 없는 언론 취재로 이미 로라는 유명 인사가 되어 있었고 그 성취는 "기적"으로 널리 알려졌다.

앞서 말했듯이 로라의 발전 속도가 실망스러웠는데도 불구하고 하우는 로라가 온 지 1년도 지나지 않아 퍼킨스 연례보고서를 통해 로라의 성장을 상찬하면서 과장되고 다소 이상화된 초상을 그려 냈다. 어니스트 프리버그는 로라의 명성이 남긴 궤적을 뒤쫓으면서 하우의 홍보 기술을 자기의 매력을 높이려고 이야기를 꾸며 낸 것으로 유명한 19세기의 전설적인 장사치 P. T. 바넘(P. T. Barnum)과 비교한다. 프리버그는 이렇게 썼다. "하우는 바넘 못지않게 자기 경력과 학교의 발전을 위해…… 로라의 사연을 향한 대중의 관심을 조종하는 기술을 터득했다."[30] 하우는 로라를 아기 때부터 감각을 빼앗긴 아주 "예쁘고 생기 넘치며 지적인" 소녀로 묘사하면서 자신이 고귀한 실험을 통해 문을 열어 주기 전까지 로라의 머릿속은 "한밤중에 폐쇄된 무덤 안"과 같았다고 했다.[31]

로라가 4개월이라는 짧은 기간 내에 지문자를 터득할 정도로 급속히 발전했다는 하우의 과장된 설명에 그간 시청각장애인은 교육할 수 없다고 생각했던 독자들 사이에 즉시 파문이 일었다.[32] 하우의 이야기가 그대로 대중지에 실렸고 얼마 지나지 않아 로라 브리지먼은 미국에서 모르는 이가 없을 정도로 유명한 인물이 되었다.

로라가 얻은 유명세를 활용하고 싶었던 하우는 학교 운영 초기에 써서 큰 효과를 보았던 기술을 다시 꺼내 들었다. 이 사업으로 시각장애를 지닌 어린이의 교육에 대한 관심이 높아지고 "공공과 민간의 지갑이 열릴 것"이라며, 로라의 놀라운 발전을 보여 주기 위해 당사자를 공개적으로 전시한 것이다.[33] 그 어린 천재를 잠깐이라도 보고 싶어 안달 난 방문자가 매달 수백 명씩 퍼킨스로 몰려들었다. "기형"이 드러나지 않도록 눈 주위를 초록색 리본으로 감싼 채 학교 잔디밭 위에 놓인 책상 앞에 앉아서 양각 활자 책을 읽고 뜨개질하고 교사의 손에 지문자를 쓰는 로라의 모습을 점점 더 많은 인파가 지켜보았다. 로라의 사인이나 뜨개 작품을 요구하는 사람이 잔뜩 몰려들었다. 심지어 머리카락을 한 줌 잘라 달라는 사람도 있었다.

로라의 교사 중 한 명인 메리 스위프트 램슨(Mary Swift Lamson)은 일기에 갈수록 무질서해지는 군중을 묘사하며 이렇게 한탄했다. "너무 많은 인파가 몰려…… 로라에게 지나치게 밀착하는 바람에 우리가 책상 주변을 에워싸고 작은 울타리를 형성해 로라를 보호해야 했다."[34] 동물원의 동물처럼 전시되는 데 대해 로라 본인이 어떻게 느꼈는지에 관한 기록은 별로 없지만, 램슨은 교사들이 주위의 군중을 차단한 사실을 알고 당황하던 로라의 반응을 기억했다. 로라는 교사에게 이렇게 물었다. "여성분들이 저를 무서워하나요?"[35]

로라의 성장과정에 관한 이야기를 구성하면서 하우는 열광하는 대중을 사로잡을 만한 특징을 강조하려 심혈을 기울였다. 그래서 확고한 도덕성과 흠잡을 데 없는 식사 예절에 바느질 실력과 인형 옷 입히기 좋아하는 성격을 감성적으로 버무려 냈다. 사형과 노예제도의 부도덕성에 대한 로라의 열정적인 견해라든지, 담당 교사들은 이미 잘 알고 있었던 꼭 좋지만은 않은 여러 자질은 전혀 언급하지 않았다. 다른 학생들과 한 교실에서 공부하기 시작한 후로 로라는 오랫동안 다방면에 걸친 교과과정을 섭렵했다. 시각장애를 지닌 어린이는 "지적 발달의 새로운 세계"를 접하여 독립적으로 사는 법을 배우고 노후에 자신을 책임질 수 있어야 한다고 믿은 하우가 개발한 과정이었다.[36] 로라는 자연사, 수학, 지리학 수업을 듣고 점자의 전신인 양각 활자로 된 책을 탐독했다.

로라가 십 대 시절 노예 매매를 서부 지역까지 확대하는 데 반대하는 자유토지운동(Free-Soil Movement) 지지자가 되는 모습을 지켜본 교사 메리 스위프트 램슨은 일기에 이렇게 썼다. "노예를 소유하고 있더라도 그 사람에게 좋은 면이 있을 수 있다고 로라를 설득하기가 쉽지 않았다."[37]

얼마 안 가 미국 전역의 여자아이들이 인형의 눈을 찌른 후 초록색 리본으로 묶어 주고 "로라"라고 부른다는 기사가 나왔다.[38] 많은 역사 기록자가 이 현상을 해석하려고 달려들었다. 로라의 어떤 면이 그렇게까지 대중의 마음을 파고든 걸까? 사회사학자 로즈메리 머호니(Rosemary Mahoney)는 이렇게 설명한다. "로라 브리지먼은 대중이 바라는 존재가 되었다. 고통 속에서도 선한 마음으로 열심히 노력하는 이상화되고 감상적으로 꾸며진 상징적인 존재. 역경을 극복하는 인간 정신의 힘을 보여 주는 본보기였다."[39]

하우는 로라가 세계에서 빅토리아 여왕 다음으로 유명한 여성이 되었다고 자랑하기 좋아했는데, 이는 하우가 로라에 대해 내세운 주장 중에서 과장이 아니었다고 볼 만한 몇 안 되는 대목 중 하나이다. 실제로 미국을 넘어 빠르게 퍼져 나간 로라의 명성은 영국에서도 다를 바 없어 신문과 잡지마다 쉴 새 없이 하우의 말을 되풀이했다.

수년에 걸쳐 로라를 만나러 당대의 유명인이 무수히 몰려들었던 만큼, 1842년 찰스 디킨스(Charles Dickens)가 퍼킨스를 방문한 일은 다른 곳에서와 달리 그다지 흥분할 일이 아니었을 수 있다. 그 유명한 영국 작가는 고대하던 미국 첫 방문을 막 시작한 참이었다. 서른 살밖에 안 되었지만 『올리버 트위스트』『니콜라스 니클비』『픽윅 보고서』 같은 작품으로 호평받아 당시 서구 세계에서 가장 유명한 소설가로 불릴 만한 인물이었다. 디킨스가 공식적으로 내세운 여행 목적은 자신이 혐오하던 빅토리아시대 영국의 계급 구분(class divisions)과 미국의 민주주의를 비교하는 것이었다.[40] 그렇다면 논리적으로 탐험의 출발점은 워싱턴이나 뉴욕이라야 했겠지만, 디킨스는 이미 오래전에 미국 여행 일정표의 첫 줄을 채울 유명한 볼거리를 정해 둔 상태였다. 디킨스는 1월 29일 퍼킨스시각장애인학교를 찾아 이후 『미국 여행기(American Notes)』라는 제목으로 출간한 여행기에 나이아가라폭포 못지않게 경이로웠다고 기록한 그 소녀를 만났다.

퍼킨스 방문에 대한 디킨스의 회고 내용은 대부분 하우가 학교 연례보고서에 썼던 로라의 교육에 대한 설명을 그대로 옮긴 것이었다. 디킨스는 독자들이 로라가 거둔 성취의 심오한 의미에 감동하지 않기를 바라기라도 하는 듯이 다소 감상적인 호소로 들릴 만한 문구로 이야기를 마무리한다.

눈이 있으되 보지 못하고 귀가 있으되 듣지 못하는 자들이여, 슬픈 표정을 짓는 위선자 같은 너희는…… 이 귀먹고 눈멀고 말 못하는 이에게서 건강한 활기와 온화한 만족을 배우라. 음침하게 눈살을 찌푸리는 자칭 성인들이여, 볼 수 없고 들을 수 없고 말할 수 없는 이 아이가 너희가 따를 만한 교훈을 일러 줄지 모를 일이다. 너희의 마음에 아이의 불쌍한 손이 부드럽게 내려앉을지어다.[41]

그해 10월 『미국 여행기』가 출간되자 미국 안팎에서 로라의 명성이 한층 더 높아졌다. 널리 읽힌 디킨스의 이 이야기가 언젠가 대중의 상상 속에서 로라의 사연을 밀쳐 내어 지워 버리고 그 자리를 대체할 시청각장애를 지닌 또 다른 소녀를 부각하는 데 일조하리라는 사실을 로라 자신은 거의 알지 못했다.

선생님

애니 설리번(Annie Sullivan)은 "역경 극복"의 궁극적인 상징
으로 수백만 명에게 알려진 유명한 제자를 길러 냈지만 정작 설
리번 본인이 얼마나 많은 것을 극복하며 살아갔는지에 관해서
는 그다지 관심이 쏠리지 않았다.

훗날 회자된 애니의 성장기에서는 미국에서 가장 악명 높은
기관이었던 툭스버리구빈원(Tewksbury Almshouse)의 공포에
서 "탈출"해 운명적인 길로 들어선 과정만 부각되곤 했다. 하지
만 학자들이 정신적 외상이 세대 간에 미치는 영향에 관한 연구
를 내놓기 훨씬 전부터 애니는 자신이 태어나기 전 바다 건너에
서 일어난 사건이 남긴 상처를 예민하게 의식하고 있었다. 대기
근이 아일랜드를 덮쳤던 1845년에 애니의 어머니 앨리스 클로

시(Alice Cloesy)는 두 살이었고 아버지 토머스 설리번(Thomas Sullivan)은 그보다 조금 더 자란 상태였다. 17년이 지난 후 두 사람은 치명적인 감자잎마름병과 그로 인해 식민지 아일랜드에서 기아와 질병으로 쓰러져 간 수백만 명을 외면한 영국의 파괴적인 영향에서 벗어나 고국을 떠나는 아일랜드 가톨릭 이민자 대열에 합류한다. 1862년 토머스는 형이 보내 준 여비 25달러를 빼면 사실상 빈털터리인 상태로 아내 앨리스와 함께 매사추세츠주에 이르렀다.

세례명이 요해나 맨스필드 설리번(Johanna Mansfield Sullivan)인 애니는 1866년 4월 14일 매사추세츠주 피딩힐스의 시골 마을에서 설리번가의 다섯 자녀 중 첫째로 태어났다. 자라는 동안 애니는 미국을 갈가리 찢어 놓은 남북전쟁이 막 끝난 사실을 거의 알지 못했다. 그 대신 부모로부터 바다 건너편에서 펼쳐진 전혀 다른 역사를 배웠다. 두 사람 모두에게 상처로 남은 아픈 사연이었다. 토머스와 앨리스는 "이미 죽은 엄마의 몸에 매달린 굶주린 아이들, 정신을 놓은 채 길가에서 풀을 뜯어 먹는 남자들, 수송선에 창궐했던 콜레라, 그 밖에 글로 옮기기에는 너무나 끔찍하고 무서운 일들"을 겪으며 자랐던 자신의 어린 시절 이야기를 자녀들에게 들려주었다.[01] 애니는 아버지 토머스가 드물게도 취하지 않은 날이면 옛 나라의 조그만 사람들과 요정에 관한 민담을 들려주던 일을 기억했다. 이는 비숙련 아일랜드 이민자가 으레 그랬듯이 적당한 일자리를 찾기 어려웠던 아버지가 애니에게 남긴 몇 안 되는 행복한 기억 중 하나였다. 토머스가 인근 농장에서 밀을 수확하고 번 몇 푼 되지도 않는 돈을 술값으로 탕진하는 사이에 앨리스는 점점 커지는 가족을 건사하느라 고군분투했다. 애니 뒤로 줄줄이 태어난 네 아이 중에서 가난으로 인한 치명적인 건강 문제를 피할 수 있었던 건 여동생 메리뿐이었다. 제일 어린 남동생과 둘째 여동생 넬리는 애니가 여섯 살이 되기 전에 죽었고 남동생 지미는 고관절결핵(tubercular hip)을 안고 태어나 다리를 심하게 절었다.

애니는 다섯 살 때 박테리아로 인한 전염성 안질환인 트라코마(trachoma)에 걸렸다. 치료하지 않으면 눈이 빨갛게 충혈되고 부어오르는 고통스러운 감염 증상이 되풀이되는 질병이다. 그러다 각막에 상처가 나면 시력이 심하게 떨어지거나 실명할 수도 있다.[02] 애니가 기억하기로 태어나서 처음 들었던 말은 한 이웃이 어머니에게 건넨 이런 말이었다. "얘는 눈만 안 이러면 참 예뻤을 텐데."[03] 병원에 갈 돈이라고는 없었지만 애니는 아버지가 섀넌강 물이 성수나 마찬가지라며 그 물 한 방울만 떨어뜨려도 눈이 나을 거라고 했던 말을 기억했다.

나빠져 가는 눈 상태로 인한 고통 때문인지 아버지로부터 물려받은 기질 때문인지, 어린 애니는 다루기 어렵고 성질을 부려 대는 "격하게 반항적인" 아이였다고 한다.[04] 이런 증세가 발현된 사례로 한번은 여동생을 너무 세게 흔들어 대다가 이마에 상처를 냈다. 하얀 손모아장갑을 가진 친구가 부러웠던 나머지 장갑을 집어서 불에 던져 버린 적도 있었다. 애니는 이웃이 "뭐 이런 못된 아이가 다 있어!"라고 타박했던 일을 기억했다.[05] 이런 행동을 하면 반드시 아버지에게 채찍으로 심하게 맞았기 때문에 어머니는 아버지가 진정될 때까지 애니를 숨겨야만 했다.

어린 시절부터 친근한 성격으로 "다정한 앨리스 클로시"라 불렸던 어머니는 항상 애니에게 편안히 기댈 언덕이 되어 주었다. 하지만 여덟 살이 되자 애니의 세계가 산산이 부서졌다. 옆방에서 나는 소란스러운 소리에 잠에서 깨어 건너가 보니 동생들이 울고 있고 어머니는 마을의 신부가 가져온 갈색 예복을 입은 채 누워 있었다. 이 "죽음의 예복"은 앨리스가 밤사이 결핵으로 쓰러졌다는 의미였다.

애니는 장례식장으로 가는 마차에서 말들을 보겠다고 창가 자리를 양보하지 않으려는 지미와 다투었던 일을 기억한다. 지미가 울음을 터트리자 아버지가 지미의 얼굴을 때렸다. 애니는 "내 안에서 증오의 불꽃이 피어나 수년 동안 계속 타올랐다"라고 회고했다.[06]

메리와 지미는 친척 집으로 갔지만 여덟 살이 된 애니는 삼촌의 소유지에 있는 조그만 오두막에서 아버지 토머스를 "돌보며" 지내게 되었다. 당연히도 시력을 반쯤 잃은 여덟 살짜리 여자아이가 알코올의존증인 아버지를 돌본다는 발상은 실패할 게 뻔했다. 애니는 아버지의 "무능, 무절제, 무식한 억양"을 대놓고 비난하며 점차 경멸하는 마음을 품게 되었다.[07]

결국 애니는 삼촌 존과 애너스테이시아 부부의 집으로 옮겨 지냈지만 그 집도 식구가 점점 늘어나는 상황에서 나중에 애니 자신도 인정했듯이 "반항적이고 다루기 힘든" 여자아이를 건사하기가 쉽지 않았다.[08] 다섯 살이 된 지미 역시 친척 집에서 감당하기 힘들어했다. 고관절질환이 갈수록 악화하여 목발을 짚어야만 걸을 수 있었다. 넬라 헤니(Nella Henney)는 이렇게 쓴다. "지미와 그의 누나를 돌봐 주리라 기대할 만한 곳은 오직, 절대 가고 싶어 하지 않는 사람들이 밀려 들어가던 그곳밖에 없었다."[09]

19세기 중반에는 새뮤얼 그리들리 하우와 그의 친구 호러스 맨(Horace Mann) 같은 사회개혁가의 주도로 사회 병폐 해결을 목적으로 하는 기관이 폭발적으로 늘었다. 이러한 운동으로 보편적인 공교육과 노예제 폐지의 필요성, 신체적·정신적 장애를 지닌 사람을 인도적으로 대해야 한다는 의식 등 다양한 긍정적 변화가 일어났다. 랠프 월도 에머슨(Ralph Waldo Emerson)은 1841년 수필 「개혁하는 인간(Man the Reformer)」에서 "개혁의 교리가 이토록 광범위하게 퍼진 시기는 세계 역사상 유례가 없다"라고 선언했다.[10] 저명한 미국의 시인이자 철학자였던 에머슨은 이 글에서 역사는 가난한 자들의 운명에 따라 이루어지며 모든 사람이 "세상을 스스로 정복할" 기회를 누려야 한다고 주장했다.[11] 모두가 동의한 것은 아니었다.

빈곤은 벗어날 가능성이 있는 환경 같은 것이 아니라 박멸해야 할 인격적 결함이라고 주장하는 철학도 동시에 대두되었다. 바로 이러한 믿음에서 일 윤리(work ethic)를 주입하고 의존성이라는 낙인을 치료하고자 고안한 "구빈원(poorhouse)"의 중요성이 부각되었는데, 개혁가들은 이를 지역사회 수준에서 교회가 구호와 자선을 주도하던 시대의 부산물로 여겼다.[12] 한 세기 동안 과부와 궁핍한 노동자에게 자선 주택을 제공해 온 영국 구빈원(almshouse)의 전통을 바탕으로 식민지 미국에서 최초로 빈곤과 범죄를 동일시하는 교정 기관으로서의 구빈원이 설립되었다.[13]

사회사학자 데이비드 와그너(David Wagner)는 이렇게 쓴다. "1820년대부터 19세기 말 사이 미국에서는 구빈원의 수가 상당히 늘어났다. 작게는 거의 가정집 같은 느낌으로 관리인 한 명과 보통 그의 아내가 무급으로 맡는 여성 감독 한 명이 열 명에서 열두 명 정도를 수용하는 경우가 있었다. 대도시와 일부 주에는 수천 명을 수용하는 악명 높은 콘크리트 블록 수용소가 있었는데 그중에서도 가장 악명 높은 곳이 매사추세츠주에 있는 툭스버리구빈원이었다."[14]

1876년 2월 22일 애니와 지미는 어디로 가는지 전혀 모르는 채로 툭스버리를 향해 떠났다. 애너스테이시아로부터 기차를 타고 스프링필드로 갈 것이라고 들어서 둘 다 그 여정을 신나는 모험쯤으로 여겼다.[15] 형제자매 중에서 유일하게 장애가 없었던 메리는 남아서 이모 엘런(Ellen)과 함께 지내게 되었다.

그 불길한 시설에 도착한 설리번가의 아이들은 마차에 실려 "부랑자 숙소"로 이송되었고 그곳의 장부에 둘의 상태가 기록되었다. 애니는 "눈이 좋지 않음"으로, 다섯 살 지미는 "고관절 문제 있음"으로 표기되었다. 수기로 작성된 등록 서류에는 둘 다 학교에 다닌 적이 없다고 쓰여 있다.[16] 툭스버리의 수용인은 아이들도 모두 성별에 따라 나뉘었다. 하지만 동생을 남자 구역에 배정한다는 말을 들은 애니가 소란을 피우는 바람에 관리자들은 결국 두 손을 들고 지미를 애니와 함께 보냈다.

그리하여 남매가 모두 여성 구역에 들어갔는데 그 안에는 구빈원 측에서 "미친 빈민(pauper insane)"으로 분류하는 신체적 정신적 장애인도 섞여 있었다. 수가 가장 많은 집단은 유럽에서 온 가난한 이민자들이었다. 아일랜드계 가톨릭신자가 주를 이루는 수용인들은 애니가 피딩힐스에서 알던 사람들과 크게 다르지 않았다. 음울한 환경이 수치스럽기는커녕 이전의 어느 시절보다 "더 행복하고 자유롭게" 느껴졌는데, 아마도 궁핍한 어린 시절과 아버지의 채찍질에서 벗어났다는 해방감 덕분이었을 것이다.[17]

툭스버리에 도착한 지 3개월 만에 지미가 결핵으로 쓰러지는 바람에 애니는 나중에 "부랑자, 좀도둑, 소매치기, 구걸 전문가, 무직자, 술주정뱅이, 장님, 절름발이, 수치심으로 어두운 눈빛을 한 후줄근하고 지저분한 사람들"이라고 묘사한 수용인들 사이에 홀로 남았다.[18] 여섯 살 동생의 죽음은 툭스버리에 머무는 동안 애니를 엄청나게 괴롭힌 몇 안 되는 사건 중 하나였다. 훗날 애니는 임시 안치소에 가서 시트 아래 죽은 동생의 몸을 확인했을 때 받은 충격을 설명하면서 이렇게 회고했다. "사람들이 지미를 둘둘 말아 안치소로 데려가는 소리를 듣지 못한 걸 보면 지미가 죽었을 때 나는 잠들어 있었던 게 틀림없다. 내 안의 무언가가 무너져 내렸다. 내가 지르는 비명에 병원에 있던 모든 사람이 깨어났다. 누군가 달려들어 나를 끌어내려 했지만 나는 그 작은 몸을 온 힘을 다해 껴안았다."[19]

동생의 죽음은 애니의 마음에 설리번 집안에서 늘 중요시했던 가톨릭에 대한 심한 거부감을 새겨 놓았다. 애니는 중증장애인인 매기 캐럴(Maggie Carroll)이라는 여성과 친하게 지냈다. 지미가 죽자 이 신앙심 깊은 여성은 하느님의 뜻이니 구빈원에서의 삶을 받아들이라고 조언했다.[20] 하지만 애니는 그런 삶을 살고자 하지 않았다. 고해성사 같은 가톨릭 의식을 지속하는 것도 거부했다. 애니는 아일랜드 가톨릭으로부터 받은 유산에 마음 깊이 감사하면서도 조직화한 종교에 갈수록 회의를 느꼈다. 어두운 숙명론이 애니의 인생 중 상당 부분을 따라다녔다.

애니의 전기작가 중 한 명인 킴 닐슨(Kim Nielsen)은 애니가 수용인을 비하하는 서술을 하면서 자기의 장애와 다른 수용인들의 장애를 연결 지어 생각하지 못하는 경우가 많다고 지적한다. 시력이 계속 떨어지면서 애니의 얼굴은 애니가 다른 수용인들을 묘사하면서 쓴 표현처럼 "안검에 염증이 나고 부어오른…… 마치 짐승처럼 울타리에 부딪치고 서로 부딪치는 장님들"과 닮아 갔다.[21] 애니는 눈앞에 "밝은색이 끝없이 어지러이 맴돌며 춤추는" 상태였다고 썼다.[22] 증세가 심각해지자 애니는 인근 가톨릭 병원으로 가서 평생토록 받을 수많은 수술 중 첫 번째 수술을 받는다. 그 후 두 차례 수술로도 시력이 교정되지 않아 "공식기록상 시각장애인"으로 분류되는 수준에 이르렀다.[23]

성인이 된 후 애니는 툭스버리 시절이 "잔인하고 암울하고 부당한" 경험이었다고 회고한다. 하지만 당시에는 아주 달랐다. "모든 것이 흥미로웠다. 나는 일어난 일에 충격받거나 고통스러워하거나 슬퍼하거나 괴로워하지 않았다. 그런 일은 그냥 일어났다. 사람들이 그냥 그렇게 행동했다. 그럴 만해서 그러는 것뿐이었다. 그게 내가 아는 삶의 전부였다. 마음이 열려 있었기 때문에 모든 일이 그 자체로 인상적이었다. 호기심이 나를 깨어 있게 했고 모든 것을 궁금하게 만들었다."[24] 많은 수용인이 그러했듯이 애니는 자치를 요구하는 페니언주의(Fenianism)에 따라 아일랜드 자치 정부를 주창하던 민족주의 정치인 찰스 스튜어트 파넬(Charles Stewart Parnell)에게 매료되었다. 파넬이 "망명한 우리 동포들"의 지지를 얻기 위해 1879년 미국을 방문하자 애니는 어린 시절 고국의 현실을 비통해하며 저주하던 아버지를 떠올리면서 마침내 영국 지배의 족쇄를 던져 버릴 수 있을지 모른다는 생각에 무척 떨리는 마음으로 그의 여정을 지켜보았다.[25]

애니는 이렇게 바다 건너 동포들이 겪는 곤경에 관심을 가졌어도 자기의 주변 환경에는 거의 무관심했다. 애니가 도착하기 오래전부터 툭스버리는 끔찍한 환경뿐 아니라 의료 실험이나 식인, 성폭행이 횡행하며 죽은 아기를 파내어 하버드의학전문 대학원에 팔아넘긴다는 등 온갖 소문이 떠도는 곳으로 매사추 세츠주 전역에서 악명이 자자했다. 관련 기사 중 상당수가 허위 로 드러나기는 했지만 한때 새뮤얼 그리들리 하우가 위원장으 로 있던 매사추세츠주 자선위원회가 수차례 조사에 착수할 만 한 상황이었다. 실제로 하우는 말년에 구빈원의 "악취 나는" 환 경을 질타하며 수용인들이 오래전부터 호소해 온 악취 문제를 완화할 환기시스템을 새로이 설치하도록 권고했다. 하우의 뒤 를 이은 프랭클린 샌번(Franklin Sanborn)은 취임 후 사망률이 지나치게 높은 현상에 대한 조사를 실시해 구빈원 내에 만연한 "잔인성과 악습, 범죄"의 실태를 드러내는 보고서를 작성했다.[26] 이후 수년 동안 샌번은 점검차 주기적으로 구빈원을 찾았다. 애 니는 샌번이 방문하는 날을 툭스버리에서 벗어날 기회로 삼기 로 했다. 구빈원에서 친해진 여자아이들로부터 시각장애를 지 닌 어린이가 교육받을 수 있는 퍼킨스학교라는 곳이 있다는 이 야기를 여러 차례 들은 터였다. 점검일이 임박했다는 소식을 들 은 애니는 샌번이 자기가 처한 상황을 개선할 열쇠라고 믿었다. 애니의 전기작가에 따르면 그 운명적인 방문일에 말 꺼낼 기회 를 엿보며 시설을 둘러보는 무리의 뒤를 따라다니던 애니는 결 국 "어느 쪽이 맞는지도 모른 채 그 사람들 틈으로 몸을 던져 '샌

번 선생님, 샌번 선생님, 저는 학교에 가고 싶어요!'라고 애원했다". [27]

애니의 간청이 효과가 있었던 모양이다. 샌번은 훗날 애니가 교육받는 과정에 자기가 맡았던 역할을 이렇게 회고했다. "1880년에 아거왐 출신의 가련한 아이 요해나(훗날 애니로 알려진) 설리번 본인의 요청에 따라 그 아이를 퍼킨스학교에 입학시키는 사명이 내 손에 떨어졌다." [28]

1880년 10월 7일 마침내 툭스버리를 떠나게 된 애니는 주 자선위원회 관계자와 함께 기차에 올랐다. 애니가 기억하기로 퍼킨스학교에 도착했을 때만 해도 자기 이름조차 쓸 줄 몰랐다고 했다. 자신의 나이를 들은 학생들이 킥킥대며 웃었던 것도 기억했다. 애니는 나중에 전기작가에게 열네 살 나이에 읽을 줄도 쓸 줄도 모르는 채로 학교에 도착했을 때 얼마나 당황스러웠는지 모른다고 털어놓았다. 대부분 그 학교에 다닌 지 몇 년씩 되었던 재학생들은 자기 칫솔도 모자도 코트도 장갑도 없을 정도로 생필품이 부족한 여자아이가 있다는 말은 들어 본 적이 없었다. 넬라 헤니는 이렇게 썼다. "그 학생들은 잠옷이 없는 여자아이가 있을 줄은 몰랐던 게 확실하다. 그날 밤 애니는 난생처음 잠옷을 입어 보았다. 어느 교사가 다른 아이에게 빌려다 준 것이었다. 그리고 그날 밤뿐 아니라 이후로도 밤마다 친근하고 따질 줄 모르던 구빈원 친구들과의 우정을 그리워하며 툭스버리에 있을 때보다 더 외로운 마음으로 울다 잠들곤 했다." [29]

애니가 퍼킨스에 들어간 1880년은 대중들이 그 학교에서 가장 유명했던 학생을 거의 잊은 후였다. 사실 그 전해에 학교 측에서 로라 브리지먼의 50세 생일 축하연을 열었는데, 보스턴의 한 신문에서 그 행사가 "로라 브리지먼이 아직 살아 있는 줄 몰랐을" 많은 이들을 놀라게 할 것이라고 쓸 정도로 생경해하는 반응이 나왔다.[30]

1843년 줄리아 워드(Julia Ward)라는 여성과 결혼한 후로 새뮤얼 그리들리 하우는 사회개혁을 향한 열정에 공감하는 새 신부에게 온통 관심이 쏠려 있었다. 신혼여행 후 퍼킨스에 돌아와서는 자기의 유명한 제자 로라 브리지먼 이외의 다른 의제로 눈을 돌렸는데, 특히 노예제폐지운동에 관심을 기울여, 훗날 급진적인 노예제 폐지론자 존 브라운(John Brown)이 하퍼스페리(Harpers Ferry)를 습격할 때 자금을 지원한 "비밀의 6인(Secret Six)" 중 한 사람으로 알려지기에 이르렀다. 로라의 전기작가 엘리자베스 기터(Elisabeth Gitter)는 이렇게 말한다. "1844년이 끝날 무렵이 되자 하우는 더 이상 로라가 필요치 않았다. 기적이 주는 그 짜릿한 기분은 로라의 극적인 구조 과정에서 나왔다. 하우는 그 과정으로부터 그리고 로라로부터 얻을 수 있는 것을 거의 다 얻었다."[31] 새뮤얼 그리들리 하우는 애니가 오기 4년 전인 1876년에 사망했지만 그보다 몇 년 앞서 기금을 마련해 퍼킨스 부지에 로라가 계속 성경을 읽고 뜨개질하며 지낼 오두막을 지어 두었다.

애니가 들어온 시기는 로라가 이 오두막에서 지낸 지 꽤 오래된 때였다. 애니가 기억하기로 로라는 본인이 제일 좋아하는 자세, 즉 "그림 속 휘슬러의 어머니(Whistler's Mother, 19세기 후반 미국의 화가 제임스 맥닐 휘슬러가 그린 그림. 전신에 검은 옷을 입고 흰 레이스를 머리에 두른 여성이 두 손을 모으고 왼쪽을 향해 앉아 있는 모습이 담겨 있다.—옮긴이)처럼 창가에 고요히 앉아 태양을 향해 보이지 않는 눈을 들고 섬세한 손으로 바늘을 이리저리 움직여 복잡하고 아름다운 편물을 짜고 있는 곱고 노쇠한 여성"의 모습으로 하루의 대부분을 보냈다.[32] 그 오두막에서 로라와 함께 지내게 된 애니는 대화를 나누기 위해 지문자를 익혔는데 곧 그것이 매우 유용한 기술이라는 사실을 깨달았다. 애니는 나중에 "여자아이들 사이에 도는 소문과 그날의 소식"을 로라의 손에 써넣던 일을 회고했다.[33]

한편 학교교육을 받은 적이 없는데도 불구하고 애니는 학업에 대단한 소질을 보였다. 그 놀라운 발전이 이후 아버지 같은 존재가 된 퍼킨스학교장의 눈에 띄지 않을 수 없었다. 퍼킨스에서 하우의 뒤를 이은 사람은 마이클 아나그노스(Michael Anagnos)라는 그리스 애국자로 크레타 봉기 중이던 1867년에 하우가 보스턴 시민들이 기부한 구호품을 전달하러 과거의 영광스러운 현장으로 돌아왔을 때 알게 된 사이였다. 하우와 줄리아 부부는 그리스에 머무는 동안 자신들의 비공식 비서 역할을 맡고 나선 이 카리스마 넘치는 청년에게 첫눈에 마음을 빼앗겼다. 하우는 보스턴으로 돌아간 뒤 이 그리스 청년을 초대하여 퍼킨스학교에서 일하도록 했다. 이때 아나그노스가 하우의 딸 줄리아 로마나(Julia Romana)의 눈을 사로잡아 두 사람은 2년 뒤 결혼했다.

아나그노스는 새로 들어온 애니를 보살피면서 불같은 성격 때문에 몇 차례 퇴학 위기에도 처했던 애니에게 스승과 같은 역할을 자처했다. 애니는 당시 "머릿속에 물음표가 가득했고 좌절감이 몰려왔다"라고 회고했다. 또래 학생들과 친밀감을 느끼려 애쓰면서도 자기의 배경이 그들과 다르며 그 덕에 자기보다 더 격리된 채 살아온 또래에 비해 세상을 더 잘 이해할 수 있다고 생각했다. 나중에 애니는 자기가 얼마나 "빨리 배우고 다른 여자아이들보다 우월하다고 생각"했는지 회고하며 "내가 겪은 일들은 평범한 삶을 살기에 전혀 적합하지 않았다"라고 말했다. 그리고 퍼킨스에서의 학습 과정을 이처럼 다채롭게 묘사했다. "툭스버리에서 지냈던 내 삶의 깊고 어두운 토양에 뿌려진 새로운 사상이 거침없이 싹을 틔우며 퍼져 나가 나보다 더 섬세히 양육받으며 자란 학교 친구들의 평범한 사고를 뒤덮었다."[34]

퍼킨스에 도착하고 1년이 지난 후에 "앞을 거의 보지 못한 채 10년을 보낸" 애니에게 마침내 시력을 되찾아 준 두 차례 수술 중 첫 번째 수술이 성공적으로 끝났다.[35] 뒤늦게 시작했는데도 수석으로 졸업하게 된 애니는 1886년 6월에 열린 퍼킨스 졸업식에서 연설을 맡았다. 그 자리에서 애니는 동기들에게 이렇게 호소했다. "이제 복잡한 세상으로 나가는 우리는 각자에게 주어진 인생의 짐을 감당하며 더 지혜롭고 행복한 세상을 만들기 위해 조금씩 노력해야 합니다."[36] 연설은 이렇게 했지만 애니는 퍼킨스 밖의 세상으로 나서기 두려웠다. 겉으로는 자신감 넘쳐 보여도 속으로는 자기가 세상에 어울리지 않으며 가진 역량보다 훨씬 더 큰 인생의 짐을 지기에는 너무나도 부족하다고 여겼다. 두 달 후, 이런 애니의 마음과 운명을 바꾸어 놓을 편지 한 통이 날아든다.

"제2의 로라 브리지먼"

1888년 초, 퍼킨스시각장애인학교 이사회는 학교 측으로부터 지난해 주요 활동을 요약한 제56차 연례보고서를 받았다. 작고 한 장인의 전례에 따라 마이클 아나그노스는 보고서에 학교가 거둔 성과를 강조해 실었다. 거기에 조금 보태서 "로라 브리지먼의 가난한 마음에 정신적 자양분을 심어 준" 새뮤얼 그리들리 하우에게 바치는 장문의 헌사도 넣었다.[01]

아나그노스는 하우가 로라를 "구조"하면서 개척한 길을 따라 미국 내 여러 학교에서 교육을 받게 된 시청각장애를 지닌 학생들을 언급한 후 주목할 만한 새 소식을 전했다. "귀먹고 눈멀고 말 못하는" 어린 학생 중에서 "앨라배마주 터스컴비아 (Tuscumbia)시의 헬렌 켈러는 의심의 여지 없이 가장 비범하다.

경이로움 그 자체라고 해도 과언이 아닐 정도이다."[02]

헬렌이 아나그노스의 이목을 끌고 결국 대중의 상상력을 끌어모으게 된 사건은 앨라배마주의 아서 켈러 대위(Captain Arthur Keller)라는 사람이 자기 딸을 가르칠 교사를 찾는다며 보낸 연이은 편지에서 시작되었다. 헬렌은 1880년 6월 27일 켈러 대위와 그의 두 번째 아내 케이트(Kate) 사이에서 태어났다. 장애를 지니게 된 원인에 관해서는 기록이 엇갈리지만 켈러 대위가 처음 보낸 편지에 따르면 아이가 생후 19개월에 "배에 울혈이 맺히는 심각한 증세"를 겪었고 그로 인해 시력과 청력을 완전히 잃었다고 했다. 아프기 전까지 헬렌은 "아주 건강했으며 유난히 밝고 활달한 아이라는 말을 들었습니다. 걸음마를 익혔고 말도 빨리 익히고 있었습니다"라고 했다.[03]

병을 앓는 "며칠 동안 생사를 넘나들 정도였는데 나아진 후로는 한동안 눈이 붉게 충혈된 것 외에 별다른 외상의 흔적은 보이지 않았다". 하지만 얼마 지나지 않아 헬렌이 얼마나 큰 손상을 입었는지가 드러났다. 부모는 헬렌을 데리고 당대 최고의 전문의를 찾아다니며 어떻게든 방법을 찾아보려고 했지만 딸의 시력이나 청력을 회복할 수 있으리라는 희망을 비치는 사람은 아무도 없었다. 눈이 너무 아팠던 어린 헬렌은 빛을 피하려 이불에 두 눈을 묻은 채로 몇 달을 보냈다. 얼마 안 가 헬렌은 "아무런 소리도 들리지 않으니" 말을 하지 않게 되었다.[04]

이후 몇 년 동안 가족 중 몇몇은 헬렌이 돌이킬 수 없을 정도로 절망적인 "정신적 결함"을 지녔다고 여겼다. 헬렌의 삼촌은 아이를 시설에 보내야 한다고 했다. 하지만 어머니 케이트는 그러고 싶지 않았고, 어린 헬렌을 끔찍이 아끼던 아서의 여동생 이브도 케이트의 편을 들며 이렇게 항변했다. "마음을 들여다볼 수만 있다면 알 텐데, 이 아이는 켈러 집안에서 그 누구보다 영민한 아이란 말이야."05 책 읽기를 무척 좋아하던 케이트 켈러는 찰스 디킨스가 로라 브리지먼의 교육에 관해 쓴 글을 읽은 적이 있어서 시청각장애를 지닌 어린이도 교육받을 수 있다는 사실을 이미 알고 있었다. 당시는 새뮤얼 그리들리 하우가 사망한 지 몇 해가 지난 시기였지만 켈러 부부는 사후에 더욱 부각된 하우의 교육자로서의 업적에 관해서도 잘 알고 있었다.06 하여 아서 켈러는 알렉산더 그레이엄 벨(Alexander Graham Bell)에게 조언을 구하러 북부로 향했다.

벨은 헬렌이 태어나기 4년 전인 1876년에 전화기를 발명한 인물로 잘 알려져 있었지만, 벨이 머지않아 사방에 퍼진 이 기술을 발명한 동기가 보편적인 통신수단 개발이 아니라 청각장애인의 삶을 향상하겠다는 평생의 사명에 있었다는 사실을 아는 사람은 거의 없었다. 스코틀랜드 출신의 이 과학자는 아내와 어머니가 모두 청각장애인이라 수십 년 동안 보청기를 개발하는 실험에 매달렸다. 부족한 연구 자금을 충당하려고 자신의 아버지가 개발한 원리에 따라 교육하는, 청각장애를 지닌 어린이를 위한 교습소도 운영했다. 아버지 알렉산더 멜빌 벨(Alexander Melville

Bell)은 시화법(visible speech)이라는 학습 기법을 개발했는데, 이는 입과 목의 위치에 따라 소리가 어떻게 달라지는지 보여 주어 청각장애인이 말하기를 익히도록 도와주는 음성기호체계였다.[07]

벨이라면 딸의 상태를 해결할 방법을 알려 주리라는 확신을 품은 아서 켈러는 이 유명한 발명가를 만나러 기차로 워싱턴까지 찾아갔다. 벨이 북미 최초의 청각장애인 공립학교 설립자 토머스 갤러뎃(Thomas Gallaudet)에게 보낸 편지를 보면 헬렌을 만나기 전부터 이 사례에 흥미를 느끼고 있었음을 알 수 있다. "오늘 저녁에는 앨라배마주 터스컴비아에 사는 아서 켈러라는 분과 저녁을 먹을 예정입니다. 켈러 씨가 유아기에 청력과 시력을 잃은 (6세 6개월 정도 되는) 어린 딸을 데리고 오기로 했어요. 딸에게 맞는 교육 방안을 찾는 중이라는군요. 아이가 아주 똑똑한 모양인데, 하여간 대단히 흥미로운 사례라 갤러뎃 씨도 알고 싶어 하리라 생각했습니다."[08]

그날 저녁 만남이 어땠는지 자세한 내용은 밝혀져 있지 않다. 애니 설리번을 만나기 전까지는 의사소통이 불가능했다고 알려져 있지만 사실 헬렌은 자기의 기본적인 욕구와 감정을 전달하기 위해 적어도 60가지 신호를 스스로 만들어 냈다. 예를 들어 빵을 먹고 싶으면 칼로 썰어 버터를 바르는 시늉을 했다. 아이스크림을 먹고 싶으면 추운 듯이 몸을 부르르 떨면서 냉장고 흉내를 냈다.[09] 나중에 헬렌은 어린 시절이 거의 기억나지 않는다고 했지만 벨과의 첫 만남은 마음 깊이 남았던 것이 틀림없다. 헬렌은 이렇게 썼다. "벨 박사는 내 신호를 이해했고, 그 사실을 알자마자 나는 그가 너무 좋았다. 하지만 그날의 면담이 어둠에서 빛으로, 고립에서 우정과 동료애, 지식, 사랑으로 넘어가는 문이 될 줄은 꿈에도 몰랐다."[10]

켈러 대위는 딸에게 개인교습이라도 해 주었으면 하는 바람으로 벨을 찾아갔겠지만 벨은 한눈에 헬렌의 잠재력을 알아본 듯하다. 아서 켈러에게 교습이 아니라 퍼킨스시각장애인학교의 마이클 아나그노스에게 편지를 보내 딸을 전담할 교사를 찾아보라고 조언했다.[11] 아서는 로라 브리지먼에 관한 글을 읽어 이미 퍼킨스학교에 관해서도 잘 알고 있던 케이트의 동의를 얻어 아나그노스에게 첫 번째 편지를 보냈다. 그러자 이런 답장이 왔다. "따님의 사례가 대단히 흥미롭습니다. 아이의 지적 활동에 관해 간략히 설명하신 내용을 읽어 보니 로라 브리지먼이 떠오릅니다. 거리가 그리 멀지 않으면 꼭 한번 만나러 가고 싶습니다."[12]

나중에 아나그노스는 이 일에 가장 적합한 사람이 누구인지 곧바로 알았다고 주장했다. 그는 이렇게 회고했다. "거의 본능적으로 애니 M. 설리번 선생이 떠올랐다. 마침 반에서 수석으로 졸업한 설리번 선생은 우아한 형식을 갖추어 직접 작성한 명문이 가득 담긴 아름다운 졸업 연설문으로 그 흔치 않은 자질을 선보여 익히 알고 있던 사람들마저 놀라게 했다."[13]

아나그노스는 애니에게 아서 켈러의 편지를 건네주며 "켈러 씨 집안의 어린 딸이 말 못하는 시청각장애인인데 그 아이의 가정교사 자리를 제안한다면 호의적으로 고려해 볼 마음이 있는지" 물었다. 애니가 도전해 보겠다고 하면 아서 켈러에게 "더 자세한 사항"을 요청해 보겠다고 했다.[14]

교사를 구한다는 아서 켈러의 편지에 아나그노스가 답장을 보내기까지는 거의 다섯 달이 걸렸다. 왜 그렇게 공백이 길었는지에 대해서는 여러 가지 가설이 나왔지만, 당시 기록을 통해 밝혀진 바에 따르면 애니가 그 일을 해낼 수 있으리라는 확신이 들지 않아 망설였던 것이 중요한 이유 중 하나였다. 애니는 새뮤얼 그리들리 하우의 그늘에서 자랐다. 학교에 온 직후부터 애니는 주야장천 로라를 키워 낸 하우의 업적을 전해 들으며 지냈다. 6년 전까지만 해도 읽을 줄도 쓸 줄도 몰랐는데 이제 하우처럼 위대한 사람에게나 어울릴 만한 도전에 나서기를 요청받고 있었다. 스무 살 애니로서는 분명 두렵고 떨리는 일이었을 것이다. 아나그노스가 임무를 제안했을 때 애니는 그저 "준비해 보겠다"라고만 대답했다.

그 후 5개월 동안 애니는 하우가 40년 전에 "무덤에 갇힌" 로라 브리지먼을 풀어 주기 위해 걸었던 길을 연구하는 데 몰두했다. 아나그노스에 따르면 애니는 "정신발달 관련 서적을 두루 탐독하고, 하우 박사의 보고서를 꼼꼼히 읽으며 그가 쓴 기법과 과정을 세밀한 수준까지 익히고, 그의 숭고한 정신, 그리고 회복

하고 성장하는 인간의 역량과 내면의 힘에 대한 드높은 믿음을 한껏 흡수했다".[15]

결국 아나그노스는 1887년 1월 켈러 대위에게 편지를 보내 "실제로 지켜본 결과 애니가 그 일을 맡을 역량이 충분하고 어린 소녀를 책임지기에 전혀 부족하지 않다는 확신을 품고······ 망설임 없이" 애니를 가정교사로 추천한다고 했다.[16]

아직은 맡을 임무에 대한 불안감이 완전히 가시지 않았을 수 있지만 애니는 그 일을 해낼 수 있을 거라고 아나그노스는 확신했다. 추천서를 받은 켈러 대위는 흔쾌히 수락했다. 이번에는 "안과 및 이과에서 저명한 의사"에게 헬렌을 보이려고 워싱턴으로 가려던 참이었다. 아직 확정되지 않았지만 돌아오는 대로 애니를 교사로 채용할 수 있으리라고 믿었다. 켈러는 아나그노스에게 월 25달러에 숙식과 세탁을 지원한다는, 나중에 그가 표현한 바로는 "파격적인 조건"을 제시했다. 1880년대에 보스턴에서 여성 교사가 받는 주급이 평균 5달러였던 점을 생각하면 대단히 후한 금액이었다.[17]

아서 켈러는 남부와 인연이 깊었다. 아서 자신은 남군에서 대위로 복무했고 어머니는 로버트 E. 리(Robert E. Lee, 미국 남북 전쟁 당시 남군 총사령관을 맡은 인물―옮긴이)와 육촌 간이었다.[18] 그런데 켈러의 두 번째 아내이자 헬렌의 어머니인 케이트는 미국 대통령을 두 명 배출했고 남부 백인 대부분이 극렬히 반대하는 노예제폐지운동에 오랫동안 관여해 온 매사추세츠주 애덤스 가문의 후손이었다. 하지만 케이트의 아버지인 찰스 애덤스는 케이트가 태어나기 전에 아칸소주로 이주하면서 북부의 계보를 끊었고 이후 남북전쟁이 벌어지자 남군 편에서 싸웠다. 북부 혈통을 물려받았는데도 불구하고 케이트는 멤피스에서 자라 스물셋에 아서와 결혼한 엄연한 남부 미인이었다.[19] 아서 켈러가 북부 출신을 딸의 교사로 고용하기를 꺼렸을 수도 있지만, 애니를 "우리 직계가족의 일원"이나 마찬가지로 대하겠다는 약속을 담아 아나그노스에게 보낸 답장 어디에도 그런 흔적은 보이지 않았다.[20]

애니는 대단히 기쁜 마음으로 제안을 받아들였다. 1887년 3월 초 애니가 떠나기 전날에 퍼킨스의 여학생들은 앞으로 애니가 맡을 어린 소녀에게 줄 선물로 인형을 건넸다. 바느질과 책 읽기로 소일하며 지내던 57세의 로라 브리지먼은 "그리스도 안에 있는 나의 자매에게"라고 쓴 쪽지와 함께 그 인형에 입힐 드레스를 만들어 주었다.

터스컴비아에 도착한 3월 3일까지도 애니는 다가올 모험에 긴장을 풀지 못한 상태였다. 이틀 내내 기차로 이동한 끝에 역에 도착해 보니 케이트 켈러가 마중을 나와 있었다. 애니의 기록에 따르면 서른한 살인 케이트는 자기와 나이 차이가 크지 않아 보였다. 애니는 벽을 타고 자라는 담쟁이덩굴 때문에 아이비그린이라는 이름이 붙은 켈러의 저택에 도착했을 때 느낀 기분을 이렇게 회고했다. "내가 맡을 어린 제자가 너무 보고 싶어서 설레는 마음에 가만히 자리에 앉아 있기 힘들 지경이었다. 더 빨리 달리라고 말들을 재촉하고 싶었다."[21] 훗날 헬렌도 애니가 도착한 순간이 자신의 "영혼의 생일"이라 할 만한 순간이었다고 회고했다. "다가오는 발소리가 느껴져 어머니라고 생각해 손을 뻗었다. 누군가 내 손을 잡더니 끌어당겨 나를 품에 안았다. 내게 모든 것을 알려 주고 나를 다른 무엇보다 더 사랑해 주러 온 사람이었다."[22]

도착하고 2주가 지난 후에 마이클 아나그노스에게 쓴 편지에서 애니는 자기가 맡은 임무에 관해 긍정적인 태도를 보였다. "켈러 씨 부부는 대단히 친절한 분들이에요. 저의 어린 제자 헬렌은 그 애 아버지가 설명한 그대로이고요. 그 작은 아이가 촉각과 후각으로 습득한 지식은 정말 놀라운 수준이에요."[23]

이렇게 극찬하긴 했지만, 애니는 평생지기인 퍼킨스의 사감 소피아 홉킨스(Sophia Hopkins)에게 쓴 편지에서는 이 만남에 관해 좀 더 솔직한 심정을 털어놓았다.

마침내 저택에 도착해 현관 계단을 뛰어 올라가 보니 헬렌이 누가 들어오는 걸 알고 있는 듯이 한 손을 앞으로 내민 채 현관문 앞에 서 있었어요. …… 길들지 않은 그 작은 생명체가 완강히 키스를 거부하고 내 품에서 벗어나려 몸부림쳐서 얼마나 실망했는지 몰라요. 조그만 손가락으로 내 얼굴과 옷을 함부로 만지고 내 가방에 뭔가 맛있는 것이 들어 있는 것 같다는 신호를 보내며 당장 열어 보려고 안달했던 것도 기억나요. 켈러 부인이 고개를 젓고 나를 가리키면서 가방을 열면 안 된다고 설득하려 했지만 이런 신호에 아랑곳하지 않고 고집을 부려 결국 어머니가 억지로 가방을 뺏어야 했어요. 헬렌은 머리카락 끝까지 벌게져서는 어머니의 옷을 움켜쥐고 마구 발길질을 해 댔어요.[24]

결국 짜증을 내며 제멋대로 구는 헬렌의 행동에 대한 묘사가 헬렌의 교육에서 애니가 맡은 역할에 관한 서사의 중심을 차지하게 된 것은 어느 정도는 아나그노스 때문이었다. 아나그노스는 1887년 퍼킨스 연례보고서에 애니의 이야기를 발췌해 이렇게 썼다. "그 아이는 급하고 고집스러운 성격을 타고난 데다 신체결함이 있다 보니 억눌리거나 통제당한 적이 없었다. 어떤 생각을 이해할 수 있게 전달하기 어려울 때면 발작하듯 격렬한 분노에 휩싸이곤 했다."[25]

헬렌의 행동은 애니가 퍼킨스에 입학하기 전까지 짜증 많고 제멋대로였던 자신을 회고하면서 묘사한 내용과 크게 다르지 않았지만, 어린이를 돌보는 경험이 툭스버리에 들어가기 전에 동생 지미와 보낸 시간 정도에 불과했던 애니에게는 상당히 버거운 걸림돌이었다. 애니는 아나그노스에게 이렇게 불평했다. "헬렌이 너무 통제가 안 돼요. 늘 내키는 대로 해 온 아이를 고분고분하게 만드는 건 거의 불가능한 일이에요. 그래도 언젠가는 해내겠죠. 가장 큰 문제는 아이의 영혼을 해치지 않으면서 훈육하고 통제할 방법을 찾는 거예요." 점진적인 접근법을 시도하기로 결심한 애니는 이렇게 말했다. "처음에는 좀 천천히 다가가면서 마음을 얻으려고 노력해야겠어요. 억지로 제압하려고만할 게 아니라 처음부터 이해하고 따르도록 끌어 나갈 작정이에요."[26]

이런 어려움이 있었어도 애니는 첫날부터 지체 없이 수업에 전념한 듯하다. 퍼킨스의 학생들이 준 인형을 활용해 헬렌이 손에 D-O-L-L이라고 인형의 철자를 써 주었다. 마찬가지 방법으로 C-A-K-E도 알려 주었다. 애니의 제자는 얼마 안 가 여섯 가지 단어를 익혔다. "새로운 물건의 이름을 익힐 때마다 즐거운마음을 표현했고 잘했다고 토닥여 주면 무척 기뻐했다." 애니가회고하기로 헬렌은 이런 물건을 하나 쥐여 주면 그 이름을 철자로 표현할 수는 있었지만 모든 사물에 고유한 이름이 있다는 사실을 이해하기까지는 시간이 좀 걸렸다.[27]

두 사람은 수업 사이사이 사투를 벌이곤 했는데, 애니는 특히저녁 식사 자리에서 이 여섯 살짜리 여자아이의 식탁 예절이 어찌나 부족한지 질릴 지경이었다고 했다. 한번은 접시의 음식을손으로 집어 먹는 행동을 제지하자 헬렌이 여느 때처럼 짜증을부렸다. 결국 화가 가라앉기는 했지만 왜 식사를 제지당했는지이해하지 못한 채 무슨 일이 벌어지고 있는지 알아내려고 근처에 서 있는 헬렌을 그대로 둔 채 애니는 끝까지 식사를 마쳤다.가혹해 보이는 애니의 훈육 방식을 지켜보기 어려웠던 가족들은 조용히 밖으로 나갔다. 애니는 여태 가족들이 무조건 헬렌이 원하는 대로 하게 내버려두었다고 한탄했다.

애니의 교육철학을 형성한 악전고투가 이어졌다. 애니는 홉킨스 부인에게 초기의 노력이 무수한 난관에 부딪혔다고 불평했다. 그 아이는 "싸움 끝에 쓰디쓴 결말을 맞이하기까지" 한 치도 물러서지 않으려 했다. 머리를 빗거나 손을 씻는 간단한 일도 "완력을 써야만" 시킬 수 있었다고 했다. 하지만 그럴 때마다 "괴로운 장면이 뒤따라 펼쳐졌다". 애니가 찾아낸 교훈은 명확했다. "제 말에 따르는 방법을 배우기 전까지는 언어든 뭐든 가르치려 해 봐야 헛수고라는 걸 확실히 깨달았어요. 정말 많이 생각해 봤는데, 생각하면 할수록 순종하게 만들어야만 아이의 머릿속에 지식을, 그리고 물론 사랑을 심어 줄 통로가 생긴다는 믿음이 강해져요."[28]

얼마 안 가 애니는 가족의 끝없는 견제가 제자를 통제하는 데 가장 큰 걸림돌임을 확신하게 되었다. 가족 중에 북부 출신이 있다는 데서 오는 문화적 충돌에서 비롯한 문제도 많았다고 암시하기도 했다.

애니는 나중에 전기작가에게 이렇게 말했다. "남북전쟁은 이겼어도 전쟁을 유발한 문제들은 해결되지 않았어요. 쓸데없는 논쟁이 끝없이 이어졌죠. 가족 중 누군가 섬너(Sumner, 당시 공화당원으로 노예제 폐지를 주장했고 매사추세츠주 상원의원을 역임한 정치인—옮긴이)를 공격하거나 링컨을 미온적으로 보거나 하면 분노에 가득 차 돈키호테처럼 반격의 몽둥이를 휘둘렀어요."[29]

애니는 자꾸 참견하는 가족으로부터 헬렌을 떼어 낼 수만 있다면 온전히 맡은 임무에 전념할 수 있으리라 믿었다. 한 편지에서 애니는 이렇게 회고했다. "[켈러 부인에게] 아이를 최소한 몇 주 동안이라도 가족과 떨어져 지내게 해야 한다고, 교육의 효과를 조금이라도 거두려면 아이가 나를 의지하고 순종하게 만들어야 한다고 의견을 전했어요."[30] 결국 양측이 합의하는 해결책이 나왔다. 케이트는 집안의 젊은 흑인 하인이 지내고 있던 인근의 방 한 칸짜리 별채를 제안했다.

그래서 헬렌과 애니는 애니가 저택에 도착한 지 8일 후인 3월 11일에 정원의 별채로 옮겨 갔다. 이틀 만에 애니는 이 방법이 효과가 있는 것 같다며 홉킨스 부인에게 재차 편지를 썼다. "헬렌은 이제 낱말을 여러 개 익혔지만 그걸 활용하는 방법이라든지 모든 것에 이름이 있다는 사실 같은 건 전혀 몰라요. 하지만 머지않아 터득할 거라고 생각해요. 지난번에 제가 말했듯이 헬렌은 놀랄 만큼 밝고 활동적이고 번개처럼 빠르게 움직이거든요."[31]

3월 20일에 홉킨스 부인에게 쓴 또 다른 편지에서 애니는 돌파구를 찾은 듯했다. "오늘 아침 제 마음에는 기쁨의 노래가 흘러나오고 있어요. 기적이 일어났지 뭐예요! 제 어린 제자의 머릿속에 한줄기 이해의 빛이 깃들더니, 보세요, 모든 것이 달라졌어요! 이 야만적인 꼬맹이가 드디어 순종의 교훈을 배우고 속박이 그렇게 괴롭지 않다는 걸 이해하게 되었어요."[32] 이 기적의 본질이 무엇인지 궁금해한 전기작가가 없지 않았다. 도로시 허먼(Dorothy Herrmann)은 애니가 나중에 넬라 헤니에게 자신이 채찍질을 "싫어하지" 않는다고 인정한 사실을 들며 이렇게 물었다. "애니는 신체적 폭력을 행사해 자기의 야성적인 기질을 꺾으려다 실패한 잔인한 아버지가 그랬듯이 헬렌을 때려서 굴복하게 했을까?"[33]

사실 애니와 켈러 부부 사이의 갈등은 애니가 주장한 것처럼 남북 간의 문화적 충돌에서 비롯된 것이 전혀 아니었을 수 있다. 그보다는 목표를 이루기 위해 애니가 사용한 훈육 방식 때문에 부부가 이 젊은 교사를 불안하게 여긴 것으로 보인다. 애니는 홉킨스 부인에게 이렇게 썼다. "가족들은 간섭하는 걸 당연하게 여겨요. 특히 아버지가 애가 우는 걸 못 견뎌 해요."[34]

몇 년 후 이때를 회고하면서 헬렌은 애니의 신체적 훈육에 대한 분노는 별일이 아니었고 그런 교육이 필요했다고 확신하는 듯한 모습을 보였다. 1955년 출간한 회고록 『선생님』에 헬렌은 이렇게 썼다. "어릴 적 [내] 기질 때문에 어쩔 수 없이 완력이 쓰였지만, 그 고집쟁이 악동을 망치게 하는 습관에서 벗어나게 하려면 뭐라도 해야 할 상황이었다."[35] 하루는 애니의 지시를 거부하고 계속 손톱만 물어뜯고 있자니 "인간 회오리가 내려와 내 귀를 막고(boxed) 손을 등 뒤로 묶어 어떤 의사표시도 하지 못하

게 만들었다"라고 회고했다.[36]

역설적으로, 양쪽 귀를 동시에 강타하는 "귀 막기(boxing)"라는 빅토리아식 체벌은 고막을 심하게 망가뜨려 청각장애를 초래할 수 있다고 당대 의학 교과서에서 경고하는 방식이었다.[37] 헬렌은 애니가 지리 수업 시간에 입체 지도를 만들 때 자주 사용하던 젖은 점토 덩어리로 자신의 뺨을 때린 적도 있다고 회고했다. "하지만 교사 일에 애정이 엄청났던 선생님은 엇갈린 행동을 금세 후회하고 자신에게 스스로 떠올릴 수 있는 가장 고약한 이름을 붙이며 자책했다. …… 폭풍이 물러가고 나면 선생님은 돌아와 이렇게 말했다. '용서해 주렴, 헬렌! 네가 시청각장애인이라는 걸 상상조차 할 수 없을 정도로 너를 사랑한단다.'"[38]

나중에 애니는 자기의 성격을 솔직하게 평가했다. 죽기 직전 애니는 이렇게 썼다. "워낙에 비스마르크나 무슬리니처럼 편협한 성격을 타고난 나는 헬렌을 만나지 못했다면 평생 고슴도치 같은 인간으로 살았을지 모른다."[39]

헬렌의 일곱 번째 생일을 두 달 앞둔 4월 5일, 애니는 한 가지 돌파구를 찾았다며 홉킨스 부인에게 운명의 그 편지를 썼다. 헬렌 켈러의 인생사에서 이 편지가 얼마나 중요했는지 생각하면, 헬렌이 순종하는 법을 배웠다며 "기적"이라고 썼던 2주 전의 편지에 비해 여기서는 그다지 흥분한 느낌이 들지 않는 점이 흥미롭다.

아주 중요한 일이 일어났어요. 헬렌이 학습 과정에서 또 한 번 중요한 걸음을 내디뎠답니다. 모든 것에 이름이 있고 지문자가 자기가 알고 싶어 하는 모든 것의 열쇠라는 사실을 깨달았거든요. …… 오늘 아침 헬렌이 씻다가 "물"이라는 이름을 알고 싶어 했어요. 뭐든지 이름을 알고 싶은 게 있으면 제 손을 두드려요. 저는 "w-a-t-e-r"라고 써 주고는 아침 식사를 마칠 때까지 그 일에 관해 더 이상 생각하지 않았어요. …… 펌프장에 가서 제가 펌프를 가동하는 동안 헬렌에게는 펌프 주둥이에 머그잔을 받치고 있도록 시켰어요. 차가운 물이 솟구쳐서 머그잔을 가득 채우는 동안 저는 헬렌의 다른 손에 "w-a-t-e-r"라고 썼어요. 손 위로 쏟아지는 차가운 물의 감촉에 그 단어가 너무 강하게 다가온 모양인지 헬렌은 깜짝 놀란 모습이었어요. 머그잔을 떨어뜨린 채 넋이 나간 듯 서 있었는데 얼굴에 새로운 빛이 감돌더라고요. "water"를 여러 번 써 보고 나서는 바닥에 엎드려 이름을 묻고 펌프와 울타리를 가리키더니 갑자기 제 쪽으로 돌아서서 제 이름을 물었어요. 저는 "선생님"이라고 써 주었어요. …… 집으로 돌아가는 내내 헬렌은 몹시 흥분해서 손에 닿는 모든 사물의 이름을 배워서 몇 시간 만에 새로운 단어를 30개나 더 익혔어요.[40]

애니의 전기작가 넬라 헤니는 펌프장에서 일어난 사건의 중요성을 제대로 포착해 오늘날까지 이어져 온 서사의 형성에 크게 기여했다. 헤니는 이렇게 썼다. "종교는 낮은 곳에서 시작되

었다."[41] 훗날 헬렌 자신은 그때가 "영혼이 갑자기 눈을 뜬 순간"이었다고 말했다.[42]

헬렌이 돌파구를 찾은 순간에 대한 애니의 묘사는 로라 브리지먼이 처음으로 단어와 사물을 연결 지으며 맞이한 각성의 순간에 대한 새뮤얼 그리들리 하우의 설명과 매우 흡사하다. 로라처럼 쏟아지는 자극을 마주한 헬렌은 곧 엄청난 속도로 학습에 열중했다.

나중에 헬렌은 이렇게 썼다. "펌프장을 벗어날 때 나는 배우려는 열망에 휩싸여 있었다. 모든 사물에 이름이 있었고 각각의 이름이 새로운 사고를 일깨웠다. 집으로 돌아왔을 때는 손에 닿는 모든 사물에서 생명의 파장이 느껴지는 듯했다. 생생한 그 언어가 내 영혼을 깨우고 빛과 희망과 기쁨을 선사하고 나를 자유롭게 풀어 주었다! 나는 오직 손으로 탐험하며 내 손에 닿는 모든 사물의 이름을 익혔고, 더 많은 물건을 만지고 이름과 용도를 익힐수록 더 큰 기쁨이 느껴지면서 세상과 내가 연결되어 있다는 확신이 강해졌다."[43]

Chapter

4

"대담한 표절"

펌프장에서 돌파구를 맞이한 후 몇 날 몇 주가 지나도록 애니는 흥분을 주체할 수 없었다. 1887년 5월에 애니는 아나그노스에게 이렇게 보고했다. "헬렌은 단어를 거의 300개나 익혔고 하루에 대여섯 개씩 늘어나고 있어요. 단어의 길이는 별 상관이 없는 듯해요. 하루는 계단 난간을 가리키며 이름을 알려 달라고 하더군요. 그래서 **난간**(balustrade)의 철자를 두세 번 써 주었어요. 이틀이 지난 후에 헬렌이 얼마나 기억하는지 확인해 볼까 했더니 놀랍게도 철자를 하나도 틀리지 않았고 **아이스크림**(ice-cream), **딸기**(strawberry), **라즈베리**(raspberry), **흔들의자**(rocking-chair)처럼 두 단어가 조합된 이름도 쉽게 외웠어요."[01]

한 달 후에 애니는 홉킨스 부인에게 걱정 어린 편지를 썼다.

"헬렌이 밤에 쉬지 못하고 식욕도 없어요. 의사 말로는 지나친 각성상태라고 하는데 어떻게 해야 생각을 멈추게 할 수 있을까요? 아침에 일어나자마자 철자를 외우기 시작해서 하루 종일 계속해요. 제가 대화를 거부하면 자기 손에 철자를 쓰면서 혼자 열심히 이어 나가는 듯해요." 애니는 농담조로 이런 대책을 내놓았다. "지금까지 아무도 이 생각은 못 했을 텐데, 제가 보기에 헬렌의 저 타고난 학습 능력을 멈출 효과적인 방법은 마취밖에 없지 싶어요."02

애니는 새뮤얼 그리들리 하우가 로라 브리지먼을 교육하던 초기에 도입한 학습법을 많이 적용하는 동시에 아이비그린 주변 자연환경의 이점도 활용했다. 이는 애니가 제자에게 배움을 향한 사랑을 심어 주려고 활용했던 여러 가지 창의적인 학습법 중 하나였다. 숲과 개울은 헬렌의 상상력을 자극하는 야외 교실이고 "풀잎" 하나하나는 학습 도구였다. 헬렌은 나중에 이렇게 썼다. "덧셈이나 지구 모양 표현하기를 배우기 훨씬 전에 설리번 선생님은 내게 향기로운 숲에서 아름다움을 찾아내는 방법을 알려 주었다."03 애니의 창의적인 교수법을 설명하면서 헬렌은 첫 달에는 "정규수업"이 거의 없었다는 점도 언급했다. 그 대신 "공부라기보다는 놀이에 더 가까운" 학습을 했다고 말했다. 헬렌은 애니가 모든 것을 "아름다운 이야기나 시에 빗대어" 알려 주었다고 했다.04

"제2의 로라 브리지먼" 이야기가 일찌감치 나돌았다. 얼마 지나지 않아 뉴욕 전역에 헬렌의 이야기가 퍼졌고, 한 신문에는 헬렌이 펌프장에서 돌파구를 맞이한 순간을 마치 기자가 현장에서 본 것처럼 생생하게 묘사한 기사가 실렸다. 《뉴욕선(New York Sun)》에서는 이렇게 단언했다.[05] "헬렌은 벅찬 기쁨과 기대감에 휩싸였는데, 이는 안쓰러우면서도 고무적인 일이었다." 이야기가 그 자체로 살아 움직이기 시작했다. 초기에 헬렌이 명성을 얻는 데에 알렉산더 그레이엄 벨과 마이클 아나그노스 중 어느 쪽이 더 큰 역할을 했는지는 판단하기 어렵다. 켈러 대위에게 퍼킨스를 추천함으로써 새로운 영재를 발굴하는 데에 자신이 결정적인 역할을 했다고 믿었던 벨은 지체 없이 헬렌이 이루어 낸 성취를 퍼트리고 나섰다. 한 신문사에 헬렌의 사진과 성장과정을 서술한 글을 보내면서는 헬렌이 빠른 언어습득 능력을 보이던 일곱 살 때 애니로부터 배운 특이한 점자로 써 보낸 편지까지 동봉했다.[06]

친애하는 벨 박사님,

박사님께 편지를 쓰게 되어 기쁩니다. 아버지가 사진을 보내 주실 거예요. …… 저는 책에 적힌 이야기를 읽을 수 있어요. 글자를 쓰고 철자를 외우고 숫자를 셀 수 있는 착한 아이예요. 제 여동생은 걷고 뛸 수 있어요. 우리는 점보와 함께 즐겁게 놀아요. 프린스는 좋은 개는 아니에요. 새를 잡을 줄 모르거든요. 래드는 아기 비둘기를 죽였어요. 슬퍼요. 래드는 잘못이 뭔지 몰라요. 낸시는 저와 함께 다녀요. 멋진 인형이랍니다. 아버지가 제게 근사한 새 시계를 사 주실 거예요. 사촌 애나는 예쁜 인형을 주었어요. 그 인형의 이름은 앨리예요.

안녕히, 헬렌 켈러.[07]

헬렌의 성취에 대한 소식이 빠르게 퍼지는 가운데 애니는 적어도 초기에는 그러한 찬사를 반기지 않았다. 오히려 감탄하는 언론보도가 늘어나는 상황을 계속 염려했다. 헬렌을 가르치러 터스컴비아에 도착한 지 몇 주가 지나지 않아 한 친구로부터 헬렌의 성장과정을 과장해 보도한 《보스턴헤럴드(Boston Herald)》의 기사를 전달받았다. 애니는 홉킨스 여사에게 이렇게 썼다. "헬렌이 '이미 유창하게 말한다'니 얼마나 터무니없는 소리인지요. 두 살짜리 아이가 '사과 줘'라든지 '아기 걸음마 해'라고 말한다고 유창하게 대화한다고 하는 거나 다름없지 않나요. 그 아이가 이따금 발로 차기도 하면서 소리 지르고 빽빽대고 낑낑대고 칭얼거리고 악을 쓰는 것까지 대화로 본다면 유창한 걸 넘어서 언변이 뛰어나다고까지 할 수 있을지도요."[08]

헬렌의 성취에 대한 이야기가 점점 더 널리 퍼지자 애니는 재차 그런 관심을 한탄스러워했다. 애니는 홉킨스 여사에게 이렇게 털어놓았다. "헬렌 켈러와 저에 관해 뭐라고들 쓰는지 다 알 수 없어서 진심으로 다행이에요. 인쇄된 것이든 손으로 쓴 것이든 거의 모든 우편물에 말도 안 되는 내용이 담겨 있어요. 진실이라는 게 신문에 걸맞을 만큼 멋지지 않으니 과장해서 우스꽝스럽게 윤색하는 거죠." 그러면서 최근의 사례를 인용했다. "헬렌이 장난감 블록을 가지고 기하학 문제를 설명하는 이야기를 실은 신문도 있어요. 이다음에는 어쩌면 헬렌이 행성의 기원과 미래에 관한 논문을 썼다는 소리를 들을지도 모르겠어요."[09]

하지만 여름에 접어들 무렵에는 이 전설을 부풀린 일차적 책임이 마이클 아나그노스에게 있었다. 헬렌이 막 일곱 살이 된 1887년 7월에 헬렌이 벌써 500개에 달하는 단어를 익혔다는 아나그노스의 주장을 인용한 기사가 미 전역에 배포되는 《뉴욕 선》에 실렸다. 신문에서는 이렇게 보도했다. "헬렌은 할 수만 있다면 모든 시간을 지식을 늘리는 데에 쏟아부을 것이다."[10]

같은 해 말에 퍼킨스 연례보고서를 통해 헬렌의 학업 진척 상황을 더 자세히 전한 아나그노스는 보고서의 상당 부분을 헬렌의 교육에 관한 내용으로 채우면서 교사인 애니의 역할도 칭송했다. 아나그노스는 이렇게 썼다. "설리번 선생의 재능은 최고 수준이다. 폭넓은 지력, 넘치는 정신력, 풍부한 자료, 독창적인 교구, 실용적인 기민함의 측면에서 선두에 서 있다. …… 이 학교 졸업생에게 설리번 선생은 진정 명예로운 존재이다. 겸손히 삼가는 태도로 임무를 수행했고 자만하는 법 없이 홀로 조용히 이루어 냈다."[11]

애니는 홉킨스 부인에게 자기의 동기를 부풀려 쓴 교장의 글에 "마음이 불편하다"라고 밝히며 곤혹한 심경을 털어놓았다.

자신이 고귀한 소명 때문에 그 일을 수락했다고 단언한 아나그노스의 주장에도 이의를 제기했다. "그저 생계비를 충당해야 하는 상황이기도 했고, 저도 교장도 이 일이 제 적성에 특히 잘 맞으리라고 기대하지 않았지만 처음 굴러들어 온 기회를 잡은 거예요."[12]

그렇다 해도 애니는 헬렌이 유달리 엄청난 성장을 보이고 있음을 점점 더 확실히 알게 되었다. 동일한 교육 단계에서 로라 브리지먼이 이룬 성과를 잘 알고 있었던 애니가 보기에 헬렌은 로라의 족적을 훨씬 뛰어넘어 하루가 다르게 앞서 나가고 있었는데, 이는 일곱 살 생일이 한 달 지났을 무렵 점자를 배운 후로 더욱 두드러졌다. 프랑스의 시각장애인 교육자 루이 브라유가 60년 앞서 개발한 양각 점자 체계 덕분에 헬렌은 혼자서도 마음껏 책을 읽을 수 있었다.

하지만 자기 확신이 부족했던 애니는 자기의 역할은 그저 "더 뛰어난 선생님들이 상부구조를 쌓을 수 있도록 토대를 잘 쌓는 일"에 불과하다면서 아나그노스에게 "그동안 쌓아 오신 경험으로 볼 때 헬렌에게 무엇을 어떻게 가르쳐야 좋을지 제안"해 달라고 요청했다.[13] 그리고 아나그노스에게 들은 칭찬에 손사래를 치면서 절친한 친구에게 계속해서 겸손한 태도를 보였다. "'천재적'이고 '독창성'이 있다는 그런 말을 쉽게 써서는 안 돼요. 멀리서 저를 그렇게 보는 사람들이 있더라도 저 자신은 그런 이유로 칭찬을 들을 자격이 없다고 생각해요."[14]

그런데 애니가 느끼기에 사실 첫 번째 보고서에서 애니에 대한 칭찬을 아끼지 않았던 아나그노스는 그 후로 이어지는 글에서는 교사로서 애니가 한 일은 단지 로라 브리지먼을 교육하면서 개발한 기술을 적용하는 데 불과했다며 헬렌의 성장에서 애니가 맡은 역할을 깎아내리는 모습을 보였다. 1888년 보고서에서는 헬렌을 가르치는 데 들인 애니의 노고를 인정하기보다는 이런 식으로 과장된 서술을 했다. "촉각이 캄캄했던 헬렌의 머릿속을 건드리자 천상의 빛이 가득 찼다. 마법의 지팡이에 손을 대기라도 한 듯이 순식간에 놀라운 일이 일어났다. 그 어린 죄수가 당당히 구출되어 단숨에 세계시민으로 거듭났다."[15] 헬렌이 애니 설리번의 꼼꼼하고 꾸준한 지도에 의해서가 아니라 마치 마법처럼 배움을 얻었다는 이런 진술을 접하면서 젊은 교사는 좌절감을 느끼기 시작했다.

나중에는 애니를 핵심 인물로 둔 서사가 부상한 것을 고려할 때 초기에 언론에서 헬렌의 업적을 어떻게 서술했는지 살펴보는 작업은 유의미하다. 헬렌의 명성이 퍼져 나가는 동안 신문 기사에 늘 애니의 역할이 언급되기는 했지만 "시청각장애를 지닌 놀라운 소녀"가 이룬 성취의 공을 "스승"에게 돌리는 대목은 그저 몇 줄에 불과했다. 그리고 헬렌의 성장을 두고 "기적"이라는 말이 곧잘 쓰였지만 초기 몇 년 동안에는 그것이 교사가 아니라 제자에게 붙는 경우가 더 많았다.

보스턴의 한 신문에서는 헬렌이 일곱 살 때 쓴 편지를 전재하면서 이런 찬사를 보냈다. "재능을 타고난 이 작가는 뛰어난 정신력의 소유자이다. 빠른 지각 능력은 그저 기적이라 할 만하다."[16]

한편 이야기가 점점 부풀려지는 과정을 지켜보던 애니의 태도가 달라졌다. 공을 자기에게 돌리지 않았으면 좋겠다던 초기의 항변과 정반대로 헬렌의 성장과정이 보도되는 방식에 점차 분개하는 모습이 홉킨스 부인에게 보낸 편지에서 드러났다. 초기와 달리 조언자에게 보내는 애니의 편지는 더 이상 불안이나 의심으로 가득 차 있지 않았다. 헬렌이 일곱 살이 된 다음 날 애니는 이렇게 썼다. "부인에게만 들려드리고 싶은 말이 있어요. 제가 꿈꾸는 것 이상으로 성공할 거라고 속삭이는 무언가가 제안에 있어요. …… [헬렌에게] 놀라운 능력이 있다는 걸 알고 있고, 그것을 제가 개발하고 빚어낼 수 있다고 믿어요. 이걸 어떻게 아는지는 말할 수 없어요. 바로 얼마 전까지만 해도 어떻게 일해야 할지 몰랐죠. 어둠 속에 있는 것 같았지만 어째서인지 지금은 알고, 제가 안다는 사실도 알아요. 설명할 수는 없지만 난관에 부딪혀도 당황하거나 의심하지 않아요. 대처법을 알고 있거든요. 헬렌의 기이한 욕구를 직감적으로 알아채는 것 같아요."[17]

1887년 6월에는 홉킨스 부인에게 이런 다짐의 말을 써 보냈다. "헬렌을 보고 감명받지 않을 사람은 없어요. 평범한 아이가 아니고 헬렌의 교육에 대한 사람들의 관심도 평범한 수준에 머물지 않을 거예요. 그러니까 헬렌에 대해서 말하고 쓸 때 극도로 조심하기로 해요. …… 저는 할 수 있는 한 우리 예쁜 헬렌을 영재로 둔갑시키지 않도록 지킬 거예요."[18] 애니는 헬렌이 이룬 성취는 하늘이 내린 것이며 대부분 헬렌의 타고난 천재성에 의한 것이라는 서사가 이미 형성되기 시작했음을 감지한 듯하다.

아나그노스는 한동안 애니에게 학습을 한 단계 끌어올릴 "도구"를 접할 수 있도록 헬렌을 퍼킨스에 데려오라고 재촉했다. 가족들이 떨어지기를 꺼리기는 했지만 켈러 대위는 헬렌을 아이비그린에만 두어서는 잠재력을 최대한 끌어올릴 수 없다는 사실을 이해했기에 결국 1888년 봄에 선생님과 함께 북부로 여행하도록 허락했다.

보스턴으로 가는 도중에 애니와 헬렌은 켈러 대위가 주선해 놓은 대로 그로버 클리블랜드(Grover Cleveland) 대통령을 만나러 워싱턴에 들렀다. 클리블랜드는 헬렌이 평생에 걸쳐 만난 열세 명 대통령 중 한 명이었다. 이 만남에 대해 헬렌은 이렇게 썼다. "우리는 클리블랜드 씨를 만나러 갔다. 매우 크고 아름다운 백악관에 살고 있었는데, 예쁜 꽃과 수많은 나무와 싱싱하고 푸른 잔디가 사방에 가득했다. 넓고 평평해서 걷기 좋은 길도 있었고…… 클리블랜드 씨는 나를 아주 반갑게 맞아 주었다."[19] 일주일 후 일곱 살 헬렌은 다음 단계의 학습을 시작하기 위해 퍼킨스 학교에 도착했다. 헬렌은 "시각장애를 지닌 어린이들과 사귀고" 지문자를 아는 사람이 많다는 사실도 알게 되어서 "기뻤다". 헬

렌이 회고하기로 그때까지는 자신이 "통역사를 통해 대화하는 외국인 같았다"라고 했다.[20]

도착하고 얼마 지나지 않아 헬렌은 애니에게 이끌려 대중의 기억에서 사라진 지 오래인 당시 58세였던 로라 브리지먼을 만나러 갔다. 그러나 만남은 순조롭지 않았다. 헬렌은 이렇게 회고했다. "우리가 찾아갔을 때 그분은 창가에서 레이스를 뜨고 있었다. 내가 편물을 건드리거나 얼굴을 만지지 못하게 했다."[21]

로라는 "얌전한 태도를 갖추도록 가르치지 않았군요"라며 애니를 꾸짖었다. 헤어질 때 작별의 키스를 하려다가 발을 밟아 로라를 화나게 한 헬렌은 "교과서에 나오는 나쁜 여자애"가 된 기분을 느꼈다.[22]

나중에 애니는 퍼킨스에 도착한 뒤에도 헬렌의 교육을 자신이 대부분 담당했던 것처럼 표현했지만 당시 기록에 따르면 헬렌은 여러 교사에게 가르침을 받은 것으로 보인다. 애니가 헬렌에게 영재라는 딱지가 붙지 않게 하겠다고 결심하기는 했지만 다른 결론이 나오기가 어려웠다. 특히 아나그노스가 헬렌이 여덟 살 때 거의 완벽한 프랑스어 몇 구절을 담아 보낸 편지와 그외 3개 국어로도 쓰고 말하기를 배우고 있다고 밝힌 이모의 쪽지를 공개한 후로 더 그랬다. 쪽지에는 헬렌이 배우는 내용 중 일부와 자기가 새로 익힌 지식을 여동생에게 알려 줄 생각에 설레는 헬렌의 모습 등이 묘사되어 있었다.

저는 프랑스어와 독일어와 라틴어와 그리스어를 공부하고 있습니다. Se agapo는 그리스어로 사랑한다는 뜻이에요. J'ai une bonne petite soeur는 프랑스어로 저에게는 착한 여동생이 있습니다라는 뜻이에요. Nous avons un bon pere et une bonne mere는 저희에게는 훌륭한 아버지와 어머니가 계십니다라는 뜻이에요. Puer는 라틴어로 남자아이, Mutter는 독일어로 어머니를 뜻해요. 집에 가면 밀드레드(Mildred)에게 여러 가지 언어를 가르쳐 줄 거예요.[23]

나중에 헬렌은 이 네 가지 언어에 더해 이탈리아어와 에스페란토어에도 능통하게 된다. 에스페란토어는 1870년대 폴란드의 안과의사 자멘호프(L. L. Zamenhof)가 언어장벽을 없애고 세계를 통합하기 위해서 고안한 "만국 공용어"이다.[24]

애니가 유명한 제자를 데리고 퍼킨스로 돌아온 일은 승리의 귀환이 되어야 했지만, 안 그래도 불만이 쌓여 가던 애니 앞에서 아나그노스가 헬렌이 이룬 성취의 공은 일차적으로 새뮤얼 하우의 교수법에 돌려야 한다는 뜻을 계속 내비치는 바람에 사태가 한층 악화했다. 애니가 1889년 2월에 교장에게 보낸 수동 공격적인 편지를 보면 애니의 불만이 커지는 모습이 드러난다. "제가 왜 다른 사람이 명확하고 틀림없이 지시한 대로 따랐다는 이유로 특별한 축하를 받을 자격이 있다는 건지 혼란스럽다고 말한다면 무슨 뜻인지 이해하시겠죠."[25]

교장은 애니의 "불만"을 인정하면서도 "불편한 상황을 최대한 활용하라"라고 조언하며 아랫사람을 달래는 선에서 그쳤다.[26]

한편 퍼킨스에서 애니와 갈등을 빚은 인물은 아나그노스만이 아니었다. 설립자의 부인 줄리아 워드 하우(Julia Ward Howe)는 애니의 명성이 높아지면 남편의 유산에 위협이 되리라 여긴 듯했다. 애니는 이렇게 회고했다. "어느 날 한 무리의 사람들이 헬렌을 가르친 나의 성공에 감탄하면서 칭찬을 쏟아 내던 중에 대화에 참여하지 않는 하우 부인을 향해 내가 '구빈원에서 교사를 키워 내다니 상상이나 하겠어요, 부인?'이라고 말했더니 이렇게 차가운 대답이 돌아왔다. '예의도 모르는 사람의 허영심을 키워 놓았죠.'"[27]

나중에 애니는 전기작가에게 이렇게 말했다. "출신도 보잘것없고 교육도 제대로 못 받은 저 같은 젊은 여성이 하우 가문 같은 출신의 사람들 앞에서 자신을 방어하기란 쉬운 일이 아니었어요."[28]

교장은 자꾸만 헬렌의 교육에서 애니가 한 역할을 간단히 언급하는 수준으로 넘겼지만 점차 헬렌의 교사에게 주목하는 저명한 미국인이 늘어났다. 미래에 대법관이 되는 올리버 웬들(Oliver Wendell)은 1890년 열 살인 헬렌에게 이렇게 썼다. "너의 부모님과 친구들은 분명 너의 성장을 몹시 만족스러워할 테지. 너뿐만 아니라 네 선생님의 공이 크구나."[29] 같은 해 저명한 시인이자 노예제 폐지론자인 존 휘티어(John Whittier)는 이렇게 썼다. "그대에게 설리번 선생 같은 교사를 보내 주시다니, 하느님의 은혜로구나."[30] 하지만 대부분은 헬렌의 사연을 기적으로 여기고 넘어가려 했다. 오직 한 사람만이 헬렌을 가르친 방식에 더 관심을 보였다.

청각장애 교육 분야에서 가장 존경받는 인물인 알렉산더 그레이엄 벨은 청각장애인 공동체에 상당한 발언력을 갖고 있었다. 1892년 《침묵의 교육자(The Silent Educator)》에 애니의 교수법이 소개되자 벨은 청각장애를 지닌 어린이의 교육에 "상당한 중요성"을 띤다고 믿는 한 가지 요소를 강조하는 답변서를 썼다.

애니는 헬렌을 보고 들을 수 있는 어린이와 다름없이 대하기로 원칙을 정하고, 처음에는 아이가 못 알아듣는 말이 훨씬 많았는데도 불구하고 헬렌이 들을 수 있었다면 직접 말했을 단어와 문장을 그대로 손에 써 주면서 대화했다. 말을 고르거나 가리지 않고 일상적인 관용구가 포함된 문장 전체를 자주 반복 사용함으로써 아이의 기억에 언어를 각인시켜 점차 모방하도록 이끌고자 했다. 설리번 선생이 헬렌을 가르치면서 염두에 둔 것으로 보이는 위대한 원칙은 일단 꺼내 놓고 보면 당연하기 그지없는 것으로, 듣고 말할 수 있는 평범한 어린이의 언어습득과 관련해 우리가 익히 아는 원칙과도 다르지 않다. 바로 **언어는 모방으로 습득한다**는 원칙이다. 청각장애를 지닌 어린이가 이해하기에 앞서 언

어를 먼저 제시해야 하며, 모방할 것이 생기기 전에 어린이가 그 모델에 익숙해져야 한다.[31]

애니 설리번의 교수법은 벨의 강력한 지지를 받으며 청각장애를 지닌 어린이의 교육에서 최적의 표준으로 일컬어졌다. 놀랄 만큼 빠른 헬렌의 언어 구사력을 달리 설명할 방법이 뭐가 있었겠는가? 수십 년이 지나 언어학자들이 인간이 선천적으로 언어습득 기능을 타고난다는 증거를 발견하면서 다른 설명을 내놓기 전까지는 특수교육 역사상 이론이 거의 제기되지 않은 평가였다. 1960년대에 MIT의 노엄 촘스키(Noam Chomsky) 교수가 주도해 부상한 언어이론 분야에서는 아기의 뇌가 이후 말하기 시작할 때 쓸 문법을 발달시키도록 이끄는 특정한 원리와 연결되어 있다고 주장한다. 촘스키 교수는 이렇게 설명한다. "헬렌 켈러의 언어능력과 애니 설리번의 역할이 상당한 논쟁거리가 된다는 것을 알고 있다. 이제는 언어의 기초가 두 살 이전에 형성된다는 증거가 충분히 나온 상태다."[32]

실제로 헬렌 켈러가 청력을 상실한 시기가 생후 19개월 무렵이고, 당시에 이미 (그 유명한) "물"을 포함해 여러 단어를 배운 상태였다.[33] 벨이 애니의 "교수법" 덕분이라고 했던 그 기적적인 언어습득의 주요인은 그렇다면 애니의 교육과는 상관없는 생물학적 측면에서 설명될 가능성이 더 크다. (그래도 하버드의 청각장애 전문 연구자 산자이 굴라티 박사는 만약 켈러가에서 조금 더 늦게 교사를 채용했다면 헬렌의 발달이 상당히 지체되었을 것으로 본다.)[34] 게다가 벨은 늘 헬렌이 영어 관용구를 빠르게 흡수한 것이 애니의 덕이라고 했지만 이것도 헬렌의 엄청난 독서량으로 어느 정도 설명할 수 있을지 모른다. 하지만 이런 개념이 널리 받아들여지기까지는 수십 년이 더 지나야 했다. 벨의 지지는 기적을 일으킨 특별한 교사라는 서사가 탄생하는 중대한 첫걸음이었고, 이로써 기적 같은 아이에서 기적의 일꾼 (miracle worker)으로 이야기가 뒤집힌다.

아나그노스는 마땅히 자기 몫이라고 생각하는 공로를 인정해주지 않는 자신에 대해 애니가 계속 불만을 품고 있는데도 아랑곳하지 않고 헬렌이 퍼킨스에 도착하자마자 학교의 이익을 위해 그 명성을 활용할 기회를 놓치지 않고 무수한 모금 행사에 헬렌을 내세웠다. 한동안 불만을 잘 다스리던 애니는 1890년 한 지역신문과의 인터뷰 중에 헬렌의 교육에서 퍼킨스학교의 역할은 미미했다는 식으로 발언해 이사진을 들쑤셔 놓기에 이르렀다. 애니는 《보스턴데일리저널(Boston Daily Journal)》 기자에게 이렇게 말했다. "헬렌은 퍼킨스학교의 정규 학생이 아니라 개인 교사가 돌보는 아이입니다. 학교가 보유한 기관으로서의 이점과, 보스턴시가 다른 어느 곳보다 더 잘 갖추고 있는, 헬렌과 같은 처지의 어린이가 누릴 만한 이점을 얻기 위해서 여기 와 있는 것뿐입니다. 헬렌을 전적으로 책임지는 사람은 저이고, 제 급여는 헬렌의 아버지가 지불합니다. 그러니 헬렌이 그 학교 학생이 아니라는 것을 아시겠죠.”[35]

이 인터뷰는 학교에 큰 파장을 일으켰다. 해명을 요구받고 소환된 애니는 유럽 순회 중인 아나그노스를 대신해 총장직을 맡고 있던 존 A. 베넷(John A. Bennett)에게 “헬렌이 이 학교 학생이라고 말하는 사람들이 지긋지긋해서 죽을 것 같다”라며 제발 그만했으면 좋겠다고 말했다. 베넷은 재빨리 대책을 마련했다. 나중에 베넷은 이렇게 회고했다. “저는 객원이든 아니든 이 학교 구성원 중 누구라도 그런 행동을 하는 것을 용납하지 않을 것이며, 학교에 남아 있는 한 적어도 겉으로라도 예의를 갖추는 게 좋을 것이라고 애니에게 말했습니다.”[36] 분위기를 읽은 애니는 화해의 뜻으로 자신의 경솔한 행동에 대해 사과하는 편지를 보냈다. 애니가 1890년 6월에 이사회에 보낸 편지에는 이렇게 적혀 있다. “그 인터뷰는 헬렌의 교육에 관한 공로가 오로지 저에게만 있다는 듯이 들릴 수 있었습니다만, 사실 제가 혼자서 몇 년 동안 어떻게 가르쳤더라도 지난 1년 동안 학교에서 지내며 누린 혜택만큼 헬렌의 사고를 키우고 넓히는 데 기여하지는 못했을 것입니다.”[37]

이듬해 아나그노스가 연례보고서를 작성할 시점에는 모든 것을 다 용서받은 듯 보였다. 이전 그 어느 보고서에서보다 더 부풀려진 열한 살 헬렌의 성장기는 이렇게 그려졌다. “다른 어느 별과도 다른 영광스러운 빛으로 스스로 빛나며, 하늘에 떠 있는 그 어떤 천체에도 속하지 않은 듯 고고한, 새로 태어난 별처럼…… 동화처럼 매혹적인…… 경이로운 아이."[38]

이 보고서를 인쇄소에 보내기 직전에 아나그노스는 애니로부터 헬렌이 쓴 「서리 왕(The Frost King)」이라는 단편소설을 한 부 전달받았다. "만년설로 덮인 나라"에서 "명랑한 작은 요정들"을 신하로 거느리고 사는 서리 왕이라 불리는 남자에 관한 이야기였다. 애니는 헬렌과 함께 머물던 터스컴비아에서 이 소설을 발송하며 이렇게 썼다. "헬렌이 교장선생님 생일을 기념해 쓴 이 짧은 이야기가 마음에 드실 것 같아요. 저희가 보기에 예쁘고 독창적인 이야기예요."[39]

이야기에 흠뻑 빠진 아나그노스는 그 소설을 퍼킨스학교 동창회지인 《조언자들(The Mentor)》 1892년 1월호에 게재했다. 몇 주 후에는 소설이 버지니아주 시청각장애인교육연구소에서 발행하는 주간신문 《구드슨가제트(Goodson Gazette)》에 재게재되었다. 해당 신문에서는 그 이야기가 헬렌 켈러가 쓴 "판타지"로, 역사상 "가장 특별한 문학작품"이라고 소개했다. 얼마 지나지 않아 한 독자가 신문사에 연락해 그 소설이 마거릿 캔비(Margaret Canby)라는 작가가 써서 헬렌이 태어나기 7년 전에 『버디와 요정 친구들(Birdie and His Fairy Friends)』이라는 단편 소설집으로 묶어 낸 「서리 요정(Frost Fairies)」이라는 동화와 비슷하다는 사실을 알렸다. 《구드슨가제트》는 캔비의 소설에서 단어를 하나하나 가져다 넣은 헬렌의 소설 속 단락들을 포함해 두 작품의 발췌문을 나란히 게재하고는 헬렌의 "대담한 표절"

작품이라고 명명했다.[40]

충격적인 폭로를 전하면서 신문사 측은 이렇게 썼다. "《구드 슨가제트》는 어린 헬렌 켈러가 이런 사기를 저질렀다고 비난하려는 것이 전혀 아니다. 헬렌은 그저 하라는 대로 했을 뿐이다. 비난받을 쪽은 의도적으로 「서리 왕」을 헬렌의 작품이라고 속이려 한 누군가이며, 책임은 그쪽이 져야 한다."[41]

아나그노스가 출판하기로 하지만 않았다면 그 이야기는 그저 헬렌이 좋아해서 친구에게 선물로 주기로 한 우화로만 받아들여졌으리라는 사실을 무시한 가혹한 평가이다. 다르게 해명할 가능성이 있는데도 불구하고 기사 전체에서 반복적으로 등장하는 "표절" 혐의는 헬렌이 캔비의 글을 의도적으로 자기 것인 양 가져다 썼다고 가정하는 듯했다. 1888년 초에 애니는 아나그노스에게 쓴 편지에 "이 작은 마녀는 한 번 읽어 준 이야기도 줄거리를 기억할 정도로 뛰어난 기억력을 지니고 있으니" 헬렌에게 이야기를 읽어 줄 때는 대단히 조심해야 한다고 언급한 적이 있었다.[42]

그런데도 《구드슨가제트》의 비난조의 보도에서는 헬렌의 잘못에 애니가 어떤 식으로든 책임이 있다는 암시가 뚜렷이 담겨 있었다. 퍼킨스학교의 "평판을 보호"하고자, 아나그노스는 시각장애인 네 명과 비시각장애인 네 명으로 구성된 조사위원회를 소집했다. 위원회에 소환된 헬렌은 이전에 마거릿 캔비의 소설을 읽은 적이 전혀 없다고 부인했다. 마찬가지로 애니도 헬렌에게 그 글을 읽어 준 적이 없다고 했다. 해명을 들은 다음 표결한 결과 "무죄" 4표 "유죄" 4표로 나뉘었다. 그래서 최종 결정을 맡게 된 아나그노스는 헬렌의 손을 들어 주었고, 이로써 표절 의혹이 처음 공개된 이후 헬렌과 애니에게 드리웠던 먹구름도 함께 걷히는 듯했다.

한편 애니는 무슨 일이 있었던 것인지 따로 "조사"를 실시했다. 캔비의 책을 결코 들어 본 적이 없다고 주장한 애니는 먼저 퍼킨스도서관을 살펴보았지만 그 책을 발견하지 못해 조사 범위를 넓혀 나갔다. 오래지 않아 수수께끼가 풀리는 듯했다. 《미국청각장애인연보》라는 저명한 회지에 실린 애니의 진술서에 따르면 이야기의 실마리는 퍼킨스의 사감이자 애니의 오랜 조언자인 소피아 홉킨스에게서 발견되었다. "조심스럽게 탐문"한 결과 홉킨스 부인이 몇 년 전 딸로부터 그 책을 선물받아 소장하고 있었다. 애니는 홉킨스 부인이 헬렌과 만났을 때 동화책을 많이 읽어 주었는데 "홉킨스 부인은 '서리 요정' 이야기를 기억하지 못하지만 책에 담긴 이야기 중 전부는 아니라도 일부는 헬렌에게 읽어 준 것이 틀림없다고 합니다"라고 말했다.[43]

애니의 해명 덕에 논란이 가라앉는 듯했다. 하지만 헬렌은 공식적으로 혐의를 벗었음에도 불구하고 의혹의 먹구름이 남아 있음을 느꼈다. 헬렌은 나중에 이렇게 회고했다. "어쩐지 적대적이고 위협적인 분위기가 감돌았다."[44] 학기가 끝나자 헬렌은 애니와 함께 앨라배마로 돌아와 가족과 함께 여름을 보냈고 서리 왕 사건은 "잊혔다". 하지만 1892년 10월에 헬렌이 앨라배마에서 보낸 편지의 어조에서 드러나듯이 마이클 아나그노스는 잊지 않고 있었던 모양이다. "친애하는 아나그노스 선생님, 이제 더 이상 제게 편지를 쓰지 않으실까 봐 걱정되기 시작했어요. 소식을 들은 지 무척 오래되어서요. 한참 전에 제가 드린 못난 편지에 답장을 주실 거라고 생각했는데 몇 주가 이제 몇 달로 늘어났네요. 저는 여름 동안 펀 쿼리(Fern Quarry)에서 지내다가 이제 터스컴비아로 돌아와 소중한 친구의 소식을 궁금해하고 있답니다."[45]

이것은 알려진 것보다 더 많은 사연이 있었을지 모른다고 짐작게 하는 첫 번째 징후였다. 그 사건이 안겨 준 오명 때문에 몹시 불안했던 헬렌은 자기가 쓴 글 중 어떤 부분은 "절대 내 것이 아닐지도 모른다"라는 두려움에 오랫동안 "시달렸다"라고 주장했다.[46] 하지만 분명 더 큰 고통을 겪은 쪽은 그 사건으로 인해 자신이 헬렌의 가족과 마이클 아나그노스 양쪽에서 비난받고 있다는 것을 알았던 애니였다. 나중에 애니는 전기작가에게 이렇게 말했다. "헬렌에게 책임을 돌리는 사람은 거의 없었어요. 미심쩍은 교사가 아이를 엇나가게 한 거죠."[47]

아나그노스는 애니가 헬렌을 가르치러 터스컴비아에 도착한 지 1년 후에 이렇게 진심 어린 편지를 보낸 적이 있었다. "나는 네가 정말 잘하고 있다고 생각한다. 내 딸처럼 말이야. 사실 정말 딸처럼 생각하고 있어."[48] 서리 왕 사건 이후 애니는 아나그노스와의 유대감을 회복하려고 갖은 노력을 기울였다. 8월에는 아나그노스에게 이런 편지를 썼다. "저는 교장선생님을 사랑하고 이 세상 어느 곳보다 선생님 곁에 있을 때 더 행복하답니다."[49] 하지만 헛수고였다. 애니의 전기작가 킴 닐슨은 교장이 애니와 거리를 두면 헬렌에 대한 주도권을 가질 수 있으리라 기대했다고 믿었다.[50] 하지만 애니는 그렇게 되도록 내버려두지 않았다. 애니의 간청에도 불구하고 한때 아버지를 자청했던 인물과 애니 사이의 냉기는 결국 영구적인 결별로 이어졌고 헬렌은 다시는 학생으로서 퍼킨스에 돌아가지 못한다.

이후 몇 년 동안 헬렌은 여러 개인 교사에게 배우고 뉴욕에 있는 라이트휴메이슨청각장애인학교(Wright-Humason School for the Deaf)에서 한동안 공부한 다음 마침내 미국 최고의 명문 사립학교로 꼽히는 보스턴의 케임브리지여학교(Cambridge School for Young Ladies)에 입학하는 등 학력이 급격히 상승했다. 한 단계씩 올라갈 때마다 헬렌의 목표는 오직 하나였다. 나중에 헬렌은 이렇게 썼다. "어린 시절 웰즐리(Wellesley, 매사추세츠주의 사립 여자대학교—옮긴이)에 방문했을 때 '나도 언젠가 대학에 가야지. 하지만 꼭 하버드로 갈 거야'라고 선언해서 친구들을 놀라게 했다." 대학에 가겠다는 그 꿈은 "내 마음 깊이 뿌리박힌 간절한 소망이 되어, 진실하고 현명한 친구들의 강력한 반대에도 불구하고 보고 들을 수 있는 여학생들과의 경쟁에 뛰어들게 했다."[51]

하버드는 1920년대까지도 여성을 받지 않았기 때문에 헬렌은 결국 당시 "세븐 시스터즈(seven sisters)"라는 명문 여자대학교 중에서도 최고의 명성을 누리던 하버드의 자매대학인 래드클리프(Radcliffe)에 입학한다. 온갖 역경과 때마다 앞을 가로막는 장애물을 다 이겨 낸 헬렌은 모든 과정을 손바닥에 써 주는 애니의 통역에 힘입어 1904년 우등으로 래드클리프를 졸업하면서 대학 학위를 취득한 최초의 시청각장애인이 된다.

5

『내 인생의 이야기』

1963년 샌타모니카 시빅 오디토리엄(Santa Monica Civic Auditorium)에서 열린 아카데미 시상식에서 여우주연상 수상자를 발표하러 막시밀리안 셀(Maximilian Schell)이 연단에 오르자 객석에는 침묵이 감돌았다. 봉투를 연 셀이 앤 밴크로프트(Anne Bancroft)를 호명한 순간 그 자리에 모인 수많은 스타 중 누구도 딱히 놀라지 않았다. 〈미라클 워커〉에서 보여 준 강렬한 연기로 전 세계 관객과 비평가를 사로잡은 밴크로프트가 이미 유력한 여우주연상 후보로 거론되었기 때문이다. 시상식 초반에는 밴크로프트와 함께 출연한 열여섯 살 패티 듀크(Patty Duke)가 이보다 낮은 여우조연상을 받았다. 밴크로프트가 맡은 역할은 영화의 제목이 가리키는 인물이기도 한 스승 앤 설리번이었고 듀크는 그보다 비중이 덜한 제자 헬렌 켈러 역을 맡았는데 그 사실을 이상하게 여기는 사람은 거의 없었다.

사실 켈러가 다중 장애를 극복한 감동적인 사연으로 대중의 상상력을 자극한 지 70년이 지나도록 켈러 자신의 일대기는 그 놀라운 변화를 이루어 낸 주역으로 지목된 교사의 무용담에 가려 뒷전으로 크게 밀려났다. 영화에서처럼 현실에서도 헬렌 켈러는 조연으로 내려간 반면 애니 설리번은 홀로 놀라운 "기적"을 이루어 낸 주연의 자리를 차지했다. 알고 보면 이런 현상은 전혀 우연이 아니었다.

⠠⠺⠕⠗⠅⠀⠞⠓⠑⠀⠍⠊⠗⠁⠉⠇⠑

1899년 래드클리프 입학시험을 통과한 직후 열아홉 살 헬렌은《아메리칸매거진(American Magazine)》에 기고한 글을 통해 포부를 밝혔다. "오랫동안 이 세상에서 아무것도 아니었던 나는 죽기 전에 꼭 중요한 존재가 되어야겠다고 다짐했다. 그러면 무엇이 필요할까? 나는 글쓰기를 즐겨야 한다고 믿는다. 늘 그쪽에 열망을 품어 왔다. 하지만 대학 생활 중에 내 안에서 또 다른 열망이 자라날지는 아무도 모를 일이다."01

글쓰기에 대한 애정을 키우기로 결심한 헬렌은 2학년이 되자 운명처럼 한 남자의 영작문 수업에 등록한다. 학생들에게 "코피(Copey)"라는 애칭으로 불리며 T. S. 엘리엇(T. S. Eliot)과 존 더

스패서스(John Dos Passos) 등 미국 문학계의 여러 거장을 지도한 찰스 코플런드(Charles Copeland)였다. 헬렌이 나중에 회고하기로 코플런드의 강의는 "특유의 참신함과 힘"으로 가득해 글쓰기를 새로운 차원으로 끌어올리게 해 주었다.[02] "자기의 경험을 파고들라"라고 헬렌을 북돋웠던 코플런드는 곧 지극히 사적인 헬렌의 이야기가 대중 독자 앞에 공개할 만하다고 판단했다. 코플런드가 연결해 준 덕분에 헬렌은 1901년 《레이디스홈저널(Ladies' Home Journal)》로부터 5회에 걸쳐 그간 살아온 이야기를 연재하자는 제안을 받았다.

혹독한 래드클리프의 학업을 이수하는 와중에 자기의 경험을 서사로 조합해 내는 일이 헬렌에게는 벅차게 느껴졌다. 이 작업을 포기할까 고민하던 중에 친구 레노어 키니(Lenore Kinney)가 마침 애니와 헬렌과 마찬가지로 케임브리지 기숙사에서 지내고 있던 존 메이시(John Macy)라는 하버드대학교의 젊은 강사를 소개해 주었다.

형편이 넉넉지 않은 낸터킷(Nantucket)섬의 고래잡이 집안 출신인 메이시는 하버드 학부 시절에 예술 및 문학잡지 《애드버케이트(Advocate)》의 편집장에다 유명한 《램푼(Lampoon)》의 편집자로 일하며 작가이자 학자로서 교내에서 명성이 자자했다. 레노어는 이 경험 많은 청년이 헬렌의 삶을 서술하는 까다로운 작업을 도와줄 이상적인 후보라고 확신했다. 메이시는 석사학위를 막 취득하고 《유스컴패니언(Youth's Companion)》의 편집자로 일하고 있었다. 하버드와 래드클리프에서 영어 강의도 했는데 강사료가 적어 부업이라면 무엇이든 반기던 차였다.[03] 전기작가 조지프 래시(Joseph Lash)는 이렇게 기록했다. "애니와 헬렌 모두 이십 대 초반의 이 훤칠한 청년이 마음에 들었고, 둘 다 원하는 게 생기면 저항하지 못하는 성격이었다. 메이시는 곧 지문자를 익혀 그들과 함께 일했다."[04]

하지만 존 메이시는 오랫동안 헬렌을 칭송해 온 저명한 추종자들과 달리 헬렌에게 큰 인상을 받지 못했다. 《유스컴패니언》에 쓴 래드클리프 시절의 헬렌에 관한 글에서 메이시는 이렇게 단언했다. "헬렌은 '뛰어난 천재'가 아니다. 학문에 관심을 두고 있지도 않다. 심지가 굳고 활기 넘치며 인내심이 대단한데, 그보다 더 예리한 사고력과 깊이 있는 학문적 역량을 지닌 여성은 많다. 적어도 내게는 헬렌이 천재적인 지성이나 뛰어난 창의력, 대단한 독창성을 지닌 사람으로 보이지 않는다."[05] 내려다보는 듯한 이런 평가는 결국 커다란 논란을 일으키는데, 알고 보니 메이시가 이 작업을 붙잡고 있던 이유는 다른 데에 있었다. 메이시는 헬렌의 능력에는 딱히 관심이 없었지만 애니에게 매료되어 있었다. 오래지 않아 세 사람은 서로 떨어질 수 없는 사이가 되었고 메이시는 헬렌의 글쓰기 작업을 그저 일로만 여기지 않게 되었다.

완성될 무렵 헬렌의 회고록은 처음에 상상했던 것과 완전히 다른 모습이었다. 넬라 헤니는 1933년에 발표한 전기에서 이렇게 주장했다. "처음에 애니는 헬렌이 쓴 것 외에 자기에 관한 이야기는 하나도 넣지 않으려 했다."[06] 넬라에 따르면 애니는 애초에 원고를 의뢰했던 《레이디스홈저널》의 편집자 에드워드 복 (Edward Bok)으로부터 장문의 자필 편지를 받고서야 마지못해 자기의 교수법에 관한 단락을 추가하는 데 동의했다. 복은 이렇게 호소했다고 한다. "제가 알기로 대중은 켈러 씨가 기사에 쓸 이야기보다 설리번 선생을 더 궁금해하고 있어요."[07]

하지만 존 메이시가 헬렌이 《레이디스홈저널》에 연재 원고를 제출하기도 전인 1902년 2월에 뉴욕의 출판사 찰스스크리브너스선스(Charles Scribner's Sons)에 쓴 편지를 보면 그가 이미 이 이야기를 책으로 꾸려 최고가 입찰자에게 팔 생각을 하고 있었다는 사실이 드러난다. 메이시는 헬렌의 자전적 이야기를 그대로 찍어 내기보다는 세 부분으로 나누어 구성하자고 제안했다. 첫 부분에는 《레이디스홈저널》에 실린 헬렌의 이야기를 담고, 두 번째는 "잡지와 편지에서 추려 낸 내용"을 싣고, 마지막에는 "앞의 두 부분에서 충분히 다뤄지지 않은 내용을 직접 정리해서" 메이시 자신이 쓸 것이라고 했다.[08] 출판사에 이 작업을 제안하기 전에 헬렌과 상의했는지는 확실치 않다. 하지만 메이시의 편지를 보면 이 책을 헬렌이 이룬 성취에 일차적으로 기여한 주역인 애니 설리번을 기념하는 책으로 바꾸어 놓은 것은 에드워드 복이 아닌 메이시의 의견이었음을 확실히 알 수 있다. 1903년 출간된 『내 인생의 이야기』는 1년 앞서 메이시가 출판사에 제안한 것과 거의 똑같이 헬렌과 애니 등 몇 명의 편지와 메이시가 쓴 "헬렌의 삶과 교육에 관한 보충 설명"을 덧붙인 형태를 취하고 있었다.

『내 인생의 이야기』는 머지않아 수백만 어린이에게 필독서가 되고, 헬렌이 유아기부터 래드클리프 재학 초기에 이르는 자기 삶에 관해 이야기한 부분은 극복할 수 없을 정도의 역경을 이겨낸 감동적인 이야기로 널리 퍼진다. 하지만 그 아이를 교육하는 데에 애니가 담당한 역할을 서술한 존 메이시의 글은 애니가 기적의 창조자로서 역사에 남는 데 크게 기여했다.

1903년 출간된 이 책은 즉시 "귀먹고 눈멀고 말 못하는 소녀가 이룬 놀라운 성취"라는 찬사와 함께 전 세계적인 인기를 누렸다. 애니가 처음 왔을 때 헬렌이 제멋대로 굴었던 이야기가 특히 시선을 끌어 수십 년 후 영화 〈미라클 워커〉에서도 가장 극적인 장면으로 등장한다. "야생의" 제자를 길들이는 애니의 이야기에 매료된 많은 사람들 중에서 네바다주의 한 남성은 다음과 같이 애니의 교수법에 감탄하는 편지를 출판사에 보냈다. 애니를 미국에서 유명한 열정적인 교육자이자 금주 개혁가인 인물과 비교하며 "저는 설리번 선생이 프랜시스 윌러드(Frances Willard)를 뛰어넘을 정도로 교육계와 시민들에게 기여했다고 생각합니다. 저 같은 사람은 평생토록 말을 못살게 구는 수준에 머물렀다면 설리번 선생의 이론은 말을 타고 치르는 의식이라 할 수 있어요.…… 앨라배마에 가서 저 어린 야생마를 맡은 순간 그 이론은 증명이 되었다고 생각합니다."[09]

거의 모든 기사에서 펌프장에서 돌파구를 찾은 순간이 강조되었는데, 《샌프란시스코콜(San Francisco Call)》은 "이 시대에 가장 성숙한 지성 중 한 명"이 그 순간 탄생했다고 썼다.[10] 비평의 초점은 대부분 존 메이시가 부록에서 설명한 애니의 놀라운 교수법을 향했다. 《브루클린시티즌(Brooklyn Citizen)》은 이렇게 썼다. "설리번 선생은 '평범한 아이들은 언어를 어떻게 배우지?'라고 자문했다." 이 신문에서는 애니가 청각장애를 지닌 학생에게 단어를 하나하나 가르친 새뮤얼 그리들리 하우와 달리 어린이가 단어의 의미를 완전히 이해하기 전에 "끝없이 언어를 반복"해 알려 주는 방식으로서 존 메이시가 "자연적 기법"이라 이름 붙인 방식에 따랐다고 주장했다.[11]

일반 독자의 눈에는 애니의 이른바 혁신적인 기법이 초인적으로 보였다. 하지만 50여 년 전 하우 박사가 로라 브리지먼을 교육하면서 적용한 기법을 포함해 시청각장애인 교육에 대단히 친숙했던 펜실베이니아의 부유한 지주 윌리엄 웨이드(William Wade)는 그 설명이 "충격적으로 썩어 빠진 쓰레기"라고 했다.[12]

웨이드는 헬렌의 "작은 개"가 언급된 한 잡지의 인물 소개란에서 아홉 살이던 헬렌을 처음 발견했다. 시각장애를 지닌 어린이에게는 좀 더 몸집 있는 개가 필요하다고 생각한 웨이드는 헬렌에게 마스티프(mastiff)종을 한 마리 보냈고 헬렌은 그 개에게 라이어니스라는 이름을 붙였다. 얼마 후에는 네다라는 당나귀와 조랑말도 보냈는데, 헬렌은 그 조랑말에게 1887년 출간되어 인기를 얻은 애나 슈얼(Anna Sewell)의 소설에서 따온 듯한 블랙 뷰티라는 이름을 지어 주었다.

역사가 프랜시스 케스틀러가 "시청각장애를 지닌 어린이를 일일이 찾아내어 지켜 준 수호성인"이라고 칭한 50대 자선가와 어린 소녀 사이의 오랜 우정은 이렇게 시작되었다.[13] 아직 밝혀지지 않은 어떤 이유로 웨이드는 당시에도 변방으로 크게 밀려나 있던 시청각장애인 공동체를 끌어안기로 마음먹었다. 어린이들에게 점자 타자기, 재봉틀, 자전거, 인형, 휴가 여행, 그리고 자비를 들여 점자로 변환한 책을 선물하는 것으로 유명했다.[14] 수십 년 동안 학교마다 돌아다니며 미 전역의 시청각장애를 지닌 어린이 수십 명과 만나 친구가 되었다. 그러던 끝에 1901년에는 당시 미국에서 알려진 72인 시청각장애인 명단을 최초로 정리해 「시청각장애인(Deaf-Blind)」이라는 논문을 출간했다.

그 시점까지 역사상 그 누구보다 시청각장애를 지닌 어린이를 많이 만나 보았을 웨이드는 헬렌의 교육적 성취가 혁신적인 교수법의 산물이라는 견해를 일축했다. 헬렌은 어떤 교사의 손에 맡겨졌어도 "똑같이 훌륭하게" 자랐을 영재라고 믿었다. 사실 헬렌과 로라 브리지먼이 받은 교육 방식에는 아무런 차이도 없다고 보았다.[15] 1903년 『내 인생의 이야기』가 출간된 직후에 웨이드는 애니 설리번이 고안한 "확연히 새로운 기법" 덕분에 헬렌의 재능이 발달했다는 주장에 "강력히 반대"하는 내용을 담

아 「시청각장애인(Blind-Deaf)」 개정판을 내놓았다.[16]

웨이드는 이렇게 썼다. "헬렌이 영재라는 입증된 사실을 외면하려고 모래 속에 머리를 처박는 것은 잔인할뿐더러 터무니없는 짓이다. 다른 교사들도 설리번 선생과 같은 교수법을 적용하면 제자를 헬렌 켈러로 만들 수 있을 거라는 잘못된 생각을 심어주는 엄청난 책임을 간과하기 때문이다. 설리번 선생도 나처럼 그런 가당찮은 오류를 충분히 잡아내리라 확신한다."[17]

웨이드는 애니의 교수법이 전혀 새롭지도 혁신적이지도 않다고 주장했다. 오히려 기존의 기법을 "지혜롭게 적용"한 것이라며 애니가 독창적인 기법을 고안했다는 견해를 반박했다. 웨이드는 이렇게 썼다. "필요했다면 설리번 선생이 새로운 기법을 고안했겠지만 내가 보기에 그런 필요성은 드러나지 않았다."[18]

특히 애니가 "자연적 기법"을 사용했다고 서술한 존 메이시의 부록에 비판이 집중되었다. 책에는 애니가 초기에 자신이 생각한 과정을 헬렌에게 설명하는 데 성공했다고 홉킨스 부인에게 쓴 편지가 실려 있었다. "최근에 헬렌의 어린 사촌을 쭉 관찰했어요. 그러다 보니 헬렌에게 언어를 가르칠 때 참고할 단서가 보이더군요. 헬렌의 손에 쓸 때 아기 귀에 대고 말하듯이 해야겠다고요."[19]

교사로서 애니의 역량이 뛰어나다는 비평가의 찬사가 쏟아졌지만, 웨이드는 이렇게 감탄하는 말들이 "내 척추에 얼음물을 들통으로 마구 들이붓는" 듯이 느껴진다고 했다.[20] 메이시에게 보낸 편지에서 웨이드는 헬렌의 교육이 "마법 같은 수단"으로 이루어졌다는 "대중의 망상"을 언급한다. 특히 애니가 "놀랄 만큼 독창적이고 독자적인 발견"을 했다는 존의 서술을 겨냥한다.[21]

"시청각장애인을 가르치는 다른 교사나 제자를 전혀 모르는 당신 같은 사람에게는 생소할지 몰라도 그런 교사와 교수법을 어느 정도 접해 본 저는 설리번 선생의 교수법이 다들 쓰는 방법이라는 걸 알고 있습니다. 그 일을 정말 잘하는 S라는 교사 말로는 자연스럽고 당연하게 쓰게 되는 교수법이라고 하는군요."[22]

점차 불어나는 기적의 서사를 배격하기는 했어도 웨이드는 애니에 대한 자신의 존경심과 헬렌을 향한 애니의 "온전한 헌신"을 강조하는 데 공을 들였다. 웨이드는 이렇게 주장했다. "헬렌은 특별할 게 없고 그 교수법이 헬렌의 발달에 끼친 영향이 99퍼센트에 이른다는 말도 안 되는 주장에는 분개할 수밖에 없지만, 설리번 선생에게 마땅히 돌려야 할 공은 1퍼센트도 깎아내리지 않을 것이다."[23]

하지만 헬렌 본인은 자기가 이룬 성취의 공이 누구에게 돌아가야 하는지 전혀 의심하지 않았다. 1929년에 발표한 회고록 『중류 지점(Midstream)』에 헬렌은 이렇게 썼다. "내가 교육받은 방식을 로라 브리지먼이나 다른 시청각장애를 지닌 어린이에게 적용한 교육법과 비교하는 것은 내 몫이 아니다. 그것은 좀 더 멀리 떨어져 있는 사람들이 할 일이다. 내가 읽어 본 바로 로라는 밝고 열정 있는 사람이고 만약 나의 선생님을 만났다면 분명 나보다 뛰어났을 거라고 생각한다."[24]

헬렌의 첫 회고록에서 대중의 시선을 크게 사로잡은 요소는 애니의 교수법을 극찬한 대목만이 아니었다. 1903년 『내 인생의 이야기』가 출간되자 기억에서 거의 사라진 서리 왕 표절 사건에 얽힌 기나긴 이야기에 깜짝 놀라고 열한 살 아이를 상대로 한 꼴사나운 심문에 경악하는 독자가 많았다. 열 쪽에 걸쳐 그 이야기를 풀어놓으며, 헬렌은 "내 삶과 학습 과정에서 중요한 사건이었던 만큼 그에 관한 어떠한 오해도 남기지 않으려고" 책에 쓰기로 했다고 설명했다.[25]

그래도 『내 인생의 이야기』가 애니 설리번을 신격화하고 수대에 걸쳐 이어지는 서사를 형성하는 데 결정적인 역할을 했다는 점을 고려하면 이 책이 명성을 얻은 데에는 또 다른 이유가 있었을지 모른다. 편집자인 존 메이시가 나중에 자신과 결혼할 애니를 이야기의 중심인물로 부각하려면 표절 사건으로 애니에게 씌워진 오점부터 확실히 제거해야 한다는 사실을 몰랐을 리없다. 헬렌은 스승을 탓할 마음이 전혀 없었다. 회고록에서 헬렌은 자기의 잘못을 인정하고 애니를 무고한 피해자로 설정하면서 모든 책임을 자기에게 돌렸다.

헬렌은 이렇게 썼다. "두 이야기가 사고와 언어 면에서 너무 비슷했기 때문에 내가 캔비 선생의 소설을 접했고 표절을 한 것이 틀림없다. 이 점을 이해하기가 너무 어려웠지만 이해하고 보니 몹시 놀랍고 슬펐다. 그보다 더 씁쓸한 기분을 맛본 어린이는 없을 것이다. 자신을 수치스럽게 만들고 가장 사랑하는 사람들을 의혹에 휩싸이게 했다."[26]

출간 직후 마크 트웨인(Mark Twain)은 너무 어처구니없는 사건이라며 헬렌에게 이렇게 썼다. "오, 세상에. 그 '표절' 소동이란 얼마나 우습고 멍청하고 기괴한 촌극인지! 대체로 발상이란 죄다 의식적 무의식적으로 수많은 출처를 거친 중고품이고, 자기가 그 발상을 처음 내놓았다는 착각에서 나온 자부심과 만족감을 품은 인간들이 매일 써먹는 것인데 말입니다."[27]

헬렌의 설명을 읽은 사람들에게는 사태가 마무리된 것으로 보였다. 헬렌과 애니가 오해와 실수로 인해 지독히도 부당하게 평판을 훼손당한 것이 분명해 보였다. 그런데도 두 사람 다 평생에 걸쳐 거기에 다른 사연이 더 있는 듯한 느낌을 비쳤다. 애니는 나중에 넬라 헤니에게 헬렌이 처음 조사를 받으러 갔을 때 "불리한 정보"를 제공했다고 인정하면서도 자세한 내용을 밝히지는 않았다.

이 일은 수십 년 후 퍼킨스학교 기록보관소에서 가죽으로 제본된 『설리번 선생의 교수법(Miss Sullivan's Methods)』이라는 제목의 타자 원고가 발견될 때까지 만족스러운 답이 나오지 않은 채 수수께끼로 남아 있었다. 서리 왕 사건이 일어나고 대략 15년 후에 작성된 것으로 보이는 이 미출간 원고는 줄리아 워드 하우의 사위였던 변호사 데이비드 프레스콧 홀(David Prescott Hall)

로 추정되는 조사자가 작성한 보고서 형식을 띠고 있다.[28] 171쪽 분량의 원고에는 표절 조사 과정에서 수집된 미공개 기록에 대한 상세한 분석에 더해, 당시 애니가 헬렌의 교육에 관해 퍼킨스에 제출한 보고서와 이후 출간된 『내 인생의 이야기』에 담긴 주장을 대조한 내용이 담겨 있다. 왜 이 보고서를 의뢰했으며 왜 내놓지 않았는지는 확실치 않지만, 여기에는 한 번도 공개되지 않은 치명적인 사건의 진상이 담겨 있다.

애니는 줄곧 표절 의혹의 핵심이 되었던 마거릿 캔비 원작 소설 「서리 요정」을 전혀 모른다고 주장했지만 헬렌은 패니 매럿(Fannie Marrett)이라는 다른 교사에게 그 소설을 자기에게 읽어 준 사람이 **애니**라고 털어놓았다.

보고서를 작성한 익명의 조사자는 헬렌이 1888년에서 1891년 사이에 쓴 편지와 소설을 면밀히 조사한 결과 그 3년 동안 헬렌이 「서리 요정」과 같은 책에 실린 다른 소설 네 편에 "동화"된 모습이 반복적으로 나타났음을 알아냈다. 더 의미심장한 점은 애니도 이 기간에 헬렌을 가르치면서 캔비의 소설에 나오는 문구를 반복적으로 사용해 당시 애니 본인이 완강히 부인했음에도 불구하고 캔비의 책을 아주 잘 알고 있었다는 사실에 의심의 여지가 없다고 밝힌 부분이다.

미공개된 이 고발성 폭로문이 시사하는 바는 분명하다. 실제로 헬렌에게 소설을 읽어 준 사람은 애니였으며 표절 의혹이 불거지자 애니가 진실을 덮기 위해 홉킨스 부인에게, 그리고 아마도 당사자인 헬렌에게 거짓말을 부탁한 것이 거의 틀림없다는 주장이다. 이 놀라운 폭로문을 접한 헬렌의 대표적인 전기작가 조지프 래시와 도로시 허먼은 애니가 홉킨스 부인에 관한 이야기를 꾸며 냈고 캔비의 책을 전혀 모른다고 한 것은 거짓말이었다고 확신하게 되었다. 두 사람 다 처음 아나그노스에게 소설을 보낼 때까지는 헬렌도 애니도 속이려는 뜻이 없었고 표절 자체에도 고의성이 없었다는 데 동의했다. 실제로 래시는 "헬렌이 소설을 본인이 쓴 것인 양 아나그노스에게 보내는 것을 허락했다가 일이 커지자 겁을 먹고 애니가 버디 이야기를 읽어 준 사실을 부인한" 점에 비추어 볼 때 애니는 표절의 의미를 이해하지 못했던 것으로 확신했다.[29]

애니가 개인사를 꾸미려 한 것은 서리 왕 사건 때만이 아닌 듯하다. 1933년 헬렌은 여동생 밀드레드에게 넬라 헤니가 쓰고 있는 선생의 전기에 관한 이야기를 전했다. 이 편지에서 헬렌은 넬라가 애니의 생애를 조사하던 중에 케이트 켈러로부터 받은 편지 몇 통을 발견했다고 밀드레드에게 털어놓았다. 거기에는 『내인생의 이야기』에서 가장 극적인 부분을 차지하는 헬렌의 거친행동에 관한 애니의 설명과 상반되는 내용이 담겨 있었다. 그러자 애니가 그 내용을 삭제하도록 위협한 것으로 보인다.

헬렌은 이렇게 털어놓았다. "선생님이 불편한 내용이 담긴 편지 두 장을 파기하라고 하셨는데, 어머니는 그 편지에 선생님이 오시기 전에 내가 '예의를 모르는 사나운 존재'였다는 건 사실이 아니라고 쓰셨어."[30] 다른 가족들의 말에 따르면 애니가 와서 의사소통을 알려 주기 전까지 헬렌은 자주 짜증을 부려 다루기 힘든 아이였다는 데 이견이 없어 보이므로 켈러 부인의 항변은 그저 어머니 입장에서 딸을 보호하려던 행동에 불과했을 수 있다. 하지만 이런 편지는 적어도 애니가 어린 제자를 결국 "길들인" 공로를 부각하기 위해서 제자의 행동을 과장했을 가능성이 있음을 뚜렷이 보여 준다. 헬렌은 자기 이름으로 출판된 그 책에 묘사된 사건에 관해 기억나는 것이 거의 없다고 인정했다. 첫 번째 자서전에서 헬렌은 이런 의미심장한 구절을 쓴다. "가장 오래된 기억을 더듬어 보면서 세월이 지나면 사실과 허구를 구별하기 어려워진다는 것을 깨달았다."[31]

이런 고발성 폭로는 한 세기가 넘도록 찬양 일색의 전기에 담겨 온 애니 설리번의 역할에 의문을 품게 하지만, 그래도 중요한 것은 헬렌과 애니의 행동을 맥락 속에서 바라보는 것이다. 그다지 논의되지 않은 서리 왕 사건의 진실은 분명 애니의 유산에 그림자를 드리운다. 하지만 당시 상황을 고려할 필요가 있다. 진실을 인정했다면 애니는 생계가 막막해졌을 가능성이 매우 높다. 게다가 그에 못지않게 두려운 것은 헬렌과 헤어져야 할지도 모른다는 점이었을 것이다. 당시 애니가 자기를 지키고 그 유대 관계를 잃지 않으려면 해야만 한다고 생각한 대로 행동했다고 해서 누가 비난할 수 있겠는가?

마찬가지로 애니가 자기의 성과를 과장하려 했다거나 충분히 자랑스러워할 만한 업적인 헬렌 켈러의 "기적"에서 자기의 공을 과하게 매기려 했을지 모른다고 하여 비난하기는 어렵다. 제자와 스승 중 누구의 공이 큰지 논쟁이 있다고 해도 헬렌의 뛰어난 발달에서 애니가 맡은 역할을 부정하는 것은 정직하지 못한 일이다. 윌리엄 웨이드가 시청각장애인 교육에 대한 나름의 독특한 관점을 지니고 있기는 했지만, 새뮤얼 그리들리 하우의 교수법을 적용하기만 했다면 어떤 교사라도 애니 설리번만큼의 업적을 거둘 수 있었을 것이라는 주장을 진지하게 받아들이기는 어렵다.

애니는 기적을 이룬 교사가 아니었을지 몰라도 어린이를 중심에 둔 교육에 집중해 헬렌의 성장을 북돋운 유능한 교사임이 틀림없다. 전기작가가 짚어 낸 바에 따르면 애니 설리번과 새뮤얼 그리들리 하우의 가장 두드러진 차이는 결혼 후 로라의 교육에 흥미를 잃었다고 하는 퍼킨스 설립자와 달리 애니는 "쓸모가 다했다"고 하여 제자를 버리지 않았다는 점이다.

그렇기에 애니의 실제 공로를 간과하지 않도록 애니의 행동을 지나치게 가혹하게 평가하지 않아야 하며, 한편으로 수 대에 걸쳐 거의 변함없이 이어져 온 기적의 서사가 불러온 부정할 수 없는 한 가지 결과에 대해서도 진지하게 고민할 필요가 있다. 헬렌이 여섯 살 때 앨라배마에서 벌어진 사건이 아무리 중요한들, 그로 인해 이후 80년에 걸친 헬렌의 비범한 생애는 거의 가려지거나 지워져 버렸다는 사실 말이다.

"클레멘스 씨"

1842년 찰스 디킨스가 로라 브리지먼에 관해 글을 썼을 때, 세계에서 가장 유명한 그 소설가가 관심을 보인 덕에 로라는 누구나 다 알 만한 존재가 되었다. 마치 운명의 장난처럼 헬렌 켈러가 초기에 명성을 얻은 것도 상당 부분 당대 가장 유명한 작가 덕분이었다.

헬렌은 열네 살 때 《하퍼스매거진(Haper's Magazine)》의 문학 편집자 로런스 허턴(Laurence Hutton)이 뉴욕에서 헬렌을 위해 마련한 파티에서 마크 트웨인이라는 필명으로 더 잘 알려진 새뮤얼 클레멘스(Samuel Clemens)와 처음 만났다. 이미 세간의 관심을 끌어모을 만한 성취를 이룬 이 소녀와의 만남에 수많은 저명인사가 초대받았다. 스탠더드오일(Standard Oil)사의 거물인 친구 헨리 허틀스턴 로저스(Henry Huttleston Rogers)와 함께 파티에 참석한 트웨인은 나중에 미출간 자서전에서 그 만남을 이렇게 회고했다. "경이로운 그 아이가 그만큼 경이로운 교사 설리번 선생과 함께 도착했다. 무엇도 만지지 않고 보지 않고 듣지 않고도 주변의 상황을 상당히 잘 인지하는 듯 보였다. 헬렌은 이렇게 말했다. '오, 책, 책들, 이렇게 많은 책이라니. 얼마나 근사한지!'"[01] 헬렌도 나중에 이 첫 만남에 대해 이렇게 기록했다. "그분의 손을 내 손으로 꼭 쥔 순간 이 사람은 나의 친구라는 것을 알았다."[02]

두 사람이 다시 만난 건 헬렌이 대학 입학을 앞둔 시기에 허턴이 다시 한번 헬렌과 만날 다방면의 명사들을 프린스턴에 있는 트웨인의 자택에 불러 모았던 때였다. 그 무렵 헬렌은 래드클리프에 들어가겠다는 의향을 밝혔지만 그 명문 대학 관계자들이 시청각장애를 지닌 학생이 교실에서 수업받는 데 필요한 편의를 제공하기를 꺼리거나 그럴 의향이 없다는 걸 알게 되면서 커다란 난관에 부딪혔다. 대학 측에서는 그 대신 헬렌이 자기 속도에 맞추어 개인적으로 공부할 수 있도록 개발한 "특별" 과정을 이수하기를 제안했다. 헬렌이 간절히 요청하고 허턴의 아내 엘리너가 열심히 로비한 후에야 비로소 정규과정 입학 허가가 나왔다.

허턴 부부가 주최한 또 다른 모임에서 헬렌은 하버드와 마찬가지로 당시까지 여학생을 받지 않던 프린스턴대학교의 우드로 윌슨(Woodrow Wilson) 교수와 만났다. 헬렌을 소개받은 미래의 미국 대통령 윌슨이 웰즐리(Wellesley)나 브린마(Bryn Mawr) 같은 명문 여자대학교가 아닌 래드클리프를 선택한 이유를 묻자 헬렌은 이렇게 답했다고 회고한다. "그들이 제가 래드클리프에 있는 걸 원하지 않아서요. 저는 원래 고집쟁이라 그들의 반대를 무시하기로 했죠."03

래드클리프에서 헬렌의 장애를 고려해 애니가 수업에 동참해 강의 내용을 손에 써 주도록 허용함에 따라 한 가지 커다란 장애물을 이미 극복하기는 했지만, 한동안 또 다른 장애물이 헬렌의 계획을 방해할 듯했다. 학비에 더해 헬렌과 애니 두 사람의 보스턴 생활에 드는 막대한 재정적 부담을 감당하지 못할 가능성이 점차 커졌다. 헬렌이 넉넉한 환경에서 태어나기는 했지만 켈러 대위는 애니가 터스컴비아에 도착하고 첫해가 지난 후로는 애니의 월급 25달러도 마련하기 어려울 정도로 재정적 위기에 처한 지 오래였다. 이후의 비용은 여러 후원자가 대신 부담해 주었고 나중에는 헬렌이 직접 충당했다.04

트웨인의 학창 시절은 아버지를 잃고 가족을 돌보기 위해 학교를 그만둬야 했던 열두 살 때 끝이 났다. 정규교육이 주는 이점에 회의적이었던 것으로 유명한 트웨인은 캐나다 소설가 그랜트 앨런(Grant Allen)이 처음 내놓은 "학교가 교육에 절대 참견하지 못하게 하라"라는 격언을 좋아했다. 이런 의구심을 품고 있었음에도 트웨인은 그 무엇도 헬렌의 학업 목표를 가로막아서는 안 된다고 생각했다. 전도유망한 헬렌의·학업 경력이 위기에 처했다는 사실을 알고는 자기의 넓은 인맥을 총동원했다. 트웨인 자신은 금융업에 실패하고 투자도 잘못해서 재산을 탕진했지만 각계의 부유한 친구에게 도움을 요청할 수는 있었다.

트웨인은 스탠더드오일 경영진 헨리 로저스의 아내 에밀리 로저스(Emelie Rogers)에게 이런 편지를 보냈다. "이 경이로운 아이가 가난 때문에 학업을 중단해서 미국에 좋을 일이 없습니다. 헬렌이 그들과 계속 공부한다면 수 세기에 걸쳐 역사에 남을 명성을 얻을 것입니다. 특별한 길을 걸어가는 이 아이는 모든 세대에 걸쳐 최고로 뛰어난 성과를 보여 줍니다. …… 그래서 저는 이런 구상을 해 보았습니다. 남편분을 붙잡고 남편을 비롯해 존 D. 록펠러 씨와 윌리엄 록펠러 씨 등 스탠더드오일 경영진이 헬렌에게 관심을 기울이도록 애써 주시기를 부탁드립니다."05 결국 로저스는 헬렌이 래드클리프에 다니는 비용을 충당할 거액의 기금을 마련하는 데 가장 큰 공헌을 하게 되었고, 이로써 상당수의 사회 저명인사가 자선 활동의 연장선에서 이 유명한 소녀의 이름 옆에 자기의 이름과 자산을 갖다 대려 안달하는 경향이 시작되었다. 하지만 트웨인의 행동은 깊은 애정에서 비롯된 것이 틀림없다.

시청각장애를 지닌 젊은 여성과 나이 든 작가 사이의 의외의 우정에 대해 여러 가지 설이 나돌았다. 헬렌은 함께 있을 때 트웨인이 얼마나 솔직하고 거침없었는지 언급하며 이렇게 회고했다. "대화에 담배 냄새가 가득하고 욕설이 난무했다. 여성에 대한 어떠한 배려도 없이 대화했기 때문에 그를 좋아했다. …… 나를 괴물이 아닌 유난히 어려운 걸림돌을 피해 갈 방법을 찾는 장애를 지닌 여성으로 대했다."[06] 트웨인이 헬렌에게 보인 애정을 이해하려면 그가 헬렌의 학업을 후원할 방안을 마련하러 나서기 직전에 안타깝게도 맏딸 수지(Susy)가 척수막염으로 죽었다는 사실에 주목할 필요가 있다. 헬렌을 딸을 대신할 존재로 여겼던 걸까? 이유가 무엇이든, 두 사람의 우정이 싹트며 서로를 향한 존경의 표현이 급격히 늘어났다.

사실 미국인 중에는 트웨인이 헬렌과 나폴레옹을 19세기의 가장 흥미로운 인물로 묘사했다고 전한 보도를 통해 헬렌 켈러의 이름을 처음 들은 사람이 많았다.[07] 해당 문구는 나중에 더블데이(Doubleday)사에서 『내 인생의 이야기』 출간에 맞추어 진행한 홍보 사업에 대대적으로 등장한다. 이후에 거의 위작이 틀림없는 것으로 평가된 그 문장은 그럴듯한 대구를 이루도록 부풀려졌다. "나폴레옹은 물리력으로 세상을 정복하려 했다가 실패했다. 헬렌 켈러는 정신력으로 세상을 정복하려 했고 성공했다."[08]

트웨인은 나중에 자서전에서 헬렌을 "잔 다르크 이후 가장 경이로운 여성", "카이사르, 알렉산더, 나폴레옹, 호메로스, 셰익스피어를 포함한 불멸의 인물들에 비견될 존재"로 묘사하여 극찬을 더했다.[09] 1901년 헬렌을 위해 열린 만찬에서도 널리 인용되는 격언을 또 하나 추가했는데, 이번에는 헬렌의 교사까지 과장되게 묘사했다. "헬렌 켈러는 세계 여덟 번째 불가사의다. 아홉 번째는 [애니 설리번]이다."[10] 이즈음 트웨인은 애니에게도 애착이 깊어져, 애니가 헬렌의 삶에 들어오기 전까지 헬렌은 그저 "진흙 덩이"에 불과했다고 단언했다. 이야기를 근사하게 뽑아내기 위해서 신화를 동원해 가며 이렇게 썼다. 헬렌은 "듣지도 말하지도 보지도 못하고, 무기력하고 무감하고 더듬대고 생기도 거의 없는 상태였다. 그런 헬렌에게 설리번 선생이 지성의 숨결을 불어넣어 진흙의 생명을 깨웠다."[11] 그리고 교육의 현실에 의구심을 품은 채로 이렇게 썼다. "설리번 선생이 미국 공립학교 방식으로 헬렌을 가르쳤을까? 아니, 그렇지 않다. 그랬다면 헬렌은 이전보다 더 귀먹고 말 못하고 눈먼 상태가 되었을 테니까."[12]

사실 헬렌은 애니를 귀하게 대하는 트웨인의 태도에 제일 감동했다. 수년 후에 헬렌은 트웨인과의 우정에 관해 이렇게 썼다. "그는 내 친구나 사소한 모험, 내가 쓴 글 등 나에 관한 모든 것에 관심을 보였다. 선생님의 작업을 멋지게 표현해 주어 정말 좋았다. 그는 나에 관해 글을 쓴 사람 중에서 거의 유일하게 설리번 선생님이 내 삶에 얼마나 중요한 존재인지 알아보고 그 재치와 통찰력, 지혜, 인품, 수준 높은 문학적 역량을 제대로 평가한 사람이다."[13]

트웨인의 오랜 친구이며 전기작가인 앨버트 비글로 페인

(Albert Bigelow Paine)은 그가 헬렌을 위한 파티를 연 후에 "마크 트웨인과 헬렌 켈러가 함께 있는 모습이 쉽게 잊히지 않았다"[14]라고 평했다. 헬렌이 평소 의지하는 통역자 애니를 좋아했지만 자기의 말을 손바닥에 써 줄 애니가 곁에 없을 때도 트웨인은 헬렌의 웃음을 터트리게 할 수 있었다. 십 대 때 라이트휴메이슨학교에서 다른 사람의 후두, 목, 입술에 손을 대고 "듣는" 법을 배운 헬렌은 "그는 내가 입술을 읽는 동안 나를 웃게 하고 멋진 이야기를 들려주어 무척 행복하게 해 주었다"라고 회고했다.[15] 이때는 말하는 법을 배우느라 몇 년 동안 애를 쓴 후였으므로 교사의 도움 없이 제대로 대화하기 시작한 시절을 떠올리는 헬렌의 모습이 보이는 것은 유익한 일이다.

미국에서 가장 재치 있기로 유명한 인물과 오랜 기간 교류했던 만큼 두 사람의 대화에서 재치가 묻어나는 경우가 많았다. 1900년 트웨인은 뉴욕 여성언론인협회 회원들에게 이렇게 말했다. "제가 최근 몇 년에 걸쳐 알아 온 헬렌 켈러라는 아름다운 생명체를 언급하지 않을 수 없군요. 만약 제가 귀먹고 말 못하고 눈먼 사람이었다면 저도 뭔가 이룰 수 있었을지요."[16]

언론인 피터 던(Peter Dunne)이 "낮이고 밤이고 그날이 그날 같을" 헬렌의 삶이 얼마나 지루할지 모르겠다고 한탄했을 때 자기 친구가 보인 반응에 대해 헬렌은 이야기하기를 좋아했다. 트웨인은 이렇게 응수했다. "그건 완전히 틀린 말입니다. 장담컨대 보지 못한다는 것은 흥미로운 일이에요. 못 믿겠으면 어두운 밤에 집에 불이 나서 불쾌한 기분으로 깨어 문을 찾는 상상을 해 보세요."[17]

헬렌이 코네티컷에 있는 트웨인의 저택에 방문했을 때 일어난 사건은 두 사람의 우정을 보여 주는 일화로 가장 자주 인용된다. 헬렌은 나중에 이렇게 썼다. "당구를 아주 좋아하는 그는 H. H. 로저스 부인이 선물한 당구대를 대단히 자랑스러워했다. 그가 내게 당구를 가르쳐 주겠다고 하길래 이렇게 대답했다. '오, 클레멘스 씨, 당구를 치려면 볼 수 있어야 해요.' 그러자 그가 장난스럽게 말했다. '그렇죠. 하지만 페인과 던, 로저스가 치는 당구는 그렇지 않아요. 시각장애인이 그보다 못 칠 수는 없을 겁니다.'"[18]

트웨인이 헬렌의 장애를 거리낌 없이 놀렸다면 헬렌도 1905년 그의 생일에 보낸 편지에서 나이가 많다고 아무렇지 않게 놀려 댔을 정도로 두 사람의 관계는 돈독했다. 헬렌은 오랜 친구에게 이렇게 썼다. "일흔 살이 되셨다고요? 혹시 당신의 사망 보도처럼 과장된 건가요? 기억하기로 제가 마지막으로 만났을 때…… 당신은 이렇게 말했죠. '마흔여덟 살이 되기 전에 비관주의자가 되었다면 너무 많은 것을 알고 있는 것이다. 마흔여덟이 넘어서도 낙관주의자로 산다면 아는 게 너무 없는 것이다'라고요. 지금 우리가 알기로 당신은 낙관주의자이고, '일곱 번째 봉우리'에 올라선 사람에게 감히 아는 것이 적다고 지적할 사람은 아무도 없을 거예요. 그렇다면 당신은 일흔이 아니라 마흔일곱 살밖에 안 된 거겠죠!"[19]

트웨인과 헬렌의 유명한 우정을 기록한 연대기 작가들은 주로 두 사람의 다정한 농담, 유머, 서로 존경하는 마음을 보여 주는 이런 일화를 강조하는 경우가 많았다. 하지만 이런 이야기에서 흔히 누락되는 것은 두 사람이 좀 더 진지한 문제에 대해서도 자주 의견을 나누었다는 사실이다. 헬렌은 이렇게 썼다. "나처럼 장애를 지닌 상황에 있는 사람에게 클레멘스 씨 같은 친구가 있다는 건 멋진 일이었다. 우리는 세상사에 관해 많은 이야기를 주고받았다. 그는 한 번도 내 의견이 쓸모없다고 느끼게 하지 않았다. ······ 클레멘스 씨는 우리가 눈과 귀로 생각하는 것이 아니며 우리의 사고능력이 오감으로 측정되지도 않는다는 것을 알았다."[20]

헬렌은 트웨인이 특히 불의를 용납하지 않았다고 회고했다. "그는 자신이 냉소적이라고 생각했지만, 냉소주의자라는 이유로 잔인하거나 매정하거나 비열하거나 우쭐대는 모습을 무심히 넘기지 않았다. 그는 이렇게 말하곤 했다. '헬렌, 세상에는 보고도 못 보는 눈, 텅 빈 눈, 노려보는 눈, 무심한 눈이 가득하답니다.' 그는 바로잡을 수 있었을 악행을 무심히 용인하는 것을 보면 광분했다."[21]

마크 트웨인과 헬렌 켈러 둘 다 어두운 배경을 지니고 있었다는 점도 거의 언급되지 않는다. 두 사람 다 노예제라는 악습에 연루된 남부 집안 출신이라 자신의 혈통에 큰 오점이 있다고 믿었다. 헬렌은 앨라배마를 떠난 지 오랜 뒤에 이렇게 썼다. "우리 가족은 모두 지배계급에 속했고 자신의 태생과 사회적 명성, 그리고 노예를 부린다는 사실을 자랑스러워했다."[22]

트웨인도 자서전에 미주리주 해니벌(Hannibal)에서 자라던 시절에 삼촌 존이 노예로 부렸던 "열다섯에서 스무 명 정도의 흑인"에 관해 이렇게 썼다. "학창 시절에는 노예제가 전혀 혐오스럽지 않았다. 설교 시간에 그것은 하느님이 승인하신 거룩한 일이고 믿음이 가지 않으면 성경을 보면 마음이 정리될 거라고 배웠으니…… 그게 뭐가 잘못된 건지 전혀 알지 못했다." 나중에 트웨인은 어느 노예 남성이 "그저 이상한 짓을 좀 했다는" 죄목으로 백인 남성이 던진 돌에 맞아 죽는 장면을 목격하고 깊은 충격을 받았다.[23]

인종, 그리고 남부인으로서의 유산은 결국 두 인물의 정치의식이 깨어나는 데 큰 역할을 하게 된다. 헬렌과 처음 만나기 몇 주 전에 트웨인은 태어날 때 뒤바뀐 아기들이라는 문학적 장치를 이용해 미국 인종차별의 해악을 폭로한 소설 『얼간이 윌슨(Pudd'nhead Wilson)』을 발표했는데, 노예였다가 허크의 동료가 된 짐의 인간성을 잘 그려 낸 그의 가장 유명한 소설 『허클베리 핀의 모험(Adventures of Huckleberry Finn)』보다 더 노골적인 고발이 담긴 작품이었다. 노예제가 폐지되고 수년이 흐른 뒤에 고향인 미주리주에서 연달아 발생한 집단 린치 사건에 더욱 자극받은 트웨인은 이런 범죄를 "피비린내 나는 광기의 유행

병"이라고 비난한 「린치범들의 나라 미국(The United States of Lyncherdom)」이라는 격정적인 논평을 썼다.[24]

인종적 편협함을 점점 더 혐오하게 된 트웨인은 나중에 헬렌에게 대단히 중요해지는 여성참정권과 노동조합을 지지하는 등여러 사회운동에 관한 정치적 견해를 쌓아 나간다. 비록 사회주의자는 아니었지만 1905년 제1차 러시아혁명이 발발하자 이렇게 선언하며 혁명을 공개적으로 지지했다. "혁명을 일으킬 만큼 참을 수 없는 억압적인 조건이 아니라면 혁명은 결코 일어나지 않을 것이므로 나는 언제나 혁명주의자의 편이다."[25]

헬렌은 트웨인과 알고 지낼 때까지는 커져 가는 자신의 정치 신념을 공개적으로 언급하지 않았지만, 이후에 이렇게 회고했다. "평생 클레멘스 씨는 정치에서, 전쟁에서, 그리고 필리핀과 콩고, 파나마 선주민에 대한 잔학 행위에서, 다시 말해 인간과 인간의 관계에서 불의를 볼 때마다 맞서 싸웠다."[26] 시사에 관한 토론에 대해서도 이렇게 회고했다. "나는 공적인 사안을 바라보는 그의 견해가 아주 마음에 들었고 서로 같은 생각일 때가 많았다."[27] 주변의 수많은 사람과 달리 트웨인은 진지한 사안에 관한 헬렌의 의견을 청해 들으며 서로 깊이 존경하는 마음을 키워 나갔다.

세상을 떠나기 1년 전인 1909년에 트웨인은 코네티컷주 레딩에서 막 인수한 저택 스톰필드(Stormfield)로 헬렌과 애니, 존 메이시를 초대했다. "세 사람 다 나의 폭풍의 들판(Storm field)에 와서 며칠을 보내기를 명하노라"라고 쓴 초대장을 받은 헬렌은 전율했다. 그야말로 "총애하는 왕의 소환"이었다.[28]

그 사흘 동안 스톰필드에서 지내며 무슨 이야기를 나누었는지는 단편적인 기록밖에 남아 있지 않은데, 훗날 헬렌은 그때를 기분 좋게 떠올리며 방문 첫날 밤의 인상적인 기억을 이렇게 옮겨 두었다. "우리가 잠자리에 들려고 인사하자 클레멘스 씨가 나를 직접 방으로 데려다주며 욕실에 가면 시가나 스카치위스키가 담긴 보온병, 또는 원한다면 버번도 찾을 수 있을 거라고 알려 주었다."[29] 머무는 동안 그들은 내내 활발히 토론했다. 그중에서 셰익스피어 희곡의 원저자를 두고 벌인 토론은 당시 그 음유시인의 작품을 사실은 프랜시스 베이컨이 썼을 가능성이 있다는 의견을 받아들인 헬렌과 존 메이시가 푹 빠져 있던 주제였다고 한다.

떠날 때가 다가오자 트웨인은 애니에게 다음과 같은 문구를 써넣은 사진을 건네는데, 여기에 지금까지 가장 널리 알려진 애니의 별명이 담겨 있다.

마음을 담아, "기적의 일꾼"으로서 수행한 놀라운 업적에 무한한
경의를 표하며, [애니 설리번]에게.[30]

1년 후 트웨인이 사망했기에 이때가 헬렌과 트웨인의 마지막
만남이 되었는데, 친구의 죽음에 헬렌이 어떤 반응을 보였는지
는 기록으로 남아 있지 않다. 잘 알려진 대로 1910년 트웨인이 사
망하자 부커 T. 워싱턴(Booker T. Washington)은 "마크 트웨인의
후계자는 아무도 없다"라며 누구도 그의 유산을 이어 나가지 못
할 것이라고 주장했다.[31] 그렇지만 트웨인을 연구한 학자 브렌
트 콜리(Brent Colley)는 그의 진정한 후계자가 적어도 한 명은
있었을 것으로 믿는다. 보수적인 남부 출신이라는 배경을 벗어
던지고 자신의 명성을 활용해 미국을 변화시키기로 마음먹은
급진적인 운동가로 자라날 여성 말이다.[32] 스톰필드에 다녀온
지 얼마 후 헬렌은 사회당에 입당한다.

Socialist Party in America

State _of Massachusetts_

Local _Member at Large_

Branch _____

MEMBERSHIP CARD

Name _Helen Keller_

Address _Wrentham_

Admitted _Sept. 29th_ 19_12_

No. _____ Page _____

Squiers E. Putney

State Secretary

Address _14 Park Sq. Boston_

ISSUED BY AUTHORITY OF THE

National Committee, Socialist Party

TRADES UNION COUNCIL 20

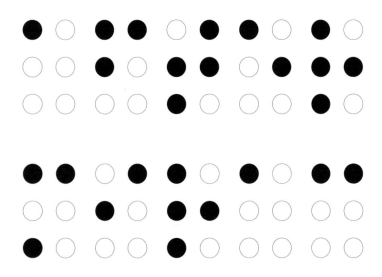

After the Miracle

part

II

좌파 잔 다르크

Chapter

7

정치적 개안

헬렌의 인생 중 많은 부분이 그러하듯이 헬렌이 사회주의로 개종한 계기는 여전히 수수께끼로 남아 있다. 엇갈리는 서술이 제기된 가운데 기존의 서사에 어울리는 답을 찾기 쉽지 않았기 때문이다.

헬렌이 밝힌 바로는 그 문제의 정치 이념을 처음 받아들이게 된 것은 애니에게 추천받은 영국 작가 H. G. 웰스(H. G. Wells)의 책 『구시대의 신세계: 현대 사회주의에 대한 평이한 해설(New Worlds for Old: A Plain Account of Modern Socialism)』을 읽으면서였다고 한다. 헬렌은 "이 책에 담긴 상상력에 매료된 선생님이 그 짜릿한 자극과 흥미를 내게 전해 주고 싶어 했다"라고 회고했다.[01] 이 책은 헬렌이 매사추세츠주 사회당에 입당신청서를 제출했다는 해로부터 1년 전인 1908년에 출간되었다. 당시 웰스는 『타임머신』 『투명인간』 『우주전쟁』과 같은 미래주의 과학소설로 유명했다. 하지만 그는 사회주의적 미래 사회를 향한 희망이 담긴 다양한 글을 쓰는 한편 영국의 지식인과 자유사상가 들이 결성한 단체 페이비언협회(Fabian Society)를 개혁하려는 노력에 동참했던 저명한 사회비평가이기도 했다. 페이비언협회는 노동자가 족쇄를 벗어던지고 자신의 삶을 속박하는 산업가와 자본가에게 대항해 일어나야 한다고 믿은 카를 마르크스(Karl Marx)의 혁명적 공산주의 원칙에 비해 좀 더 온건한 대안으로 민주사회주의를 구상했다. 반향을 일으켰던 그 책에서 웰스는 이렇게 썼다. "사회주의는 인간사에 드러난 가망 없어 보이던 악을 조명하고 거기서 벗어날 길을 보여 준다."[02]

헬렌의 공식적인 설명에도 불구하고 넬라 헤니를 비롯한 여러 연대기 저자들은 헬렌을 사회주의로 개종하게 만든 사람은 존 메이시라고 추정했고, 이것이 널리 인정받는 사실이 되었다. 그렇지만 존 메이시가 개종한 시기가 헬렌이 개종한 시기와 거의 일치한다는 점에서 이를 뒷받침할 증거는 빈약해 보인다.

메이시는 헬렌이 래드클리프를 졸업한 이듬해인 1905년에 애니와 결혼했다. 『내 인생의 이야기』 편집을 맡았던 시절까지 거슬러 올라가는 기나긴 구애 끝에 이루어진 결혼이었다. 애니는 나중에 존의 청혼을 거절한 데는 여러 가지 이유가 있었는데 그중에서 가장 중요한 것이 헬렌에 대한 헌신이었다고 주장했다.

애니는 메이시에게 "헬렌이 제일 우선이에요"라고 말했다. 두 사람의 나이 차도 문제였을 것이다. 결혼 당시 애니는 서른아홉 살로 헬렌과 더 가까운 나이였던 메이시보다 열한 살이나 많았다.[03] 실제로 두 사람의 나이 차가 너무 크다 보니 일부 언론에서는 메이시가 애니가 아니라 헬렌과 결혼할 생각이라고 추측하기도 했다.[04] 마침내 스무 명 정도의 친구들이 참석한 가운데 집에서 조촐하게 결혼식을 올릴 때까지 애니의 마음이 얼마나 오락가락했던지 존이 청첩장에 "예고 없이 변경될 수 있습니다"라고 쓰겠다고 윽박지를 정도였다고 농담조로 말했다.[05]

당시 스물다섯 살이던 헬렌은 자서전 집필을 비롯해 여러 가지 작업을 함께해 온 존을 아주 좋아했다. 신혼여행 후 세 사람은 매사추세츠주 렌섬(Wrentham)의 저택에 자리 잡았다. 헬렌과 애니는 수많은 후원자 중에서 보스턴에서 "설탕왕"으로 알려진 존 스폴딩(John Spaulding)이 헬렌에게 증여한 주식 수익으로 래드클리프 입학 전에 그 집을 구입했다. 킴 닐슨이 추적하기로는 이따금 편지에서 보이는 단편적인 정보 외에 결혼 후 렌섬에서 지낸 일상에 관한 기록은 거의 남아 있지 않다. 닐슨은 이렇게 썼다. "주중에는 애니가 보스턴으로 통근하는 존을 기차역까지 태워 준 다음 그날치 쇼핑을 했다."[06] 한편 헬렌은 집안에서 조용히 연구하고 글을 쓰거나 개와 닭, 말 등 점점 늘어나는 동물을 돌보며 지냈다. 주말에는 종종 파티를 열었다. 친구들이 기억하는 애니는 "능숙하고 활기찬 주최자"였다.[07] 나중에 존은 결혼 생활 내내 헬렌에게 관심을 쏟는 애니를 원망했다고 말했지만, 당시의 증거를 살펴보면 세 사람은 각자 일상이 있었고 별다른 갈등 없이 몇 년 동안 평탄하게 잘 지냈던 것으로 보인다. 닐슨은 헬렌이 늘 렌섬에서의 이 시기를 "목가적으로" 묘사했다고 언급한다.[08]

애니와 결혼하고 몇 년이 지나는 사이에 영향력 있는 문학평론가로 부상한 메이시는 에드거 앨런 포(Edgar Allan Poe)의 전기를 써서 널리 호평받았다.[09] 어린이와 가족을 대상으로 하는 보스턴 기반의 잡지 《유스컴패니언》 편집자 일을 계속하면서 이따금 유력한 잡지에 자신이 쓴 시나 문학평론을 게재했다. 메이시는 결국 좌파 정치계에서 명성을 얻어 미국의 대표적인 급진주의자 중 하나로 꼽히게 되지만 헬렌이 『구시대의 신세계』를 집어 들었을 무렵에는 그가 본격적인 사회주의자가 되었다거나 헬렌의 정치적 각성에 직접적인 역할을 했다는 증거가 하나도 없다. 헬렌은 메이시를 통해 이념을 받아들이게 되었다고 한 적이 전혀 없는 데다 메이시의 영향을 부인하는 듯한 모습을 적어도 한 번 이상 보였다. 헬렌이 H. G. 웰스의 책을 통해 어떻게 사회주의자로 각성하게 되었는지 납득할 만한 설명을 내놓은 적은 없지만 헬렌의 이념적 진화에 큰 영향을 미친 다른 여러 가지 요인에 관해서는 설득력 있는 근거가 존재한다.

메이시와 만나기 한참 전에 헬렌은 퍼킨스학교의 오랜 지지
자로서 매주 기고하던《보스턴이브닝트랜스크립트》의 '청취자'
라는 칼럼에 퍼킨스의 활동을 자주 소개했던 조지프 에드거 체
임벌린(Joseph Edgar Chamberlin)이라는 사람과 우정을 쌓았다.
헬렌이 퍼킨스에 다니느라 북부로 옮겨 간 지 얼마 지나지 않은
1888년에 체임벌린은 렌섬에서 임대한 저택에 여덟 살이 된 헬
렌과 교사 애니를 초대해 주말을 보내도록 했다.

 "레드팜(Red Farm)"으로 알려진 이 생기 넘치는 농가는 체임
벌린이 각양각색의 예술가, 지식인, 정치운동가를 자주 초대하
던 자유분방한 보헤미안식의 공간이었다. 체임벌린의 고손녀인
엘리자베스 에머슨(Elizabeth Emerson)은 레드팜이 어떻게 처음
가족에게서 떨어져 나온 어린 헬렌의 "피난처"가 되어 주었는지
설명한다. 저서 『레드팜에서 온 편지(Letters from Red Farm)』에
서 에머슨은 헬렌과 체임벌린의 우정과 두 사람이 평생에 걸쳐
주고받은 서신을 소개하며 이렇게 쓴다. "헬렌에게 그 집은 학
업과 주위에서 요구하는 온갖 사회 활동의 소용돌이에서 벗어
나 뛰놀며 평범한 어린 시절을 즐길 수 있는 가정이었다."[10] 40
년 넘도록 헬렌은 체임벌린을 "에드 삼촌"이라 불렀고, 애니와
레드팜에서 지낸 시간이 "우리 인생에서 가장 풍요롭고 눈부신
경험"이었다고 말했다.[11] 사실 헬렌과 애니가 결국 체임벌린과

멀지 않은 렌섬에서 첫 저택을 구입하고 애니와 메이시가 결혼한 후 수년 동안 그 집에서 살게 된 데는 레드팜을 향한 애정이 중요한 역할을 했다.

헬렌이 레드팜에 자주 찾아간 일을 피상적으로 서술하는 작가가 많다. 로레나 히콕(Lorena Hickok)은 그곳이 헬렌이 말과 개와 뛰놀고 처음으로 눈을 만난 "신나는 장소"였다고 썼다.[12] 하지만 체임벌린의 집이 장차 헬렌이 안온한 남부인에서 미국 사회를 뒤흔들 혁명가로 자라나는 정치적 성년을 경험한 곳이었을 수 있다는 증거도 있다.

레드팜에 머무는 동안 헬렌이 만난 각양각색의 인물 중에는 그 저택에 머물고 있던 선주민 여성 두 명이 있었다. 그중 한 명인 에인절 데 코라(Angel De Cora)는 위너베이고(Winnebago)족 족장의 손녀로 20세기 초 미국에서 가장 유명한 선주민 출신 예술가이다. 체임벌린은 또한 레드버드(Red Bird)로 알려진 라코타(Lakota)족 시인으로 이후 아메리카 선주민의 권익을 추구하는 조직인 전미인디언위원회(National Council of American Indians)를 설립하는 짓칼라 샤(Zitkála-Šá)라는 여성과도 우정을 나누었다.[13] 레드팜에서 있었던 이 여성들과의 만남에 영감을 받은 헬렌은 수년이 지난 후 선주민 권리를 옹호하는 투사가 된다.

1897년 헬렌과 애니의 관계에 심각한 위기가 닥쳤을 때에도 레드팜이 안식처가 되어 주었다. 헬렌의 주변인 중에 애니의 엄격한 교육 방식에 우려를 표하며 애니가 대학 입학을 준비하는 제자를 신체적·정신적으로 소진시키고 있는 것이 틀림없다고 확신하는 이들이 있었다. 당시 헬렌은 케임브리지여학교에 다니고 있었는데, 그 학교 교장 아서 길먼(Arthur Gilman)이 이렇게 커지는 염려를 이유로 두 사람을 떼어 놓으려던 애니의 주요한 적대자 중 한 명이었다. 문제의 발단은 애니가 오래 믿고 의지해 온 지인인 전 퍼킨스 사감 소피아 홉킨스가 케임브리지를 방문했다가 길먼에게 헬렌이 "붕괴 상태에 가깝다"라고 전한 데 있었다.[14] 길먼이 진정으로 헬렌이 잘되기를 바라는 마음에서 행동했는지 아니면 헬렌의 학습 속도와 고등교육에 대비한 최선의 전략을 놓고 애니와 벌이고 있던 권력투쟁의 하나로 싸움에 나선 것인지는 아직도 확실치 않다. 재학생 보호라는 목적을 내건 길먼은 켈러 부인에게 자신이 케임브리지에 재학 중인 헬렌과 밀드레드 자매의 "수호자" 역할을 맡도록 허락해 달라며 지원을 요청하는 편지를 보냈다.[15]

오래 지나지 않아 케이트 켈러는 애니에게 "그동안" 헬렌을 위해 노력해 주어 고맙다며 새로운 계획을 알리는 편지를 보냈다. 길먼의 계획을 기정사실로 하는 내용이었다. 나중에 헬렌이 밝히기로, 이 시기에 애니가 자신에게서 제자를 떼어 놓으려는 그런 시도에 너무나도 "크게 절망"한 나머지 어느 날 밤 보스턴의 찰스강을 지나던 중에 "강물에 몸을 던지고 싶은 강렬한 충동에 사로잡힌" 적도 있었다고 언급했다.[16] 길먼이 열일곱 살이 된 헬렌이 사랑하는 스승과 자신을 떼어 놓으려는 그런 계획을 얌전히 받아들이리라 생각했다면, 애니가 터스컴비아에 도착한 이후로 십 년에 걸쳐 형성된 두 사람의 강한 애착 관계를 지나치게 과소평가한 것이었다. 헬렌은 체임벌린에게 도움을 요청하며 어머니와 애니 중에서 한쪽을 선택해야 한다면 "저는 선생님에게 갈 거예요. 선생님은 저에게 어머니보다 더 소중한 분이에요. 지금의 저를 만들어 주신 분이에요"[17]라고 말했다. 켈러 부인은 나중에 수호자가 되겠다는 길먼의 요청을 수락했을 당시 자신이 제정신이 아니어서 "얼마나 잔인한 짓을 하고 있는지 깨닫지 못했다"라고 주장했다.[18]

헬렌은 학교를 그만두고 애니와 보스턴을 떠나 레드팜으로 갔다. 여기서 체임벌린과 그의 아내 아이다(Ida)와 1년 가까이 함께 지내며 개인 교사의 지도 아래 래드클리프 입학시험을 준비했다.[19] 1년 후 체임벌린은 《레이디스홈저널》에 두 사람이 머문 기간을 회고하는 글을 썼는데, 이 소중한 자료를 통해 헬렌의 정치 신념이 자라나는 모습을 볼 수 있다. 체임벌린은 이렇게 썼다. "헬렌은 사상적으로 굽힘 없는 자유주의자이다. 자기의 문제를 제기하고자 하는 모든 사람의 편에 서려는 경향이 있다. 천성적으로 박애주의적이며 자애로운 사람이다. 사회학적 사안에 관한 헬렌의 견해는 지극히 보수적인 설리번 선생과 거의 정반대다."[20]

사실 헬렌에게 체임벌린은 여러 면에서 애니보다 정치 신념이 더 잘 맞는 사람이 된다. 1912년 헬렌은 《아메리칸매거진》에 다음과 같이 체임벌린이 초기에 헬렌에게 끼친 영향을 드러내는 중요한 단서가 담긴 글을 썼다.

나는 언론이 급진적이고 진보적인 사상에 호의적이지 않다는 것을 알고 있다. 체임벌린 선생의 사상은 선생이 친구들에게 표현했듯이 글로 쓴 것보다 훨씬 더 앞서 있다. 선생의 양심은 우리 사회의 제도적인 오류와 위험에 예민하게 반응한다. 내가 그 의미를 깨닫기 훨씬 전부터 선생은 사회주의와 윌리엄 모리스(William Morris)의 『유토피아에서 온 소식(News from Nowhere)』에 관한 이야기를 우리와 함께 나누었다.[21]

여기서 헬렌이 사회주의로 개종한 계기가 되었다고 한 H. G. 웰스의 작품을 애니에게 추천받기 수년 전에 체임벌린으로부터 웰스보다 앞서 좌파 정치 신념을 품었던 또 다른 과학소설 작가의 작품을 소개받았다는 사실을 알 수 있다. 1890년에 발표한 『유토피아에서 온 소식』에서 모리스는 자본주의와 사유재산, 산업을 타파하고 모두가 평등하게 살아가는 사회주의적 낙원의 이상을 제시한다.

나중에 헬렌은 자신의 전쟁관 역시 미국-스페인 전쟁 기간에 《새터데이이브닝포스트(The Saturday Evening Post)》의 특파원으로 일했던 체임벌린으로부터 지대한 영향을 받았다고 했다. 전쟁이 한창이던 1891년 8월에 헬렌은 일기에 이렇게 썼다. "에드 삼촌은 또 존경받을 수 없는 성공이라는 것도 있다고 했다. 삼촌은 카이사르와 나폴레옹에 관해 이야기했다. 내가 읽어 본 글에서는 모두 다 하늘을 찌를 듯한 찬사를 보냈기 때문에 나는 그들이 은인인 줄 알았다. 하지만 삼촌은 그들이 어마어마하게 많은 동족을 죽이고 땅을 짓밟고 불행과 증오를 사방에 퍼트려 유명해졌다고 말했다. 어떤 좋은 일을 했건 간에 그들이 저지른 악행과 그로 인한 고통에는 비할 바가 못 된다고 했다."[22] 이십 년 후 헬렌이 미국에서 가장 저명한 반전운동가로 부상한 점을 볼 때 초기에 이런 영향을 받은 사실을 절대 간과할 수 없다.

마크 트웨인에 관해서도 그러했듯이 대다수 전기작가가 헬렌과 체임벌린의 관계에서 피상적인 측면만 조명했지만, 오랫동안 무시되어 온 이런 기록은 헬렌이 미국에서 가장 저명한 급진주의자 중 한 명으로 변신한 과정, 즉 숱하게 언급된 웰스의 책을 마주하기 훨씬 전부터 뿌리를 내린 것이 틀림없는 그 전환을 설명하는 데에서 비어 있는 중요한 부분을 메우는 데 큰 도움이 된다.

그 밖에 헬렌의 정치적 진화에 중요한 역할을 했지만 간과된 다른 요인은 분명 신앙심이었다. 헬렌이 터스컴비아에서 자라는 동안 켈러 집안은 주류 기독교 종파를 따랐다. 장로교 신자인 아서 켈러는 교회 집사였고 케이트는 성공회 신자로 자랐다. 하지만 가족들은 적어도 애니가 오기 전까지는 헬렌에게 종교를 가르치려 한 적이 없었다.[23] 가톨릭교 안에서 자랐지만 이탈한 지 오래인 애니는 헬렌을 제자로 맞이할 무렵에는 무신론자였을 가능성이 높다. 애니는 나중에 이렇게 썼다. "나는 종교인이 아니다. 깊은 고민에 잠길 때 나를 위로해 주는 것은 자연의 다양한 면모이다. 나는 자연과 분리된 신을 받아들일 수 없다. 하느님이 아버지, 친구, 위로자라는 관념은 상상할 수 없다."[24] 애니는 종교적 확신이 없었는데도 헬렌에게 신학적 지식도 함께 가르칠 의무가 있다고 믿는 듯했다. 헬렌이 열 살이 되었을 때 이미 애니는 무엇이 최선인지를 놓고 갈등하고 있었다.

퍼킨스학교 연례보고서에 헬렌의 성장과정을 보고한 글에서 애니는 헬렌이 신학에 관해 처음 던진 질문에 관해 썼다. "헬렌은 그리스인이 태양과 번개를 포함한 수백 가지 자연현상에 독립적이고 초인적인 힘이 있다고 믿었기 때문에 갖가지 힘을 지닌 수많은 신을 섬겼다는 사실을 알았다. 하지만 인류는 열심히 고민하고 연구한 끝에 모든 현상이 한 힘에서 기인한다고 믿게 되었고 그 힘을 일컬어 신이라 했다. 헬렌은 몇 분 동안이나 미동도 없이 가만히 있었는데, 골똘히 생각하고 있는 게 틀림없었다. 그러고 나서 이렇게 물었다. '신은 누가 만들었죠?' 스스로 존재하는 존재의 수수께끼를 설명할 수 없었던 나는 그 질문을 회피할 수밖에 없었다."[25] 나중에 애니는 대자연(Mother Nature)에 관해 이야기하며 헬렌의 주의를 돌려 보려 했지만 도리어 그러면 아버지 자연(Father Nature)은 무엇이냐라는 곤란한 질문으로 이어지고 말았다고 털어놓았다.[26] 헬렌의 질문이 끈질기게 이어지자 애니는 결국 자기가 해 줄 수 없는 종교교육을 받게 할 방법을 찾아야겠다고 생각했다.

애니가 상의도 없이 헬렌을 보스턴 트리니티교회의 성공회 주교인 필립스 브룩스(Phillips Brooks)에게 데려가자 아나그노스는 헬렌의 종교교육에 관한 자신의 조언을 무시한 애니에게 화를 냈다. 아나그노스는 이전에 신앙심이 "선천적"이냐는 질문의 답을 얻기 위해서 외부의 개입 없이 헬렌의 신앙심이 자라도록 두는 게 좋겠다고 제안했다.[27] 헬렌은 열한 살 때 태어난 남동생의 이름을 필립스 브룩스 켈러라 짓자고 부모를 설득할 정도로 이후 평생 브룩스 주교를 좋아했지만, 그 종교교육은 결국 헬렌의 영적인 공백을 메워 주지도 끈질긴 질문에 답을 주지도 못했다. 특히 유대인을 포함해 기독교를 받아들이지 않은 이들을 단죄하는 그의 종교적 가르침이 헬렌을 불편하게 했다. 나중에 헬렌은 이렇게 회고했다. "편협한 이들로부터 기독교인이 아닌 사람은 모두 다 벌을 받을 거라는 말을 들었을 때, 이교도의 땅에서 자기가 발견한 진리를 좇아 살다가 죽은 훌륭한 사람들을 알고 있었던 나는 당연히 반발심이 일었다."[28]

헬렌은 여러 해가 지난 뒤에 알렉산더 그레이엄 벨이 청각장애인 교육에 관한 자신의 발상을 널리 알리기 위해 1887년 설립한 볼타 본부(Volta Bureau)의 총책임자 존 히츠(John Hitz)의 도움으로 진정한 종교적 깨달음을 얻게 된다. 히츠는 헬렌에게 18세기 스웨덴의 신비주의자 에마누엘 스베덴보리(Emanuel Swedenborg)와 "새교회(New Church)"라는 그의 교리를 소개해 주었다. 1688년 스톡홀름에서 태어나 평생 과학자, 발명가, 기술자, 천문학자, 수학자로 충실히 살던 스베덴보리는 55세에 갑자기 과학계에서의 활동을 모두 중단하고 영적인 길로 들어섰다. 그리고는 모두 열여덟 편에 이르는 "주 예수그리스도의 종"으로서 자신의 이상을 담은 신학 저술을 발표한다. 가장 잘 알려진 저서는 사후의 삶을 생생하게 묘사한 『천국과 지옥(Heaven and Hell)』이었다.[29] 히츠는 십 대이던 헬렌에게 점자에 앞서 등장한 양각 활자로 출간된 이 책을 선물했다. 헬렌은 나중에 스베덴보리의 철학을 알게 된 기쁨을 이렇게 설명했다. "영혼과 육신 사이의 분리, 내가 전체적으로 그려 낼 수 있는 영역과 제한된 나의 신체감각으로 매번 부딪치는 편린들과 비합리적인 우연성이 야기하는 혼란 사이의 거리감을 너무나 절실히 느끼게 하는 믿음을 발견했다."[30]

열여섯 살에 헬렌은 스베덴보리의 열렬한 신자가 된다.[31] 나중에는 그 깊은 신앙심을 『나의 종교(My Religion)』라는 책으로 묶어 내놓았다. 이따금 새교회 강단에 올라 설교도 했다.[32] 헬렌이 좌파로서의 정치적 입장을 자신의 새 종교와 명시적으로 연결한 적은 전혀 없지만 스베덴보리주의는 사회정의의 원칙에 기독교의 가르침을 적용한 기독교사회주의로 알려진 운동과 오랫동안 관련을 맺어 왔다. 18세기까지 거슬러 올라가 보면 스베덴보리 추종자들은 퀘이커교도와 함께 유럽의 노예무역을 종식시키려는 운동의 선두에 섰다.[33] 헬렌이 스베덴보리의 가르침을 접하기 한 해 전인 1895년에는 영국에서 "우리 주 예수그리스도의 가르침과 실천을 공부하고 널리 알리는" 새교회사회주의자협회(New-Church Socialist Society)가 창립되었다.[34] 19세기 후반에 미국의 스베덴보리주의자들은 이상향적 사회주의의 창시자 중 한 명으로 19세기 중반 미국의 개혁가 사이에서 핵심적인 역할을 한 프랑스 철학자 샤를 푸리에(Charles Fourier)의 철학과 새교회를 연결했다. 그러니 헬렌이 사회주의자로서 각성한 과정을 자기의 신앙과 직접 연결시키지는 않았어도 그 종파에 몰입하면서 정치의식에 크게 영향을 받았고, 그 결과 예수그리스도를 "억압당하고 갈취당한 사람들 편에 섰던 사람"이라고 말하며 자본주의사회를 고발하기에 이르렀다고 짐작할 만하다.[35] 나중에 헬렌은 사회주의를 "인류의 새로운 종교"라 했다.[36]

헬렌이 스베덴보리주의를 받아들인 일은 로라 브리지먼의 종교적 각성과 뚜렷하게 대조된다. 기독교인으로 거듭난 로라가 개혁가 새뮤얼 그리들리 하우와 갈등을 겪으면서 둘 사이는 돌이킬 수 없이 벌어졌다. 사실 퍼킨스 시절 로라의 오두막에서 함께 지낸 시간을 잘 기억하고 있던 애니는 제자가 절대로 위선적인 복음주의의 희생양이 되지 않게 할 작정이었다. 십 대 시절에 노예제 폐지 등 여러 가지 사회개혁을 지지한 것으로 유명했던 로라는 수년 전 하우가 신혼여행을 떠난 틈을 활용해 로라를 칼뱅주의로 개종시킬 기회를 얻은 어느 교사로 인해 한때 진보적이었던 정치 신념을 버렸다. 헬렌이 열 살이 되었을 때 애니는 아나그노스에게 이렇게 단언했다. "저는 지독히도 편협한 기독교인을 제외하고는 모두가 혐오스러워하는 종교를 로라에게 심어 준 그런 관념과 견해로부터 헬렌을 세심히 지킬 거예요."[37]

 ⠎⠑⠑⠊⠝⠛⠀⠞⠓⠑⠀⠍⠊⠗⠁⠉⠇⠑

헬렌이 자라는 동안 켈러 집안에서 정치는 오랫동안 중요한 역할을 했다. 아서 켈러의 재산은 민주당과 긴밀히 연관되어 있었는데, 남북전쟁 이후 남부에서 민주당의 의미는 오늘날과는 매우 달랐다. 에이브러햄 링컨과 노예제 폐지, 재건을 앞세운 공화당은 북부에서 인기가 높았다. 반면 민주당은 남부연합의 잃어버린 대의(Lost Cause of the Confederacy)를 상징하면서 수십 년에 걸쳐 백인우월주의의 보루 역할을 단단히 했고, 민주당 계열의 딕시크랫파(Dixiecrat wing)는 끔찍한 인종차별 제도인 짐크로 체제를 유지하기 위해 노력했다.

사업 실패 이후 아서는 쇠락해져 있던 지역 주간지 《노스앨라배미언(North Alabamian)》을 인수해 친민주당 기관지로 바꾸어 놓았다. 결국 민주당 출신 대통령 그로버 클리블랜드가 그 충성심에 대한 보답으로 아서를 연방 보안관 자격의 핵심 후원자로 삼는다. 헬렌은 이처럼 확고한 민주당원 가정에서 자랐다. 하지만 열여섯 살이던 1896년에 프랭클린 매슈스(Franklin Matthews)라는 기자에게 정당과 정치의 개념을 알고 있다고 말했을 때 기자가 자신의 정치 성향을 확인하려 들자 양가적인 반응을 보였다.

"그렇다면 민주당과 공화당 중에 어느 쪽인가요?" 기자가 묻자 헬렌은 웃으며 이렇게 답했다.

"아, 애매하네요. 민주당 지지자였지만 지금은 공화당 쪽으로 기운 것 같아요."[38]

대학 졸업 후 몇 년 동안 헬렌은 무엇을 하며 살고 싶은지 뚜렷이 정하지 못한 상태였다. 길을 찾는 도중에 여러 잡지에 실명 예방에 관한 글을 많이 썼다. 시각장애인을 돕는 방향으로 진로가 점차 정해진 것으로 보이지만, 이후에 자주 제기되었던 질문처럼 왜 청각장애인 공동체가 아닌 시각장애인 공동체를 옹호하는 쪽으로 마음이 기울었는지는 아직 뚜렷이 밝혀져 있지 않다.

이런 신념에 따라 헬렌은 1906년 3월, 매사추세츠주 교육위원회에 시각장애인을 위한 주 차원의 상설위원회 설립을 촉구하는 서신을 보내며 정치활동에 첫발을 내디뎠다. 서신에서 헬렌은 이렇게 말했다. "시각장애인을 관대히 지원하는 것은 분명 당사자만이 아니라 지역사회에도 유익한 일이며, 모든 사람의 생명과 자유, 행복추구에 대한 권리를 보장하는 미국의 기본 선언에도 부합합니다."[39] 주지사 커티스 길드 주니어(Curtis Guild

Jr.)가 이 요청에 응답해 위원회를 설립하면서 헬렌의 노력에 결실이 맺혔는데, 몇 달 후인 그해 7월에 주지사로부터 해당 위원회의 위원으로 지명받자 헬렌은 당황한 듯했다. 그러면서 그 자리에는 애니가 더 적합하다고 주장했다.⁴⁰ 그렇게 불안해하긴 했어도 나중에 헬렌은 당시 위원으로 지명받은 일이 "평생에 걸친 과업의 서막"이 오른 사건이었다고 평했다.⁴¹

위원직을 수행한 기간은 1년이 채 안 되지만 이 기간에 헬렌은 쟁점이 되는 주제에 기꺼이 나서려는 모습을 보였다. 1907년에는 《레이디스홈저널》에 "피할 수 있는 시각장애"에 관한 글을 게재하여 성병을 앓는 여성에게서 태어난 아기에게 실명을 유발하는 이른바 신생아안염(ophthalmia neonatorum)에 관한 관심을 촉구했다. 아기의 눈에 질산은(silver nitrate) 몇 방울만 넣어 주면 쉽게 예방할 수 있는 증세였는데도 성관계를 통해 전파되는 질병이다 보니 거론하기 곤란한 민감한 사안이었다. 헬렌은 금기시되는 이 문제를 제기할 필요성이 크다고 생각하면서도 그 첫 기고문에서는 의학용어와 암시적인 표현으로 에두르는 데 그쳤다. 나중에 헬렌은 "사회적으로 금지된" 소재라고 생각했던 그 민감한 사안을 어떻게 다루어야 할지 몰라 "주저하며 조심스럽게" 글을 썼다고 인정했다.⁴²

1년 뒤에 헬렌은 같은 매체에 이 주제에 관한 글을 한 번 더 썼다. 이번에는 말을 고르지 않고 이렇게 썼다. "기본적인 문제를 덮어 두거나 외면한다면 나 자신을 비겁자라고 비난할 수밖에 없다. 신생아안염이 왜 발생하는가? 출생 시 어머니에게서 아기로 전염되는 특정 세균 때문이다."

여기에서 헬렌은 첫 기고문에서 독자의 예민한 부분을 자극할까 봐 삼갔던 중요한 사항을 추가한다. 그 세균이 보통 "결혼 전후에 맺는 음란한 관계"를 통해 퍼진다는 사실 말이다.

헬렌은 이렇게 묻는다. "우리 사회의 부정을 감히 드러내지 못한 탓에 어린 소녀들이 어둠 속에서 위험에 처하도록 내버려 두어야만 하는가? 방향이 어긋난 세심함과 체면치레를 벗어던지고 정확한 정보와 상식을 공유해야 한다."[43]

헬렌이 당시 거의 거론되지 않던 호색하는 사회 풍조에 문제를 제기한 것은 이번만이 아니었다. 한편으로는 자신의 역할이 여전히 시각장애와 관련된 문제에만 국한되는 데에 혼란을 느끼고 있었는데, 이런 사정은 1908년 출간된 책 『내가 사는 세상(The World I Live In)』을 통해 세간에 드러났다. 존 메이시가 출간 계약을 성사시킨 이 책은 헬렌이 세상을 바라보는 관점을 담은 수필집으로 출간 당시 큰 관심을 끌지 못했고 판매량도 『내 인생의 이야기』에 비해 저조했지만,[44] 책의 서문에서는 좀 더 무거운 주제에 관해 발언하고자 하는 헬렌의 결심과 자신을 장애에만 묶어 두려 하는 장애인 차별적 태도에 대한 큰 좌절감을 드러낸다.

어떤 의미에서는 모든 책이 자서전이다. 하지만 자기를 기록하는 다른 창작물들은 적어도 주제를 바꾸는 것처럼 보이는 것이 용인되지만, 내가 관세나 천연자원 보존, 드레퓌스라는 이름을 둘러싼 갈등 같은 문제를 어떻게 바라보는지는 아무도 관심이 없는 듯하다. 만약 내가 세계의 교육제도를 개혁하자고 제안하면 편집자인 내 친구들은 이렇게 말할 것이다. "흥미로운 주제네요. 그런데 여섯 살 때 선함과 아름다움을 어떻게 느꼈는지 써 주실 수 있나요?"…… 나 자신이 아닌 다른 문제에 관해 쓸 기회를 주지 않는 한 세상의 문제가 드러나지도 개선되지도 않을 것이며, 나는 내게 허락된 한 가지 주제에 관해 발언하는 데에만 최선을 다하는 수밖에 없다.[45]

이 시기까지 헬렌이 "세상사"에 관한 의견을 공유한 대상은 래드클리프 동급생들로 이루어진 "소모임" 내의 마음 맞는 친구들밖에 없었다. 그 모임에 관해 헬렌은 이렇게 회고했다. 문학과 세상사에 관해 "모든 것을 속속들이 파헤쳤다. 다들 개인주의자였지만 당대의 이타적인 움직임에 응답했다. 평화, 형제애, 모든 사람에 대한 '공정한 처우'를 지향하는 대중적 흐름이 일어난다고 믿었다. 행성이 태양 주위를 돌듯이 우리 각자가 따르는 이론적 우상이 있었다. 그 우상은 니체, 쇼펜하우어, 카를 마르크스, 베르그송, 링컨, 톨스토이, 막스 슈티르너(Max Stirner) 같은 친숙한 이름을 가지고 있다. 더 많이 읽고 토론할수록 우리는 시대별로 등장해 사상의 자유를 쟁취해 냈던 그 특정한 집단에 소속

되어 있다는 확신이 강해졌다".[46]

결국 헬렌은 이 우상의 명단에 풀먼(Pullman)사 기술자 출신으로 미국 사회주의운동의 지도자로 부상한 유진 데브스(Eugene Debs)를 추가하게 된다. 나중에 밝히기로 헬렌은 열네 살이던 1894년부터 "그레이트노던사 파업(Great Northern Strike)과 관련해" 데브스의 행적을 주시했지만 그로부터 몇 년 후에야 "그가 지지하는 해방운동의 중요성을 이해하기 시작"했다.[47] 1901년부터 미국사회당 대표를 맡은 데브스에게[48] 사회주의는 "임금노예제(wage slavery)로부터 노동계급을 해방하고 생산 및 분배 수단을 집단으로 소유하며 모든 산업을 인민의 이익을 위해 운영하는 것"을 의미했다.[49] 1909년에는 사회당 지지자가 4만 명을 넘어섰는데 그중 두 명이 존 메이시와 헬렌 켈러였던 것으로 알려져 있다.[50] 하지만 나중에 노동사가 필립 S. 포너(Philip S. Foner)와 조지프 래시를 포함한 여러 사람이 주장했듯이[51] 헬렌과 메이시 둘 다 그해에 사회당에 입당했다고 보기에는 당시의 활동이나 글에서 그러한 증거가 거의 나타나지 않는다.[52] 존 메이시의 정치적 진화에 관해서는 그가 이후에 『미국인 전기 사전(Dictionary of American Biography)』에 넣을 짧은 구절을 편집하던 중에 어니스트 그리닝(Ernest Gruening)에게 말했던 내용 외에는 밝혀진 바가 거의 없다. 메이시는 "터무니없는 현 체제 전반을 들여다보면서" 그러한 이념을 받아들이게 되었다고 말했지만 그 시기가 언제인지는 밝히지 않았다.[53] 존 메이시를 만난 적이 없고 헬렌과 애니와도 14년 동안 만나지 않았던 넬라 헤니는 불명확하지만 자주 인용되는 다음 문구로 그들의 정치적 전환과정을 설명했다. "렌섬 식구들은 메이시 씨부터 시작해 헬렌, 그리고 한두 해 후에 메이시 부인에 이르기까지 천천히 차례차례 사회주의에 입문했다."[54]

헬렌이 좌파 정치에 참여했음을 짐작하게 하는 최초의 공개적인 행적은 1910년 10월 유타주의 "마르크시안클럽사회주의자(Marxian Club Socialists)"라는 단체에서 발행한 신문의 논평에 담겨 있는데, 그즈음 헬렌이 자선 기관을 "우리의 무지와 어리석음, 판단력 부족을 보여 주는 기념비"라고 비난한 사실을 칭송하는 내용이었다. 헬렌이 이미 마르크스주의적 분석을 받아들이기 시작했음을 보여 주는 그 논평에서는 자선단체 활동가들이 기울이는 모든 노력이 "그저 활동가 자신이 해소하고자 하는 바로 그 문제를 끊임없이 양산해 내는 체제를 유지하는 데 쓰일 뿐"이라는 헬렌의 불평을 인용했다.[55]

얼마 지나지 않아 헬렌은 미국 최대의 사회주의 신문인 《어필투리즌(Appeal to Reason)》의 편집자 프레드 워런(Fred Warren)과 관련한 오랜 논쟁에 뛰어들었다. 워런은 그 전해에 켄터키주에서 주지사로 당선되기 전에 상대 민주당 후보를 암살한 혐의를 받고 도주한 공화당 정치인을 잡으면 포상금을 주겠다고 제안한 일로 연방 차원에서 기소당했다. 긴 항소 절차를 거친 끝에 상급심에서 형이 확정되자 해당 사회주의 신문에서는 "워런이 수감 생활을 하는 6개월은 자본주의가 미국에서 맞이하는 가장 뜨거운 6개월이 될 것"이라고 선언했는데 이것은 엄포가 아닌 허풍으로 끝나고 말았다.[56]

1910년 12월 워런이 연방교도소에 출두해 수감되기 전날에 《어필투리즌》 측에서 뜻밖의 발신자로부터 편지와 수표를 받았다고 밝혔다. 헬렌은 그 편지에 이렇게 썼다. "저는 프레드 워런 씨에 대한 불의한 판결에 분개해 움직이게 되었습니다. 어떤 정치적 수술을 하고 어떤 상식, 어떤 올바른 사고를 방부제로 써야 우리 판사들의 맹목을 치유하고 최후의 법정인 시민들의 시력을 지킬 수 있겠습니까?"[57]

워런을 지지하기는 했어도 그때까지 헬렌은 공개적으로 사회주의자로 나서지 않은 상태였다. 사실 그 사회주의 신문사조차도 워런 건에 관한 헬렌의 관심에 어떻게 대응해야 할지 잘 몰랐다. 한 달 후에 《어필투리즌》에서는 '말 못하는 소녀가 말하다'라는 제목으로 헬렌의 참여를 칭송하는 사설을 게재했다. "대단히 진보적인 견해를 지닌 헬렌 켈러는 이 사건에 크게 자극받았다. 헬렌은 보지도 듣지도 말하지도 못하지만, 보지 못하는 채로 억압을 보고, 듣지 못하는 채로 분노한 자기의 외침을 들으며, 말할 수 없는 채로 정의를 요구하는 목소리를 낸다."[58]

2년 후 이 사건에 참여한 일을 언급한 글에서 헬렌은 당시 주류 매체인 《보스턴이브닝트랜스크립트》의 기자가 헬렌이 워런을 지지한 일을 기사로 썼지만 편집자에 의해 삭제되었다고 했다. 헬렌은 이렇게 썼다. "신문사 배후의 자금줄은 사회주의를 반대한다. 신문사를 먹여 살리는 손길에 순종하는 편집자들은 사회주의를 짓밟고 사회주의자의 영향력을 약화하기 위해 무슨 일이든 다 할 것이라는 사실을 알게 되었다."[59] 이 말은 워런의 판결에 관여하던 1910년에 이미 자신을 사회주의자로 생각했음을 짐작게 한다.

워런을 지지한 사실만으로는 헬렌의 정치 성향에 의문의 여지가 있겠지만, 두 달 후에 한 연설에서는 헬렌이 이미 장애와 자본주의의 연관성을 인지하는 깨달음의 순간을 겪었다는 사실이 드러났다. 이 깨달음은 펌프 아래에서 애니가 헬렌의 손에 "water"를 써 준 순간 못지않게 헬렌에게 중대한 영향을 미쳤다. 그 무렵 헬렌은 미국에서 시각장애를 포함한 여러 가지 장애가 작업장 안전이 지켜지지 않아 발생하는 산업재해로 인해 생겨나는 경우가 많다는 사실을 알아냈다. 1911년 2월 "시각장애인의 이익"을 증진하고자 마련한 회의에서 헬렌은 최신 시각장애 수술 치료법에 관한 자신의 견해를 듣기 위해 모인 보스턴 사람들을 깜짝 놀라게 했다. 헬렌은 시각장애를 초래하는 것은 "무지와 가난, 그리고 상업 사회의 무심한 잔인성"이라고 선언하며 이후에 "전투 개시 선언"이었다고 표현한 연설의 포문을 열었다. 청중을 향해 이러한 요인이 "어린이와 노동자의 시력을 망가뜨리고 인류의 건강을 해치는 적"이라고 말했다. "저는 마음 씨 다정한 이 도시의 어느 누구도 망가진 눈과 부러진 허리로 얼은 대가가 섞여 있음을 알면서도 기꺼이 배당금을 받으려 하지 않으리라 믿습니다."[60]

이로부터 1년이 지나지 않은 1911년 11월에 스키넥터디(Schenectady)시에서 조지 런(George Lunn)이라는 전 민주당원이 시장으로 당선되면서 사회주의자들이 시정을 맡게 되었다. 이는 미 전역의 소규모 지방자치단체에서 사회주의자들이 거둔 연이은 승리에 뒤따라 나온 결과였다. 《스키넥터디가제트(Schenectady Gazette)》편집자 출신인 런은 시에 만연한 부패와 뇌물을 폭로하는 데 열중하는 개혁가로 유명했다. 당시 런에게 승리를 안겨 준 선거운동 자체는 놀이터 증설이나 무료 교과서 제공과 같은 공약을 내거는 등 그리 급진적이지 않았고, 런이 공직 출마를 결정하면서 사회주의자들과 연대한 것도 이념적 확신이 있어서가 아니라 승리를 거둘 최선의 기회라고 판단했기 때문으로 보였다. 사회당의 시장 후보 지명을 수락한 1911년 9월까지는 공식적으로 입당도 하지 않은 상태였다. 그 11월에 런이 붙잡은 표가 승리를 끌어냄으로써 뉴욕주에 최초의 사회주의 지방자치단체가 들어서게 되었다.[61]

존 메이시가 사회주의자가 되었다는 징후가 처음 드러난 것도 이즈음이었다. 메이시는 렌섬의 수자원 위원으로 활동하고 1909년부터는 지역 공공도서관 이사 역할도 맡았지만 사회주의자로서 공식적인 지위나 역할을 맡지는 않았다. 하지만 조지 런이 스키넥터디 시장으로 선출된 지 3주 후이자 헬렌이 프레드 워런을 지지하고 나선 지 1년 만인 1911년 11월에 보스턴의 한 신문에 메이시가 '하버드인이 사회주의자가 되어야 하는 이유'라는 제목으로 강연할 예정이라는 안내문이 작게 실렸다.[62] 그로부터 몇 달 후에 메이시는 하버드사회주의자클럽(Harvard Socialist Club)과 대학간사회주의자협회(Intercollegiate Socialist Society) 회원으로 이름을 올리게 된다.[63] 이것이 메이시가 사회주의 조직에 가입한 사실을 알려 주는 최초의 공식적인 기록으로, 헬렌이 공식적으로 당적을 가진 시기는 여전히 모호해도 사회주의 정치를 받아들이기 시작한 시기를 고려하면 메이시의 이 기록은 헬렌이 사회주의자가 된 지 한참이 지난 때였다.[64]

헬렌이 이념적 전환을 맞이한 사실을 알려 주는 또 다른 단서에서는 헬렌이 자국에서는 공식적으로 사회주의자라고 선언하지 않았지만 독일 사회주의자 사이에서는 이미 동지로 통하고 있었음을 알 수 있다. 1912년 1월 첫째 주에 열린 독일사회당 회합에서 독일 사회주의 매체인 《디노이에차이트(Die Neue Zeit, 새 시대)》 연간 구독을 갱신한다는 헬렌의 편지가 공개적으로 낭독되었다.[65] 헬렌은 이렇게 썼다. "여러분의 숭고한 작업에 어떻게 감사를 표해야 좋을지 모르겠습니다. 저는 가능한 한 항상 친구들에게 사회주의를 권합니다. 미국의 시각장애인을 위해서도 《디노이에차이트》 같은 정기간행물을 창간할 사람이 나타나기를 바랍니다."[66]

몇 년 후, 가장 저명한 헬렌의 전기작가인 조지프 래시는 헬렌의 초기 사회주의 행적을 확인할 증거가 나타나지 않자 헬렌 켈러기록보관소(Helen Keller Archives) 측에 혹시 헬렌이 "가까운 이들에게 조종당하지 않는 독립적인 인물"임을 보여 주기 위해서 애니와 헬렌이 사실을 "조작"했는지 묻는 편지를 보냈다.[67] 이런 행적에서 강하게 드러나듯이 헬렌이 메이시보다 먼저 사회주의자가 되었던 것이 아닐까? 메이시는 어쩌면 자신이 다름 아닌 헬렌을 따라서 사회주의에 입문했다는 사실이 알려지기를 원치 않았을지도 모른다. 래시는 1909년에 입당했다는 메이시의 주장을 뒷받침할 증거 역시 전혀 제시하지 못했다.[68]

런이 당선되고 4개월 후, 나중에 미국에서 가장 유명한 언론 비평가가 되는 시장 비서실장 월터 리프먼(Walter Lippmann)이 런은 좋은 사람이지만 놀이터와 치과를 늘리는 그의 정책은 사회주의자보다는 "진보주의자"의 영역에 속한다며 자리에서 물러났다.[69] 사직서를 제출하면서 리프먼은 후임으로 존 메이시를 추천했다. 리프먼은 런에게 이렇게 말했다. "메이시가 시장님의 행정에 힘을 보태 줄 인재이며 친구로 삼으면 좋을 유쾌한 인물이라는 사실을 아시게 되리라 확신합니다."[70]

1912년 4월 메이시를 지명한다는 사실이 공표되자 지역 언론의 관심은 그리 잘 알려지지 않은 메이시의 임명 사실 자체보다 그의 아내의 제자에게 훨씬 더 쏠렸다. 4월 12일에 한 지역신문은 '이름난 맹인 소녀, 메이시와 함께 오다'라는 제목을 1면에 내걸고 이렇게 썼다. "월터 리프먼이 물러나면서 유명한 젊은 여성이 스키넥터디에 살게 되었다."[71] 해당 신문은 존의 아내와 유명한 제자에 관해 언급한 후 단순히 사실을 전달하는 수준으로 "메이시 부부와 켈러 씨는 사회주의자이다"라고 선언했다.[72] 비록 한 가지 측면에서 근거가 불확실한 것으로 밝혀졌고 처음에는 크게 시선을 끌지도 않았지만 독자들 대부분이 이 기사를 통해 "그 훌륭한 맹인 소녀"가 반자본주의적 이념을 받아들였다는 사실을 처음 알게 되었다.

헬렌의 정치 성향으로 인한 논란이 훨씬 더 크게 일어난 것은 그로부터 6주 후, 런 시장이 애니와 함께 스키넥터디로 이주한 헬렌을 시에서 신설하는 공공복지위원회에 임명할 계획이라고 밝힌 때였다. 시장은 "수화를 배우겠다"라며 헬렌을 향한 오랜 존경심과 함께 일하고자 하는 열망을 표현했다. "어이쿠, 지금 생각해 보니 어차피 배우게 되겠군요."[73]

헬렌에게는 파란만장한 공직 생활이라는 새로운 장이 열리는 순간이었다.

Chapter

8

"산업적 시각장애와 사회적 청각장애"

아직은 헬렌의 정치 성향에 대중의 이목이 크게 쏠리지 않은 상태였어도 그 사회주의 신문은 10년 앞서 빅토리아 여왕이 서거한 후로 서방세계에서 가장 잘 알려진 여성으로 통하는 이 저명한 인물의 진심 어린 지지에 흥분한 듯 보였다. 이는 헬렌이 스키넥터디 공공복지위원회에 임명될 예정이라는 사실이 공표된 직후 《뉴욕콜(New York Call)》에 실린 기사에서 잘 드러난다. 이 당 기관지에서는 이렇게 선언했다. "켈러 씨는 오랫동안 사회주의자라는 단어가 뜻하는 모든 면에서 사회주의자였다. 시사에 관심을 기울이는 사회주의자라면 잘 알고 있던 사실로, 이제 켈러 씨가 사회주의자가 주도하는 스키넥터디시의 시정에 실질적으로 참여하게 되었으니 더욱 널리 알려질 것이다."01

하지만 이런 대대적인 환영에도 불구하고 헬렌은 사실 런이 약속한 공공복지위원회 참여 요청을 직접적으로 받은 바가 없었다. 7월에 올버니(Albany)의 《니커보커프레스(Knickerbocker Press)》에 보낸 기고문에서 헬렌은 결국 참여 요청을 받는다면 무엇을 먼저 다룰지 밝혔다. 헬렌은 이렇게 썼다. "우선 극빈층의 상황을 개선할 방안을 모색할 것이다. 빈민가를 제거하고자 한다."02

헬렌은 빈곤이 거의 모든 문제의 근원이라고 선언했다. "투자자본에서 얻는 자금을 없애고 노동자가 정당하게 받아야 할 몫을 제대로 받을 기회를 제공하자. 지금으로서는 현 상황에 대응할 유일한 해법이 사회주의라고 믿는다."03

가난이 사회의 가장 심한 역병이라는 평생의 신념을 공개적으로 선언한 것은 이번이 처음이지만, 1916년에 공유한 어린 시절의 결정적 경험을 담은 일화에서 드러나듯이 이런 신념은 헬렌이 급진 정치에 입문하기 오래전부터 품어 온 것이었다.

나는 하느님이 가난하고 약한 자를 특별히 사랑하신다고 배웠다. 이 사상을 처음 접하고 받은 충격을 선명히 기억한다. 내가 또렷이 기억하는 첫 번째 성탄절이었다. 나는 터스컴비아의 학교에 있는 성탄절 트리 아래로 이끌려 갔다. 나도 다른 아이들도 선물을 잔뜩 받았는데 딱 한 명만 예외였다. 선생님이 내게 일러 주셨다. "헬렌, 아무것도 받지 못한 여자아이가 하나 있구나."

······ 그 후로 며칠 동안 나는 선생님에게 [그 어린 여자아이]에 관한 질문을 쏟아부었다. 그 아이는 왜 가난해요? 왜 아무 선물을 받지 못한 거예요? 하느님이 가난한 자를 사랑하신다면 그 [여자아이]에게는 왜 아무것도 주시지 않았나요? 나는 모든 걸 가졌는데 그 아이에게는 아무것도 없다니 마음이 너무 아팠다.[04]

헬렌은 자신에게는 그렇게 많은 것을 주고 그 여자아이는 외면한 하느님에게 "영혼이 타들어 가는 듯한" 분노를 느꼈다고 했다. 그때는 이런 감정을 표현할 말을 알지 못했지만 결국에는 가난과 불평등에 대한 증오심을 이 사건과 연결 짓게 되었다. "그때도 느꼈지만 가난에는 아름다울 게 전혀 없다는 것을 알고 있다. 그저 가증스러운 일일 뿐이다."[05]

사실 헬렌은 래드클리프에 다니고 있던 1901년 무렵부터 이미 사회적 병폐의 근원에 관한 질문을 공개적으로 제기하기 시작했고, 이것이 나중에 헬렌이 펼칠 수많은 사회운동에 영감을 주었다. '나는 말해야 한다'라는 제목으로 《레이디스홈저널》에 기고한 글에서 헬렌은 이렇게 썼다. "한때는 시각장애, 청각장애, 결핵, 기타 여러 가지 고통이 필연적이고 피할 수 없는 일이라고 믿었다. 하지만 독서의 폭을 점차 넓혀 가면서 나는 이러한 악이 신의 섭리의 문 앞이 아니라 인류의 문 앞에 놓여 있음을, 그 상당 부분이 무지와 어리석음, 과오에 기인한다는 사실을 알게 되었다."[06] 이후 사회주의를 마주한 헬렌은 이 사상이 자신이 이미 오래전부터 품어 온 신념을 확증해 줄 뿐 아니라 치료법까지 제시해 준다고 보았다.

애초에 애니와 헬렌은 1912년 가을에 스키넥터디를 여행할 예정이었고, 그때만 해도 헬렌은 자신이 런의 시정에 참여하게 되리라 믿고 있었다. 7월에는《클리블랜드시티즌(Cleveland Citizen)》이 헬렌이 이미 런의 "내각"에 임명되었다고 보도하기까지 했지만 헬렌이 나중에 밝힌 바로는 시장으로부터 어떠한 연락도 받은 바가 없었다.[07] 예정된 출발일 직전에 헬렌은 렌섬의 자택에서《세인트루이스포스트디스패치(St. Louis Post-Dispatch)》에 인물 소개 기사를 쓰는 저명한 프리랜서 기자 알레인 아일랜드(Alleyne Ireland)와 인터뷰를 했다. 아일랜드는 기사의 서두에서 독자에게 헬렌과의 대화가 그간의 경력 중에서 가장 흥미로웠다고 밝힌다. 헬렌이 새로운 정치적 이념에 눈을 뜬 데는 다른 누군가의 영향이 있었으리라 짐작하는 여론의 흐름을 이미 감지한 모양인지 아일랜드는 이런 가정을 곧바로 뒤집으며 이렇게 쓴다. "재치 있고 노련하며 박식한 이 여성은 절대 [애니 설리번]이나 다른 사람의 정신적 영역을 단순히 반영하지 않으며, 친구들에게 지적으로 지배당하기는커녕 매우 독립적인 사고의 흐름에 따라 자신의 신념을 확고히 하기 위해서 친구들과 논쟁하기를 그 무엇보다 즐긴다."[08] 이어서 헬렌의 가장 가까운 친구로서, "분명 여태 접했던 그 누구보다 더 큰 영향력을 지녔을" 애니 설리번이 "사회주의운동을 강하게 반대한다"

는 사실에도 불구하고 "사회주의와의 접촉"을 지속하고 있다고 설명한다.[09]

공직을 맡기 위해 스키넥터디로 이주할 예정인 건으로 화제가 옮겨 가자 헬렌은 빈민층의 곤경을 덜기 위해 "노동자와 그들의 삶을 연구"하겠다는 결심을 재차 강조한다. 기자가 신약성경에서는 빈곤을 "극찬하고 미화한다"라고 지적하자 헬렌이 격분하며 끼어든다. "그 부분! 그건 말이죠, 그저 사람들이 얼마나 맹목적인지 보여 줄 뿐이에요! '가난한 자는 복이 있나니 천국이 그들의 것임이요'라는 그리스도의 말씀을 빈곤을 극찬한 것으로 생각하는 것은 도덕적·지적 맹목에 지나지 않습니다. 그 말씀은 빈곤을 극찬한 것이 아니라 가난한 자들이 지금 겪는 고통에 대한 보상으로 미래에 복을 누리리라는 뜻에 불과해요." 여기서 헬렌은 사회의 경제구조에 관한 마르크스주의적 인식을 드러낸다. "제가 글로 쓰고 싶은 것 중 하나가 노동자와 고용자 사이에 깔린 근본적인 조건을 보고 이해하지 못하는 수많은 사람이 앓고 있는 사회적 맹목에 관한 것입니다. 상황의 핵심은 현재 우리 산업구조의 중심을 차지하는 사실, 즉 소수가 모든 것을 소유하고 있다는 사실에 있습니다."[10]

인터뷰가 여기에 이르자 기자는 애니가 다가와 헬렌에게 지문자로 어떤 말을 전하는 모습을 본다. "켈러 씨는 길게 큰 소리로 웃으며, 손뼉을 쳐 기쁨과 즐거움을 표현했다. 그러고는 내 쪽을 향해 이렇게 말했다. '선생님이 제게, 그렇게 말하는 건 괜

찮지만 그런다고 제 견해로 인해서 제가 갖고 있는 철도 주식 몇 주의 배당금을 받는 데 문제가 생기지는 않을 거라고 하셨어요.'"11

기자는 그래서 헬렌이 뭐라고 답했는지 궁금해했다. "아, 저는 스스로 완벽해지려고 하지 않아요. 그리고 어쨌거나 제 행위를 어떻게 보든 간에 이로써 제가 말하려는 요점이 확실히 증명되는 거예요. 저는 철도에 관해 아무것도 모르고 그런 일을 해본 적도 없지만 그래도 배당금은 똑같이 받고 있으니까요. 이게 바로 제가 짚어 내려던 요점입니다."12 미 전역에 널리 배포된 이 기사는 헬렌의 진정한 정치적 커밍아웃이었다고 볼 수 있다.

헬렌은 스키넥터디에서의 정무를 맡을 채비가 된 듯 보였지만, 기사가 나간 지 얼마 지나지 않은 9월 중순경에 갑자기 런 시장실에서 메이시가 비서실장직에서 물러났다는 성명을 발표했다. 사직의 이유는 표면적으로는 애니의 "병" 때문이었다. 나중에 넬라 헤니가 밝힌 바에 따르면 애니는 기력이 쇠약해지고 수술을 받아야 하는 "원인불명의 병"을 앓고 있었다.13 메이시가 공식적으로는 이런 이유를 내세웠지만 이미 벗어날 기회를 찾고 있었다는 징후가 한동안 나타났었다. 몇 주 전에 헬렌은 어머니에게 존이 그 자리에 만족하지 못하고 있다고 전했다. 8월에 케이트에게 보낸 편지에 헬렌은 이렇게 썼다. "우리가 보기에 존은 그 자리에 오래 있고 싶지 않은 듯해요. 그 비서직만 아니면 뭐든 다 하고 싶어 하는 것 같아요."14

이후 사직 소식을 전하는 언론보도에서 메이시의 이름은 거의 언급되지 않았다. 그보다는 헬렌이 결국 스키넥터디로 가지 않을 것이라는 사실에 초점을 맞춘 기사가 대부분이었다. '헬렌 켈러는 사회주의자를 지원하지 않을 것'이라는 표제가《니커보커프레스》의 1면을 장식했다.[15]

헬렌이 공식적으로 전혀 제안받은 바 없었던 직책에서 물러났다는 소식이 전해졌지만, 이제는 헬렌의 정치적 전환이 수면 위로 드러난 상태였다. 일부 주류 매체는 여전히 헬렌의 급진 정치를 참신한 어떤 것으로 다루었지만 보수 신문에서는 널리 존경받는 그 여성이 자본주의를 파괴하려는 운동에 자신의 명성을 빌려주었다는 소식에 격한 반응을 보였다. 반발이 지나치게 격해지자 헬렌은 자신에 관한 몇 가지 이야기에 반박할 필요를 느꼈다. 11월에 헬렌은 사회당 신문《뉴욕콜》을 통해 기록을 바로잡기로 했다. 이 일을 시작으로 이후 헬렌은 여러 차례 적극적으로 자신의 정치 신념을 방어했다.

헬렌은 평생에 걸쳐 다양한 수사 전략을 구사했지만, 초기에는 재담으로 최고의 명성을 누린 친구 마크 트웨인이 일찌감치 발견한 헬렌 특유의 예리한 재치를 자주 활용했다. 다음 십 년 동안 헬렌은 풍자와 재치 넘치는 말장난을 절묘하게 조합해 비평가들을 제압하고 자신의 거침없는 정치적 의견에 쏟아지곤 하던 위압적이고 장애인 차별적인 서사에 대항했다.

저항의 포문이 열린 것은 1912년으로, 헬렌이 처음 당을 향한 충심을 밝힌 한 해 전부터 쏟아져 나온 대대적인 공격과 풍자에 대응하기 위해 신중히 작성한「나는 어떻게 사회주의자가 되었나」라는 제목의 논설을 통해서였다.[16] 헬렌은 '스키넥터디 빨갱이들, 대중의 관심을 끌고자 맹인 소녀 헬렌 켈러를 이용해 홍보에 나서다'라는 제목으로 발행된 반사회주의적인 예수회 정기 간행물《코먼코즈(Common Cause)》의 최근 호 기사를 인용하며 글을 시작한다.[17]

작성자는 "지금 불쌍한 헬렌 켈러를 착취하는 자 중에서 자기의 대의를 알리기 위해 헬렌의 사회주의 신념을 자랑스레 떠들어 대는 스키넥터디 사회주의자보다 더 한심한 작자는 상상하기" 어렵다라고 선언했다.[18] 이 비난에 대응할 때를 기다렸다는 듯이 헬렌은 이렇게 썼다. "'불쌍한 헬렌 켈러를 착취'한다는 문구를 풍자하는 것도 방법이지만, 나는《코먼코즈》같은 매체의 위선적인 동정심을 좋아하지 않으나 그들이 '착취'라는 말이 무엇을 뜻하는지 안다면 기쁜 일이라고 말하는 선에서 그치려 한다."[19]

이어서 이렇게 말한다. "몇 달 동안 내 이름과 사회주의가 동시에 신문지상을 장식하는 일이 잦았다. …… 악명마저도 유익하게 활용될 수 있는 만큼, 나의 활동을 기록하려는 신문사들의 의지로 인해 사회주의라는 단어가 지면에 자주 출현한다면 기쁠 따름이다."[20]

이 지점에서 헬렌은 자신의 정치 신념이 공개된 이후 널리 떠

돈 끈질긴 미신을 불식시키며 그런 신념을 갖게 된 계기를 설명할 기회를 처음으로 얻는다. 헬렌은 애니가 추천한 H. G. 웰스의 책에서 시작해 "독서"를 통해 사회주의자가 되었다고 밝힌다. "나에게 그 책을 주었을 때나 지금이나 선생님은 사회주의자가 아니다. 아마 메이시 씨와 내가 선생님과 벌이고 있는 논쟁이 끝나기 전에 선생님도 합류하리라 생각한다."[21]

헬렌은 점자로 읽을 수 있는 사회주의 문헌이 부족해 독서량이 제한적이고 속도도 느렸다고 설명하면서 시사에 관한 폭넓은 지식을 어디서 얻게 되었는지 밝힌다.

나는 독일에서 시각장애인을 위해 점자로 발간하는 격월간 사회주의 정기간행물을 구독한다. …… 그 외에 내가 읽은 사회주의 문헌은 주 3회 찾아와 내가 읽고 싶은 글을 읽어 주는 친구를 통해 접했다. 친구가 글의 제목을 읽어 주면 내가 어디서부터 어디까지 읽어 달라고 말한다. 《국제사회주의자리뷰(International Socialist Review)》에서 제목이 그럴듯한 글이 있으면 그것도 그 친구를 통해 읽는다. 지문자로 읽기에는 시간이 걸린다. 5만 자로 된 경제학 서적을 누군가의 손가락을 통해 흡수하는 것은 전혀 쉽지도 빠르지도 않다. 하지만 이 작업은 내가 모든 고전 사회주의 작가와 친숙해질 때까지 반복해서 누리고자 하는 즐거운 일이다.

헬렌이 애니를 통해 급진적 신념을 품게 되었다는 견해를 부정했는데도 불구하고, 그렇다면 아내와 달리 사회주의자를 자처한 존 메이시가 영향을 미친 게 틀림없다는 의견이 자연스레 이어졌다. "메이시 부부는 둘 다 열렬한 마르크스주의 선전가"라는 《코먼코즈》의 주장에 대응하면서 헬렌은 다시 한번 이후 한 세기가 넘도록 이어져 온 오해를 바로잡고자 했다. 헬렌은 이렇게 썼다. "메이시 씨는 열렬한 마르크스주의 선전가일지도 모르지만, 그가 내 손을 통해 자신의 마르크스주의를 열렬히 선전한 적은 별로 없었다. 메이시 부인은 마르크스주의자도 사회주의자도 아니다. 그러니 《코먼코즈》가 선생에 관해 하는 말은 사실이 아니다. 편집자의 머리에서 나온 것이 틀림없는 순전히 날조된 이야기이며, 만약 그런 식으로 사고하는 사람이라면 사회주의에 반대하는 것이 이상하지 않다. 사회주의자나 그 밖에 지적으로 가치 있는 어떠한 존재가 되기에는 사실을 파악하는 능력이 부족한 사람이다."[22]

실제로 수년 전에 조지프 체임벌린이 언급했듯이 애니는 여전히 상당히 보수적이었다. 본인도 툭스버리 시절에 열렬한 아일랜드 애국주의 정치인 찰스 스튜어트 파넬과 아일랜드 독립을 주장하는 페니언주의 운동에 동조한 적이 있으면서도 남편과 제자가 지지하는 이념에 대해서는 거부감을 숨기지 않았다.

논설에서 헬렌의 독설은 대부분 보수 언론을 향했지만 주류 매체에 대한 비판도 빠지지 않았다. 앞서 9월에는 《뉴욕타임스》에 '경멸스러운 붉은 깃발'이라는 제목의 사설이 실렸는데, 사회주의운동의 깃발을 "가증스러운", "올바른 생각을 지닌 사람이라면 누구나 경멸하는…… 불법성과 전 세계적인 무정부 상태의 상징"이라고 표현했다. 그런 깃발을 든 사람은 "존중과 동정"을 받을 권리를 모두 상실하며, 언제나 "의심스러운" 눈길로 바라보아야 할 존재라고 선언했다.[23]

이 글에 응답하면서 헬렌은 자신이 "어떤 색깔의 깃발"도 숭배하지 않지만 마음속에 특별한 자리를 차지하는 것이 하나 있다고 밝힌다. 헬렌은 이렇게 선언한다. "나는 붉은 깃발과 그것이 나를 포함한 사회주의자에게 상징하는 것을 사랑한다. 내 서재에 붉은 깃발이 하나 걸려 있는데, 할 수 있다면 기꺼이 그 깃발을 들고《뉴욕타임스》사무실 앞을 행진해 모든 기자와 사진작가가 그 광경을 적극 활용하게 하고 싶다."[24]

여기서 헬렌은 불과 얼마 전, 그러니까 급진적으로 개종하기 전까지만 해도 자신이 미국 언론의 사랑을 한 몸에 받았고 "영감을 자극하는" 자신의 선언과 성취를 신문 독자들이 한없이 반겼다는 사실을 기억하는 사람이라면 누구도 몰라볼 수 없는 역설을 지적한다.

헬렌은 이렇게 썼다. "《뉴욕타임스》의 전방위적인 비난에 따르면 나는 존중과 동정을 받을 권리를 모두 잃었고 의심의 눈초리를 받아야 할 사람이다. 그런데도《뉴욕타임스》편집자는 내가 기고하기를 바란다. 내가 의심스러운 인물이라면 어째서 자기가 원하는 글을 써 줄 것으로 믿는 걸까? 자본주의 편집자가 이 금권주의적 이익을 추구하기 위해서 운동을 비난하려 들 때 빠지는 잘못된 윤리, 잘못된 논리, 잘못된 태도를 여러분도 나만큼 즐기기를 바란다."[25]

몇몇 신문에서는 미국에서 가장 사랑받는 인물을 어떻게 해야 제대로 공격할 수 있을지 몰라 혼란스러워하는 모습을 보였다. 짐작할 수 있듯이 헬렌이 장애 때문에 그런 정치관을 갖게 되었다고 비난하는 경우가 있었다. 헬렌은 그 어떤 말보다 자신을 격분하게 만드는 이 지독히도 모욕적인 장애인 차별적 공격에 맞설 가장 날 선 비판의 말을 준비해 두곤 했다. 다시 한번 헬렌은 경멸감이 묻어나는 신랄한 풍자를 선보였다.

《브루클린이글(Brooklyn Eagle)》에서는 나와 사회주의에 관해, 헬렌 켈러의 "실수는 명백한 발달상의 한계에서 비롯한 것"이라고 말한다. 몇 년 전에 나는《브루클린이글》편집자라고 소개받은 매켈웨이(McKelway) 씨라는 신사를 만났다. 뉴욕에서 시각장애인을 대표해 참석한 회의가 끝난 후였다. 당시 매켈웨이 씨가 내게 얼마나 과한 찬사를 늘어놓았는지 떠올리기만 해도 얼굴이 붉어질 정도이다. 하지만 내가 사회주의를 지지하게 된 지금에 와서는 내가 눈멀고 귀먹고 유난히 실수하기 쉬운 사람이라며 대중을 일깨우고 있다. 매켈웨이 씨를 만난 지 몇 년 사이에 나의 지능이 쪼그라든 게 틀림없다. 이제는 매켈웨이 씨의 얼굴이 붉어질 때가 된 게 틀림없다. 청각장애와 시각장애가 사람을 사회주의로 기울게 하는 모양이다. 어쩌면 마르크스는 완전히 농인이고 윌리엄 모리스는 맹인인지도 모르겠다. …… 아, 멍청한 《브루클린이글》 같으니. 이 얼마나 모욕적인 짓인가![26]

헬렌은 해당 신문사에게 장애인 차별적인 인신공격이 아닌 자기의 사상에 담긴 이점에 관한 토론을 제기하라고 요청하며 이렇게 충고했다. "내 사상을 공격하고 사회주의의 목표와 주장에 반대하기를 바란다. 내가 보거나 듣지 못한다는 사실을 나와 다른 사람에게 상기시키는 것은 정당한 싸움도 좋은 주장도 못 된다." 그러면서 자신을 비판하는 이들이 사회 병폐에는 "눈 멀고" "귀먹었다"라는 뜻을 담은 은유를 능숙히 구사했는데, 이후로 헬렌은 이 특유의 수사적 전술을 점차 더 많이 활용하게 된다. 오늘날에는 장애인 차별적으로 간주할 만한 표현이지만 시청각장애로 잘 알려진 인물이 그런 표현을 거꾸로 활용할 때의 파급력은 상당했다. 헬렌은 논설을 이렇게 마무리했다. "이따금 떠올려 보건대, 내가 사회주의운동에 기여할 바가 있다면 『산업적 시각장애와 사회적 청각장애』라는 제목의 책을 쓰면 좋을 것이다."[27]

한편, 사회주의 신문에서는 이렇게 저명한 인물이 참여한다
는 사실을 계속해서 부각했다.《뉴욕콜》은 이렇게 선언했다.
"헬렌 켈러는 우리의 동지이며, 그에게 사회주의는 살아 숨 쉬
는 중요한 것이다. 그가 하는 모든 연설에 사회주의의 정신이 녹
아 있다. 슈퍼우먼이 실존한다면 그이는 바로 헬렌 켈러이다."[28]

애니가 여전히 요양 중이어서 헬렌은 래드클리프에 다니던
시절부터 지문자를 배워 이따금 강의실에서 애니를 대신하기도
했던 친구 레노어 스미스(결혼 전에는 키니)와 함께 지내기 위
해 어쩔 수 없이 "짐을 쌌"다.[29] 레노어는 지질학자와 결혼해 워
싱턴 D.C.에 살고 있었는데, 헬렌은 이 생활을 일종의 "유배"로
여긴다는 사실을 숨기지 않았다.[30] 그래도 헬렌의 오랜 친구는
활기찬 동반자로서 헬렌과 함께 수도 워싱턴을 여러 차례 돌아
다녔다.

1912년 10월 애니에게 쓴 편지에는 사회를 변화시키는 데에
무엇이 필요한지에 대한 헬렌의 태도 변화를 짐작게 하는 단서
가 담겨 있다. 헬렌은 스승에게 이렇게 단언한다. "아니요, 저는
워싱턴을 미국의 사악한 수도로 보는 글을 쓸 생각이 없어요.
그런 식의 '개혁' 작업은 필요치 않아요. 모든 인민이 단결해 모
두의 이익을 위해 정부를 통제하기 전까지는 소용이 없을 거예
요."[31]

한 달 동안 지내면서 애니에게 쓴 또 다른 편지에서 헬렌은 들뜬 느낌으로 외출 계획을 알렸다. "오늘 아침에는 레노어와 함께 이 도시에서 가장 열악한 골목을 방문할 예정이에요. 이런 골목을 청소하고 주민들의 주거 환경을 개선하도록 당국을 설득하려 애쓰는 활동가들이 있거든요."[32] 이런 식의 외출로 지루함이 덜어지기는 했어도 헬렌은 레노어가 "편협한 독선가"라고 불평하며 때때로 자신이 "죄수"가 된 기분이 든다고 애니에게 털어놓았다.[33] 친구의 견해는 래드클리프 시절 이후로 그다지 달라진 게 없었고, 헬렌은 자신이 새로 받아들인 정치 성향을 그렇게 대놓고 못마땅해하는 사람과 정치 토론을 벌이기가 불편했다. 헬렌은 애니에게 이렇게 썼다. "이런 분위기에서 환영받지 못할 게 분명한 사회적 의문을 자유롭게 털어놓을 마음이 들지 않아요. …… 괴짜, 이단아, '성가시게 구는 인간'이라면 누구나 이런 일을 겪겠죠."[34]

존에게 쓴 편지에서는 캠프파이어에 참여한 소녀들 앞에서 했던 강연을 설명하며 더욱 솔직한 마음을 털어놓았다. 헬렌은 이렇게 썼다. "뭔가 가치 있는 일을 하려고 진지하게 노력하는 모습이 보였지만, 그 다정하고 똑똑하고 대책 없는 소녀들을 사회봉사와 재생 활동으로 이끌어 갈 사람이 없어 선의가 낭비되고 마는 경우가 얼마나 많은지 생각하면 한심해요." 레노어를 통해 이웃에 사는 지식인이라는 사람들의 경제적 신념을 알게 된 헬렌은 그 "명백한 어리석음과 자존감 결여"를 질타했다.[35]

렌섬의 자택으로 정기적으로 배달되던 수많은 구독물을 받지 못하고 워싱턴에 머무는 동안 헬렌을 특히 괴롭힌 것은 정치 현안을 꾸준히 파악하기 위해 의지하던 사회주의 소식통으로부터 단절된 채로 지내야 한다는 것이었다. 헬렌은 애니에게 이렇게 썼다. "중요한 소식들에 굶주려 있어요. 신문에서는 루스벨트 씨에 관한 가십성 기사나 선거자금 관련 폭로 소식밖에 접할 수가 없어요. 로렌스파업은 여전한가요? 에터(Joseph Ettor)와 조반니티(Arturo Giovannitti) 재판은 어떻게 되어 가나요? 제발, 제발 이 소식들을 알려 주세요. 향수병이 너무 심해요."[36]

몇 달 동안 헬렌은 《뉴욕콜》을 포함한 여러 사회주의 정기간행물을 통해 렌섬의 자택에서 70마일 거리인 매사추세츠주 로렌스시에서 이탈리아 여성 이주노동자들이 주도해 벌인 로렌스섬유파업(Lawrence textile strike) 소식을 지켜보고 있었다. 1912년 1월에 대폭 삭감된 임금과 노동시간을 받아들이도록 강요당한 공장노동자들이 시작한 파업이었다. 이 싸움은 이후 영구적인 별칭으로 자리 잡은 "빵과 장미 파업"으로 불렸는데, 그 무렵 발표된 제임스 오펜하임(James Oppenheim)의 시에서 영감을 받은 것이었다.

우리는 행진하고, 행진하며 남자를 위해서도 싸운다네
여자가 낳은 자녀이고, 우리가 그들의 엄마이기에.
태어나서 생이 끝날 때까지 착취당하며 살아서야 쓰겠는가.

마음도 몸도 굶주린 우리에게 빵을 달라. 장미도 달라.[37]

헬렌은 사회당 당원이기는 했지만, 얼마 안 가서 투표함을 통해서만 점진적으로 사회 변화를 실현하려는 당의 온건한 입장에 의구심이 일었던 것이 분명하다. 1912년 내내 멀리서 로렌스 파업을 지켜보면서 헬렌은 점차 아르투로 조반니티와 조지프 에터를 변호하기 위해서 미 전역을 돌며 모금 활동을 벌인 동료 사회주의자 빅 빌 헤이우드(Big Bill Haywood)의 공격적인 전술에 이끌렸다. 파업을 주도한 두 사람은 애니 로피조(Annie LoPizzo)라는 서른네 살 파업 참가자를 살해한 혐의로 기소되었다. 목격자들이 주 민병대가 평화롭게 행진하는 무리를 궁지에 몰아넣은 후에 경찰의 총에 맞아 사망했다고 증언했음에도 말이다. 헤이우드는 "워블리(Wobblies)"라는 별칭으로 불리는 "단일 거대 노조"인 세계산업노동자연맹(Industrial Workers of the World, IWW)을 대표해 명백히 누명을 쓰고 수감된 대표들을 석방하지 않으면 총파업을 벌이겠다고 엄포를 놓았다. 카리스마 넘치는 이 노동자 대표는 이렇게 요구했다. "교도소 문을 열지 않으면 공장 문이 닫힐 것이다." 결국 노동자들은 15퍼센트 임금 인상에 초과근무수당 등 수많은 요구사항을 달성해 냈다. 에터와 조반니티의 무죄판결까지 끌어낸 이 성공적인 전투에 마음을 빼앗긴 헬렌은 이후 두 파업 지도자에게 연락을 취했고 곧 그들을 절친한 친구로 여기게 된다.

로렌스파업의 극적인 성공으로 미 전역의 노동자들은 대규모 행진과 보이콧, 때에 따라서는 사보타주(sabotage)까지 감행하는 IWW의 전술로 의미 있는 결실을 거둘 수 있다고 확신하게 되었다. 곧 동부 해안 전역의 공장노동자들이 노동조건을 개선하기 위해 일어나자는 워블리의 요청에 응답하기 시작했다. 11월에는 존 메이시가 임금을 대폭 삭감당한 여성 노동자들이 주도하는 편직 공장 파업 현장의 빌 헤이우드를 지원하러 뉴욕주 리틀폴스로 향했다. 존이 도착하고 얼마 지나지 않은 1912년 11월에 헤이우드는 헬렌 켈러로부터 87.50달러 수표를 받았다고 발표했는데, 이는 헬렌이 그 무렵 성탄절 카드 제조사에 "선의"의 메시지를 써서 번 돈이었다. IWW 대표는 파업 중인 노동자들에게 헬렌의 메시지를 전했다. "그분들의 대의가 저의 대의입니다. 그분들이 생활임금을 보장받지 못한다면 저 역시 사취를 당하는 것입니다. 그분들이 산업의 노예가 된다면 저 역시 자유로울 수 없습니다. …… 저는 세상의 모든 노동자가 적당한 집, 건강한 환경, 교육 및 오락을 누릴 기회 등 보통의 생활수준을 영위하는 데에 필요한 요소를 갖추기에 충분한 돈을 받기를 원합니다. 제가 받은 만큼의 축복을 그분들도 받기를 원합니다."[38]

워싱턴에 머무는 동안 헬렌은 아동노동국에 방문하고 싶었지만 "내가 묻고 싶은 질문을 레노어가 부끄러워할 수도 있어서" 데려가 달라고 부탁하기가 꺼려진다고 애니에게 털어놓았다.[39] 헬렌의 정치적 각성이 래드클리프 시절부터 이후까지 헬렌의 교육비와 생계비를 충당하는 데 기여한 주위의 여러 친구와 후원자를 잃는 대가로 얻은 것임을 일깨우는 현실이었다. 그 당시 문화는 엄청난 부를 허용하는 동시에 자선 활동을 장려했다. 개신교 목회자들은 부유한 교구민에게 "다시 너희에게 말하노니 낙타가 바늘귀로 들어가는 것이 부자가 하나님의 나라에 들어가는 것보다 쉬우니라"(대한성서공회 개역개정판 인용—옮긴이)라는 마태복음 19장 24절의 비유를 들며 설교했다. 그에 따라 사교계의 부인들은 가진 자의 의무 차원에서 자선 활동에 참여하곤 했다.

헬렌의 재정적 후원자 중에는 석탄 및 철도 산업계의 부호로서 먼저 세상을 떠난 윌리엄 서(William Thaw)의 부인 메리 서(Mary Thaw)가 있었는데, 급진적으로 개종한 헬렌이 사망한 남편의 산업적 이익에 맞서는 싸움을 이어 나가는 데에 헌신하는 모습을 보였음에도 두 사람의 관계는 지속되었다. 다른 사교계 부인들 대부분이 자선 활동을 돋보이게 할 요량으로 헬렌을 지지하도록 남편을 설득한 데 반해, 서 부인은 헬렌을 향한 진정한 애정을 키웠던 듯하다. 헬렌은 나중에 이렇게 회고했다. "내가 사회주의자가 되었음을 알고 난 후에도 부인의 우정과 재정지원은 끊어지지 않았다. 광신도들이 나를 통해 기괴한 이론을 설파해 대지 못하게 막아 달라고 내게 호소하곤 했지만, 나의 급진주의를 몹시 싫어하면서도 나를 아끼는 것이 부인의 본심이었다."[40]

헬렌은 서 부인의 후원을 기꺼이 받고 로저스(Rogers), 스폴딩(Spaulding), 허턴(Hutton) 등 여러 부인으로부터 상당한 기금을 모으기는 했지만, 19세기에 악명을 떨친 철강 거물로 미국에서 가장 부유한 사람으로 꼽히며 막대한 재산의 상당 부분을 자선활동에 기부한 것으로 유명한 앤드루 카네기(Andrew Carnegie)의 후원에는 (아직 명확히 밝혀지지 않은 이유로) 일단 선을 그었다. 카네기는 1889년 『부의 복음』이라는 글을 통해 부자로서 사회적 선행에 돈을 쓰지 못하는 사람은 "눈물도 명예도 칭송도 없이" 불명예스럽게 죽을 것이라는 신념을 내보였다.[41] 그 후로 수년 동안 카네기는 공공도서관, 학교, 문화기관에 수억 달러를 기부했다. 헬렌에게는 1910년에 연간 연금 5000달러를 제시하며 처음 접근했다.[42] 당시 헬렌은 그 금액으로 더 큰 "삶의 기쁨"을 누릴 자격이 있는 사람이 많다고 설명하며 거액의 기부금을 정중히 거절했다. 그러나 카네기는 거절을 받아들이는 그런 사람이 아니었다. 나중에 헬렌은 인상적이었던 카네기 저택 방문 소감을 이렇게 밝혔다.

카네기 씨가 여전히 연금을 거절하겠느냐고 내게 물었다. 나는 이렇게 답했다. "네, 아직은 사정이 그렇게 나쁘지 않습니다." 그는 내 입장을 이해하고 공감한다고 말했다. 하지만 운명에 따라 나와 함께 사는 이들이 내 짐을 함께 지고 있으니 나 자신만이 아니라 그들까지 고려해야 한다는 사실을 지적하며 내 관심을 끌었다. …… 언제든 연금을 받아들이면 그 돈이 내 것이 될 거라고 재차 말하고는 내가 사회주의자가 되었다는 것이 사실이냐고 물었다. 내가 사실이라고 인정하자 사회주의자를 깎아내리는 말을 줄줄이 늘어놓다 못해 나를 자기 무릎에 엎어 놓고 엉덩이를 때려 주겠다고 협박하기까지 했다. 나는 이렇게 주장했다. "하지만 카네기 씨처럼 위대한 인물은 일관성이 있어야 합니다. 인류의 형제애, 국가 간의 평화, 모두를 위한 교육을 믿는 분이시잖아요. 그 모든 것이 사회주의자의 신념입니다."[43]

카네기는 사회주의를 받아들이라는 헬렌의 호소에 전혀 귀를 기울이지 않았지만, 1912년 말에 이르러 헬렌은 결국 별다른 소란 없이 상황을 받아들이고 조용히 연금을 수령했다.

급진적 전환

1913년 헬렌은 여성참정권 투쟁이라는 새로운 대의에 맹렬히 뛰어들었다.

헬렌은 한동안 "말보다 행동"을 좌우명으로 삼았던 영국의 급진적인 참정권 운동 지도자 에멀라인 팽크허스트(Emmeline Pankhurst)의 활동을 세심하게 지켜보았다. 팽크허스트가 조직한 여성사회정치연합(Women's Social and Political Union)은 공공 기물 파손(vandalism), 방화, 경찰과의 물리적 대치를 포함하여 시선을 끄는 직접행동과 시민불복종 전술로 영국에서 악명을 떨쳤다. 자유주의자, 여성 금주운동가(women's temperance campaigners), 종교 지도자, 사교계 여성이 연합해 이끄는 다소 온건한 미국의 참정권 운동과는 뚜렷이 대조되는 방식이었다.

부드러운 설득과 합법적 전술을 신봉하는 여성들이 "참정권론자(suffragists)"로 알려졌지만 보다 전투적인 운동가들은 1906년에 영국의 한 신문사가 자신들의 운동을 조롱하는 의미로 쓴 "참정권 운동가(suffragette)"라는 단어를 되찾아 오기 위해 그 표현을 자주 사용했다.[01]

사회주의자임을 공개적으로 밝히기 3년 전인 1909년 10월에 헬렌은 영국의 참정권 운동가 로사 그린던(Rosa Grindon)으로부터 무엇이든 여성들에게 호소할 만한 글을 보내 달라는 편지를 받았다.[02] 2년 후, 헬렌은 미국을 순회하던 에멀라인 팽크허스트가 한 연설에 감명받아 전통적인 방식으로 참정권을 쟁취할 가능성을 회의적으로 보는 글을 써서 그린던에게 보냈다. 헬렌은 이렇게 썼다. "대중을 돌보고 이롭게 할 수많은 사람의 선거권이 거부되는 한, 정당을 지배하는 집단의 손짓에 투표자가 좌우되는 한, 인민은 자유롭지 않으며 여성이 자유를 누리는 날은 여전히 먼 미래에 불과할 것으로 보인다. 영국의 토리당이든 자유당이든, 미국의 민주당이든 공화당이든, 그 밖에 어느 나라의 어느 구시대적 정당이 우위를 차지하든 달라질 것이 하나도 없다. 그런 정당에 여성의 권리를 요구하는 것은 차르에게 민주주의를 요구하는 것이나 마찬가지이다. …… 그 나물에 그 밥을 고르는 격이다. 우리는 큰 비용을 치러 우리 일을 대신할 주인을 선출하고는 그들이 자신과 자기 계급을 위해 일한다며 비난한다."[03]

1913년 봄까지는 더 이상 그 운동에 관한 입장을 드러내지 않았지만, 헬렌이 지향하는 바는 미국에서 존중받으며 세를 키우던 참정권론자들의 목소리와는 확연히 달라 보였다. 5월에 《뉴욕타임스》와 인터뷰하면서 헬렌은 팽크허스트 선생의 전술에 연대를 표명하며 미국 여성들도 그 사례를 따라야 한다고 선언했다. 갈수록 급진적인 정치관을 드러내다 보니 사회당에서 제법 큰 세력을 형성한 온건파와 갈등을 빚기에 이른 헬렌은 "창문 깨기나 단식 등 대의에 관심을 불러일으킬 만한 모든 일"을 지지한다고 밝혔다. 이제 자신은 "전투적 참정권 운동가"라고 생각한다며 이렇게 말했다. "참정권은 사회주의로 이어질 것이며, 나는 사회주의를 이상적인 대의로 본다."[04]

애니의 전기작가 넬라 헤니는 나중에 애니가 로렌스섬유파업 직후 메이시와 헬렌을 따라 사회주의에 입문했다고 주장했지만 그 근거가 희박하다. 모든 사람의 평등이 사회주의의 초석 중 하나라고 할 때, 로렌스파업이 한참 지난 후에 애니가 지녔던 견해는 나머지 렌섬 식구들이 공유했던 이념을 마침내 받아들인 사람이 지닐 견해로 보기 어렵다. 헬렌은 나중에 이렇게 회고했다. "선생님은 나와 달리 여성참정권론자가 아니었다. 당시 선생님은 대단히 보수적이었다."[05]

렌섬 저택을 개조할 돈을 마련하기 위해서 애니와 헬렌은 셔토쿼(Chautauqua) 순회강연 여행에 참여하기로 했다. 1870년대에 첫 집회가 열린 뉴욕주의 호수 이름을 딴 이 운동은 미국인들

을 문화적·교육적으로 계몽하기 위해 고안된 대중적 사회운동
이었다. 1913년 3월 보스턴에서 시작된 여정은 오래된 침례교회
를 개조한 행사장에 군중이 몰려든 가운데 즉각적인 성공을 거
두었다. 수십 년 전에 찰스 디킨스가 『크리스마스 캐럴』을 최초
로 낭독했고 애니가 퍼킨스 졸업식 연설을 했던 바로 그 장소였
다. 《보스턴글로브(Boston Globe)》는 이렇게 보도했다. "20세기
의 위대한 기적이 어제저녁 트레몬트템플(Tremont Temple)에 모
여든 3000명 앞에서 모습을 드러냈다. 연단에 처음 등장한 그
경이로운 젊은 여성은 모두가 기쁜 마음으로 보내는 박수 소리
를 듣지는 못해도 느낌으로 반응했다. 헬렌의 얼굴이 환하게 빛
났다. 어마어마한 관중이 보내는 갈채에 담긴 환희를 느끼며 몸
을 떨었다. …… 그 불리한 조건과 장애를 딛고 지식을 깨치기
위해 세계 역사상 그 누구와도 다르게 투쟁해 온 삶의 더없는 영
광이었다."[06]

셔토쿼 순회강연 초기에는 미 전역의 농촌지역에 모여든 천
막 집회 참가자들을 불과 유황으로 개종시키는 종교 근본주의
자들이 가장 큰 인기를 누렸다. 헬렌은 자신만의 정치적 복음이
동일한 효과를 내리라고 믿었을 것이다. 사랑스러운 헬렌 켈러
가 사회주의자라는 사실을 대중이 받아들이기 어려웠다면, 갈
수록 전투적으로 자본주의의 위험성을 지적하는 헬렌의 수사는
언론에 새로운 고민을 안겨 주었다. 이런 자리에서 헬렌이 내놓
는 사회 병폐에 관한 견해를 어떻게 보도해야 좋을지 알 수 없었

다. 헬렌은 강연 여행을 자신의 열렬한 정치 신념을 전파할 기회로 보아 환영했지만, 신문사들은 그 여행에서 이러한 측면을 아예 무시하거나 대수롭지 않게 다루는 편을 택했다.《보스턴글로브》에서는 헬렌의 정치 신념을 인정하되 그 내용은 거의 담지 않았다. 그 신문의 보도는 이러했다. "헬렌 켈러는 사회주의자이며 수많은 사회주의자가 현장에 와 있었다. 헬렌의 연설은 대부분 이 친구들을 향한 것이었다. 헬렌은 이렇게 말했다. '우리는 모두 서로를 향한 사랑으로 묶여 있으며, 우리 운동의 성공과 우리의 삶이 서로에게 달려 있습니다. 우리 각자에게는 삶을, 하느님이 주신 우리의 삶을 최대한 잘 활용할 권리가 있습니다.'"[07] 하지만 기사 대부분은 헬렌의 교육에 관해 애니가 보낸 장문의 프레젠테이션을 기술했다.

남부 지역을 돌던 중《애슈빌시티즌타임스(Asheville Citizen Times)》에서는 기사에 사회주의라는 단어는 일절 쓰지 않고 간단히 암시만 했다. 노스캐롤라이나주의 일간지에서는 이렇게 꼬집었다. "헬렌 켈러가 내놓는 특정한 정치 신념은 우리와 전혀 맞지 않는데 청중에게 그런 점을 짚어 주지 않는다. 연설 내용은 대부분 승리의 찬가, 응원의 메시지, 절망에 빠진 이들을 향한 희망의 복음과 낙관의 말이었다."[08] 헬렌과 애니가 미 전역을 가로지르며 100회 넘는 강연을 하는 동안 헬렌의 정치 신념을 담아낸 기사는 어디에도 없었다. 보수적인 독자의 심기를 건드리지 않으면서 헬렌의 사회주의를 보도할 방법을 찾아낸 신문이 더러 있었다. 《네브래스카주저널(Nebraska State Journal)》에서는 헬렌과 애니가 주고받는 재치 넘치는 대화에 초점을 맞추어 이 강연을 보도했다.

> 애니: 헬렌 당신은 진정한 사회주의자인가요, 아니면 입으로만 사회주의를 말하는 사람인가요?
>
> 헬렌: 진정한 사회주의자이지요.
>
> 애니: 어떤 종류의 사회주의자라고 했었죠?
>
> 헬렌: 아주 확실한 쪽이요. (청중 웃음)
>
> 애니: 제가 알기로는 사회주의에 좀 문제가 있던데, 그게 뭔지 알 아낼 수만 있다면 말이죠.
>
> 헬렌: 그걸 알아내시면 꼭 제게 알려 주세요. 지금도 그렇듯이 게 으른 사람은 사회주의의 유익을 온전히 누리지 못할 테니 까요. (청중 웃음)[09]

1913년에 헬렌은 사회주의자로서의 신념을 솔직히 밝히는 수 필집 『어둠을 벗어나(Out of the Dark)』를 발표했는데, 이것은 세 번째 저서이자 새로운 이념을 받아들인 사실을 공개한 후로는 처음 내놓은 책이었다. 급진적 언론사를 제외하고는 매체 대부 분이 미온적이거나 내려다보는 입장에서 책을 평했다. 한 논평 가는 이렇게 밝혔다. "저자가 '시청각장애를 지닌 놀라운 소녀' 헬렌 켈러가 아니었다면, 책에 담긴 견해가 뻔하고 판단이 독창적이지 않은 것으로 보일 수 있다는 점을 인정해야 한다. 하지만 전작인 『내 인생의 이야기』의 후속작으로서는 대단히 흥미로운 기록이다. 나중에 저자가 더 발전시켜 내놓으리라 기대되는 신념과 비교해서 보면 더욱 흥미로울 것이다."[10]

정치에 몰두하던 이 무렵에도 헬렌은 사교계의 수많은 친구와 자주 어울렸고 화려한 모임에도 자주 초대받았는데, 그런 자리에서는 서, 카네기, 스폴딩을 포함한 자신의 후원자들이 부를 쌓을 수 있었던 원천에 관해 느끼는 감정을 드러내지 않았을 것으로 보인다. 하지만 할 수만 있으면 언제든지 시골로 탈출해 애니와 숲속을 오래 산책하며 시간을 보냈다. 나중에 헬렌은 이렇게 썼다. "나를 가장 기쁘게 하는 것은 자연이다. 나무, 꽃, 풀. 때로 고통과 무지가 세상의 전부인 것처럼 느껴질 때면 문밖으로 나가서 신선한 공기를 쐬고 나무와 꽃과 풀을 느끼면 기운이 난다."[11] 밤에는 존이나 애니와 함께 체커, 체스, 도미노게임을 하곤 했다. 또한 볼룸댄스를 좋아해서 애니와 함께 집에서 자주 연습했는데, 나중에 공개된 곳에서도 마음 편히 춤출 수 있을 만큼 실력이 늘자 자주 춤 실력을 자랑하곤 했다. 어느 날 오후에는 소풍에서 돌아와 여동생 밀드레드에게 이렇게 썼다. "우리는 미친 듯이 춤을 추기 시작해서 저녁 식사 코스 사이에 왈츠를 추었어. '나는 듯 가벼운 발놀림'을 자랑할 수준은 아니지만 천천히 탱고 스텝을 익히고 있어."[12]

한편 집안에서는 한동안 존과 애니의 결혼 생활이 흔들리는 조짐이 보였다. 1913년 애니가 헬렌과 셔토쿼 순회강연을 다니는 동안 존이 렌섬 저택을 조용히 빠져나와 보스턴에 아파트를 빌리면서 결혼 생활이 아주 끝난 듯 보였다. 1914년 초에 케이트 켈러는 그즈음 결혼 생활이 파탄 난 사연이 담긴 존의 편지를 헬렌에게 읽어 주었다. 애초에 존이 보낸 편지는 유실되었지만 그해 1월에서 3월 사이에 헬렌이 존에게 연이어 보낸 편지는 보존되었다. 이 일련의 편지에서 결혼 9년 만에 소원해진 아내에게 경멸을 퍼붓는 듯한 존의 태도에 헬렌의 좌절감이 커지는 모습이 드러난다. 맥락이 모호한 대목도 더러 있지만, 헬렌의 답장을 통해 존의 불만을 파악할 단서를 찾을 수 있다.

1월에 헬렌은 이렇게 쓴다. "너무 놀랐고, 슬픈 마음이 가득해요. 당신이 선생님이나 저를 사랑한 적이 있다면 그 편지에 썼던 말을 침착하고 공정하고 다정하게 재고해 주기를 간청해요……. '애니는 한순간도 내 아내였던 적이 없고 여성에게 기대할 만한 행동도 전혀 하지 않았어요'라고 했는데요……. 선생님과 함께 사는 게 어땠는지 제게 절대 설명할 수 없다고 했죠. 당신은 그 모든 햇빛, 그 모든 웃음, 기나긴 산책과 드라이브, 유쾌한 모험을 모두 잊어버린 건가요?"[13]

애니가 메이시의 좌파적 정치 신념을 받아들이기를 줄곧 거부한 것도 오랫동안 결혼 생활에 드리운 문제 중 하나였다. 넬라 헤니가 1912년 로렌스섬유파업 이후로 애니가 사회주의자가 되었다는 미심쩍은 주장을 하기는 했어도, 존은 애니의 보수적 견해에 여전히 좌절감을 느꼈던 것이 분명하다. 조지프 래시는 이렇게 쓴다. "사회주의에 관한 존과 선생의 논쟁이 끊이지 않아, 두 사람은 심지어 기차 안에서도 언성을 높이며 입씨름했다."[14] 두 사람을 화해시키기 위해서 헬렌은 애니가 마침내 존의 이념을 받아들이려 한다며 존을 설득하기로 마음먹은 듯했다. 1월 25일에 헬렌은 이렇게 썼다. "제가 알기로 작년에 선생님이 근본적으로 변한 부분이 좀 있어요. 제가 선생님과 매일 대화를 나누다 보니 당신을 통해 선생님이 이전에는 전혀 관심을 보이지 않았던 세상사와 노동자들, 그리고 경제적·사회적·도덕적 조건을 들여다보게 되었다는 것을 깨달았어요. 저처럼 선생님과 아주 가까이 지낸 사람이 장담하건대 선생님은 새로운 목표, 새로운 신념, 새로운 삶의 비전, 새로운 이상, 새로이 봉사하고자 하는 마음을 품고 있어요. 언젠가 당신도 알게 될 거예요."[15] 오래 지나지 않아 헬렌은 존에게 재차 편지를 보내 그 무렵 자신이 사회당 로스앤젤레스 지부에 입당했다는 소식을 전했다. "그분들이 선생님에게도 입당을 권해서 선생님이 바로 그러겠다고 했는데, 그쪽에서 보내기로 한 입당신청서가 아직 안 왔어요."[16] 애니가 노동계급의 곤경에 강한 우려를 표하는 등 사회주의적 교리에 일부 공감하기는 했어도 공식적으로 당에 가입했다거나 당이 지향하는 바를 받아들였다는 증거는 전혀 없는 것으로 보아, 이 편지의 내용은 헬렌이 애니가 드디어 돌아오려 한다고 존을 설득하기 위해 절박한 마음으로 꾸며 낸 이야기일 수 있다.

이 기간에 헬렌이 존에게 보낸 또 다른 편지에는 애니의 기질 또한 결혼 생활이 파탄에 이르는 원인이 되었으리라 짐작할 만한 단서가 담겨 있다. 2월에 헬렌은 이렇게 썼다. "우리는 선생님이 얼마나 성격이 급하고 변덕스러운지 잘 알잖아요. 화가 나면 전혀 마음에 없는 말을 쏟아 낸다는 것을요."[17] 1955년에 쓴 애니에 관한 전기에서 헬렌은 이렇게 설명한다. "이따금 찾아오는 어두운 기운이 마지막까지 내내 선생님을 괴롭혔다."[18] 아마도 의도적인 듯이, 헬렌은 애니와 존의 사이가 가장 멀어졌던 1914년을 그 어두운 기운이 가장 강했던 시기로 꼽는다. "그 당시 선생님은 때때로 우울감에 너무 심하게 사로잡혔고, 끝없는 초조함과 절망에 압도되어 그저 존재하는 것만으로도 비참할 지경이었다."[19] 애니의 전기작가 킴 닐슨은 애니가 당시에도 그런 기운이 정신 건강 문제와 관련된 것임을 이해하고 있었던 듯하지만, 지금 같았으면 임상적 우울증 진단을 받았을 것으로 본다. 헬렌은 이렇게 서술했다. "선생님은 한동안 정신이상 증세를 두려워했지만 신경계가 뒤틀려 나타나는 그 증세에 대처할 방법을 알지 못했다."[20] 헬렌이 "사그라지지 않는 눈의 통증"이라고 표현한 신체적 질병 또한 애니를 괴롭혀, 해를 거듭할수록 수술로도 손상을 복구할 수 없을 정도로 증세가 악화되기만 했다.[21] 거기다 신경염, 류머티즘, 좌골신경통도 앓았다.[22]

존은 애니가 돈을 후하게 쓰지 않는 점에도 불만을 품었는데, 헬렌으로서는 참아 넘기기 어려운 부분이었다. 2월에 헬렌은 이렇게 썼다. "당신이 어머니에게 돈을 좀 보내겠다고 했더니 선생님이 '두 차례나 창피하게 소란을 일으켰다'라고 했죠. 그런데 당신이 가족에게 그렇게나 자주 돈을 보내는데도 선생님이 '창피하게 소란을 일으키지' 않았다는 사실은 말하지 않네요! 선생님이 심지어 결혼 전에도 존 당신의 가족을 도와줬다는 걸 당신도 알고 저도 알아요. 그 후로 몇 년 동안 우리가 우리 생활비도 감당하기 어려울 때가 많았다는 사실을 떠올려 보세요. …… 이렇게 돈 이야기를 주고받는 건 제게는 너무 괴로운 일이라 다시는 언급할 필요가 없었으면 해요."[23]

앞서 켈러 부인에게 보낸 편지에서 존은 아내만 비판한 게 아니었던 모양이다. 헬렌은 2월에 이렇게 썼다. "어쩌면 그렇게나 잔인하고 확실치도 않은 말을 할 수 있죠? 당신은 최근 제 어머니에게 보낸 편지에서처럼 저를 바보라고 부를 자격이 없어요."[24]

3월까지도 존은 애니와 화해할 마음이 없었던 것으로 보이지만, 헬렌의 저술 중개자로서는 계속 협력하겠다고 제안했다. 이 요청에 헬렌은 이렇게 응답했다. "당신이 편지 두 통에 써 보낸 선생님에 관한 말들이 내 마음에 지독한 상처를 남겨 나의 신체적 시각장애와는 다르게 매일 내 삶에 어둠을 더할 거예요. 앞으로도 나를 도와주겠다고 했지만, 당신이 계속해서 선생님을 정직하지 못한 사람이라고 하고, 거짓말을 하고 속여 대는 믿을 수 없는 여자에게 시달리며 살 수는 없다고 말하는데 우리가 어떻

게 좋은 성과를 이루어 낼 수 있겠어요?"²⁵

이렇게 골이 깊어졌는데도 존은 1914년 봄에 부주의하게 내버린 담배로 인해 보스턴의 아파트에 불이 나는 바람에 노숙 생활을 하다 결국 잠시 돌아와 지냈다.[26] 하지만 결혼 생활은 끝장났고 존이 아예 떠나 버릴 것이 확실해지자 비탄에 빠진 애니는 점점 더 헬렌에게 정서적으로 의지하게 되었다. 헬렌은 이렇게 회고했다. "나의 애정을 갈구하는 선생님을 보면 마음이 너무 아팠다. 한동안 망연자실한 상태로 입을 다물고 지내거나 존을 다시 데려올 방법을 찾으려 들거나 더는 사랑받지 못하는 여자가 된 듯이 울고는 했다."[27]

존이 떠난 빈자리를 메우기 위해 헬렌과 애니는 스코틀랜드 출신의 폴리 톰슨(Polly Thomson)이라는 젊은 여성을 고용해 살림을 맡겼다. 넬라 헤니는 이렇게 썼다. "헬렌에 관해 들은 바가 없었고, 지문자도 모르고 시각장애인이나 청각장애인에게 뭐가 필요한지도 몰랐지만 열정적이고 배우는 게 빨랐다. …… (그때까지 렌섬가에서 아무도 못 했던) 통장 잔고 정리를 할 줄 알았고 매표 직원의 도움 없이도 시간표를 볼 수 있었다. 필요하면 요리도 직접 하면서 살림을 간수할 줄 알았지만 그러면서도 최고로 우아한 안주인 노릇을 해냈다. 초인종이나 전화 앞에서는 단호하고 물러서지 않는 경비 역할을 했는데 렌섬가에서는 누구도 해내지 못한 특별한 일이었다."[28] 이후 20년 동안 폴리는 애니가 신체적·정신적으로 상태가 좋지 않을 때가 많았던 시기에 든든하게 뒤를 받쳐 주었다. 언젠가 폴리가 "제2의 애니 설리번"으로 알려지리라고는 세 사람 중 누구도 상상하지 못했다.

한편, 여성 관련 문제에 맞서 싸우는 데 집중하면서 헬렌은 성별과 계급 사이의 연결고리를 진보적인 관점에서 이해해 나갔는데, 이런 분석은 부유한 백인 여성이 주도하는 참정권 운동에서는 거의 접하기 어려웠다. 1913년 '남성에게 여성참정권이 필요한 이유'라는 제목으로 쓴 논설에서 헬렌은 남성과 여성 노동자가 당면한 정치적·사회적·경제적 문제를 해결하기 위해 협력하지 않는 한 민주주의가 승리할 수는 없다고 주장했다.

투표는 모두의 자유를 위한 투쟁에 필요한 수많은 무기 중 하나에 불과하다. 여성 노동자가 겪는 어려운 처지에 남성 노동자도 고통받는다. 적절한 법의 보호를 받지 못하는 여성들과 같은 사무실, 같은 공장에서 경쟁해야 한다. 집이라 일컫는 비위생적인 공간에서, 한밤중에 희미한 전등 아래서 한 발로 요람을 밀며 일하는 여성과 경쟁해야 한다. 이 어리석고 편파적인 일방적 권력 배분 방식을 몰아내는 것은 모든 노동자의 이익에 부합한다.[29]

헬렌은 이 글을 포함해 수많은 글에서 명시적으로 계급과 사회문제의 연관성을 주장했다. 앨라배마주의 젊은 퀘이커 여성이 헬렌을 본받아 "이타적인" 삶을 살려면 어떤 공부를 하면 좋겠느냐고 모임 구성원을 대표해 편지를 보냈을 때 헬렌의 답은

"경제학을 공부하라"라는 것이었다. 모든 여성이 "경제적 조건이 모든 이타적 활동의 근간"임을 이해할 때라야 비로소 전 인류에게 더 나은 세상이 찾아올 것이라고 했다.[30]

헬렌은 만약 모임에서 빈곤과 고통의 원인을 이해하고 싶다면 "앨라배마주의 공장과 광산, 농지에서 일하는 노동자를 찾아가 연구해 보기를 권한다"라고 조언했다. 그러면서 이런 현실은 인간의 눈에는 보이지 않는 수수께끼가 아니라 "실제로 인간이 벌이는 일"이며, 어째서 빈곤으로 인해 "어린아이들이 끔찍한 아동노동에" 끌려들어 가는지, 어째서 멀쩡한 사람이 수천 명씩 "공장에서 죽거나 장애를 입으며 가족에게는 아무 보상이 돌아가지 않는지" 이해할 필요가 있다고 덧붙인다.[31]

이어서, 래드클리프에서 억지로 "그 우울한 과학"(경제학을 가리키는 토머스 칼라일의 표현—옮긴이)을 배우던 십 년 전만 해도 사람들에게 경제학을 공부하라고 조언하게 될 줄은 상상도 하지 못했다고 말한다. "경제학은 통계와 실속 없는 이론만이 난무하는 황무지라고 생각했습니다. 이제는 경제학이 삶 그 자체임을 알게 되었습니다. 일용할 양식, 일상적인 도덕, 공동의 정의와 올바른 판단을 묻는 학문입니다."[32]

헬렌은 이런 마음으로 그 무렵 자본주의의 동력은 노동착취에서 비롯한다고 주장하는 마르크스의 고전 경제 비평서 『자본론』을 이해하기 쉽게 요약한 책 『인민의 마르크스(The People's Marx)』의 독일어 번역본을 읽었다. 마르크스의 계급분석은 헬렌의 평생에 걸친 사회운동에, 그리고 장애인 권익옹호에 관한 견해에 심대한 영향을 미쳤다.

참정권을 요구하는 활동을 계속해 나가면서도 헬렌은 단순히 투표권을 달라는 피상적인 요구에서 한층 더 나아가 여성의 권리를 지지하도록 하는 다른 여러 가지 현안도 받아들였다. 여성의 피임권을 주장하는 전단을 배포한 혐의로 아나키스트 지도자 엠마 골드만(Emma Goldman)이 뉴욕에서 체포되자 헬렌은 1913년《뉴욕콜》에 보낸 편지에서 무조건적인 지지를 공표하며 운동에 참여했다.

엠마 골드만이 효과적인 피임 방법을 알려 주었다는 이유로 체포당한 사실이 내게는 가족 규모를 제한하기 위한 싸움에서 유일하게 중요한 문제를 제기한 것으로 보인다. 이미 자녀의 수를 제한하고 싶어 하는 어머니가 많다. 너무 많은 가족이 너무 가난하게 살다 보니 굶주림을 피하려면 어린아이들을 노동으로 내몰 수밖에 없는 형편이다. …… 법은 산업상의 갈등에 뒤따르는 폭압에 맞서 누군가 직접행동에 나설 때만 타격을 입는다. 이 싸움은 단지 한 여성을 감옥에 보내지 않으려는 것이 아니라 모든 여성의 자유를 쟁취하려는 투쟁이다. 하필 엠마 골드만이 아나키스트라는 이유로 이 싸움에 뛰어들기를 거부하는 사람은 노동자의 대의를 거스르는 죄를 짓는 셈이다.[33]

말할 것도 없이 주류 언론에서는 급진적으로 변신한 헬렌을 점차 불편하게 여겼다. 나중에 《뉴욕헤럴드(New York Herald)》는 이렇게 헬렌을 깎아내렸다. "헬렌 켈러는 자기 역할만 제대로 수행했다면 가장 크게 성공한 연설가로 꼽혔을 것이다. 전 세계에 영감을 주었고 미국인을 열광하게 했다. 그러다 보스턴에서 급진주의에 관심을 기울이는 바람에 단기간에 경력을 망치고 말았다. 헬렌은 특히 자신이 비난하는 그 자본가들 덕에 성공한 인물이라 사회혁명가로서 활동하기는 마땅치 않았다."[34]

언제나처럼 헬렌은 이런 비난에 전혀 신경 쓰지 않았다. 급진 정치에 입문하고 몇 년 동안 헬렌은 한 세기가 지나서도 공감을 불러일으킬 만큼 당당한 태도로 언론과 자본주의 체제, 그리고 자신을 비판하는 목소리에 능숙히 대응하며 꾸준히 잘 싸워 나갔다. 하지만 그 후의 투쟁에서 헬렌은 자신의 유산에 지워지지 않을 오점을 남기고 만다.

Chapter

10

"결함 있는 인종"

　1915년 11월 12일 저녁, 시카고의 독일계 미국인 병원 수석 외과의사 해리 하이젤든 박사(Dr. Harry Haiselden)는 야근 도중 응급 상황에 판단을 내려 달라는 긴급 호출을 받았다. 애나 볼린저(Anna Bollinger)라는 여성이 복합적인 의학적 문제를 지닌 남자아이를 출산한 직후였다. 아기는 몸 왼쪽이 마비되고 오른쪽 고막뿐 아니라 왼쪽 귀 전체가 없는 상태로 태어났다. 오른쪽 뺨이 어깨에 붙어 있고 장은 막혀 있었다.

　일반적인 상황이었다면 아기를 살리기 위해 무엇이든 해야 한다는 확고한 의료 수칙에 따라 어떻게 처치할지 결정했을 것이다. 하지만 이 의사는 과학에만 의지해 의학적 결정을 내리는 것을 그만둔 지 오래였다. 하이젤든은 존 볼린저의 목숨을 구할 수 있는 수술을 하는 대신 죽게 내버려두라고 했다. 안 그러면 아기가 "사회에 부담을 안기고 불순한 유전자로 인류를 오염시키는" "결함 있는" 존재로 자랄 거라고 주장했다.[01] 그 말을 들은 애나 볼린저는 수술하지 않기로 했다. 기자들에게 볼린저는 이렇게 말했다. "저는 이 불쌍한 기형아를 몸이 건강한 다른 세 아이와 똑같이 사랑해요. 하지만 의사 말이, 아기가 평생 장애를 안고 살 것이고 지적 발달이 어렵거나 범죄자가 될 가능성도 있다고 하더군요. 속으로 눈물을 삼키며 아기를 죽게 내버려두는 데 동의했습니다."[02]

긴급히 소집된 기자회견에서 하이젤든은 이렇게 자신의 결정을 옹호했다. "분명 저를 이 아기를 죽게 내버려둔 냉혹한 살인자로 부르겠지요. 저는 혹독한 비판을 받을 준비가 되어 있습니다. 하지만 이 일은 제 양심의 문제입니다. 저는 아기를 죽이지 않을 것입니다. 독약을 투여하거나 그 어떤 외과적 방법을 동원해 목숨을 빼앗지는 않을 것입니다. 그저 죽기까지 가만히 지켜볼 것입니다. 자연이 잘못된 결과를 바로잡도록 놓아둘 것입니다."[03]

이 사건은 며칠 동안 언론의 1면을 뒤덮었다. 아기의 목숨을 놓고 신 노릇을 하려는 하이젤든의 결정에 온 사회가 질겁하는 가운데, 얼마 안 가 하이젤든에게 뜻밖의 놀라운 우군이 나타난다.

여성참정권, 노동자의 권리, 아동노동 철폐 등 20세기 초 20여 년 동안 헬렌이 지지했던 이른바 "급진적"인 대의는 대부분 오늘날에 비추어 보아도 논란의 여지가 거의 없을 것이다. 하지만 헬렌의 발자취 중에서 초기에 우생학(eugenics)에 참여한 사실만큼은 많은 작가가 간단히 무시하는 편을 택했을지라도 우생학에 얽힌 이 투쟁만큼은 헬렌의 명성에 어두운 그림자를 드리우게 된다. 이 일은 헬렌을 속세의 성자로 그리는 전통적인 서사와 상충하는 장인 동시에 그 역시 지극히 인간적인 존재였음을 선명히 드러내는 증거이다.

애니 설리번을 제외하면, 애니를 추천하여 평생 헬렌의 곁을 지키게 주된 역할을 한 알렉산더 그레이엄 벨만큼 초기에 헬렌에게 상당한 영향을 끼친 인물은 없었다. 실제로 헬렌이 『내 인생의 이야기』를 헌정했을 정도로 헬렌의 삶과 교육에 벨이 미친 영향력은 상당했다. "청각장애인이 말을 배워 대서양에서 로키산맥에 이르기까지 들을 수 있는 모든 사람에게 목소리를 전하게 해 준 알렉산더 그레이엄 벨에게."[04]

이 글을 쓴 1903년에 헬렌은 청각장애인에게 말을 가르쳐 주류사회에 잘 녹아들도록 돕는 구화법(oralism) 홍보물에 출현했는데, 이는 청각장애인 교육에 발을 들여놓을 무렵부터 벨이 지지하던 운동이었다. 벨은 이보다 20년 앞선 1883년에는 "결함 있는 인종"의 등장이라는 "거대한 재앙"이 도래한다고 경고하는 「인류의 청각장애인 종 형성에 관한 보고」라는 논문을 발표했다.[05]

벨은 "사회적 교류"뿐만 아니라 "공개 집회"까지 여는 "농인 협회"가 이미 모든 도시에 퍼져 있다고 경고했다. 이대로 내버려두었다가는 이들이 사회에 대단히 위협적인 존재가 되리라고 믿었다. 무엇보다 우려스러운 문제는 이 "인종"이 "프랑스어, 독일어, 러시아어만큼이나 영어와 다른 특별한 언어"를 도입했다는 점이었다.[06] 이 언어는 손짓으로 소통하는 표준화된 체계인 미국 수화(American Sign Language, ASL)로, 청각장애인이던 프랑스의 교육자 로랑 클레르크가 1814년에서 1817년 사이에 프랑스에서 사용하던 유사한 언어 체계를 바탕으로 개발한 것이었다. 벨도 수화를 가르치기도 하고 청각장애인인 아내 메이블(Mabel)과 대화할 때 사용한 적도 있지만, 수화가 청각장애인 공동체 내에서 통혼을 가능하게 할 것으로 보아 이를 교육체계에서 완전히 몰아내기로 결심했다. 구화법이 청각장애인과 청인(hearing population)이 더 쉽게 교류할 수 있게 해 청각장애인 공동체의 하위문화가 강화될 "위험"을 덜어 주리라 믿는 이가 많은 상황에서, 구화법을 선호하던 벨이 그 논문을 내놓은 것은 이미 진행 중이던 전쟁에서 또 한 차례의 급습에 불과했다.

미국 수화를 옹호하는 이들은 그것이 "청각장애인에게 자연스러운 언어"라며 구화법에만 의존하는 것은 대다수 학생에게 교육적 재앙이 될 것이라고 주장했지만 미국 수화 반대 운동은 놀랄 만큼 성공적이었다. 이후 수십 년 동안 구화법이 수화를 제치고 청각장애인 공동체에서 가장 보편적으로 배우는 의사소통 수단이 된다. 결국에는 미국 수화를 포함한 여러 가지 수화가 인기를 되찾게 되지만, 이 전쟁으로 인해 청각장애인 공동체에는 현재까지 이어지는 심각한 균열이 발생했다.

연구 과정에서 벨은 "바람직한" 유전적 특질을 지닌 사람을 선별해 결합하게 함으로써 인간 종을 개선한다는 우생학이라는 유사 과학을 받아들였다. 이 개념은 벨이 청각장애인 공동체를 "결함 있는 인종"으로 묘사한 화제의 논문을 미국국립과학원(National Academy of Sciences)에 제출한 바로 그해인 1883년에 영국의 사회진화론자 프랜시스 골턴(Francis Galton)에 의해 만들어졌다. 나중에 벨은 하버드 동물학자 출신으로 인종이 인간 행동에 영향을 미친다고 믿으며 20세기 초 우생학을 받아들이도록 수많은 과학자를 부추긴 미국 우생학 운동의 지도자 찰스 대븐포트(Charles Davenport)와 동맹을 맺는다. 대븐포트는 또한 유럽 서부와 북부 출신이 남부와 동부 출신보다 유전적으로 우월하다는 우생학적 신념에 따라 "바람직하지 않은" 요소가 미국에 유입되지 않도록 엄격한 이민법을 도입해야 한다고 강하게 믿었다.[07] 인종차별적인 대븐포트의 이론은 미 전역에 엄청난 영향력을 발휘했고 몇몇 주에서 대단히 인종차별적인 반이민 법제와 불임수술법이 통과되는 데 직접적인 영향을 끼쳤다. 벨은 이러한 외국인 혐오론 중 일부를 받아들여 자신이 "바람직하지 않은 윤리적 요소"라 정의한 것이 유입되지 않도록 막을 법제도의 필요성을 강조하는 한편 "미국인이 더 고등하고 고귀한 인간으로 진화하기를" 장려했다.[08]

그러나 많은 동시대 사람들과 달리 벨은 "바람직하지 않은" 인구에 불임 처치를 하여 미래 세대가 "나쁜 유전자"를 물려받지 않도록 막으려는 "소극적 우생학(negative eugenics)"이라는 발상에는 반대했다. 우생학 운동의 영향으로 여러 주에서 발달장애 여성의 강제 불임수술을 허용하는 법안이 통과되었다. 이후 미국연방대법원은 1927년 벅 대 벨(Buck v. Bell) 사건에서 캐리 벅(Carrie Buck)이라는 "지적장애" 여성에게 강제 불임수술을 시행한 버지니아주의 권리를 압도적으로 지지했다. 이 관행은 1950년대까지 이어졌고, 우생학적 태도로 인해 수많은 흑인 및 선주민 여성이 자기 의사에 반하여 불임수술을 당하는 일이 벌어졌다.[09] 벨은 이러한 야만적인 방식 대신에 자신이 "유전적으로 적합"하다고 여기는 사람들 사이의 출산을 장려하자는 발상을 지지했다.

벨은 불임수술을 반대했으면서도 장애가 대물림되고 "결함 있는 인종적 변종"이 발생할 것을 우려해 청각장애인끼리 결혼하지 않도록 설득하려 들었다. 벨이 인용한 증거는 스스로 공언한 바와 달리 과학적 근거가 거의 없는 거짓이었다. 청각장애가 유전될 수 있다고 해도 청각장애를 지닌 부부가 청각장애를 지닌 자녀를 출산하는 비율은 상대적으로 낮다.[10] 미국 장애사 전문 역사학자 더글러스 베인턴(Douglas Baynton) 교수는 이렇게 말한다. "그러나 고립된 채 내부 증식하는 청각장애인 문화라는 상은 구화법주의자에게 강력한 무기가 되었다. 벨의 주장은 이후 수년에 걸쳐 널리 떠돌았다."[11]

이 시기에 많은 사람들이 벨의 곁에 자주 나타나던 제자를 주목했다. 헬렌은 나중에 이렇게 회고했다. "내가 막 말을 배우기 시작한 어린 시절에, 선생님과 나는 청각장애인 언어학습법 개선을 위한 집회에 함께 나가곤 했다."[12] 사실 헬렌은 벨이 구화법 장려 운동에 끌어다 쓰는 가장 강력한 무기였다. 말을 하기로 결심했을 무렵 헬렌은 이미 여러 가지 방법을 능숙하게 구사해 의사소통할 수 있었다. 오래전에 지문자를 익힌 것은 물론이고 점자도 잘 읽었다. 십 대에는 손가락으로 화자의 얼굴과 후두를 문질러 말을 알아듣는 법을 배웠는데, 헬렌이 가장 선호한 소통 도구가 이 방법이었다. 어린 시절에는 모스부호처럼 선생님이 방 저편에서 발을 구르면 그 진동을 감지해 소통하는 독특한 방식을 배운 적도 있다고 한다. 하지만 청인과 소통하고 싶을 때는 애니처럼 헬렌이 손바닥에 쓴 말을 상대에게 전해 줄 제삼자가 필요할 때가 많았다.

나중에 애니가 밝히기로, 지문자를 쓰는 데 방해가 될지 모른다는 생각에 처음에는 헬렌에게 말을 가르치는 데 반대했지만 "소리를 내고 싶어 하는 헬렌의 충동이 너무나 강렬해서, 좋지 않은 모습으로 자리 잡을까 걱정되어 이 본능적 성향을 계속 억누르려 애썼지만 소용없었다"라고 했다.[13] 애니는 벨을 대단히 존경하던 터라 구화 방식을 향한 벨의 열의를 받아들이기 어렵지 않았다. 1892년에 쓴 「헬렌 켈러는 어떻게 언어를 습득했나」라는 소논문에서 애니는 본인의 표현으로 "더 자연스럽고 보편적인 인간 상호작용 매체인 구화언어"를 가르친 첫 수업에 관해 서술했다.[14] 방향을 전환한 것은 헬렌이 어느 날 이렇게 물었기 때문이라고 했다. "시각장애를 지닌 여자아이들은 입으로 말하는 법을 어떻게 알아요? 선생님은 왜 제게 그들처럼 말하는 방법을 가르쳐 주지 않나요? 청각장애를 지닌 아이들도 말하는 법을 배워요?" 이전에 로라 브리지먼을 가르쳤던 어느 교사는 헬렌의 그 질문에 대한 답으로 시청각장애를 지닌 아동으로서 말을 배웠던 노르웨이의 랑힐 코타(Ragnhild Kaata) 이야기를 들려주었다. 애니는 이렇게 썼다. "이 멋진 소식에 헬렌은 말로 표현할 수 없을 정도로 기뻐했다. 헬렌은 즉시 말을 배우기로 마음먹었고, 그날부터 지금까지 그 결심이 흔들린 적은 단 한 번도 없었다."[15]

얼마 안 가 벨이 그랬듯이 열정적인 구화법 지지자가 된 애니는 자신이 구화를 가르치기 시작한 후로 처음으로 완전한 문장을 구사하게 된 제자가 뭐라 했는지 청중에게 들려주곤 했다. "저는 더 이상 말 못하는 사람이 아니에요."[16]

헬렌은 구화법을 받아들이고 수년 동안 말을 가르치는 교사

part II 좌파 잔 다르크 ───────

들에게 혹독한 수업을 받았음에도 말하기를 충분히 터득하지 못해 평생 좌절감을 느꼈다. 잘 아는 사람들은 헬렌 스스로 "듣기 좋은 목소리"가 아니라고 했던 긁는 듯한 발성으로 하는 말을 알아들을 수 있었지만, 상대가 알아듣게 말하려면 한 음절씩 아주 천천히 말해야 했다. 헬렌은 "지독한 침묵을 부분적으로 제압"하는 데 그쳤다고 한탄하며 "제대로 말하기"에 실패한 것이 무엇보다도 실망스러운 일이었다고 말하곤 했다.[17]

역사가 에드윈 블랙(Edwin Black)이 대표작 『약자에 맞서는 전쟁(The War against the Weak)』에 서술했듯이, 여러 주에서 강제 불임수술법이 통과되고 나치가 거기에 영감을 받아 안락사 계획을 세우는 등 극단적인 현상이 거듭 발생하는 과정을 지켜본 벨은 결국 우생학을 멀리하게 된다.[18] 하지만 벨의 전기작가 케이티 부스(Katie Booth)가 평했듯이 "어떤 대가를 치러서라도 구화법을 장려하려던 벨의 활동이 청각장애인을 염두에 둔 그런 우생학적 발상이 번성하는 토대를 제공한 것도 사실이다".[19]

헬렌이 구화법을 장려하는 데 기여했고 벨이 지닌 문제의 철학을 알고 있었던 것이 거의 확실해도, 헬렌이 그 끔찍한 철학을 받아들이는 데에 오랜 조언자의 영향이 있었다고 볼 만한 직접적인 증거는 아직 없다. 우생학을 지지하게 된 것은 그저 헬렌이 사회주의에 최고로 매진하던 시기에 이른바 진보적인 인물들이 그 운동을 지지했던 시대적 흐름에 영향을 받았기 때문일 수 있다. 역사가 다이앤 폴(Diane Paul)은 "선별적 번식을 통한 유전적

종족 개량"을 옹호한 수많은 저명한 좌파 지식인과 작가를 기록
했는데, 그중에는 조지 버나드 쇼(George Bernard Shaw), 줄리언
헉슬리(Julian Huxley), 그리고 헬렌이 사회주의로 개종한 계기
를 제공했다고 한 H. G. 웰스도 있었다.[20] 웰스는 우생학이 "해
로운 유형과 특질"을 제거하고 그 대신 "바람직한 유형을 육성"
하는 첫걸음이라 칭송한 가장 열렬한 우생학 지지자였다.[21]

헬렌이 자신과 같은 사람을 제거하기를 원하는 대의에 담겨
있다고 하는 이점을 어디에서 이해하게 되었든 간에, 1915년 가
을에 미국을 사로잡은 논쟁에 헬렌이 뛰어든 일은 여러모로 충
격적이었다.

아기 볼린저의 운명에 끼어든 미국의 수많은 저명인사 중에
는 유명한 참정권론자 제인 애덤스(Jane Addams)도 있었다. 논
쟁이 한창이던 때에 애덤스는 전국적으로 배포되는 신문에 기
고한 논설에서 "의사나 병원 이사회는 누군가를 죽여도 된다고
결정할 특권이 없으며 구할 수 있다면 모든 생명을 살려야 한다
는 최고의 도덕률을 지켜야 한다"라고 주장했다. 그러면서 "결
함 있는 위대한 인물", 즉 장애를 지녔음에도 사회적으로 위대
한 인물로 부상한 남성과 여성의 명단을 제시했다. 그 대표적인
예가 헬렌 켈러였다. "날 때부터 기형을 지닌 것은 아니지만 이
후에 시력과 청력, 언어능력을 상실했다. 이 모든 장애에도 낙담
하거나 내버려지기를 거부했다. 헬렌 켈러는 오늘날 세상을 이
롭게 하는 성공한 여성이다."[22]

헬렌 켈러가 당시 미국에서 가장 유명한 장애인이었으니 애덤스가 아기 볼린저를 두고 논쟁하는 와중에 그 이름을 끌어들였다 해서 미국인들이 놀라지는 않았으리라 추측할 수 있다. 하지만 2주 후 헬렌이 《피츠버그프레스(Pittsburgh Press)》에 하이젤든의 결정을 옹호하는 글을 기고하며 논쟁에 뛰어들었을 때는 커다란 충격을 받았을 것이 틀림없다. 헬렌이 늘 사회에서 가장 취약한 사람들에게 연민을 보였던 점을 생각하면 특히나 충격적인 발언이었다.

아기 볼린저를 시카고병원에서 죽게 내버려두도록 허락함으로써 하이젤든 박사는 사회에, 그리고 평생에 걸친 고통에서 구출된 그 가망 없는 존재를 위해 봉사한 셈이다. 그 가련하고 쓸모없는 살덩어리에는 아무도 신경 쓰지 않지만, 우리가 두려운 마음에 회피해 온 우생학과 출생률 통제에 관한 수많은 질문을 마주하게 해 주었으므로 그 아기의 죽음은 결코 헛되지 않았다. 이 불쌍하고 무지하고 장애를 지닌 빈사의 작은 생명체를 향해 쏟아지는 의견과 외침에서 미국인의 사고에 깊이 뿌리박은 오류가 드러난다. …… 하이젤든 박사와 같은 이들이 세상에는 이미 태어나지 말았어야 할, 상한 몸과 마음으로 불행하게 살아가는 사람들이 넘쳐난다는 사실을 지적할 때 우리는 그 목소리에 귀 기울이려 하지 않았다.[23]

하이젤든을 비방하는 사람 중 일부는 헬렌도 그렇게 버려질 수 있었다고 주장했지만, 적어도 하나 이상의 신문에서 헬렌이 날 때부터 시청각장애인은 아니었으니 이 주장은 적절치 않다고 지적했다. 당시 하이젤든의 행동을 옹호한 몇 안 되는 신문 중 하나인 《워싱턴헤럴드》에서는 이렇게 선언했다. "이 숨 쉬는 인간의 살덩이와 기형이라고 보기 어려운 헬렌 켈러 같은 사람을 비교하는 것은 끔찍한 일이다. 동일한 분류에 속하지 않으므로 둘을 비교할 수는 없다. 하이젤든 박사는 양심에 따라 이 흉물스러운 존재에게 억지로 생명을 부여하지 않는 자비로운 실천을 했다."[24]

하이젤든을 옹호한 대목이 가장 주목을 받았지만, 같은 기사에서 헬렌은 두 달 앞서 저명한 활동가인 아내 마거릿 생어(Margaret Sanger)가 작성한 피임 장려 전단을 배포한 혐의로 체포된 윌리엄 생어(William Sanger) 사건에 관해서도 견해를 밝혔다. 이 구절에서 헬렌은 명시적으로 우생학을 향한 자신의 신념을 인구과잉으로 인한 고통과 연결 짓는 것으로 보이는데, 이는 오랫동안 우생학을 지지한 마거릿도 자주 쓰는 논거였다. 헬렌은 이렇게 썼다. "나가서 일을 해야 하기에 어린 자녀를 제대로 돌보지 못하고 방치하는 어머니가 이미 허다하다. 아무런 보살핌을 받지 못한 채 온갖 악에 노출되는 이런 빈민층 자녀들은 모래밭이나 바위틈, 잡초 사이, 쓰레기 더미에 돋아나 해를 못 보고 사는 식물처럼 자라거나 버려지고 만다." 또 이렇게 썼다.

"살아남은 이들은 자기도 모르는 사이에 점점 더 많은 기형아, 환아, 지적장애아를 세상에 내놓으며, 피임하지 않아 발생하는 엄청난 해악이 인류의 활력을 앗아 간다."[25] 알렉산더 그레이엄 벨이 아기 볼린저 사건을 어떻게 생각했는지는 기록이 없지만, 오랫동안 "소극적 우생학"을 거부했으니 제자가 밝힌 충격적인 입장에는 반대했을 것으로 짐작된다.

한편, 존 볼린저가 죽고 5일 후에 부검을 실시한 결과 해리 하이젤든이 우생학적인 관점을 더 키우기 위해서 아기의 건강상태를 의도적으로 과장했을 가능성이 있는 것으로 드러났다. 부검과 심문을 거친 후, 시카고의 저명한 의사와 외과의 여섯 명으로 구성된 검시 배심원단은 성명을 통해 "아기의 신체적 결함에서 정신적·도덕적 결함이 있을 것으로 유추할 만한 증거는 전혀 보이지 않는다"라고 선언했다. 배심원단은 하이젤든이 수술하지 않기로 결정할 권리는 인정했지만 아기의 신체적 "결함" 중 많은 부분은 성형수술과 조직이식으로 교정할 수 있었을 것이라고 결론지었다.[26] 한 배심원은 존 볼린저를 살려 냈다면 결국 "정신적으로 결함 있는" 사람이 되었을 거라는 언론에 널리 보도된 하이젤든의 주장을 공개적으로 반박했다. 그는 이렇게 말했다. "우리가 파악할 수 있는 한에서 뇌는 멀쩡했다. 그 아기가 신체적 또는 정신적으로 비뚤어지고 말았으리라 볼 만한 물리적 증거는 없었다."[27] 아기의 죽음에 대한 책임이 있다는 판결이 나오지는 않았지만, 이후 하이젤든은 그 행동으로 인해 시카

고의사회에서 제명당했다.[28]

한 달 후 헬렌은 《뉴리퍼블릭(New Republic)》을 통해 전문의
들로 구성된 배심원단이 사례별로 기준을 정해 심각한 기형을
안고 태어난 아기의 운명을 결정하는 과학적 제도를 도입하자
고 제안하며 한결 누그러진 태도를 보였다. 하지만 어조를 좀 다
듬었다 해도 그 기고문에서 헬렌은 여전히 "정신적 결함이 있는
사람은…… 거의 틀림없이 범죄자가 될 것"이라며 기존의 우생
학적 주장을 되풀이했다.[29]

⠏⠞⠑⠗⠀⠞⠓⠑⠀⠍⠊⠗⠁⠉⠇⠑

확인할 수 있는 한에서 헬렌이 해당 논란에 관해 견해를 밝힌
것은 이것이 마지막이었다. 헬렌은 아기 볼린저에 대한 입장을
번복하지 않았고 재차 거론한 적도 없었다. 하지만 20년 후에 미
국과 영국의 우생학 운동에서 크게 영감을 얻은 나치가 비슷한
논리로 자신들의 가공할 만한 범죄를 정당화하려 들 때는 아주
다른 행보를 보였다. 그때는 장애인의 우상이라는 자신의 입지
를 활용해 역사의 옳은 편에 선다. 하지만 잠깐이나마 우생학에
발을 담갔던 것과 구화법을 장려하고자 하는 알렉산더 그레이
엄 벨의 미국 수화 반대 투쟁에 선전용 포스터로서 역할을 한 일
은 장애인 공동체 내의 일부 영역에서 헬렌의 유산을 영원히 얼
룩지게 했다.

Chapter

11

헬렌 대 짐크로

노예제 폐지 15년 후에 태어난 헬렌은 어린 시절 인종과 관련해서는 남북전쟁 이후 남부에서 자란 여느 중산층 백인 어린이들과 크게 다를 바 없는 경험을 했을 것이다. 1880년 터스컴비아 인구의 40퍼센트 이상이 아프리카계 미국인이었지만 이들은 대부분 헬렌 가족이 살던 아이비그린 저택과는 아주 멀리 떨어진 판자촌에 살았다.[01]

노예제가 폐지된 후 켈러가에서 노예 생활을 하던 노동자들의 행방에 관해서는 정보가 별로 없다. 1830년 연방 인구조사 기록에 따르면, 아이비그린의 주인이던 아서의 아버지 데이비드 켈러는 당시에도 계속 커져 가고 있던 640에이커 규모의 목화 농장에 열 살 미만 어린이 열여덟 명을 포함해 모두 마흔아홉 명

노예노동자를 부리고 있었다.[02] 1850년 "노예 인구조사" 당시에는 사망한 데이비드 켈러를 대신해 부인 메리 F. 켈러가 열여섯 명 노예노동자를 부린 것으로 기록되었다.[03] 그 후의 기록은 남아 있지 않다.

켈러 가족과 그 집안에서 일했던 흑인 하인의 관계를 가늠할 첫 번째 단서는 헬렌이 『내 인생의 이야기』에 쓴 "어린 유색인 여자아이" 이야기에 담겨 있다. 집안 요리사의 딸이었던 그 아이의 이름은 "마사 워싱턴(Martha Washington)"이라 했는데, 헬렌은 나중에 그 이름이 아이의 진짜 이름을 기억하지 못해 지어낸 것이었다고 인정했고, 실제로 그 아이는 메리 하트(Mary Hart)로 밝혀졌다.[04] 헬렌은 어린 시절에 자신이 그 아이를 폭력적으로 위협해 지배했다고 회고한다. 헬렌은 이렇게 썼다. "마사 워싱턴은 나의 신호를 잘 파악해서 내가 원하는 대로 조종하기 어렵지 않았다. 그 아이를 지배하는 것이 즐거웠고, 아이는 직접 손찌검을 당할 위험을 감수하느니 점차 나의 폭정에 복종하게 되었다."[05] 하지만 헬렌이 메리 하트를 대했던 방식은 일반적으로 하인을 대하는 방식을 배운 것일 뿐, 아직 인종적 차이를 인지하지는 못했던 것으로 보인다.

터스컴비아에 도착하고 얼마 후 마이클 아나그노스에게 헬렌의 발달 과정을 보고한 글에서 애니는 헬렌이 처음으로 인종을 인지하게 된 순간을 묘사했다. "자신은 백인이고 하인 중 한 명이 흑인이라는 말을 듣고는 비슷한 허드렛일을 하는 사람들은 모두 똑같은 피부색을 갖고 있다고 판단해 제가 하인의 피부색을 물어볼 때마다 '블랙'이라고 답했어요."[06]

빅스버그(Vicksburg)포위 당시 남부연합 측 병참부장으로 참전했던 켈러 대위[07]의 태도가 인종을 대하는 가족의 태도에 영향을 미쳤을 것이다. 조지프 래시는 이렇게 썼다. "켈러 대위는 남북전쟁에서 남부는 무고한 순교자, 북부는 용병을 동원한 침략자였다고 생각했다. 자기 자리를 지키고 공손하고 예의 바른 흑인에게는 너그럽게 대했다. 북부에서 온 방문자에게는 '우리는 저것들이 인간이라고 생각지 않습니다'라고 말해 충격을 주었다."[08] 그 방문자는 래시가 언급하지 않고 넘어간 다른 일에 더 큰 충격을 받았을지도 모른다. 사실 아서 켈러가 운영했던 신문 《노스앨라배미언》에서 그의 사후에 내보낸 보도에 따르면 그는 앨라배마주에서 최초로 "클랜(Klan)의 임무를 수행"한 사람이었다고 한다.[09] 터스컴비아에서 가장 오래된 큐클럭스클랜(Ku Klux Klan, KKK) 지부 활동 기록은 1868년 4월로 거슬러 올라가며, 그해 9월에 흑인 남성 세 명이 당한 집단 린치 사건과 관련이 있는 것으로 보였다.[10] 하지만 아서 켈러가 그 사건에 연루되었다는 증거나 헬렌이 아버지가 클랜에 가입한 것을 알고 있었다는 징후는 전혀 찾아볼 수 없다.

헬렌은 나중에 좌파 정치를 받아들이기 전까지는 인종문제를 깊이 고민하지 않았던 것으로 보인다. 그리고 시사에 관한 헬렌의 견해는 사회주의적 분석에 깊이 영감을 받은 경우가 많았지만, 헬렌이 자기 세계를 흔들어 놓을 벌집을 건드리기 전까지는 "흑인문제(Negro question)"에 관한 당의 입장은 뚜렷하지 않았다.

1903년 사회당 지도자 유진 데브스는「계급투쟁 중인 흑인」이라는 소논문을 통해 인종에 대한 당의 입장을 밝혔다. 데브스는 이렇게 썼다. "전 세계가 흑인에게 책임을 져야 하며, 여전히 백인의 구둣발이 흑인의 목를 짓누르고 있다는 것은 아직도 세계가 문명화되지 못했다는 증거일 뿐이다. 미국에서 흑인의 역사는 유례없는 범죄의 역사이다." 하지만 데브스는 이러한 고찰을 흑인 해방을 옹호하는 방향으로 발전시키지 않고, 다소 모호한 표현을 쓰면서 사회당이 할 수 있는 역할을 이렇게 얼버무렸다. "흑인에게 특별히 해 줄 것이 없고 인종별로 별도의 싸움을 펼칠 수도 없다. …… 사회당은 피부색과 상관없는 전 세계 모든 노동자계급의 정당이다."[11]

한 전기작가에 따르면 데브스는 평생토록 인종차별에 반대했는데도 불구하고 "가난한 흑인이 가난한 백인보다 더 열악한 처지에 놓여 있다고 인정하기를 거부했다".[12] 그래도 다른 동지들, 특히 1910년에 최초로 의원으로 선출된 빅터 버거(Victor Berger)에 비하면 데브스의 견해는 훨씬 더 깨어 있는 편이었다. 버거는 1902년에 이보다 훨씬 더 불편한 주장으로 마무리하는 사설을 썼다. "흑인과 흑백 혼혈인이 백인보다 열등한 인종이라는 사실에는 의심의 여지가 없으며 심지어 몽골인도 수천 년이나 앞서 문명을 일구기 시작한 만큼 그들을 추월하기는 어렵다는 것을 흑인들도 알게 될 것이다. 더구나 흑인 정착민이 많은 지역마다 무수한 강간 사건이 발생하는 현상은, 다른 모든 열등한 인종과 마찬가지로 흑인은 백인과 자유로이 접촉함으로써 더욱 퇴보하였음을 보여 주는 증거다. 흑인의 경우에는 아프리카에 살던 조상들의 야만적 본능이 모조리 드러난다.”[13]

1901년에서 1919년 사이에 잇따라 열린 당대회에서 당원들은 흑인의 평등을 위한 투쟁은 전반적인 경제문제의 일부분이므로 특별히 고려할 필요는 없다는 입장을 재확인했다. “흑인에게 특별히 해 줄 것이 없다”라는 데브스의 선언이 당의 노선이 되기는 했지만, 문맥을 떠나 이 문장만 따로 떼어 내 사회당이 미국의 인종차별에 무관심하다는 거짓된 암시에 활용하는 사람도 더러 있었다.

인종에 관한 애니 설리번의 견해 역시 기록이 엇갈린다. 전기작가 넬라 헤니는 애니가 자신을 “확고한 친흑인 반남부인” 성향이라 생각했다고 주장했다.[14] 노예제 폐지론자로 유명했던 새뮤얼 그리들리 하우가 설립한 퍼킨스에서 교육을 받았으니 그런 입장을 갖는다는 것은 전혀 놀랄 일이 아니었다. 그래도, 자유주의적 신념을 공표한 애니의 개인사에도 무심하고 노골적인 인종차별의 발자취가 남아 있다. 터스컴비아에 도착한 직후 애니는 전 사감 소피아 홉킨스에게 헬렌의 발달에 관해 다음과 같이 불편한 이야기를 써 보냈다. “저녁 식사 후에 함께 제 방으로 가서 여덟 시까지 할 일을 다 끝내고 나면 저는 이 작은 여자애의 옷을 벗겨 주고 침대에 눕혀요. 요즘 저와 같이 자거든요. 켈러 부인은 간호사를 따로 구하고 싶어 했지만, 멍청하고 게으른 흑인 여자 손에 맡기느니 제가 간호사 노릇을 하겠다고 정리했어요."[15] 또 다른 편지에는 이렇게 썼다. "헬렌은 인형을 가지고 놀거나, 제가 오기 전까지 늘 함께 지내던 흑인 아이들과 마당에서 놀거나 해요."[16] 나중에 존 메이시와 함께 "흑인문제"를 연구하기 위해 실태조사에 나선 애니는 자신이 그 주제의 "냄새를 맡을 만한 거리"에 근접했다고 표현했다.[17] 물론 당시에는 이런 일상적인 인종차별 행태가 겉으로나마 인종문제에 깨어 있던 뉴잉글랜드 사람에게서도 드물지 않게 나타났다. 가까운 사람들의 태도를 고려하면, 이런 조건에서 헬렌이 인종문제에 진보적인 관점을 갖게 된 데에 더욱 관심이 쏠린다.

헬렌이 인종에 관해 진보적인 입장을 취하게 된 특별한 깨달음의 순간을 짚어 내기는 어렵지만 그 근원은 열한 살이던 1891년, 퍼킨스시각장애인학교에서 공부하던 중에 찾아온 두 사람과의 만남까지 거슬러 올라갈 수 있다. 윌리엄 제임스(William James)는 당시 미국에서 뛰어난 철학자이자 하버드의 저명한 과학심리학 교수였다. 그날 어떤 계기로 퍼킨스를 방문했는지는 알려지지 않았지만 헬렌의 유명세에 이끌려 방문하고 싶어 하는 사람이 많았으니 비슷한 이유였을 거로 추측할 만하다. 이때 제임스는 하버드에서 가르치던 제자 한 명과 동행하는데, 그는 명석한 학자이자 아프리카계 미국인의 평등을 위해 영향력 있는 목소리를 내는 인물로서 얼마 후 미국에서 가장 유명한 흑인 민권운동가로 부상하는 W. E. B. 듀보이스(W. E. B. Du Bois)였다. 하지만 이때는 막 학사학위를 받은 신인으로, 전국적으로 알려진 인물이 되기 몇 년 전이었다. 이후에 듀보이스는 이날 헬렌에게 받은 인상을 이렇게 회고했다. "하버드에서 윌리엄 제임스에게 철학을 배우던 중에 하루는 록스버리(Roxbury)로 여행을 떠났다. 도중에 시각장애인 보호소에 들렀는데, 거기서 보지도 듣지도 말하지도 못하지만 한없는 고통과 애정 어린 동정으로 말 없이 말하고 소리 없이 이해할 수 있게 된 여자아이를 보았다. 그 아이는 헬렌 켈러였다. 이 세계에 존재하는 피부색의 차이를 알지 못하는 아이여서 그랬는지 굉장히 흥미롭게 느껴져서 평생토록 그 행적을 지켜보게 되었다."[18]

헬렌도 이날의 방문을 생생하게 기억하며 이렇게 썼다. "윌리엄 제임스 교수와 [듀보이스]가 사우스보스턴의 퍼킨스학교에 나를 보러 왔던 날은 그 어느 때보다 즐거운 기억으로 남아 있다. 나에게 따뜻한 관심을 보이는 듀보이스 씨의 활기찬 성품이 느껴졌다. 그가 놀라운 인간으로 성장해 지칠 줄 모르는 열정으로 수많은 흑인 남성과 여성에게 영감을 주고 그들의 삶을 변화시켜 모든 사람이 기회와 교육, 자아실현의 평등을 누리는 진정한 문명화를 향한 투쟁을 이어 나가게 했다는 것은 나이가 들어가면서 더 잘 이해하게 되었다."[19]

퍼킨스에 방문한 지 거의 이십 년이 지나서 듀보이스는 1908년 스프링필드 인종 폭동 이후 새로운 운동을 창설하는 데 중요한 역할을 맡는다. 흑인 남성 두 명이 강간 및 살인 누명을 쓰고 체포된 사건을 포함해 그 무렵 미국에서 발생한 수많은 인종차별적 폭력 사건으로 촉발된 그 폭동을 계기로 1909년 2월 12일 흑인 및 백인 활동가 한 무리가 한자리에 모이게 된다. 에이브러햄 링컨 탄생 100주년에 맞추어 열린 그 회의에서 전미유색인종지위향상협회(National Association for the Advancement of Colored People, NAACP)라는 전국적 조직이 창립되었다.[20] 듀보이스는 이후 NAACP의 월간지《더크라이시스(The Crisis)》의 편집장을 맡았다.

헬렌과 처음 만난 후 몇 년 사이에 듀보이스는 헬렌과 마찬가지로 저명한 사회주의자로 부상한다. 인종문제에 대한 사회주의운동의 입장이 오락가락했어도 듀보이스는 당의 노선을 거스르는 데 주저함이 없었고, 1913년에는 인종문제가 "미국 사회주의자가 직면한 거대한 시험"이라고 선언하기도 했다.[21] 3년 후에 헬렌은 NAACP 창립자이자 부대표인 오즈월드 개리슨 빌라드(Oswald Garrison Villard)가 보낸 호소문(direct appeal)을 받았다. 듀보이스와 달리 노동조합주의자(syndicalist)를 자처하던 빌라드는 유진 데브스의 "의회 사회주의"가 "미봉책, 임시방편, 타협"을 의미한다고 보아 거부했다.[22] 1916년에 헬렌도 같은 입장으로 돌아섰다는 사실을 알게 된 빌라드는 헬렌에게 NAACP

를 지지해 달라는 호소문을 썼다. 그는 이 저명한 남부 출신 백인의 지지가 신생 조직에 엄청난 힘이 되리라는 것을 잘 알고 있었다. 여기에 헬렌이 써 보낸 지극히 사적인 답장은 이 시기 헬렌의 정치적 글쓰기에서 두드러지던 진부한 사회주의적 수사를 벗어난 가장 훌륭하고 호소력 짙은 글이었다고 할 수 있다.

친애하는 빌라드 씨,

제 영혼의 깊은 곳을 두드리는 빌라드 씨의 편지를 받은 후로 매일 답장을 쓰고자 했습니다. …… 우리 사회의 정의를 이루는 데 얼마나 필요한 단체인지요! 진정한 미국인이라면 이 나라에 동등한 법의 보호를 받지 못하는 국민이 1000만 명이나 된다는 사실을 마주하고 수치심에 얼굴을 붉힐 것입니다. 정말이지 국민 중 누구도 빌라드 씨가 편지에 쓰신 대로 무고한 사회 구성원을 향한 그러한 차별과 폭력에 맞서지 않고 살아갈 수는 없습니다. 아니, 이 나라의 어딘가에서 시민이 헌법이 보장하는 권리를 부정당하고 편견에 빠진 무리에 의해 공공연히 쫓겨나고 테러와 린치를 당하는 한편 가해자와 살인자는 처벌받지 않고 활보할 수 있다면 우리의 이 위대한 공화국은 조롱거리에 불과하다고 말하고 싶습니다. 1000만 명 시민이 지극히 맹목적이고 어리석고 비인간적인 편견에 희생당하는 미국은 전 세계적인 수치입니다. 우리가 어떻게 감히 스스로 그리스도인이라 할 수 있겠습니까? 유색인을 잔혹하게 대하는 것은 그리스도를 부인하는 짓입니다. 그리스도의 가르침에서 가장 중요한 것이 평등입니다. 그런데도 유색인인 동료 시민을 경제적으로 억눌러 이익을 취하는 자칭 그리스도인들이 있습니다. 제가 사랑하는 남부 지역에서 밭과 포도원을 소유하고 권력을 독차지하는 이들에게 억압당하며 그들의 하인으로 묶인 채 자녀를 키우며 살아가야 하는 사람들의 눈물을 마주하는 제 영혼도 수치심으로 가득합니다. 저는 고되게 일하며 고통받는 수백만 명의 마음에 공감하고 함께 좌절합니다. …… 편견의 철문이 무너져 내리고 창살이 부러질 때까지 온 힘을 다해 맞서 싸웁시다.[23]

헬렌의 편지에는 1916년 당시로서는 적지 않은 금액인 100달러 수표가 동봉되어 있었다. 듀보이스가 그 편지를《더크라이시스》1916년 2월 호에 게재했을 때 어떤 소란이 일어날지를 헬렌이 예상치 못했다고 보기는 어렵다. 같은 달에 "앨라배마 사람"이라고만 밝힌 익명의 후원자가 비용을 지불해 헬렌의 사촌 엘리자베스 라시터(Elizabeth Lassiter)를 포함한 친지들이 거주하는 도시의 일간지인《셀마저널(Selma Journal)》에《더크라이시스》의 기사를 전재했다. 즉시 파장이 뒤따랐다. 헬렌은 오래전부터 심지어 가족들 사이에서도 자신의 급진적인 정치관을 둘러싼 논란이 이는 데에 익숙했다. 케이트 켈러는 헬렌의 독단적인 신념을 대놓고 못마땅해했다. 헬렌은 나중에 이렇게 회고했다. "어머니는 지적이고 명석하게 시사를 거론했고, 남부인으로서의 정치관을 갖고 있었다. 하지만 내 마음이 급진주의로 돌아서자 어머니는 우리 사이가 멀어졌다는 느낌을 떨치지 못했다. 어머니의 마음을 더욱 슬프게 한 것이 가슴 아프다."[24]

이제 인종 평등이라는 폭발력 있는 문제에 뛰어든 헬렌은 분명하게 선을 넘었다. 1901년에 앨라배마주 민주당원들이 "우리 주에 백인우월주의를 확립하기 위해서" 전당대회를 열어 주 헌법에 그러한 개념을 명시했을 정도로 당시 앨라배마주는 다른 어떤 주보다 백인우월주의가 확고한 곳이었다.[25]

그 익명의 앨라배마 사람은 인종차별정책에 대한 맹렬한 공격이 헬렌과 같은 "훌륭한 소녀"에게서 나왔다고는 믿을 수 없었다. 헬렌이 NAACP에 보낸 편지와 함께 게재한 글에서 그 사람은 헬렌이 고향인 남부를 "적대"하게 된 것은 오직 헬렌 주위에 있는 북부인들 탓이라고 주장했다. 그는 이렇게 썼다. "켈러 씨의 마음에 자기 고향 사람에 대한 적대감을 주입한 것을 보면, 켈러 씨를 교육하는 그런 훌륭한 일을 해낸 사람들이 사실은 예전에 노예제 폐지를 주장하던 집단의 일원인 것이 틀림없다."[26] 《셀마저널》은 곧장 이 주제를 받아서 헬렌의 편지에는 "북부의 백인과 흑인 광신도들의 입맛에 맞는 거짓말과 아첨이 가득하다"라고 했다.[27]

앨라배마주 오번대학교의 수전 필리펠리(Susan Fillippeli) 교수의 인터뷰는 헬렌이 이 시기에 인종 정치라는 거친 영역에 뛰어든 결과가 어떠했을지를 극명하게 떠올리게 한다. 필리펠리는 이렇게 설명한다. "만약 헬렌 켈러가 아닌 다른 사람이었다면 1916년에 그런 견해를 표명했다가는 린치를 당할 가능성이 아주 높았다는 사실을 기억해야 한다. 헬렌 켈러는 거침없는 페미니스트이자 사회주의자로서 앨라배마에 끼어들어 짐크로법에 반대하는 목소리를 냈다. 그런 견해는 당시로서는 위험한 것이었다. 1960년대 후반까지도 남부에서 인종 평등을 설파했다는 이유로 백인들이 살해당하는 일이 있었다."[28] 이 무서운 이야기는 전혀 과장된 것이 아니다. 실제로 1882년에서 1968년 사이에 앨라배마주에서 린치를 당한 것으로 기록된 347인 중에서 다수는 아니어도 적지 않은 수인 47인이 백인이었다.[29]

폭풍이 몰아치는 가운데, 케이트는 헬렌에게 가족의 명예를 지키기 위해 뭐라도 해 달라고 애원했다. 헬렌이 그 요청에 따른 모양인지 며칠 후 《셀마타임스(Selma Times)》에서 케이트 켈러로부터 사본을 전달받았다며 헬렌이 작성했다는 성명을 게재했다.

《셀마저널》유료 광고란에 실린…… 오즈월드 빌라드 씨에게 보낸 저의 편지를 한 문장 한 문장 꼼꼼히 살펴보았지만 제가 백인과 흑인의 사회적 평등을 옹호한다고 하여 모두를 불쾌하게 만든 편집자의 주장을 정당화할 문구는 보이지 않습니다. 편지에서 제가 옹호한 평등은 법 앞에서의 만인의 평등으로, 이는 미국 헌법이 모든 미국 시민에게 보장하는 것입니다.[30]

평소와 달리 인종 평등에 대한 혐오감이 담긴 문구를 쓴 것은 헬렌이 아닌 케이트였을 것으로 추측하는 사람도 있겠지만, 헬렌이 가족을 달래기 위해 자신의 강한 신념을 양보했다는 데는 의심의 여지가 없다. 안타깝게도, 헬렌이 주위의 강한 압박 때문에 물러선 일은 이번이 끝이 아니었다.

마음과 다르게 뒤로 물러난 것이 부끄러웠는지 헬렌은 그 주에 애니와 함께 참석한 셀마고등학교 강연에서 다시 한번 그 문제에 맞설 기회를 얻는다. 이 자리에서 한 남성이 헬렌에게 "흑인들을 보호하기 위해서" 돈을 기부한 것이 사실이냐고 물었다. 헬렌이 그렇다고 대답하자, 나중에 헬렌이 "흑인 저격수"라고 칭한 그 남자는 흑인과 백인 간의 결혼이 가능하다고 믿느냐고 물었다. 헬렌은 "그분들만은 못 하겠죠"라고 답했다. 그러고는 그 남자가 다가와 악수를 청하자 거부했다. 헬렌은 친구 밴 위크 브룩스(Van Wyck Brooks)에게 "단번에 그가 어떤 사람인지 알아봤어요"라고 말했다.[31]

나중에 듀보이스는 헬렌이 뒤로 물러선 일을 몰랐던 모양인지 흑인을 위해 대담하게 나서 준 헬렌에 대해 이렇게 썼다. "마침내 내가 어떤 식으로든 일어나리라 느꼈던 일이 일어났다. 헬렌 켈러는 고향인 앨라배마주의 동료 시민들이 아끼고 사랑하는 존재이다. 그런데도 용감하고 솔직하게 인종차별이 부당하고 어리석은 일이라고 발언했다. 이로써 내가 예상한 대로 어둠 속에 머무는 이 여성이 눈을 크게 뜨고도 편견에 가득 찬 이 세

상을 알아보지 못하는 수많은 사람보다 더 선명한 영적 통찰력
을 지녔다는 사실이 증명되었다."[32]

헬렌은 결국 다시 한번 공개적으로 인종차별에 맞서 싸우게
되지만 이때까지는 자신이 한 발 뒤로 물러선 것으로 곤란을 겪
은 가족을 달래기에 충분하다고 믿은 듯하다. 남부의 인종 정치
라는 지뢰밭에 살짝 발을 들였던 일이 자신의 인생에서 가장 비
극적인 사건에 큰 영향을 주리라고는 거의 알지 못했다.

"작은 기쁨의 섬"

　1890년대, 래드클리프에 입학하려고 준비 중인 십 대인 헬렌에게 아버지 같은 존재이던 알렉산더 그레이엄 벨이 몇 가지 조언을 해 주었다. 벨은 청각장애인 간의 결혼을 막으려 애쓴 우생학 신봉자로 유명했지만, 날 때부터 시청각장애인이 아니었던 헬렌의 경우에는 장애가 유전되지 않을 것으로 생각해 그런 염려를 하지 않았다. 벨은 그 시점에 십 년이 넘도록 헬렌의 삶에 함께해 온 애니가 결혼하는 것은 시간문제일 뿐이라고 직감했다. 이제는 헬렌도 자신의 미래를 고민할 때였다. 벨은 헬렌이 보거나 듣지 못한다고 해서 결혼이라는 "최상의 행복"을 누리지 말라는 법은 없다고 주장했다. 헬렌이 회고하기로, 벨은 이렇게 말했다. "네 경우에는 다른 사람들과 달리 유전이 문제가 되지 않으니까."[01]

그러자 헬렌은 이렇게 대답했다. "아, 그래도 저는 무척 행복한걸요! 선생님과 어머니, 벨 박사님이 계시고, 흥미로운 것도 엄청 많으니까요. 결혼에는 정말이지 전혀 관심이 없어요."

그 말에 벨은 이렇게 응수했다. "나도 알지. 하지만 살다 보면 뜻밖의 일이 일어나기 마련이란다. 어머니가 늘 곁에 있을 수도 없고 설리번 선생은 자연히 결혼할 거고, 그러면 인생에서 아주 외로운 시기가 찾아올 수도 있거든."

헬렌은 이렇게 답했다. "저와 결혼하려는 남자가 있을지 모르겠어요. 꼭 돌덩이와 결혼한 느낌일 것 같아요."[02]

벨이 예언이라도 한 듯이 이 대화를 나누고 얼마 안 되어 두 사람의 삶에 존 메이시가 나타났다. 나중에 헬렌은 존과 애니가 약혼을 발표한 직후에 벨과 나눈 대화를 이렇게 회고했다.

벨이 말했다. "헬렌, 내가 말했잖니. 애니는 결혼할 거라고. 이제 내 말대로 너만의 보금자리를 꾸려 볼 생각이 드니?"

헬렌은 이렇게 대답했다. "아니요. 그 엄청난 모험에 나설 마음이 더 없어졌어요. 인생의 굴곡을 잘 헤쳐 나가려면 남자나 여자나 똑같이 준비되어야 한다는 생각을 완전히 굳혔어요. 저의 장애라는 무거운 짐을 짊어지는 것은 어떤 남자에게든 심각한 걸림돌이 될 거예요. 제가 남자에게 그런 부자연스러운 짐을 지울 일은 없으리라는 걸 알고 있어요."[03]

그러나 1916년에는 자기 비하적인 입장을 재고한 듯했다. 강연 중에 청중이 결혼할 마음이 있느냐고 묻자 헬렌은 분명하게 답했다. "물론 저에게 맞는 남자가 생기면 결혼해야죠. 누구나 결혼하면 더 행복해지니까요. 제게 맞는 남자는 어때야 하는지 말씀드릴게요. 우선 그는 사회주의자여야 합니다. 물론 잘생겨야 하고요, 우생학적인 이유로.…… 또 제가 손가락으로 얼굴을 만져 보아야 하니까요. …… 유머 감각도 필요해요. 웃는 사람이 승자이니까요. 돈은 많지 않아도 돼요. 저는 제 생활을 직접 감당하고 있고 그 점이 자랑스럽거든요."04

당시 청중들은 알지 못했겠지만 헬렌은 이미 그 조건에 딱 맞는 남자를 만났다. 존 메이시가 애니를 떠나기 거의 두 해 전에 급진주의 정계에서 활동하던 피터 페이건(Peter Fagan)이라는 친구를 셔토쿼 순회강연차 미 전역을 여행하는 헬렌의 서신 관리자로 고용했다.05 헬렌과 소통하기 위해서 지문자를 익혔던 페이건은 그 후 《보스턴헤럴드》에서 기자로 잠깐 일하다가 이 무렵 가족을 만나러 장기간 스코틀랜드에 가게 된 폴리 톰슨을 대신해 다시 비서로 채용되었다. 페이건의 배경에 관해서는 그다지 알려지지 않았다. 페이건이 일했던 신문사에서는 그를 열네 살 소년 시절에 "중서부의 교회에서 설교를 했"고, "사회주의와 관련된 문제"에 관해 글쓰기를 좋아하는 "금발의 호리호리한 자유사상가"로 묘사했다.06

1929년에 낸 회고록 『중류 지점』에서 헬렌은 두 사람의 관계가 운명적으로 전환된 순간을 이렇게 묘사했다.

어느 날 저녁, 나는 완전히 낙담해서 혼자 서재에 앉아 있었다. 여전히 톰슨 씨를 대신해 나의 비서 역할을 하고 있던 그 청년이 들어와 내 옆에 앉았다. 그는 오랫동안 말없이 내 손을 잡고 있다가 다정하게 말을 걸기 시작했다. 나를 그렇게나 신경 쓰는 게 놀라웠다. 사랑스러운 그의 말이 달콤한 위로가 되었다. 나는 떨리는 마음으로 귀를 기울였다. 그는 나를 행복하게 할 계획을 완벽히 세워 놓았다. 내가 자기와 결혼한다면 인생의 고난이 닥칠 때 늘 곁에서 도와주겠다고 했다. 글을 읽어 주고, 책 쓰는 데 필요한 자료를 찾아 주고, 할 수 있는 한 선생님이 날 위해 했던 일들을 해 주겠다고 했다. 그의 사랑은 무기력하게 고립된 내게 비치는 밝은 햇빛 같았다. 사랑받는 달콤함에 매혹당한 나는 감히 한 남자의 삶의 일부가 되겠다는 갈망에 굴복했다.[07]

그때 서른여섯이었던 헬렌은 스물아홉 살인 비서가 청혼하기까지 얼마나 오래 연애했는지는 밝히지 않았지만 그해 6월 초에 시카고의 한 기자에게 "마음이 통하는 사람이 생길 가능성"을 넌지시 표현했고, 이에 기자는 "현재 어느 세심한 젊은 남자"라는 표현을 썼다.[08]

기록에 나타나지 않은 기간이 좀 있지만, 두 사람의 관계가 헬렌 주위 사람들이 모르는 사이에 한동안 이어졌다는 것만은 확실해 보인다. 헬렌은 애니에게 그 어느 것도 숨긴 적이 없었던 터라 속이는 게 괴로웠다. 몇 년 후에 헬렌은 이 일에 관해 이렇게 썼다. "내가 느끼는 행복을 30년 동안 나의 전부였던 어머니와 선생님과 나누지 못한다고 생각하면 끔찍했고, 사랑받는 기쁨이 조금씩 무너져 내렸다. 짧은 순간 나는 눈부신 상상의 망에 둘러싸인 채 천국의 문을 드나들며 춤을 추었다."09

1916년 11월 첫째 주에 헬렌은 마침내 선생님에게 약혼 사실을 밝히기로 마음먹었다. 건강 문제로 또다시 고통받고 있던 애니는 결핵으로 추정되는 병을 치료하기 위해 그달에 레이크플래시드(Lake Placid) 요양원으로 떠날 준비를 하던 참이었다. 헬렌은 이렇게 회고했다. "내게 일어난 멋진 일을 당연히 어머니와 선생님에게 알리고 싶었지만, 그 청년이 이렇게 말했다. '좀 기다렸다가 우리 둘이 함께 말하는 게 좋겠어요. 그분들이 어떻게 생각할지 알아 두어야 해요. 분명 처음에는 실망할 거예요. 당신의 어머니는 나를 좋아하지 않지만 허락받을 수 있도록 내가 당신에게 최선을 다할게요. 당분간 우리 사이를 비밀로 해요. 선생님에게 먼저 알려야 하겠지만 선생님은 지금 너무 아파서 흥분하게 하면 안 돼요."10

하지만 두 사람의 의지와 달리 비밀을 밝히기도 전에 상황이 꼬이기 시작했다. 집안에서 일하던 이언(Ian)이라는 소년이 서재에서 두 사람이 키스하는 장면을 보고 즉시 애니에게 자기가 목격한 내용을 알렸다. 선생님은 두 사람을 단념시키려 했지만 실패하자 켈러 부인에게 알려 헬렌을 말리도록 설득했다.11 애니는 오랫동안 헬렌을 "독립"시키는 것이 자신의 교육 방침이라고 주장해 왔다. 이제 제자가 그 목적을 이루기 직전에 다다르니 이 결혼으로 헬렌에게 감정적·재정적으로 의존하고 있던 자신이 위태로워질 것이라고 느낀 듯하다.

11월 18일 《보스턴글로브》 1면에 페이건이 보스턴등기소에 혼인신고서를 제출했다고 밝히는 기사가 실렸다.[12] 신문에 따르면 페이건이 일주일 전 《보스턴헤럴드》의 전 동료에게 헬렌과의 관계를 자세히 털어놓았다고 했다. "편집자에게 자신과 고용자가 서로 열렬히 사랑하고 있으며 비밀리에 결혼하기를 원한다고 말했다. 둘은 문단에 나설 생각이며 켈러 씨는 메이시 부인의 통역이 필요한 강연 일을 그만두기로 했다."[13] 실제로 페이건은 지문자를 알았고 순회강연 시에 헬렌의 말을 청중에게 능숙히 전할 수 있었으니 애니의 기술은 더 이상 쓸모가 없어졌을 것이다.

보스턴등기소의 담당자 에드워드 맥글리넌(Edward McGlenen)은 혼인신고가 유효하다고 확인해 주었다. 그는 《보스턴글로브》에 이렇게 말했다. "페이건 씨가 시청에 있는 나의 사무실로 찾아왔다. 나에게 조용히 일을 처리하고 싶다고 해서 '절대 불가'하다고 답했다. 전국적으로 이름난 인물과 관련된 사안이니 안전하지 않을 것이라고 했다. 그가 대단히 심각한 일을 저지르고 있다고 느꼈다. 신고서의 한쪽은 시각장애인의 것으로 보이는 독특한 활자체의 글씨로 채워져 있었다. 서류에 페이건 씨의 서명이 쓰여 있었다."[14]

담당자가 서류 신청을 비밀로 해 달라는 요청을 거절하자 페이건은 사무실에서 나가기 전에 그 이유를 털어놓았다.《보스턴 포스트》는 이렇게 보도했다. "그 비서가 비밀 유지를 요청한 것은 존 메이시 부인이…… 결혼을 심하게 반대하기 때문으로 보인다." 페이건 본인이《보스턴포스트》기자에게 밝힌 바로는 애니와 페이건은 자주 "지독한 말다툼"을 벌였고 애니가 공개 석상에서 헬렌의 말을 잘못 썼다고 페이건을 비난한 적이 많았다고 했다.[15]

애니가 두 사람의 관계를 거세게 반대한 것은 분명하지만, 나중에 헬렌이 이 일을 서술한 글을 보면 주로 자신과 약혼자 사이에 서 있는 어머니의 역할에 초점이 맞춰져 있다.

늘 그렇듯 운명이 모든 문제를 손아귀에 쥐고 그물망을 헝클어 놓았다. 사랑하는 이들에게 이야기를 전할 생각에 설레는 마음으로 옷을 입고 있는데 어머니가 심하게 괴로워하며 방에 들어왔다. 어머니는 손을 떨며 추궁했다. "너 그놈과 뭘 하고 있었던 거니? 너와 그놈에 관한 끔찍한 이야기가 온 신문에 깔렸어. 그게 무슨 뜻이니? 말해 봐." 어머니의 태도와 말투에서 내 연인에 대한 적대감이 심하게 느껴져서 당황한 나머지 무슨 말인지 알아듣지 못한 척했다. "그놈과 약혼한 거야? 혼인신고서를 제출했어?" 너무 무서웠고 대체 무슨 일이 일어났는지도 몰랐지만 연인을 보호해야 한다는 생각에 모든 것을 부인했다. 이렇게 충격적인 폭로를 접하고 어떤 반응을 보일지 두려워 메이시 부인에게까지 거짓말을 했다. 어머니는 그 청년에게 그날로 집에서 나가라고 명령했다. 심지어 나에게 말조차 걸지 못하게 했다.[16]

미 전역의 신문이 약혼 임박 기사를 숨 가쁘게 보도하자 관련자들은 모두 그 소식을 급히 부인했다. 페이건 본인은 소문이 "순전히 날조된" 것이라며 "불만을 품은 하인"의 탓으로 돌렸다.[17] 한편 케이트와 헬렌은 보스턴 시내의 한 변호사 사무소에서 상담받은 후 성명을 발표했다. 헬렌은 페이건과 약혼한 적이 있다는 보도를 "단호하게" 부인했다. 성명에는 이렇게 쓰여 있었다. "저는 그런 일은 생각조차 해 본 적이 없습니다."[18]

헬렌이 부인했는데도 불구하고 《보스턴글로브》에서는 페이건이 여전히 결혼을 강행할 의사가 있다고 보도했다. 페이건의 친구는 해당 신문에 이렇게 밝혔다. "페이건이 내게 자기가 처한 상황을 모두 털어놓았다. 사실을 부인한 것은 메이시 부인의 감정을 누그러뜨려야 했기 때문이라고 했다. 페이건은 헬렌 씨와 결혼할 거라고 말했고, 내가 알기로 변호사에게 두 사람이 함께 여행을 떠나려 했던 남부 지역의 혼인 관련 주법에 관해 문의했다."[19]

애니도 그 이야기가 "가증스러운 거짓말"이라는 성명을 발표하며 명백히 부인했다. 하지만 헬렌과 가장 가까운 사람들마저 그 결합은 상상할 수 없다고 믿었는데도 대중과 언론은 전혀 그렇게 생각하지 않는 듯했다. 《셀마타임스》는 약혼에 대한 애니의 설명에 다음과 같은 견해를 제시했다. "켈러 씨는 왜 비서와 결혼하면 안 되는가? 그것이 어째서 가증스러운 발상인가? 이상이 깨어질 수 있다는 점에서만 가증스러울 뿐이다. 켈러 씨는 미국인에게 거의 영적인 존재로 이상화되어 있다. 결혼한다면 그 이름에 뒤따르는 신성한 무언가를 잃게 될 것이다."[20]

《뉴욕트리뷴(New York Tribune)》은 드물게 애니를 옹호하고 나섰다. "메이시 부인이 제자의 결혼을 반대한 것은 이기심 때문이 아니라 경이로운 소녀의 발전이 가로막힐 것으로 보았기 때문이며, 그렇게 연애는 깨어지고 말았다."[21] 애니의 전기작가 킴 닐슨은 나중에 선생님과 켈러 가족이 그 결합을 반대한 것이 "우생학적 관점에서 헬렌의 성적 결합과 재생산을 우려"한 까닭일지도 모른다고 추측했다.[22] 하지만 헬렌의 종증손녀 켈러 존슨-톰슨은 어린 시절에 할머니 캐서린 타이슨(Katherine Tyson)으로부터 들은 이야기를 토대로 애니의 격렬한 반대를 설명할 다른 논리를 갖고 있다. 지금도 터스컴비아의 아이비그린 인근에서 살고 있는 존슨-톰슨은 이렇게 말한다. "제 생각에 애니 설리번은 헬렌이 페이건과 결혼한다는 데에 질투심이나 두려움을 느낀 것 같아요. 애니는 자기를 필요로 하는 사람이 필요했어요. 두 사람이 결혼했다면 애니가 어떻게 되었겠어요?"[23]

실제로 이보다 수년 전, 헬렌의 친구와 가족 들이 래드클리프 입학 준비로 육체적·감정적으로 소진되었다고 느끼는 헬렌에게서 자신을 떼어 놓으려 했을 때 애니는 필사적으로 맞서 싸웠다. 그 일에 관해 조지프 래시는 페이건과의 관계에도 똑같이 적용되는 질문을 던졌다. "애니는 과연 헬렌에게 무엇이 최선인지 고민했을까? 여느 불행한 연인들과 마찬가지로 애니는 그렇게 자문할 처지가 못 되었다. 도움을 주기 위해서 모인 친구들은…… 이 두 사람이 좋든 나쁘든 평생을 함께할 부부 같은 관계임을 깨달았다."[24]

나중에 페이건의 딸인 앤 페이건 진저(Ann Fagan Ginger)는 그 후에 벌어진 일에 관해 아버지에게서 들은 바를 되짚어 보면 헬렌의 가족이 그 결혼을 격렬히 반대한 것은 몇 달 앞서 헬렌이 NAACP를 지지하면서 벌어진 논란과 직접적인 관련이 있었을 수도 있다고 했다. 당시 헬렌은 잠자는 시간 외에는 늘 페이건과 함께 지냈다. 1984년에 페이건 진저는 이렇게 설명했다. "정보를 조합해 보면 헬렌의 어머니는 제 아버지가 사회주의자인 데다 흑인과 백인이 평등하다고 믿으니 마음에 들지 않았던 거예요. 켈러 부인은 남부인이었잖아요."[25]

결혼설을 처음 보도한《보스턴글로브》에서는 관련자 전원이 혼인이 성립될 가능성을 전면 부인하자 켈러와 페이건의 연애가 "종결"되었다고 선언했다. 하지만 밝혀진 바에 따르면 이는 전혀 사실이 아니었다.

애니가 레이크플래시드로 떠나자 케이트는 재빨리 헬렌을 낚아채어 몽고메리에 있는 밀드레드의 집으로 데려갔다. 밀드레드는 1907년 워런 타이슨(Warren Tyson)이라는 남자와 결혼하면서 그리로 이주했다. 하지만 페이건의 회복력을 과소평가한 가족들은 그가 이미 그들을 뒤쫓아 앨라배마로 돌아갈 준비를 마쳤다는 사실을 알지 못했다. 페이건의 딸은 헬렌과 페이건이 보스턴을 떠나기 전에 비밀리에 세운 계획을 이렇게 설명한다. "아버지는 점자 타자기를 이용해 헬렌에게 암호로 편지를 썼어요. 앨라배마로 가서 특정한 날에 차를 몰고 집 앞에 찾아가 기다릴 테니 자신의 아내가 되어 함께 살 마음이 있다면 그저 문을 열고 나오기만 하면 된다고, 그러면 그 자리에서 만날 수 있을 거라고요." 그러고는 그게 얼마나 위험한 일인지 페이건도 알고 있었던 것으로 기억한다며 이렇게 말했다. "아버지는 그러다 총을 맞고 싶지는 않았다고 했는데, 제 생각에 아마 신문에 그런 이야기가 실렸던 모양이에요."[26]

그리고 실제로 어느 날 아침에 현관에 나갔다가 헬렌의 손에 글씨를 쓰고 있는 낯선 남자를 발견한 여동생 밀드레드가 즉시 남편을 부르자, 남편 워런이 산탄총을 들고 달려 나갔다. 페이건은 굴하지 않고 헬렌과 결혼하겠다는 의사를 밝힌 후에야 물러났다. 헬렌의 종손자인 빌 존슨(Bill Johnson)은 이렇게 밝혔다. "제 기억에 그 자리에는 헬렌의 어머니도 계셨어요. 그러니까 다들 헬렌을 생각해서 그런 결정을 내렸던 것 같아요. 그 결혼은 헬렌에게 좋지 않은 일이라고요. 그러니 그 악당을 쫓아낸 것은 잘한 일이죠."[27] 며칠 후 밀드레드는 한밤중에 누군가 현관에 있는 듯한 소리에 잠에서 깼다. 거기에는 헬렌이 여행 가방을 싸 들고 함께 도망가려고 페이건을 기다리고 있었다. 알 수 없는 이 유로 페이건은 결국 나타나지 않았다.

⠠⠁⠋⠞⠑⠗⠀⠞⠓⠑⠀⠍⠊⠗⠁⠉⠇⠑

헬렌은 페이건이 1917년 세라 로빈슨(Sarah Robinson)이라는 여성과 결혼하기 전까지 한동안 연락을 주고받았다.[28] 헬렌은 만난 적도 없는 사람들로부터 무수히 청혼을 받았지만 결국 새로운 연인을 만나지 못했다. 그중에는 프레드 엘더(Fred Elder)라는 보험 판매원도 있었는데, 도피가 좌절되었던 때로부터 6년 후인 1922년 9월에 헬렌은 엘더의 청혼을 거절하면서 이렇게 가슴 아픈 편지를 썼다.

지금 우리는 짙은 안개 속에서 서로에게 신호를 보내는 배 두 척과 같은 처지입니다. 저는 머릿속으로 당신을 실재하는 한 남자로 그려 보려는 무익한 노력을 해 봅니다. 자신을 드러내고자 애쓴 당신의 편지에도 불구하고 제게는 당신이 거의 신화처럼 멀게 느껴집니다. 아주 어렸을 때부터 사방에 가득한 어둠을 뚫고 제게 빛을 비춰 준 선생님, 메이시 부인의 현명하고 애정 어린 보살핌을 통해 저는 본능에 따른 강한 성적 욕구를 진지하게 살펴보고 그 생명의 기운이 제게 만족감을 안겨 주는 연민과 일을 향해 흐르도록 했습니다. 하느님이 주신 창조적 충동을 억누를 생각조차 해 본 적 없이 그저 내면의 모든 기운을 어려운 과제를 완수하고 저보다 불운한 타인을 돕는 데에 쏟았습니다.[29]

1929년에 낸 회고록 『중류 지점』에서 깨어져 버린 그 연애에 관해 쓰면서 헬렌은 자신이 본성과 "정반대로" 행동했으며 페이건과의 관계는 "내 소중한 사람들을 불행에 빠트렸"기에 실패할 운명이었다고, 자신의 감정보다 타인의 행복을 우선시할 때가 많은 인생을 받아들이기로 한 듯이 서술했다.

"짧았던 그 사랑은 어두운 물결에 둘러싸인 내 삶에 작은 기쁨의 섬으로 남을 것이다. 나를 사랑하고 원하는 사람을 만나는 경험을 해서 기쁘다. 사랑이 부족했다기보다는 조건이 좋지 않았다. 부적절한 환경에서 사랑스러운 무언가가 피어나려다 스러지고 말았다. 그래도 그 실패는 어쩌면 의지의 아름다움을 더욱 돋보이게 해 줄 수도 있다. 이제 나는 그 모든 것을 더 성숙하고 슬픈 마음으로 바라보게 되었다."[30]

선생님이 초기에 약혼을 방해하려고 가족과 함께 음모를 꾸몄다는 것을 잘 알고 있으면서도, 헬렌은 결국 약혼이 무산된 당시 애니가 멀리 떨어진 레이크플래시드에 있었다는 사실을 들어 애니의 역할을 축소하려는 모습을 보였다. 진실을 마주하고 싶지 않았던 모양인지 다소 자신 없는 어투로 이렇게 썼다. "시간이 흐르면서 그 청년과 나는 거짓과 오해의 그물에 얽혀 들고

말았다. 만약 메이시 부인이 거기에 있었다면 우리를 이해하고
공감해 주었으리라 확신한다."[31]

헬렌 대 테디 루스벨트

1917년이 밝을 무렵 헬렌은 일종의 비자발적 망명 상태에 놓였다. 애니는 의사의 지시에 따라 레이크플래시드를 떠나 푸에르토리코에서 요양 중이었고 헬렌은 피터 페이건과 떨어지도록 붙들려 간 몽고메리에서 몇 달째 어머니와 밀드레드와 함께 지내고 있었다. 헬렌이 선생님과 가장 오래 떨어져 지낸 때였다. 헬렌과 애니 사이에 오간 서신은 전기작가들에게 이 시기에 두 사람이 어떤 마음으로 지냈는지 들여다볼 소중한 기회를 선사한다.

1917년 3월에 애니에게 보낸 편지에서 헬렌은 지난 10년 내내 생활의 중심을 차지했던 지식인과 급진주의자 들과의 활발한 교류의 장에서 거의 단절되고 말았다고 불평한다. 앨라배마에 갇혀서 시답잖은 일로 하루하루를 허비하고 있다며 한탄한다. 헬렌은 이렇게 썼다. "그러니 제 삶이 얼마나 눈부신 유희로 가득 차 있는지 아시겠죠. 파티, 드레스, 아기들, 결혼식, 비만 같은 이야기로……. 사람을 만나고 관심을 가져 보려 하지만 거의 다 가식적인 행동에 불과했어요."[01]

또한 거의 집착하듯 집중했던 대의로부터도 단절되어 있었다. 앞선 2년 동안 헬렌은 1914년 여름 유럽에서 격화되고 있던 제1차세계대전에 미국이 개입하지 않도록 막는 운동에 정치활동을 집중하고 있었다. 그 적대행위에 미국이 뛰어들 가능성이 점차 커지면서 헬렌은 온몸을 던져 미국의 참전을 막고자 했다. 하루하루 전쟁의 북소리가 다가오는 게 느껴졌다. 그해 겨울에 헬렌은 애니에게 이렇게 썼다. "국경 지역에 있던 앨라배마주 군 중대가 복귀해서 거리마다 병사가 가득해요. 어머니는 그들이 잘생겼다고 말씀을 하시는데 남부가 또다시 전쟁에 뛰어든다고 생각하니 구역질이 나요."[02]

애니 역시 전쟁이 염려스럽지만 자신은 안전한 푸에르토리코에 물러나 있는 처지라며 불평했다. 애니는 이렇게 썼다. "전쟁이 나서인지 소문이 돌아서인지 우편선이 서부에 갇혀 버린 모양이구나. 무슨 일이 일어나고 있는지 거의 알 수가 없어. 신문을 찾아보기 힘들고, 어쩌다 찾으면 2주 전 신문이고 그래. 그래서 지금 미국이 독일과 전쟁을 하고 있는지 어떤지 알 수가 없구나. 나는 크게 신경 쓰지 않고 있으니 잘 지내렴."[03]

하지만 헬렌은 엄청나게 신경이 쓰였다. 전쟁 "대비"에 반대하는 투쟁에 몰두하는 헬렌으로 인해 주위에서는 이미 심각한 분열이 발생했다. 헬렌의 친구와 동지 중 일부는 헬렌의 수사에서 평화주의나 중립을 권고하는 것이 아니라 연합국보다 독일을 더 선호한다는 인상을 받았다. 이는 헬렌이 독일 측 출판사에 전쟁이 끝날 때까지 책 판매 수익금을 전선에서 실명한 독일군을 위해 써 달라고 하면서 극에 달했다. 어느 기자에게 헬렌은 이렇게 말했다. "물론 제 입장은 중립이지만 베토벤과 괴테, 칸트, 카를 마르크스의 나라가 제게는 제2의 조국입니다." 독일에 방문한 적은 한 번도 없었지만 헬렌은 독일어가 유창했고 독일어로 된 책과 정기간행물을 자주 읽었다. 헬렌은 이렇게 밝혔다. "그들이 이루어 낸 질서와 정신, 거친 용기를 보며 독일을 동경하는 마음이 더욱 커졌어요."04 어머니에게 보낸 편지에서 헬렌은 자신의 이러한 마음이 반발을 샀다는 듯이 이렇게 말했다. "아시다시피 저는 어느 편도 들지 않았지만 거의 모두가 독일을 비난하고 있어서 화가 나요. 저 '못 믿을 앨비언(perfidious Albion, 대영제국을 부정적으로 지칭하는 관용구─옮긴이)'이 가는 길마다 피와 눈물과 엄청난 범죄를 뿌려 대며 지구 끝까지 정복해 나간 수 세기에 대해서는 한마디도 하지 않으면서 말이에요."05

여성에게 아직 투표권이 없었고 공식적으로는 여전히 사회당 후보를 지지했지만, 헬렌은 1916년 대선에서 미국이 전쟁에 개입하지 않게 할 최선의 후보라며 우드로 윌슨(Woodrow Wilson)을 지지했다. 윌슨이 "무모한 전쟁 대비"에 반대하는 "신념을 지켰다"고 믿었기 때문이다. 1916년 헬렌은 청중을 향해 이렇게 발언했다. "그는 미국이 전쟁을 막기 위한 국가 간 연맹에 가입할 준비가 되어 있다고 전 세계에 알렸습니다. 평화와 안보를 위해 무장하고 싸운다는 각국의 항변이 사실이라면, 여기에 더 이상 싸우지 않고 평화와 안보를 얻을 수 있는 기회가 있습니다."[06]

셔토쿼 순회강연 초기에는 헬렌의 강연 주제가 사회주의와 참정권 운동에서부터 화합을 이루는 데에 사랑과 이해가 중요하다는 이야기에 이르기까지 다양했다. 하지만 1916년에는 주로 미국의 참전 방지라는 한 가지 주제에 집중되었다. 헬렌은 평화주의자가 박해받는 일이 너무 잦다고 한탄하면서도 자신의 투쟁을 애국적 의무로 규정했다. 헬렌은 청중에게 이렇게 말했다. "제가 진정한 미국인이 아니었다면 전쟁 대비를 외치는 목소리를 따르거나 고요히 침묵을 지켰을 것입니다. 하지만 여기는 제가 사랑하는, 저의 조국입니다. 몇몇 지도자들이 자기 기분에 취해 이 나라를 전쟁으로, 전쟁 대비로 몰아붙이는 꼴을 가만히 앉아 보고만 있을 수는 없습니다."[07]

셔토쿼 순회강연의 강연료는 회당 250달러에서 500달러 정도였지만 계약에 따라 경비는 헬렌과 애니가 직접 부담해야 해서 기대만큼 수익이 나지 않았다. 두 사람은 계속되는 여정에 몸과 마음이 지쳤다. 하지만 헬렌이 미 전역에서 영향력 있는 반전운동가로 급부상하던 중이어서 헬렌의 일정을 관리하던 M. J. 스티 븐슨(M. J. Stevenson)은 중서부 지역에서 열리는 새로운 순회강 연에 참여하면 일정 비율의 수익을 보장하겠다며 기세를 이어 갈 것을 간청했다. 1916년 봄에 스티븐슨은 전쟁 대비에 대한 헬 렌의 강연 "요청이 엄청나다"라고 썼다. 이 "대의"에 기여하고 자 한다면 이 순회강연으로 "수천 명"을 만나게 될 것이라고 했 다.[08]

미국을 전쟁으로 몰아넣는 세력을 경고하며 미 전역을 순회 하는 동안 헬렌의 목표에 뚜렷한 변화가 일어났다. 헬렌은 더 이 상 여론 주도자와 백악관을 겨냥하지 않았다. 이제는 피할 수 없 는 전쟁에서 대포의 표적이 될 운명에 처한 노동계급을 향해 경 고했다.

여전히 유진 데브스를 존경했지만 수년 전부터 점점 온건해 지는 사회당의 태도에 환멸을 느끼던 헬렌은 자신이 사회주의 로 개종한 직후 로렌스섬유파업을 계기로 흠모하게 되었던 빅 빌 헤이우드가 당에서 제명된 1913년에 이르러 한계점에 다다른 듯했다.[09] 한때는 당내에서 화해하기를 촉구하며 중립을 지키려 했지만, 1916년 1월에 《뉴욕트리뷴》의 바버라 브린들리(Barbara Brindley)와 인터뷰하던 중에 자신이 헤이우드의 세계산업노동 자연맹(IWW)의 열성 회원이 되었다고 선언하면서 지지의사를 분명히 밝혔다. 브린들리는 "여성 잡지 시절 사랑스러운 감상주 의자"였던 헬렌이 "단호한 급진주의자"로 변모한 계기를 물으며 인터뷰를 시작했다.[10] 여기서 헬렌은 자신이 한동안 넌지시 표현했고 이제는 운동의 중심 주제로 삼게 된 장애와 자본주의의 명백한 연관성을 깨달은 순간을 밝혔다. 그 각성의 순간은 매사추세츠주에서 시각장애인 공동체의 사정을 조사하는 위원으로 지명된 후에 찾아왔다고 설명했다. "시각장애는 인간이 통제할 수 없는 불행이라고 여겼던 제가, 이기적이고 탐욕스러운 고용자가 조성한 잘못된 산업 환경으로 인해 실명이 발생하는 경우가 너무나 많다는 사실을 처음 알게 되었죠."

기자가 특히 흥미롭게 여긴 부분은 헬렌이 대학을 졸업한 후에 이런 결론을 얻었다는 사실이었다. 브린들리는 헬렌에게 래드클리프 시절에 이런 지식을 얻었느냐고 물었다. 그러자 단호한 대답이 돌아왔다. "아니요! 대학은 견해를 얻는 곳이 아니에요. 저는 공부하러 대학에 가는 줄 알았는데……. 학교는 죽은 과거를 사랑하고 그 안에서 사는 것 같아요. …… 교육을 통해 저는 신품종 감자를 개발하는 것보다 나폴레옹이 되는 것이 더 훌륭하다고 배웠어요."

헬렌은 싸우는 것이 자신의 "천성"이었다며, "싸우는 편"에 참여해 그 투쟁을 선전하는 데 도움을 주어야 한다는 결론을 얻었다고 했다. 그때부터 사회주의자가 되었다. 하지만 몇 년이 지나면서 노동조합주의자로서의 정체성이 더 커졌다. "사회당이 너무 느리다는 걸 깨닫고 IWW 회원이 되었어요. 사회당은 정치의 수렁에 빠져들고 있어요. 정부 안에 들어가 거기서 한 자리를 얻으려 애쓰는 한 혁명적 성격을 유지하기는 거의 불가능해요."

헬렌은 노동자가 스스로 자유를 외칠 수밖에 없다고 선언했다. "정치 행동으로 얻을 것은 아무것도 없어요. 제가 IWW 회원이 된 이유가 바로 이거예요." 헬렌은 1912년 로렌스파업을 통해 점진적인 개선이 아니라 "단번에" 환경을 바꾸는 쪽이 낫다는 확신을 얻었다고 밝혔다. 여기서 기자가 헬렌에게 혁명과 교육 중 어느 쪽에 몰두할 생각이냐고 물었다. 즉시 "혁명!"이라는 답이 나왔다. "혁명 없이 교육은 불가능해요. 1900년 동안 평화를 가르쳐 왔지만 실패했어요. 이제 혁명을 시도하고 어찌 되는지 보자고요. 저는 온갖 해악에도 불구하고 평화를 지지하지는 않아요. 이 전쟁은 반대하지만 프랑스혁명 당시 수천 명이 흘린 피는 아깝지 않아요." 헬렌은 노동자들이 곧 닥칠 전쟁의 참호에 갇힐 때 유용하게 쓸 만한 교훈을 배우는 중이라고 했다. "저의 대의가 그 참호에서 어느 때보다 강한 힘을 발휘할 거예요. 드러나는 그 전투 아래에는 인간의 자유를 향한 보이지 않는 전투가 벌어지고 있어요."

헬렌은 여기서 마크 트웨인을 비롯한 여러 사람이 오래전에 알아보았던 대로 자신의 열정적 소명을 어느 역사적 인물에 빗대어 표현한다. "때로는 제가 이 시대의 잔 다르크가 된 것 같아요. 온 존재가 고양된 상태로, '가라'라는 계시가 들리면 저 역시 어떤 시련이 닥쳐와도 따를 거예요. 감옥이든 가난이든 비방이든 상관없어요. 주님은 진실로 '지극히 연약한 자를 고난에 빠트리는 너희에게 화 있을진저'라고 말씀하셨어요."[11]

공개적으로는 1916년에 IWW 회원임을 처음 밝혔지만 "워블리"를 향한 헬렌의 충심은 이미 몇 달 앞서 스웨덴 출신의 노동조합 조직가 조 힐(Joe Hill)의 석방을 요구하는 공개 투쟁에 참여하면서 드러났다. 본명이 조지프 힐스트룀(Joseph Hillström)인 힐은 "노동의 시인"이라 불리며 〈노동조합에는 힘이 있다네〉를 포함해 유명한 노래를 여러 곡 작곡했다. 그는 1914년 1월에 유타주의 한 식료품점에서 어느 남성과 그의 아들을 살해했다는 날조된 혐의를 뒤집어쓰고 체포되었다. 그로 인해 열린 재판에 전 세계의 이목이 쏠렸고, 힐이 전투적인 노조 활동으로 인해 누명을 썼다고 확신하는 수천 명 지지자가 석방을 호소했다.

힐의 석방을 요구한 저명한 지지자가 셀 수 없이 많았지만, 미국 대통령의 귀에 들어간 것은 오직 한 사람의 목소리였다. 오래전부터 자신의 유명세가 정치적 목표를 이루는 데 유용하게 쓰일 수 있다는 사실을 알았던 헬렌은 윌슨에게 "당신의 막강한 힘과 영향력을 무력한 이 나라의 아들을 구하는 데에 써 달라"라고 호소했다.[12] 그러나 윌슨은 재판이 유타주법에 따라 진행되고 있어 자신도 사면권을 쓸 수 없다고 했다. 대통령은 답장에 이렇게 썼다. "당신의 전보에 깊은 감명을 받아 제게 무언가 할 능력이 있기를 진심으로 바랐지만 안타깝게도 할 수 있는 것이 아무것도 없습니다. 이 건은 전적으로 제 관할과 권한 밖의 일입니다. 재판에 큰 관심을 두고 있지만 손쓸 방법이 하나도 없습니다."[13]

헬렌은 굴하지 않고 유타주 주지사 윌리엄 스프라이(William Spry)에게 편지를 보냈다. "힐스트룀이 무죄라고 믿는 지식인이 수천 명에 달합니다. 만약 내일 이 젊은 가수가 우리 곁을 떠났다는 소식을 듣는다면 저는 또 한 번 더 귀먹고 눈먼 심정이 될 겁니다."[14] 그러나 실망스럽게도 스프라이는 헬렌의 호소에 흔들리지 않았고, 힐은 1915년 11월 총살형을 당했다.

자신이 IWW 회원임을 밝힌 1916년 1월에 헬렌은 뉴욕 카네기 홀에서 그 무렵 창당한 여성평화당(Women's Peace Party)이 지원하는 총파업에 참여하자고 연설했다. 가득 찬 청중을 향해 헬렌은 이렇게 말했다. "미국의 미래는 8000만 남녀 노동자와 그 자녀에게 달려 있습니다. 그러나 우리 국민들의 삶이 심각한 위기에 직면했습니다. 다수의 노동으로 이윤을 얻는 소수가 노동자를 자본가의 이익을 보호할 군인으로 만들고자 합니다. …… 그리고 우리는 전리품을 나눠 받겠다며 승자를 칼로 위협하고 있습니다. 이제 노동자들은 전리품에 관심이 없습니다. 어차피 하나도 나눠 받지 못할 테니까요."[15]

2주 앞서 시어도어 루스벨트 전 대통령이 관여해 유명했던 주간지 《아웃룩(Outlook)》에서 유럽에서 벌어지는 전쟁을 금융업자 J. P. 모건(J. P. Morgan)의 이익에 복무하도록 몰아가는 "자본주의적 전쟁"으로 규정하는 헬렌의 거듭된 주장을 비판하는 사설을 게재했다. 이는 사회당에서 자주 내세우는 주제였지만, 이른바 과격한 급진주의자가 이런 주장을 할 때는 쉽게 무시할 수 있었어도 널리 사랑받는 헬렌 켈러 같은 인물이라면 사정이 달랐다. 미국의 참전을 반대하는 헬렌의 투쟁은 사람들의 마음을 바꾸어 놓을 정도로 주류 미국인의 존경심을 끌어모아 미국을 전쟁으로 몰아가려는 세력에게 위협을 줄 수 있었다. 《아웃룩》에서는 헬렌의 "인격과 성품, 정신"을 높이 평가하는 만큼이나 "근거 없는" 문제 제기에는 "전적으로 반대할 수밖에" 없다며 유감을 표했다. "자본가도 정의를 추구할 수 있으므로" 헬렌의 주장은 설득력이 떨어진다고 했다.[16]

이보다 14년 전에 백악관에서 루스벨트 대통령을 만났던 헬렌은 이후 "국민의 복지"를 증진하려는 그의 노력에 찬사를 보낸 적이 있었다.[17] 하지만 이제 루스벨트는 《아웃룩》 편집자로서 전쟁 대비 운동의 지도자가 되었고, 헬렌은 카네기홀 연설에서 그런 그를 "전쟁광"이라 부르며 "미국에서 가장 피에 굶주린" 사람으로 묘사했다. 당시 그 잡지에 실린 공격에 대응하려는 의도였는지 헬렌은 연설 후 신문 인터뷰에서 사냥꾼으로 널리 알려진 루스벨트의 면모를 암시하며 비판의 강도를 더욱 높였다. "조국을 전쟁에 빠트리고 사람들을 피 흘리게 할 꿈을 꾸지 않을 때는 동물의 피를 흘리게 하는 자신의 솜씨를 뽐내는 책을 쓰고 있어요."[18]

헬렌에게는 너무나 실망스럽게도, 사회당은 총파업 요청이 "비현실적"인 전술이라며 지지하지 않았다. 유진 데브스는 전쟁으로 일자리가 늘면서 생겨날 이익을 기대하는 노조들이 그럴리가 없다는 것을 잘 알면서도, 노동자들이 파업에 나서는 것은 의회가 전쟁을 선포했을 때라야 한다고 선언했다. 아니나 다를까 이 선언 후 불과 6일 만에 미국노동연맹(American Federation of Labor)과 철도노조가 전쟁이 발발하면 "조국을 위해 봉사하겠다"라고 약속하면서 모든 노동자가 그렇게 하도록 촉구하겠다고 밝혔다.[19] 헬렌은 이상을 배반당했다고 생각해 분개했다. 나중에 애니에게 보낸 편지에서 헬렌은 당의 입장을 보고 "결별"할 생각이라고 밝혔다. "선생님, 저는 하느님의 도우심으로 저의 사회적 신념을 죽을 때까지 지켜 나가려고 하지만 사회당에는 완전히 분노하고 있어요. 사회당은 계급 전쟁에 반대한다고 밝혀 노동자의 배반자가 되었어요. 그리고 전쟁 반대를 위한 파업 촉구 결의안도 부결되었고요! 사회주의의 가면을 쓴 자들은 부끄러운 줄 알아야 해요."[20]

기업가 헨리 포드(Henry Ford)가 평화의 배(Peace Ship)라는 이름으로 배를 한 척 전세 내 저명한 활동가들을 초대해 유럽으로 가서 평화회의를 열고 미국이 참전하기 전에 제1차세계대전을 끝내려 한다는 계획을 발표하자 헬렌은 잠시 뜻밖의 우군을 얻었다고 믿었다. 포드와 많은 저명한 평화주의자가 교전 중인 유럽 각국 대표와 노르웨이에서 만나 평화협정을 중개한다는 계획에 따라 포드가 선별해 초대한 인사 중에 헬렌도 포함되었다. 헬렌은 이름난 자본가와 함께 공통의 대의를 추구한다는 생각에 처음에는 전율했다. 헬렌은 이렇게 선언했다. "포드의 계획에 깔린 원칙은 140여 년 전에 가브리엘 미라보(Gabriel Mirabeau)가 선포했고 IWW를 철창에 갇히게 만든 바로 그 총파업입니다." 헬렌은 너무나 들뜬 나머지 잠시나마 포드의 계획을 "노동자여, 단결하라! 잃을 것은 오로지 쇠사슬뿐이니"라던 카를 마르크스의 권고와 동일시하기까지 했다.[21] 하지만 언론에서 "바보들의 배(Ship of Fools)"로 조롱당하던 이 자동차 거물의 계획에 담긴 임무를 들여다보고는 서둘러 마음을 바꾸었다. 헬렌은 포드가 "전쟁을 일으킨 외교관이나 정치가들과 같은 계급의 일원"이며, 군인들이 스스로 전투를 그만두도록 설득하는 것이 평화를 이룰 유일한 희망이라 결론짓고 초대를 거절했다.[22] 몇 주 후에 헬렌은 기자에게 평화의 배는 "거대한 농담"이라고 말했다.[23] 결국 임무는 김이 새어 버렸고, 포드는 자신이 마련한 배 '오스카르 2세(Oscar II)'가 노르웨이에 도착한 지 겨우 5일 만에 교전국 어느 곳의 참여도 끌어내지 못한 채 1915년 12월 말에 미국으로 돌아왔다.

한편 급진 정치권의 새로운 동지들은 사회당과 틀어졌음에도 갈수록 열정적인 태도로 노동자혁명을 요구하는 헬렌을 높이 샀다. 1916년 2월에는 엠마 골드만이 그 무렵 카네기홀에서 총파업을 요청한 헬렌의 연설이 "인생에서 가장 벅찬 사건"이었다는 편지를 보냈다. 미국에서 가장 유명한 아나키스트인 골드만은 헬렌이 드물게도 "오늘날 사회에서 일어나고 있는 엄청난 갈등

에 대한 분명한 시각과 깊은 이해"를 보여 주었다며 칭송했다.[24]

헬렌은 유럽인들의 전쟁에 미국이 참여하지 않도록 윌슨이 가능한 한 막으려 애쓰고 있다고 믿었지만 애니는 좀 더 냉소적이었다. 애니는 1917년 겨울 푸에르토리코에서 이렇게 써 보냈다. "너도 알다시피 나는 윌슨 대통령을 신뢰한 적이 없어. 그는 이기주의자에다 마음속으론 폭군이야. …… 은행가들이 대출에 예민해지면 윌슨은 전쟁에 돌입하게 될 거다."[25] 몇 주 후, 윌슨이 독일에 대한 선전포고를 요청하기 위해 4월 2일 상하원 합동회의에 참석한 직후 애니는 다시 이렇게 썼다. "내가 하늘의 섭리에 따라 미국이 세계대전에 뛰어들 거라고 하지 않았니? 지적이라고 하는 사회주의자들은 어느 나라에서나 속담에 나오는 양처럼 행동했어. 소수, 극소수만이 제정신이었지. 독일에 대한 적개심 때문에 곧 그들의 이상주의가 100퍼센트 애국주의로 바뀔 거야."[26]

실제로 1917년에 미국이 결국 전쟁에 개입하자 헬렌은 초기에 애국주의와 선동 사이의 아슬아슬한 경계에 서야 했다. 헬렌은 세계대전의 어리석음을 설파하던 기존의 수사를 내려놓고, 전선에서 실명한 병사들을 찾아가 전시 자유공채 100만 달러를 모금하겠다고 발표했다. 당연히도 신문에는 다시금 헬렌을 향한 찬사가 실렸다. 네브래스카의 한 신문에서는 이렇게 썼다. "여기, 어둠과 침묵의 세계에서 일어나 자유와 평화의 대의를 지지하려는 여성이 있다."[27]

미국이 전쟁에 뛰어들기 몇 달 전부터 헬렌은 자신이 고통을 덜어 줄 수 있는 곳에 집중하면서 거의 입을 다물고 있었지만, 1917년 9월 IWW 동지 수백 명과 급진주의자들이 스파이방지법 (Espionage Act)에 따라 선동 혐의로 체포되자 마침내 인내심이 바닥났다. 수감된 저명인사 중에는 빌 헤이우드, 아르투로 조반니티뿐 아니라 헬렌의 새로운 추종자인 엠마 골드만도 있었다. 《브루클린타임스유니언(Brooklyn Times Union)》에서는 이렇게 선언했다. "이번 체포 건은 미국이 참전한 이후 잠잠히 있던 급진적 평화주의자들을 크게 자극했다."[28]

자신이 상징적인 지위에 있지 않았다면 아마도 제일 먼저 체포되었을 것이 틀림없다는 현실을 헬렌이 자각하지 못했을 리는 없다. 더는 침묵을 지키지 않기로 한 헬렌은 반전을 공약으로 내걸고 뉴욕시장 선거에 출마한 저명한 사회주의 지도자 모리스 힐큇(Morris Hillquit)의 선거운동에 뛰어들었다. 헬렌은 앞서 총파업을 지지하지 않은 사회당에 불만을 품었고 비효율적이라는 이유로 힐큇의 개혁주의적 견해를 거부하기도 했었지만, 그 선거운동은 진행 중인 전쟁에 대해 자신이 느끼는 혐오감을 표현하기에 이상적인 장이었다. 미국이 적대행위에 가담한 후로 헬렌이 정치활동에 참여한 것은 이번이 처음이었다.

뉴욕에는 노조에 가입한 노동자와 좌파 성향의 이주민이 많았기 때문에 미 전역에서 유일하게 힐큇 같은 후보의 공약을 수용할 만한 도시였지만, 그를 배신자로 모는 지역 언론이 없지는 않았다. 선거 며칠 전에 《헤럴드트리뷴》은 힐큇 추종자들이 "비미국주의에 젖어 있다"라며 이렇게 공격했다. "이번 전쟁이 끝나기 전에 베네딕트 아널드(Benedict Arnold, 미국독립전쟁 당시 대륙군에서 영국군으로 옮겨 가 반역자로 불린 인물—옮긴이)라는 이름은 아널드를 오히려 애국적으로 보이게 만드는 행동을 하는 자들의 이름으로 대체될 것이다."[29]

늘 그랬듯이 헬렌은 언론의 비방에 굴하지 않았다. 선거 전날 힐큇에게 보낸 공개서한에서 헬렌은 "당신에게 던지는 한 표가 자본주의의 주요 방벽 중 하나인 군국주의를 타격할 것이고, 군국주의가 약화하는 그날에 자본주의가 무너질 것이므로" 자신이 뉴욕에서 투표할 자격이 있었다면 기꺼이 사회주의자인 후보에게 표를 던졌을 거라고 선언했다.[30] 여기서 헬렌은 미국이 참전한 후 자신이 다시 투쟁에 참여하기까지 그렇게 오래 기다린 까닭을 설명했다.

저는 윌슨 대통령이 우리의 자유를 수호하고 그 자유를 짓밟으려는 세력을 단단히 막아 내리라고 믿었기 때문에 우리 인민의 이성과 상식을 뒤엎는 전쟁의 광기에 격렬히 대항하는 글이나 발언을 자제해 왔습니다. …… 제가 전쟁에 반대하는 것은 감성적인 이유에서가 아닙니다. 제 혈관에는 선조들의 투쟁의 피가 흐르고 있습니다. 만약 이 전쟁이 진정한 자유를 위한 전쟁이라는 생각이 들었다면 전장을 향하는 청년들을 기쁜 마음으로 바라보았을 것입니다. 정말로 민주주의를 위해 세상을 안전하게 보호하는 전쟁이라면 저는 기꺼이 참여할 것입니다.[31]

하지만 헬렌은 조국이 진정한 민주주의를 지키고자 애쓴다는 증거를 전혀 찾지 못했다. 오히려 미국은 "이스트세인트루이스에서처럼 흑인이 학살당하고 그들의 재산은 불태워지는 민주주의, 집단 린치와 아동노동이 용인되는 민주주의" 국가가 되었다고 비판했다.[32]

다음 날 《뉴욕콜》은 이렇게 선언했다. "헬렌은 신체적인 눈은 멀었어도 영혼의 눈으로 이 선거운동의 진정한 의제를 꿰뚫어본다."[33]

전체의 22퍼센트에 해당하는 15만 5000표를 얻는 좋은 성적을 거둔 힐큇의 선거운동에 참여하는 동안 우드로 윌슨을 공격하기는 했어도, 헬렌은 미국의 어느 인물도 누리지 못한 접근권을 다시 한번 유리하게 활용했다. 12월에 헬렌은 자신과 달리 미국이 참전한 후로는 반전 선전에 가담하지 않았는데도 1917년 9월 스파이방지법에 따라 수백 명 급진주의자들과 함께 수감된 IWW의 동지 엘리자베스 걸리 플린(Elizabeth Gurley Flynn)과 아르투로 조반니티를 위해 대통령에게 편지를 썼다. "이들은 IWW에 관여했다는 이유로 체포된 것 같습니다. 이들이 현재의 경제체제를 전복할 것으로 믿는 사회혁명을 진심으로 주창하는 것은 사실입니다. 이들이 지은 죄가 있다면, 늘 현명하고 올바르지는 않아도 시대의 악을 알아보고 그에 대항하는 목소리를 낸 것입니다."[34]

한편 더 나은 세상이 임박했다고 믿은 헬렌은 그 무렵 발발해 자신의 상상력을 사로잡은 역사적 사건에 관한 흥분을 전혀 엉뚱한 인물과 공유했다. 헬렌은 볼셰비키가 권력을 잡은 지 불과 한 달 후인 1917년 12월에 윌슨 대통령에게 이렇게 썼다. "제게는 러시아혁명이 지난 2000년 동안 일어난 그 어떤 일보다 놀라워 보입니다. 어둡고 처참한 세상에 떠오른, 열방을 치유할 의식의 태양 같습니다."[35]

이는 헬렌의 정치철학이 극적으로 변화하는 최초의 신호였다. 이로부터 헬렌의 생각이 달라졌다는 징후가 나타나기까지는 수십 년이 더 걸렸다.

"인간의 경이"

1920년 2월 초, 유명한 뉴욕 팰리스극장(Palace Theatre)에 주목할 만한 새로운 예능인의 보드빌(vaudeville) 순회공연을 예고하는 현수막이 내걸렸다.

특별 출연:

헬렌 켈러

세계에서 가장 많은 화제를 불러일으킨 여성!

예전에는 **말도 못했던** 시청각장애인 헬렌 켈러의

"세상에서 가장 달콤한 사랑 이야기!"[01]

헬렌이 공연 업계에 진출한 것은 이번이 처음이 아니었다. 2

년 앞서 헬렌은 프랜시스 밀러(Francis Miller)라는 할리우드 제작자로부터 일대기를 영화화하자는 제안을 받았다. 밀러는 박스오피스에서 수익 수백만 달러를 올린 D. W. 그리피스(D. W. Griffith)의 재건 시대 무성영화를 들먹이며 이렇게 늘어놓았다. "우리가 손을 잡으면 세상에 나타난 적 없는 가장 강렬한 인간 드라마로 대중의 마음을 사로잡을 천재적인 결과물이 나오리라 믿습니다. 그 가능성은 〈국가의 탄생(The Birth of a Nation)〉을 훨씬 뛰어넘습니다."[02] 밀러는 헬렌의 인생사를 향한 엄청난 관심을 고려할 때 그 작업으로 10만 달러의 수익이 나리라 예상했다.

헬렌은 영화라는 매체를 통해 거액의 수입만이 아니라 자신의 정치 신념을 수많은 관객에게 전할 수 있으리라는 기대에 부풀었다. 하지만 감독이 자신은 "상업적 스릴러"를 원한다면서 대중의 관심은 정치적 확신을 열렬히 추구하는 완고한 여성보다는 진심 어린 영감을 주는 이야기에 더 쏠린다고 분명히 밝히자 즉시 이 구상을 내려놓았다. 헬렌은 "말의 전투"라고 표현할 정도로 제작자와 치열하게 논쟁했지만 다 소용없을 것이며, 어른이 된 후의 삶을 조명하는 부분에서는 자신이 직접 출현하는 데에 동의했지만 자신이 소중히 여기는 견해는 영화에 전혀 반영되지 않으리라는 것을 일찌감치 알아챘다. 사회주의자인 동료 호러스 트라우벨(Horace Traubel)에게 헬렌은 이렇게 썼다. "그 영화가 사람들에게 어떤 급진적 메시지를 전할 수 있을지 모르겠어요. 저의 사고방식과 연민의 감정이 형성되는 데에 큰 영향을 준 마르크스, 프루동, 톨스토이, 레닌, 롤런드 리프크네히트(Roland Liebknecht) 같은 세계의 위대한 진보적 영혼들의 목소리가 과연 그 안에 담길는지 말이에요."03 헬렌이 예상한 대로 1919년 개봉한 영화 〈딜리버런스〉에는 헬렌의 진정한 내면이 전혀 담겨 있지 않았다. 그 대신 헬렌이 "헛된 망상"과 "부조리"라고 표현한 것들로 가득 채운 저속한 멜로드라마였다. 헬렌의 사회주의 정치를 외면한 그 무성영화에는 그래도 윌슨 대통령에게 미국의 유럽전쟁 참여를 막아 달라고 호소하는 장면과 현대판 잔 다르크로서 "정의와 인류애의 깃발"을 들고 말에 탄 헬렌의 모습까지는 담겼다.04

할리우드에서 영화 촬영을 하던 중에 선생님과 함께 찰리 채플린(Charlie Chaplin)을 만난 일은 그 작업에서 유일하게 즐거운 순간이었다. 그 기간에 헬렌은 더글러스 페어뱅크스(Douglas Fairbanks), 메리 픽퍼드(Mary Pickford) 등 당대 최고의 영화배우들에게 환대받았지만 선생님을 무시하는 유명인들의 태도에 "사기당한 기분"을 느꼈는데, 채플린만이 유일하게 선생님과 유대 관계를 맺는 모습을 보였다. 나중에 헬렌은 이렇게 썼다. "두 분 다 가난을 겪었고 그로 인해 몸과 마음이 상했었다. 교육과 사회적 평등을 위해 싸우기도 했다. …… 그러니 두 분이 서로를 이해하고 영재를 내팽개치곤 하는 세상에서 위대한 예술가들에게 위안이 될 만한 우정을 쌓는 것은 당연한 일이었다."05 채플린은 헬렌과 애니를 영화 〈개의 생활(A Dog's Life)〉 상영회에 초대해 헬렌이 화면 속 모습을 더 또렷이 떠올려 볼 수 있도록 자신의 트레이드마크인 중절모와 콧수염을 만져 보게 해 주기까지 했다. 헬렌은 이렇게 회고했다. "채플린은 내 옆에 앉아서 정말로 재미있냐고, 영화 속의 자신과 개가 마음에 드느냐고 몇 번이고 물었다."[06] 영화가 상영되는 내내 그 유명한 시청각장애를 지닌 여성이 내는 웃음소리를 들으며 채플린과 다른 참석자들이 무슨 생각을 했을지는 추측만 할 수 있을 뿐이다. 채플린과 만난 덕이든 아니든 간에 헬렌은 평생토록 영화를, 특히 코미디영화를 좋아해 애니나 다른 동행인이 화면 속에서 벌어지는 일을 손바닥에 적어 주는 방식으로 정기적으로 영화를 보러 다녔다.

영화 후반 작업이 진행되던 중에 배우와 무대 담당을 대표하는 노조가 격렬한 노동쟁의를 벌이자 헬렌은 다시 뉴욕으로 날아갔다. 신인배우로서 자신이 파업 참여자들과 같은 입장에 서 있음을 깨닫고 매일 피켓을 들고 브로드웨이를 행진하는 대열에 참여했다. 적어도 한 번 이상은 뉴욕 리알토극장(Rialto Theatre)까지 가는 "파업 행렬"을 이끌기까지 했다.[07] 헬렌은 영화 개봉 기념 시사회에 초대받은 저명인사와 평론가 들 앞에서 연설할 예정이었다. 하지만 헬렌은 제작자에게 특별석을 거절하며 불참 의사를 밝히는 편지를 보냈다. 헬렌은 이렇게 밝혔다. "참석하면 배우들과 친구들이 파업에 대한 저의 공감이 부족하다고 생각할까 봐 걱정되네요."[08] 기자들에게는 이렇게 말했다. "이 영광스러운 투쟁에 배우들과 전미배우조합(Actors' Equity

Association)과 함께하지 않느니 제 영화가 망하는 편이 낫죠."[09]

〈딜리버런스〉는 상업적으로 실패해 계약 시 헬렌에게 약속했던 거액을 벌어들이지 못했다. 헬렌은 그 경험에 관해 이렇게 썼다. "우리 같은 사람은 공연계에 들어갈 때보다 나올 때 더 가난해지기 마련이다."[10] 집으로 돌아온 뒤에는 곧 유진 데브스를 비롯한 급진적인 동지들을 위한 투쟁을 이어 나가는 등, 손 놓고 있던 정치활동을 재개했다. 헬렌은 오래전부터 사회당 내 개혁파의 영향력에 환멸을 느꼈지만 당을 우경화하려는 시도에 거듭 저항해 온 데브스를 향한 신뢰는 잃지 않았다. 데브스는 1919년 2월 레닌과 트로츠키를 향한 존경심을 표하면서, "우리의 대오에 낀 비겁한 타협주의자들을 경멸하고 거부하며, 약탈 계급의 권력에 도전하고 저항하며, 승리 아니면 죽음을 얻기까지 전선에서 싸워 나가자"라고 촉구하는 열정적인 연설을 했다.[11] 1919년 봄 데브스가 징병과 미군의 모병 작업을 의도적으로 방해했다고 본 연방대법원이 스파이방지법에 따라 유죄판결을 내리자[12] 헬렌은 연대를 표명하는 글을 발표해야 했다.

인민의 자유를 옹호했다는 이유로 당신은 또다시 감옥에 갇힙니다. …… 과거의 사악했던 그 모든 전쟁에서 고통받은 수백만 명을 떠올리니 마음이 너무나 조급해져 괴로움에 온몸이 떨립니다. …… 진심 어린 인사를 보내며, 당신의 희생과 헌신 덕분에 지금 당신이 목숨을 바치는 대의가 강건해지기만 하리라는 확고한 믿음으로, 나는 당신과 함께 혁명의 편에 섭니다. 부디 어둠을 가르는 햇살처럼 혁명이 빠르게 일어나기를!¹³

동지들이 정치적 권리를 탄압받는 데에 여전히 화가 나 있던 헬렌은 정치적·산업적·군사적 문제로 수감된 이들을 위해 싸우는 미국시민자유연맹(American Civil Liberties Union, ACLU)이라는 새로운 단체의 창립 이사회에 참여하기로 한다. ACLU가 훗날에는 좌파적 가치보다 자유주의를 보호하는 요새로 인식되기에 이르지만, 초창기이던 당시에는 정치 신념으로 인해 수감된 급진적 인사들의 석방을 위한 투쟁으로 극좌파에게 널리 환영받았다.¹⁴ 1920년이 밝았을 무렵 헬렌은 정치투쟁에 몰두한 나머지 수입을 창출할 기회를 충분히 얻지 못했고 〈딜리버런스〉로 받은 선금 1만 달러도 거의 바닥나 헬렌과 애니는 또다시 재정적 위기에 직면했다. 때마침 들어온 보드빌 공연 제안이 두 사람에게는 마치 기도에 대한 응답 같았다.

사실 래드클리프 졸업 이후로 헬렌이 벌어들인 돈이 평균적인 미국인이 편하게 살 수 있는 수준의 몇 배에 달했는데도 두 사람은 오랫동안 돈 걱정에 짓눌려 지냈다. 그보다 1년 전에 앤드루 카네기가 사망했지만 그가 헬렌 앞으로 맡겨 놓은 연금은 여전히 지급되고 있었다. 래드클리프에 입학하기 전에 설립된 신탁에서 연간 800달러 이상을 받았고, 『내 인생의 이야기』와 그만큼 많이 팔리지는 않은 다른 책까지 포함해 인세로도 적지 않은 수입을 얻었다.[15] 게다가 헬렌과 애니는 해마다 수천 달러에 달하는 각종 투자 배당금을 받고 있었다. 실제로 1920년 두 사람의 수입은 미국 평균 가구 수입의 여섯 배가 넘었다.[16] 그래도 늘 돈이 모자랐다.

여전히 그들의 재정 상태를 완전히 파악하기는 어렵지만 그 것이 존 메이시에게 직접적으로 영향을 미쳤다는 증거는 있다. 존이 애니를 떠난 지 5년이나 지난 1915년 초였다. 별거 후 몇 년 동안 존이 마일라(Mylar)라는 "청각장애를 지닌 조각가"와 사 귀고 있으며 둘 사이에서 난 혼외 자식까지 키우고 있다는 보도 가 있었지만 애니는 이혼을 완강히 거부했다.[17] 애니는 별거 상 태를 힘들게 버티며 여전히 결혼 생활이 깨어진 것을 슬퍼하고 있었다. 헬렌은 늘 자신의 막대한 재산을 선생님과 공유했고 애 니는 스스로 헬렌의 동업자라고 생각하고 있었는데, 이런 사정 을 잘 아는 메이시는 상황의 이점을 십분 활용해 수년 동안 애니 의 피를 마르게 했다. 1905년 친구에게 보낸 편지에서 애니는 두 사람의 재정적 협력 관계를 이렇게 설명했다. "천재성은 헬렌이 발휘하지만 고된 잡무는 내 몫이에요."[18] 애니는 자기를 버린 남 편에게는 어떤 식으로든 거절할 줄 모르는 쉬운 사람이었다.

1920년 헬렌은 케이트에게 자신들의 재정문제를 알리며 좌절 감을 표현했다. 헬렌은 이렇게 썼다. "이제 존이 보이지 않아요. 어머니, 저는 정말이지 존에게 질려 버렸어요. 선생님에게 계속 해서 돈을 달라고 독촉했거든요. 이제부터는 존에게 허비할 것이 아니라 선생님을 위해 쓸 돈을 벌 거예요."[19] 여동생 밀드레드에게 보낸 편지에서 헬렌은 두 사람이 전쟁 전 순회강연에서 번 돈이 어떻게 쓰였는지 설명했다. "렌섬 저택을 수리하고 존 때문에 생긴 대출금을 갚는 데 거의 다 썼어. …… 밀드레드, 정말이지 우리가 언제나 힘들게 일했다는 걸 알아주었으면 해. 우리에게 '사업 감각'이 있었다면 좋았을 텐데 말이야. 선생님과 나는 돈을 쓰는 것 외에 돈에 대해 아는 게 하나도 없다는 건 말할 필요도 없겠지."[20]

공동 집필한 『내 인생의 이야기』와 존이 저술 중개자로 참여한 책 몇 권과 관련한 문제가 남아 있기는 했지만, 헬렌은 줄어드는 자산뿐 아니라 위태로운 애니의 감정 상태를 지키기 위해서라도 마침내 자신들의 삶에서 존을 끊어 내기로 결심한 모양이다. 헬렌과 애니는 렌섬의 집을 팔고 메인주로 이주해 오랜 기간 지내다가 1917년 뉴욕 포리스트힐스에 집을 구입했는데, 새 주소를 존에게 알리지 않은 듯하다.[21] 이 시기에 존이 헬렌에게 토로하듯 쓴 일련의 편지를 보면 존의 성격과 헬렌과의 복잡한 관계의 본질을 짐작할 중요한 단서가 드러난다.

애니와는 거리를 두고 있으면서도 존은 헬렌에게 정치적인 것부터 일상적인 것까지 온갖 주제에 관해 계속 써 보냈다. 대부분 답장을 받지 못했지만, 그래도 만나 달라고 끊임없이 간청했다. 집을 나간 지 2년 뒤에 메이시는 사회당 내 전투적 분파의 편에서 미국 급진주의 운동의 역사를 다루어 호평받은 저서 『미국의 사회주의(Socialism in America)』를 발표했다. 이 책으로 존은 급진주의 운동의 선두 주자로 입지를 굳혔다. 몇 년 전만 해도 존, 애니, 헬렌 세 사람은 활기 넘치는 렌섬의 저택에서 미국의 수많은 좌파 유명 인사를 맞이해 즐거운 시간을 보냈다. 기존의 서사에 따르면 이 사람들은 존이 사회당에 입당한 초기부터 사귀어 온 지인들이라고 한다. 하지만 헬렌이 엠마 골드만, 맥스 이스트먼(Max Eastman), 호러스 트라우벨, 아르투로 조반니티, 조지프 에터 같은 인물과 주고받은 방대한 서신에서 드러나듯이 이후 수년이 흐르는 사이에 이 저명한 급진주의자 중 상당수가 존보다 헬렌과 더 강한 우정을 키워 나갔다. 이 시기에 존이 보낸 편지에는 헬렌의 정치활동에 대한 존의 태도를 보여 주는 단서가 담겨 있다. 거들먹거리다 모욕적으로 굴다 옹졸해지곤 하는 그 글을 통해 존이 허영심이 강하고 극도로 불안정한 사람이라는 사실을 알 수 있다.

1918년 1월에 존은 헬렌에게 이렇게 썼다. "만나고 싶었는데…… 전화번호부에 연락처가 없더군요. 지금 애니가 무슨 생각을 하는지, 현실을 제대로 파악하고 있는지 모르겠어요. 아마도 내 판단을 신뢰하지 않을 테죠. 하지만 괜찮아요. 나는 두어 명 현명한 인물과 꾸준히 소통하고 있으니까요."[22] 헬렌은 급진 언론에 꾸준히 정치 논설을 썼는데 존이 그것을 면밀히 지켜보고 있었던 것이 틀림없다. "당신이 쓴 글 중에 '꺾이지 않는 혁명'은 좋은 취지를 담아 잘 썼더군요. 하지만 당신은 공중에 붕

떠서 뒷받침할 수 없고 그럴듯한 결과를 보여 주지도 못할 이야기를 하고 있어요. 예를 들어 '최근 60년 사이에 프랑스, 독일, 러시아에서 나온 문헌을 읽어 보면 확신할 수 있을 것이다'라는 말을 썼잖아요. 그런 다음 여러 사람의 이름을 나열했는데 그중세 사람의 철자를 잘못 썼어요. 그리고 당신이 지난 60년 사이에 나온 유럽 문헌을 얼마나 많이 읽었다고 그러는 거죠?"[23]

헬렌이 윌슨 대통령에게 스파이방지법에 의해 체포된 IWW 동지들의 석방을 탄원하는 편지를 썼을 때도 사회주의 언론에 널리 전재된 그 편지에 관해 존은 다시 한번 이렇게 훈계하는 글을 써 보냈다.

대통령에게 쓴 공개서한은 선전용으로 《뉴욕콜》에 게재하기에는 좋을지 몰라요. 하지만 대통령에게 보내지는 말아요. 그의 사고방식과 너무 닮았으니까! 이렇게 말해서 미안하지만 사실인걸요. 그리고 적절치 못한 부분도 있어요. 예를 들어 "볼셰비키의마음(a Bolsheviki mind)" 같은 거 말이에요. 볼셰비키는 복수형인데, 영국인들의 마음이라고는 말하지 않을 거잖아요? 게다가 당신이 볼셰비키에 관해 대체 뭘 안다고요? 당신의 편지가 뭘 말하려는지 알 수가 없네요. 당신처럼 멋지고 사랑스럽기는 하지만, 쓸 만한 지적 생산물은 아니에요. 당신의 이름으로 내놓을 만한 글이 못 돼요. 반어법은 헬렌 당신이 잘 쓰는 영역이 아닌데. 그쪽 게임의 규칙을 전혀 모르잖아요.[24]

양쪽 모두의 오래된 친구 중에 존 리드(John Silas "Jack" Reed)가 있었는데, 그는 혁명을 취재하러 러시아에 가서 레닌과 트로츠키를 포함한 여러 볼셰비키 지도자와 시간을 보낸 동료 사회주의자였다. 볼셰비키가 정권을 장악한 직후 헬렌이 리드에게 미국으로 돌아올 여비를 송금했고, 그리하여 얼마 후 리드는 시월혁명을 다룬 기념비적인 저서 『세계를 뒤흔든 열흘』을 출간했다. 헬렌이 오랜 친구에게 후원한 사실을 알게 된 메이시는 또 편지를 보내 그 행위를 책망했다. 1918년 2월에 존은 이렇게 썼다. "잭 리드에게 돈을 보낸 게 마음에 들지 않아요. 자기가 알아서 할 것을. 게다가 개가 러시아에 머물든 태평양의 어느 외딴섬에 발이 묶이든 달라질 게 하나도 없어요. 그러니까 당신에게나 당신이 관심을 기울이는 사상이나 대의나 원칙 따위에 아무런 영향을 주지 못한다고요. 러시아어도 할 줄 모르는 미국인 특파원이 무슨 쓸 만한 소식을 전해 주겠어요. …… 트로츠키의 책을 읽으면 얻을 게 많겠지만…… 러시아에 가 봤자 잭 리드는 자기 자신을 제외한 그 누구에게 단 한 푼도 받을 가치가 없어요." 그러고는 태도를 바꾸어 조종하려는 듯이 부적절한 요구를 했다. "혹시 누가 당신에게 돈을 요구하면 내게 말해요. 내 주위에 뛰어난 정보원과 균형감 있는 조언자가 많으니까."[25]

IWW 동지들을 공개적으로 지지한 데 대해 항의한 또 다른 서신에서 존은 헬렌이 메시아 콤플렉스에 빠져 있다고 암시했다.

지금 IWW를 지지해서 실질적으로 얻을 것이 있다면 어떤 대의를 내세우거나 어떤 희생을 치르든 당신을 응원할 거예요. 하지만 헬렌 당신은 바로 당신 자신이기 때문에 할 수 있는 게 아무것도 없어요. IWW가 사랑스럽고 순수한 당신의 영혼을 잘못 인도했다는 비난을 불러일으켜 IWW에 대한 대중의 동정심을 떨어뜨리고 적개심을 키울 겁니다. …… 지금 IWW를 위해 호소하기에 가장 부적절한 사람은 예수일 거예요. 게다가 지금 몇 사람이 감옥에 간히면 더 좋은 일이 생길 거라는 걸 몰라요? 조직이 더 탄탄해질 거라고요. 피해자들이야 그렇다 쳐도, **당신은 좀 빠져요.**[26]

이 편지들은 존의 성격을 엿보게 해 주는 흔치 않은 자료이면서, 미국 좌파의 유명 인사로서 헬렌이 누리는 지위를 존이 어떻게 느꼈을지 짐작할 만한 단서를 제공한다. 존은 급진주의 진영에서 인정받기를 간절히 바랐지만 자꾸만 헬렌의 명성에 가려지곤 했다. 이런 관점에서 존이 1912년 가을에 헬렌이 스키넥터디로 이주하기 직전에 런 시장의 비서실장직을 사임한 상황을 재검토해 볼 수 있을 것이다. 런 시장이 언론에 의사를 밝히고도 헬렌에게 복지위원회 자리를 제안하지 않은 이유를 헬렌이 생각했던 것과 다르게 설명할 수 있을까? 사실은 헬렌이 부임할 예정이라는 소식이 전국적으로 퍼지자 질투심에 사로잡힌 존이 계획을 철회하게 한 것은 아닐까?

존의 개인적인 동기가 무엇이었든 간에, 헬렌이 보드빌 무대에 서는 데 동의한 일차적인 이유는 존의 과도한 지출과 빚 때문이었다는 데는 의심의 여지가 없다. 나중에 헬렌은 이것이 애니를 보호하려는 열망 때문이었다고 설명했다. 자신이 먼저 세상을 떠나면 선생님이 "빈털터리"가 될까 두려웠다는 것이다.[27] 헬렌은 이렇게 썼다. "몇 년 후에 선생님과 내가 보드빌 무대에 우리 자신을 '전시'했을 때는 지원을 얻을 다른 수단이 하나도 없었다. 글쓰기만으로는 충당할 수 없었다. 처음에는 모든 상황이 불리해 보였다. 할리우드에 큰돈을 걸었다 잃어 봤으니……. 내가 실패한다면 선생님이 인간 본성의 일부인 사나운 호랑이와 늑대 같은 위협에 더 크게 고통받으리라 생각하니 심장이 철렁했다."[28]

1890년대에 보드빌 기획자가 빚에 시달리던 아서 켈러에게 접근해 십 대인 헬렌을 순회공연에 출연시켜 주면 주당 500달러라는 어마어마한 출연료를 주겠다고 제안한 적이 있었지만 애니는 당시 전도유망한 헬렌을 유흥거리로 삼는 데 반대했다. 이제 다시 '품위 있는' 방식으로 자신을 전시하면 거액을 주겠다는 제안이 들어왔고, 이번에는 제안이 너무 좋아서 거절할 수 없었다.

공연은 응접실 세트장을 중심으로 구성되었다. 먼저 애니가 등장해 펌프장에서의 기적에서 시작해 헬렌이 언어를 습득한 과정, 래드클리프 졸업, 마크 트웨인과의 우정으로 이어지는 헬렌의 인생사를 20분에 걸쳐 설명했다. 그러면 헬렌 본인이 응접실에 들어서서 무대 위에 놓인 피아노를 향해 걸어가면서 "너무 아름답네요"라고 말한 다음 입술 읽기와 지문자 쓰기, 목으로 소리 내어 말하기 등을 시연했다. 헬렌은 청중에게 이렇게 말했다. "혼자서 할 수 있는 일은 많지 않습니다. 함께하면 우리는 아주 많은 일을 할 수 있어요. 우리 사이를, 우리의 행복을 가로막는 벽을 허물 수 있는 것은 사랑뿐입니다. '너희는 서로 사랑하라'는 것이 제일의 계명입니다. 저는 사랑과 기쁨, 그리고 앞으로 맞이할 생명의 약속을 허락하신 주님께 소리 높여 감사합니다."[29]

언론과 대중이 열광했다. 뉴욕의 한 신문에서는 이렇게 썼다. "무대에 오른 지 2분도 지나지 않아 헬렌 켈러는 좌중을 압도했고, 월요일 오후 세상에서 가장 비판적이고 냉소적인 팰리스의 청중은 모두 헬렌 켈러의 것이 되었다."[30]

평론가들은 특히 헬렌의 "밝고 푸른 눈"에 매료되었는데, 한 신문에서는 "유난히 강하고 선명해 속고 있는 듯 느껴지는 모습"이라고 썼다.[31] 청중은 대부분 이 자리에서 헬렌을 처음 보았다. 그 두 눈 중 한쪽이 몇 년 전에 돌출 안구를 제거하고 이식한 의안이라는 사실을 알아채는 사람은 거의 없었다. 어린 시절 시청각장애를 유발했던 질병 때문으로 추정되는 그 돌출 안구 때문에 헬렌은 자라는 동안 "기형"으로 비치지 않도록 사진 촬영 시에 늘 각도를 잘 잡아야 했다. 그러다 1911년에 순회강연으로 대중 앞에 설 준비를 하면서 보스턴의 한 안경원에 10달러를 내

고 왼쪽 눈을 의안으로 교체했다.[32]

공연의 전반부가 세심하게 짜인 각본에 따라 진행되었지만, 많은 청중들에게 하이라이트는 본 공연이 끝나고 이어지는 헬렌의 즉석 질의응답이었다. 한 평론가는 이렇게 썼다. "켈러 씨는 청중이 던진 질문에 꽤 재치 있는 답을 내놓곤 했으며, 노련한 공연자도 부러워할 만한 순발력과 멋진 유머를 선사하며 여러 차례 '무대에 재등장'했다."[33]

헬렌이 보드빌 공연으로 팰리스극장에 데뷔하기 1년 전에 인근에 있는 앨곤퀸호텔(Algonquin Hotel)에서 몇몇 작가와 공연업계 인사들이 모임을 시작했는데, 재담과 뜬소문을 빠르게 주고받는 이들의 재치 넘치는 대화가 뉴욕의 신문에 자주 오르내리면서 점차 명성이 높아졌다. 나중에 헬렌은 앨곤퀸 원탁회의로 가장 크게 이름을 날린 저명인사 세 명, 즉 작가 도로시 파커(Dorothy Parker), 드라마 평론가 알렉산더 울콧(Alexander Woollcott), 영화배우 하포 마크스(Harpo Marx)와 친구가 되었다.[34] 나중에 하포는 어느 기자에게 헬렌의 기막힌 유머 감각을 코미디언이자 그 유명한 마크스브라더스의 일원인 자신조차 따라잡기 어려울 때가 많을 정도였다고 말했다. 기자에게 하포는 이렇게 다짐했다. "그래도 저는 헬렌을 이길 겁니다! 새로운 농담을 익히겠어요."[35]

보드빌 공연 무대에서 받은 질문에 답변한 내용을 보면 헬렌은 그 원탁회의에 참여했어도 손색이 없었을 것이다. 객석을 웃

음바다로 만들곤 하던 헬렌의 번뜩이는 재치를 잘 보여 주는 사례가 하나 있다.[36]

문: (금주법 시대에) 이 나라에서 현재 가장 중요한 질문은 뭐라고 생각하세요?

답: 어떻게 해야 술을 마실 수 있죠?

문: 누구나 지적 능력에 맞는 직업을 가져야 한다는 의견에 찬성하세요?

답: 혹시 그랬다가 영원히 일을 못 하게 되는 사람이 너무 많아질까 봐 걱정스럽군요.

문: 여성이 남성과 지적으로 동등하다고 생각하세요?

답: 저는 모든 남성이 동등하게 멍청하게 태어난다고 생각합니다.

문: 세상에서 가장 느린 게 뭘까요?

답: 의회요.

문: 켈러 씨는 결혼 생각이 있나요?

답: 네. 혹시 청혼하시려고요?[37]

헬렌은 급진적인 정치적 견해를 제거해 버린 〈딜리버런스〉에서는 창작에 거의 관여하지 못했지만, 보드빌에서는 정치와 장애 문제에 관한 자신의 신념을 공유할 기회를 얻었다. 청중은 헬렌이 강하게 뿜어내는 확신에 놀라곤 했고, 이 중 상당수는 오늘날에도 기막힐 정도로 잘 들어맞는다.

문: 자본주의에 대해 어떻게 생각하세요?

답: 자본주의는 유효기간이 지났다고 생각합니다.

문: 정치범을 전부 다 풀어 줘야 한다고 생각하나요?

답: 물론이죠. 세계대전이 상업적인 전쟁이라는 이유로 반대한 사람들이에요. 이제는 상식이 조금이라도 있는 사람은 누구나 그렇게 말하죠. 그 사람들의 죄는 그 말을 제일 먼저 했다는 것이에요.

문: 첫 번째 세계대전으로 미국은 뭘 얻었을까요?

답: 미국 재향군인회와 그 밖에 여러 가지 문제를 얻었죠.

문: 투표로 시민들의 목소리가 전달된다고 생각하세요?

답: 아뇨. 돈 소리가 너무 커서 시민들의 목소리가 묻힌다고 생각해요.

문: 이 시대 최고의 인물 세 명을 꼽는다면요?

답: 레닌, 에디슨, 찰리 채플린.

문: 세계평화의 가장 큰 걸림돌은 무엇인가요?

답: 인류요.

문: 소비에트러시아를 어떻게 생각하세요?

답: 소비에트러시아는 노동자들이 특권층의 재산 보존이 아닌 인간의 삶과 행복을 가장 중시하는 사회질서를 수립하려 한 최초의 조직적 시도입니다.

문: 하버드대학교의 유대인 차별을 어떻게 생각하세요?

답: 교육기관이 학문 이외의 다른 조건을 내거는 순간 더 이상 공

적 봉사기관으로 존재할 수 없다고 생각합니다. 지적 능력 평가보다 유대인과 흑인이라는 조건을 기반으로 차별을 행하는 하버드는 스스로 그 학교의 전통에 걸맞지 않다는 사실을 증명하고 오명을 덮어썼습니다.

문: 들리지 않고 말 못하고 못 보는 것 중에서 어느 것이 가장 고통스러운가요?

답: 아무것도요.

문: 그렇다면 인류의 가장 큰 고통은 무엇이지요?

답: 어리석음이지요.[38]

순회공연은 하룻밤 출연료로 1000달러를 받을 때도 있을 정도로 수익성이 좋았다. 한동안 두 여성은 보드빌을 통해 너무나 절실했던 재정적 안정을 보장받았다. 더 중요한 점은 헬렌이 매우 즐기는 듯이 보였다는 것이다. 비록 애니는 확연히 불편해했어도 말이다. 나중에 헬렌은 이렇게 회고했다. "선생님은 분주하고 번쩍이고 시끄러운 극장에 전혀 적응하지 못했지만 나는 너무나 즐거웠다. …… 보드빌은 그동안 내가 살던 세상보다 훨씬 더 재미난 곳이었고 마음에 들었다. 내 주위에 일렁이는 삶의 따뜻한 물결을 느끼는 게 좋았다." 헬렌은 동료들에게 생생하게 전해 들은 경험을 설명할 때 자주 쓰는 비유적 표현을 곁들여 이렇게 덧붙였다. "표정과 의상을 연구하는 자리에서 배우들을 지켜보는 것이 즐거웠다."[39]

보드빌 순회공연의 수익성이 좋았던 만큼이나 헬렌이 오락적
인 목적으로 자신을 전시하는 것을 달가워하지 않는 사람들도
있었다. 헬렌은 이렇게 회고했다. "처음에는 곡예사, 원숭이, 말,
개, 앵무새를 홍보하는 자리에 우리가 보이는 게 어색했지만 사
람들이 품위 있는 우리의 소소한 연기를 즐기는 듯했다."⁴⁰ 품위
가 있든 없든 간에 4년간의 보드빌 공연 경력은 역사의 강렬한
불빛 아래 제대로 조명되지 못한 헬렌 인생의 또 다른 측면이다.
장애역사가 수전 크러치필드(Susan Crutchfield)는 보드빌이 "기
괴한 행위"를 내세우는 것으로 유명했던 만큼 헬렌의 공연 홍보
물도 다른 볼거리들과 구별되지 않을 때가 많았다고 했다. 크러
치필드는 이렇게 쓴다. "청중을 천막 안으로 끌어들이려는 맛보
기 공연 호객꾼이나 쓸 법한 표현을 써서 헬렌의 정기 공연을 기
괴한 서커스와 같은 선상에 놓는 공연 평이 계속 쓰였다. 그래서
이런 평에서는 켈러의 연기에 담긴 기괴한 매력, 켈러가 지닌 특
유의 재능이 아니라 특유의 인격에 쏠린 관심의 수준이 드러난
다."⁴¹ 크러치필드는 이 현상을 보여 주는 한 가지 사례를 인용
한다.

**인간의 경이 그 자체이다. 귀먹고 말 못하고 눈먼 헬렌 켈러가 듣고
말한다.** 이번 주 오르페움(Orpheum)에는 손가락을 두드리며 선
생님을 통해 질문에 답하는 여성이 출연한다.⁴²

사실 보기 흉한 보드빌 출연은 당대 비평가들의 비판을 불러일으켰다. 헬렌이 순회공연을 하는 동안, "프랑스의 헬렌 켈러"라 불리곤 하던 시청각장애를 지닌 저명한 작가이자 장애인 권리 옹호가 이본 피트루아(Yvonne Pitrois)가 헬렌의 보드빌 연기를 깎아내리는 소책자를 내놓았다. 피트루아는 "개탄스러운 연극풍의 전시"를 비웃으며 "마치 야생동물처럼" "끌려다니며" 전시당하기를 받아들인 헬렌을 비난했다.[43] 이런 모습을 보여 주는 것은 "괴롭고 모욕적이며 과시적"인 행위라고 매도했다. 이런 공연과 이에 뒤따른 비난의 기억은 결국 사라지고 그 대신 헬렌의 수많은 훌륭한 특성이 기억되기를 바란다고 했다.[44] 하지만 비판의 목소리를 전해 듣고 피트루아에게 응답하면서 헬렌은 자신의 보드빌 경력을 애석해하지 않았다. 프랑스의 그 운동가에게 헬렌은 이렇게 썼다. "사실 미국에서 저는 보드빌에 오른다는 이유로 비판받지 않았어요. 오히려 급진적인 견해 때문에 일부에게 가혹한 대접을 받았죠. 제게는 기분을 상하게 하지 않으면서 불쾌한 진실을 말하는 멋진 능력이 없지 뭐예요."[45]

비판을 받았어도 헬렌은 후회하지 않는 듯했다. 친구에게 헬렌은 이렇게 썼다. "나는 즐거운 경험을 많이 했고 무대 안팎에서 다들 내게 잘 대해 주었어. 그 나름의 전쟁이 있고, 모험과 사랑이 있고, 웃음과 눈물이 있고, 좋은 면이 있는가 하면 저속하고 천박한 면이 있는 보드빌은 그 자체로 인생이라는 걸 알게 되었어."[46]

미국시각장애인재단

보드빌 순회공연으로 헬렌과 애니는 한동안 편안히 지낼 만한 재정적 안정을 누리게 되었지만, 여전히 예측할 수 없는 공연 산업의 특성에 휘둘렸다. 어느 때는 한 주에 2000달러나 벌었다가도 몇 주 심지어 몇 달 동안이나 일정 관리자로부터 아무 연락을 못 받곤 했다. 1922년 말에 헬렌은 여동생 밀드레드에게 이렇게 썼다. "보드빌 공연이 하나도 안 잡혔고, 해리 웨버(Harry Weber) 사무실에서도 기척도 없어. 우리 잔고는 빠르게 사라지고 있어." 심지어 비용을 충당하기 위해 "법원에 가서" 신탁금을 꺼내야겠다고 주장하기도 했다.[01] 1년 후에도 상황은 크게 나아지지 않았다. "예정된 일이 없어서 앞으로 어찌 될지 모르겠어. 돈이 들어오든 안 들어오든 나갈 돈은 계속 나가는데……. 정통

공연 업계가 너무 불황이다 보니 정상급 배우들이 보드빌로 몰려가는 바람에 우리가 밀려났어. 우리는 진정한 보드빌의 볼거리가 아니었나 봐."[02]

1923년 12월 밀드레드에게 보낸 연례 성탄 카드에 헬렌은 마침내 재정적 안정 비슷한 것을 이룰 기회가 생겨서 공연 업계에서 은퇴해도 될지 모른다는 전망을 넌지시 알렸다. 헬렌은 이렇게 썼다. "내년에는 우리가 할 일이 생길 수도 있어. 목요일 오후에 사회운동에 관심이 깊은 신사분이 우리를 만나러 올 예정인데, 그분이 모종의 제안을 하지 않을까 싶어."[03] 이 신사는 미 전역에 퍼져 있는 무수한 기관의 활동을 바탕으로 전국적인 옹호 운동을 펼치기 위해 1921년 결성한 미국시각장애인재단(American Foundation for the Blind, AFB)이라는 조직의 대표였다. 이 단체는 시력을 잃은 미국인 수백만 명이 직업 및 교육의 기회를 누릴 수 있도록 기존의 전국적 조직들이 펼치던 활동을 통합하고자 했다.[04]

1923년 말이 되어서도 AFB는 신생 재단이 출발하기도 전에 좌초당하게 할 수 있는 일련의 조직적 성장통에 시달리고 있었다. 여기에 향후 수십 년 동안 헬렌에게 지대한 영향을 미치는 두 사람을 포함한 단단한 실무진이 등장하면서 상황이 제법 완화되었다. 그중 한 명이 모지스 찰스 미겔(Moses Charles Migel)로, 은퇴한 실크 제조업자인 그는 미국적십자사로부터 제1차세계대전 기간에 실명한 미군 장병의 민간인 생활 복귀와 적응 과정을 지원해 달라고 요청받으면서 시각장애인 공동체에 관심을 기울이게 되었다. 그 공로로 미겔은 이후 평생에 걸쳐 활용했던 명예 소령 계급장을 받았다. 전후에는 볼티모어에 최근 창립한 적십자시각장애연구소(Red Cross Institute for the Blind)의 이사로 활동하면서 시각장애 관련 문제를 향한 열정을 키웠다. 연구소에서 그가 얻은 명성이 로버트 어윈(Robert Irwin)이라는 AFB 임원의 관심을 끌었다. 안구 감염으로 다섯 살 때 완전히 실명한 어윈은 장애와 가난했던 어린 시절에도 불구하고 어떻게든 공부할 기회를 찾아 나아갔고 결국 하버드에서 석사학위를 취득했다. 그러고는 클리블랜드교육위원회에 채용되어 시각장애를 지닌 어린이를 위한 최초의 통학 수업을 조직했다. 1922년에는 새로 창립한 AFB의 연구책임자가 되었고, 이듬해에 조직 내 유력 인사로 부상했다.

미겔에게 재단 이사장직을 맡으라고 제일 먼저 설득하고 나선 이가 어윈이었고, 1923년 효과적인 협력관계를 맺은 두 사람은 잠시나마 조직의 존립을 위태롭게 했던 소란을 수습하며 조직의 사명을 다지기 시작했다. 그래도 AFB가 진정으로 시각장애인 공동체의 이익을 효과적으로 대변하는 단체가 되려면 분명 상당한 규모의 기금을 조성할 필요가 있었다.

미국에서 가장 유명한 시각장애인을 영입하자.

헬렌을 모금가로 참여시키자는 이 발상은 디트로이트장애인연맹(Detroit League for the Handicapped)을 이끌던 수년 전에 헬렌과 애니와 친분을 쌓은 오랜 친구 찰리 캠벨(Charlie Campbell)에게서 나온 듯하다. 미겔은 캠벨에게 그 무렵 전국적으로 회원을 확대하기 위해 이사회에서 구상한 계획에 대한 조언을 구했다. 미겔은 이렇게 썼다. "아마 아시겠지만, 필수적인 재정 자원 없이 대대적인 사업을 펼칠 수는 없습니다." 미겔은 캠벨이 5만 달러 규모의 기금을 조성하고자 하는 재단의 노력에 동참할 저명인사를 모아 주기를 바라며 이렇게 설명했다. "이 목표를 달성하면 3년 동안은 재단이 안정적으로 운영될 것입니다."[05]

캠벨은 이 목표를 이룰 방법을 정확히 알고 있었다. 캠벨은 이렇게 썼다. "수년 동안 저는 헬렌 켈러 씨와 교사분의 봉사를 받는 것이 가장 현실적인 모금 방법임을 절실히 느꼈습니다. 재단의 모금 운동에 참여하는 것만큼 그분들을 기쁘게 할 일은 없으리라 확신합니다." 그러고는 헬렌이 어린 시절 퍼킨스에서 공부할 때 마이클 아나그노스가 헬렌의 호소를 통해 시각장애인 유치원 설립을 위한 막대한 기금을 모집했던 사실을 언급했다. "가까이 알고 지내는 우리 같은 사람들도 켈러 씨가 자신과 같은 처지인 사람들을 대변할 때 얼마큼의 심리적 반향을 불러일으키는지 잘 알지 못합니다."[06]

미겔은 헬렌을 모금 활동에 참여시키는 데에 매우 찬성했지만 어떻게 보상하면 좋을지 고민했다. 캠벨은 이렇게 답했다. "당연히 메이시 부인과 켈러 씨에게 상당한 사례금을 지급해야지요."[07] 재단 이사진은 이에 동의하지 않았던 것이 틀림없다.

헬렌이 처음 받은 제안은 기부자 모임을 수차례 개최하고 매회 50달러밖에 안 되는 사례금을 지급하겠다는 것이었다. 시각장애를 지닌 음악인들의 공연과 헬렌과 애니의 강연으로 구성된 이 모임은 엄청난 성공을 거두었다. 뉴욕 지역에서 일곱 차례에 걸쳐 개최한 첫 모임에 만 명 이상이 참석해 8000달러를 재단에 기부했는데, 미겔은 이를 두고 "가장 놀라운 기록"이라고 표현했다. 1924년 4월 캠벨에게 보고하기를, 애니와 헬렌 두 사람 다 오로지 "진심으로 대의에 기여하고 싶다고 느껴서" "지칠 줄 모르고 의욕적으로, 사심 없이" 움직이는 사람들이었다고 단언했다.[08]

이처럼 성공적인 시작을 목격한 애니는 헬렌이 AFB에 대단히 귀중한 존재가 되리라 직감했다. AFB는 신생 단체에서 영속적인 재단으로 기반을 굳건히 다지기 위해 3년에 걸쳐 200만 달러 규모의 모금 운동을 추진하기로 한 터였다. 애니는 이 운동을 성공적으로 진행하려면 헬렌이 재단의 얼굴이 되어야 한다고 보아 재단 측에 모금 기간을 줄이자고 제안했다. 미겔과 이사진은 이 제안에 열광했지만 충분한 보상금을 지급해야 한다는 애니의 주장에 초기에는 망설였다. 미겔은 헬렌에게 초기에 지급했던 50달러보다 훨씬 큰 금액을 지급해야 한다는 데는 동의했지만 협상 과정에서 애니가 그렇게 강경한 태도를 보일 줄은 몰랐다. 미겔이 "헬렌 켈러 파티"에 월 750달러와 경비를 지급하겠다고 제안하자 애니는 6개월에 걸친 모금 기간에 주 4회 공개 석상 출연을 조건으로 월 2000달러 이상을 요구했다.

한번은 애니가 미겔에게 자신들의 "재원이 바닥났다"라며 "굉장히 고통스러운 상황"이라고 써 보냈다. 저택에는 거액의 융자금이 잡혀 있는 데다 재단 일을 하느라 보드빌 공연은 엄두도 못 내고 있다고 했다. "일상적인 생활비 외에도 이달에는 병원비와 치과 진료비, 순회강연 준비에 드는 부수적인 비용 때문에 비정상적으로 지출이 많았어요. 비용을 줄이려고 저희가 가진 유일한 사치품인 자동차를 내놓을 생각인데, 헬렌과 저는 둘 다 몸이 불편하다 보니 시내를 돌아다니기 어려워 사실 사치품이라 하기도 어렵지요."09

여전히 애니의 요구가 못마땅했던 미겔은 애니가 변호사를 대동해 협상을 진행하려 하자 더 화가 나서 몇몇 민간 모금 업체로부터 제안을 받은 바 있다며 헬렌 없이 모금 운동을 진행할 의사를 비쳤다. 놀랍게도 애니는 미겔의 허풍을 일축하며 이렇게 답했다. "헬렌 켈러 없이 다른 업체들이 200만 달러를 모금할 수 있을 거로 생각한다면 우리는 기꺼이 빠질 테니 더 이상 협상할 필요가 없을 듯합니다."10

결국 미겔은 애니의 제안을 수락했지만 헬렌을 재단 직원으로 채용하는 데는 주저하는 듯했다. 그 대신 재단의 "지출이 과하다"라는 비난을 피하려고 자기의 사비로 월급 2000달러를 보장하겠다고 제안했다.11 헬렌과 애니는 미겔이 헬렌을 AFB 유급 직원으로 채용하기를 꺼리는 데에 다른 속사정이 있을 줄은 전혀 몰랐던 듯하다. 표면적으로는 헬렌을 재단의 공식적인 얼굴로 세우는 것이 재단의 조직적 곤란을 해소하고 시각장애인 공동체의 복지를 위해 일하는 미국 최고의 조직으로서 입지를 다지는 데 절실히 필요한 안정성을 얻을 만한 실제로 논리적인 행보였다. 역사가 프랜시스 케스틀러(Frances Koestler)가 1976년 미국의 시각장애 사회사를 다룬 저서 『보이지 않는 소수자(The Unseen Minority)』에 썼듯이, 이는 서로의 필요와 기회가 완벽하게 맞아떨어지는 일로 보였다. 이처럼 자연스럽게 어우러지는 이해관계를 두고 케스틀러는 이렇게 썼다. "헬렌 켈러와 재단이 결합해야 한다는 구상을 떠올리는 데에는 천재적인 영감 따위가 필요치 않았다. 헬렌 켈러는 완벽한 상징일 뿐 아니라 일상적으로 잘 알려진 이름이었다. 미국의 시각장애인을 돕는 새로운 운동을 지지해 달라고 호소하는 공개 모임에 수많은 청중을 끌어모을 만한 인물이었다."[12]

그렇긴 해도 한 가지 커다란 걸림돌이 있었다. 헬렌의 급진 정치가 여전히 악명 높았기 때문에 이사진은 재단이 끌어들이고자 하는 부유한 후원자들이 수년 동안 자신들을 사회악의 전형으로 그려 온 인물을 꺼릴까 봐 염려했다. 그 무렵 헬렌이 볼셰비키 정권을 연신 칭송했던 점도 문제를 악화한 것으로 보인다. 헬렌이 첫 번째 AFB 모금 순회강연을 시작한 지 몇 주 후인 1924년 2월에 미겔 소령은 극우단체인 국가안보연맹(National Security League) 대표 스탠우드 멩컨(Stanwood Menken)으로부터 헬렌의 정치적 발언에 통탄하는 편지를 받았다. 맹컨은 이렇게 썼다. "우리 교육체계에서 그렇게나 많은 혜택을 입은 켈러 씨 같은 사람이 커다란 고통 속에서 이루어 낸 놀라운 성취에 걸맞지 않게 그런 글을 쓰도록 내버려둔다는 것은 아무래도 딱한 일이 아닙니까? 딱하다는 것은 켈러 씨를 가리키는 것이 아니라 그이를 가르친 당사자들, 그리고 켈러 씨를 공산주의에 물든 사람과 접촉하게 한 사람들을 가리키는 것입니다. …… 학교나 대학 교정에서 이따금 공산주의자가 나타나는 것은 알았지만 그들이 속임수를 쓰려고 신체적으로 불완전한 사람을 찾아낼 줄은 몰랐습니다."[13] 그간 많은 사람이 그랬듯이 맹컨도 헬렌의 정치적 편향이 조종당한 결과라고 짐작하면서 비판을 통해 헬렌이 나름의 지적 결론을 내릴 능력이 있는지를 장애인 차별적으로 바라보는 시선을 드러냈다.

헬렌은 소련을 향한 변함없는 지지의사를 숨기려 들지 않았다. 그 무렵 러시아의 어린이를 위한 후원금을 보내면서 "소비에트러시아의 친구들"이라는 편지를 동봉했는데, 그 글에서 헬렌은 그 무렵 미국노동연맹을 이끄는 새뮤얼 곰퍼스(Samuel Gompers)를 비롯해 미국 노동조합 측에서 던진 무수한 반(反)볼셰비키적 공격을 넌지시 언급했다.[14] "러시아혁명에 대한 노동단체들의 적대감은 계급투쟁의 가장 어두운 비극입니다. 아, 무지한 노동자들. 그들은 그 어리석음으로 이득을 보려는 자들이 파놓은 함정에 두 발이 다 빠진 채로 그 안쪽만 바라보고 있습니다."[15]

그래도 어떤 면에서 헬렌은 자신의 상징적인 지위 덕분에 그러한 정치 신념이 불러올 여파로부터 안전할 수 있었다. 그런 신념이 주변 사람에게 조종당한 결과라고 보아 무시하는 일이 종종 벌어졌다는 사실을 알게 될 때면 화가 났지만, 그 덕에 정치 활동으로 인해 체포되거나 끔찍한 범죄의 누명을 쓰기까지 한 수많은 동지들과 같은 운명을 피할 수 있었다. 맹컨이 미겔에게 편지를 보내기 몇 주 전에 헬렌은 그러한 동지 중 한 명인 IWW의 조직가 조지프 에터의 아내에게 편지를 썼다. 헬렌은 아이바 에터(Iva Ettor)에게 이렇게 썼다. "러시아가 어두운 세계를 비추는 유일한 빛인 듯합니다. 어느새 그 목소리가 전 세계를 둘러싼 바다와 같이 들립니다. 동지여, 제 마음에 퍼지는 그 빛이 얼마나 따뜻한지 표현할 길이 없습니다. 저는 러시아의 길이 약속의 땅에 다다르게 해 줄 유일하고 올바른 길이라 믿는 사람들의 편입니다."[16]

1924년 여름까지도 헬렌은 거침없는 정치적 확신을 누그러뜨릴 기미를 보이지 않았다. 7월에는 공화당 소속의 현직 의원 캘빈 쿨리지(Calvin Coolidge)에게 맞서 진보당의 기치 아래 소수 정당 대통령 후보로 출마한 로버트 라폴레트(Robert La Follette)를 긴밀히 지지했다. 헬렌은 이 위스콘신주 상원의원이 미국의 제1차세계대전 참전에 반대표를 던지고 헬렌의 수많은 동료 사회주의자들을 끌고 간 스파이방지법에 반대했을 때 푹 빠졌다. 그가 이제 사회당과 노조 연합이 지지하는, 철도와 공공시설을 국유화하고 부유층에 세금을 물리고 아동노동을 불법화하겠다는 공약을 이어 나가려 했다.

그해 여름 라폴레트에게 개인적으로 보낸 편지에 헬렌은 이렇게 썼다. "진보 운동에 반대하는 신문사에서 라폴레트를 지지하는 '잡스러운 것들'이 '귀먹고 눈먼 헬렌 켈러를 비참하게 착취'했다고 외쳐 댈 것을 알기 때문에 편지를 드리기가 망설여졌어요. 시사에 관한 저의 발언을 대하는 언론의 태도보다 더 멍청하고 어리석은 일은 상상하기 어려울 거예요."[17] 마지막 단락은 특히 흥미롭게 들여다볼 만하다.

제가 사회봉사와 시각장애인 관련 사안에 국한해 활동하는 한, 그들은 저를 "시각장애인의 대사제" "놀라운 여성" "현대의 기적"이라 부르며 아낌없이 칭찬해요. 하지만 빈곤에 관해서라면 문제가 달라지죠! 장애인을 지원하는 것은 칭찬받을 만합니다. 피상적인 자선단체들은 부유층의 길을 닦아 주는 반면, 모든 인간이 여유와 안락, 품격 있고 세련된 삶을 누려야 한다는 주장은 이상주의자들의 꿈이고, 진지하게 그것을 실현하려는 사람은 귀먹고 눈멀고 말 못하는 사람이 틀림없다고 해요.[18]

재단 측에서 결국 애니의 요구를 수용해 헬렌을 연봉 5000달러인 유급 직원으로 채용하는 조건으로 헬렌에게 정치적 발언을 삼가도록 한 것인지, 그저 헬렌이 자기를 먹여 살리는 손을 물지 않는 것이 모금의 제1조건임을 직감적으로 이해한 것인지는 알 수 없다. 이유가 무엇이든 AFB의 일원이 되면서 혁명의 이점에 관한 헬렌의 공개적인 발언은 끝이 났다. 이제는 장애가 자본주의 체제의 산물이라고 비난하는 열정적인 연설 대신에 오래전 대중의 상상력을 사로잡았던 그 이상적인 모습을 활용하는 쪽으로 활동의 방향을 잡았다.

1925년 워싱턴 D.C.에서 열린 AFB 모금 행사에 모여든 청중에게 헬렌은 이렇게 말했다. "저는 여러분이 시각장애인이 더 행복해지기를 바라기에 이 자리에 모이셨다고 생각하고 싶습니다. 그것이 바로 이 일이 뜻하는 바입니다. 또한 각 주에 흩어져 있는 시청각장애를 지닌 어린이를 돕는 일이기도 합니다. 그 아이들은 가르침을 받기 전의 저와 똑같이 서글픈 곤경에 처해 있습니다. 여러분, 어둠 속에 갇힌 이 어린 포로들을 빛과 자유로 이끌고자 하는 저를 도와주시지 않겠습니까?"[19] 청중은 열광하며 모금 운동에 거액을 쏟아부었다.

미겔과 이사진이 애니가 만만찮은 적수라고 생각했다면, 헬렌이 자신들 앞에 나타난 도전자임을 곧 알게 되었을 것이다. 수년 동안 노동자들을 대변해 왔던 만큼, 헬렌은 착취를 한눈에 알아챌 수 있었다. 일이 불거진 것은 재단의 회계담당자 허버트 화이트(Herbert White)가 아마도 성공적인 모금 운동에 대한 보상으로 헬렌에게 1000달러 수표를 "상여금"으로 보내면서였다. 1926년 AFB 본부가 위치한 뉴욕시 평균 급여가 연간 1250달러였던 점에 비추어 적지 않은 금액이기는 했지만[20] 헬렌은 자신의 노력 덕분에 그간 재단에 모여든 기금이 수십만 달러에 달한다는 사실을 잘 알고 있었다. 1926년 7월에 여동생과 함께 머물던 몽고메리에서 화이트에게 보낸 분노에 가득 찬 편지에서 드러나듯, 헬렌은 자신이 더 많은 금액을 받을 자격이 있다고 확신했다. 헬렌은 이렇게 썼다. "그 수표를 받는 것이 적절한 일인지 신중하게 판단할 필요가 있었기 때문에 그간 답장을 드리지 않았습니다. 처음에는 메이시 부인과 제가 함께 번 돈이니 받아들이자는 생각이 들었습니다. …… 저희가 돈이 몹시 궁하기도 하고요. 운영위원회에 말씀드렸듯이 급여가 경비로 다 나가고 말았으니까요."[21]

이 집에서는 이제 애니와 헬렌뿐 아니라 폴리 톰슨까지도 없어서는 안 될 존재가 되어 있었고, 이로써 재정적 부담도 가중되었다. 헬렌은 그렇게 "변변찮은 급여"로는 세 여성이 도저히 먹고살 수 없다고 불평했다. "솔직히 메이시 부인과 저를 대하는 재단의 태도는 언제나 실무적 사정만 고려하는 고용자로서의 모습이었어요. 우리는 우리 자신을 파는 입장이니만큼 가능한 한 싸게 팔고자 협상했습니다. …… 하지만 이제는 더 이상 싼값에 팔지 않겠어요. 우리는 훨씬 적은 노력으로도 충분히 생계를 꾸릴 수 있으니까. …… 이런 사정으로, 내년에는 재단을 위해 일하기가 곤란합니다. 더 공정하게 협의한다고 해도 계속할 수 있을지는 잘 모르겠군요."[22]

그 자리가 보장해 주는 재정적 안정이 필요하기는 했지만, 시각장애인 공동체를 위해 재단이 하는 일의 중요성에도 불구하고 헬렌은 그 새로운 직업에 거의 애정이 없는 것이 분명했다. 이 열정 부족을 설명할 요인은 오래전부터 지녔던 자선 활동의 본질에 대한 견해 외에도 여러 가지가 있다. 나중에 헬렌은 넬라 헤니에게 이렇게 털어놓았다. "시각장애인을 위해 일하는 것이 저의 소임이고, 의무를 충실히 이행하려면 그 일을 제 외부 활동의 중심에 두어야 한다는 것도 틀림없는 사실이에요. 하지만 그일이 저의 개성이나 사람들과의 내밀한 관계에서 중심을 차지했던 적은 없어요. 왜냐하면 저는 자선 활동이 사람들이 시력이나 청력을 잃거나 가난에 허덕이며 살아가야 하는 잘못된 조건에 대한 비참한 사죄라고 보고, 이 거북한 입장을 누구에게도 숨기지 않거든요."[23]

헬렌은 수백 번씩 공식 석상에 서고, 하객이 자신과의 만남을 간절히 원하는 만찬장 같은 곳에서 요구받는 새로운 역할을 수행하는 데 뒤따르는 감정적 고통을 감추기가 힘들었다. 나중에 헬렌은 이렇게 썼다. "특히나 신체적 한계가 있고 그 때문에 다른 존재로 비치는 입장에서…… 낯선 사람으로 가득한 무리 앞에서 의례적으로 소개받는 일보다 더 불편한 감각은 없었다. …… 그런 자리에서는 약속이라도 한 듯이 모두 내 한계를 과도하게 의식한다. 내게 말을 걸어 보려다가 손바닥에 글자를 써넣어야 한다는 사실을 알게 되는 순간 그들은 혀가 입천장에 들러

붙어 아무 말도 못 하게 된다. 그러면 나는 몹시 불편해진다." 게다가 불편을 덜어 내기 위해 뭐라도 해야 한다는 기분이 들었다며 이렇게 말했다. "내가 재치 있는 말로 그 난처한 순간을 극복해야 했다는 건 알지만, 우아하게 그 순간을 넘겨 보겠다고 무심결에 꺼낸 말들이 무엇이었는지는 기억나지 않는다."[24]

장애인이 인간으로 대접받도록 역사상 그 누구보다 많은 일을 했다고 할 수 있는데도 헬렌은 여전히 장애인 차별적인 태도에 수시로 맞닥뜨렸는데, 그런 무례한 태도가 매번 헬렌의 괴로움을 더했다. 헬렌의 교육을 주제로 했던 1914년의 한 강연에서 애니는 그 단적인 사례로 이런 경험을 전했다. "몇 달 전에 헬렌과 제가 학식 있는 외국인 의사와 함께 저녁 식사를 했어요. 헬렌은 경제학 관련 문제를 가지고 그와 입씨름을 벌였죠. 두 사람은 독일어로 대화했고 헬렌은 그의 입술을 읽었어요. 의사는 그 토론이 흥미로웠는지 헬렌의 요점을 짚은 다음 거기에 대답했어요. 그러고는 제 쪽을 돌아보며 이렇게 물었어요. '헬렌이 추상적 개념을 이해하고 있나요?' 말문이 막히더군요. 둘이서 30분 동안 추상적인 개념을 놓고 논쟁하고 있었으면서 말이에요!"[25]

이런 경험이 극도의 좌절을 안겨 주었다면, AFB에서 맡은 역할 때문에 오랫동안 경멸했던 사람들 앞에서 돈을 얻기 위해 말을 삼가야 했던 것은 헬렌에게 닥친 또 다른 시련이었다. 래드클리프 시절부터 자선가들에게 생계를 의지하곤 했지만 헬렌 자신이 직접 도움을 요청한 적은 전혀 없었다. 주로 다른 사람들이 헬렌을 대신해 나서는 편이었다. 이제는 잘나가는 기업가에게 접근해 모자를 들고 돈을 구걸하는 것이 헬렌의 주 업무가 되었고, 그중에는 헬렌이 깊이 품어 온 신념을 공격하는 인물도 적지 않았다.

이보다 십 년 전에 헬렌은 존 D. 록펠러(John D. Rockefeller)의 콜로라도채광회사(Colorado Fuel and Iron Company)에 고용된 폭력배들이 어린이 열한 명을 포함해 무고한 주민 스물다섯 명을 총살한 러들로학살(Ludlow Massacre) 사건이 발생하자 록펠러를 공개적으로 비난한 적이 있었다. 헬렌은 사건 직후 한 기자에게 "록펠러 씨는 자본주의의 괴물입니다"라고 말하고는 "미국의 수치"로 불리는 이 기업인의 기념비라도 세우는 것이 어떻겠느냐고 제안했다. 그러면서 자선가로 널리 알려진 그의 평판에도 이렇게 의문을 제기했다. "자선을 베푸는 동시에 힘없는 노동자와 그 아내, 자녀를 총으로 쏴 죽이도록 허락하는군요."[26] 시간이 흘러 헬렌은 재단을 위해 록펠러 가문에 기부를 요청하게 되었는데, 거기에는 특히 학살 당시 아버지의 역할을 적극 옹호하고 나섰던 존 D. 록펠러 주니어가 있었다. 당시 아들 록펠러는 이렇게 한탄했다. "법과 재산을 지키려고 문 앞에 서 있었을 뿐 아무 잘못도 없는 사람들에게 책임을 묻는 것은 극도로 부당합니다."[27] 이제 헬렌의 설득으로 록펠러 주니어는 200만 달러라는 재단의 모금 목표액 중 상당 부분을 차지하는 10만 달러를

기부하기로 동의하여 AFB 모금 운동에서 최고액 기부자가 되었다.[28]

결국 헬렌이 상여금에 대해 불평하며 허버트 화이트에게 보낸 분노에 찬 편지는 빈말이 아니었던 것으로 드러났다. 이사진이 추가로 상여금 5000달러를 지급하기로 결정했지만 헬렌의 마음을 가라앉히지는 못했다. 1926년 10월에 헬렌은 앞선 편지보다는 부드러워진 어투로 이사회에 이렇게 써 보냈다. "여름 내내 이 문제에 관해 고민한 결과 저는 저 자신과 시각장애인 주변의 다른 분의 양해를 구하며 자서전을 고쳐 쓰기 위해서 1년 동안 휴가를 내기로 했습니다."[29] 재정문제는 나아지지 않았지만 언제든지 강연으로 수입을 충당할 수 있다고 덧붙였다. 헬렌이 새 회고록 『중류 지점』을 완성한 직후 월스트리트 대폭락과 뒤이은 대공황으로 모금 환경이 크게 변했다. 이따금 여러 가지 활동을 지원하러 복귀하기는 했지만 다시 재단 상근직원이 된 것은 1932년에 이르러서였다. 1년도 안 되는 사이에 헬렌의 삶과 유산에 중대한 영향을 미치는 세계적인 사건들이 발생한다.

헬렌 대 총통

히틀러가 정권을 장악한 지 몇 달 안 된 1933년 5월 10일, 횃불을 든 학생 수천 명이 나치 구호를 외치며 독일 곳곳의 대학가에 집결했다. 소름 끼치는 행렬이 향하는 곳은 대체로 비슷했는데, 도시 중앙의 광장이었다. 베를린에서는 4만 명이 모여 "극단적인 유대인 지성주의의 시대는 끝났습니다"라는 독일의 신임 대중계몽선전장관 요제프 괴벨스(Joseph Goebbels)의 선언을 들었다. "미래의 독일인은 책만 읽는 인간이 아니라 인성이 좋은 인간이 될 것입니다. 우리는 이런 목표로 여러분을 교육하고자 합니다……. 그러므로 한밤중에 이렇게 모인 여러분이 과거의 악령을 불꽃 속에 몰아넣도록 합시다." 괴벨스가 연설을 마치자 거대한 장작더미에 횃불이 붙어 불꽃이 광장을 비추는 가운데 책과 소책자를 실은 트럭과 자동차가 줄지어 도착하는 장면이 연출되었다.[01] 그 광경을 지켜본 누군가는 이렇게 말했다. "그 책 더미를 실은 차들이 멀찌감치 멈춰 서니 학생들이 무리 지어 책을 한 아름씩 들어다 불 속에 던졌다." 나치 제복을 입은 학생 회장이 자신을 포함한 학생들은 민족운동을 와해시키려 위협하는 "비독일적" 서적들을 불길에 처넣으려 모였다고 선언하자 군중은 환호했다. 그는 이렇게 밝혔다. "독일인의 문헌은 순수성을 갖춰야 합니다."[02]

이따금 학생 중 누군가가 불지옥에 책을 던지며 저자의 이름을 외쳤다. "우리 역사를 날조하고 위대한 인물들을 비하한 지크문트 프로이트. 저질적인 글을 쓴 독일 최고 반역자 에밀 루트비히!" 예상할 수 있듯이 이들의 작품 뒤로는 또 다른 유대인 작가들의 "퇴폐적인" 작품과 마르크스와 레닌을 비롯한 좌파 인사의 문헌이 이어졌다. 책이 귀한 학습 도구라는 것을 아는 학생들은 독일판 "금서" 목록(Expurgatorius index)에 담긴 책을 하나라도 빠트리지 않기 위해서 며칠에 걸쳐 책 더미를 분류했다. 그 과정에서 실수로 불구덩이에 던져질 뻔했던 많은 책이 도서관으로 되돌아갔다.[03]

그리하여 그날 밤 헬렌의 급진적 저술을 독일어로 엮은 책 『나는 어떻게 사회주의자가 되었나』가 다른 수천 종 책과 함께 불구덩이에 던져지면서 헬렌은 업턴 싱클레어(Upton Sinclair), 잭 런던(Jack London)과 함께 나치에 의해 신질서(new order)의

적으로 지목된 미국 작가 중 한 명이 되었다.[04]

불길에 던져진 작품의 저자 중에 19세기 독일의 위대한 시인 하인리히 하이네(Heinrich Heine)가 포함되었다는 사실을 인지한 몇몇 목격자는 훗날 하이네가 수십 년 앞서 예언하듯 썼던 이 문구를 제시했다. "책을 불태우는 곳에서는 결국 인간도 불에 태울 것이다."[05]

며칠 앞서 언론에서 헬렌의 저서가 나치의 숙청 대상으로 선정되었다는 보도가 나왔지만,[06] 헬렌은 자신의 이름이 불태울 대상으로 지목되지 않았더라도 투쟁의 중심이 되었던 유대인 혐오에 분노했을 것이 틀림없다. 헬렌은 오랫동안 미국의 흑인 차별에 대해 느끼던 것과 동일한 도덕적 분노를 느껴 반유대주의를 경멸했다. 히틀러가 정권을 잡기 13년 전인 1920년에 자동차 거물 헨리 포드가 자신이 운영하는 주간지 《디어본인디펜던트(Dearborn Independent)》를 통해 미국 역사상 가장 길게 이어진 증오 선전을 시작하자 헬렌은 분노에 휩싸였다. 신문에서는 매주 미국 사회의 모든 악이 유대인 때문이라고 비난하며 시답잖은 불만을 늘어놓았다. 7년에 걸쳐 이어진 이 연속 기획 중 한 번은 이런 내용이 실렸다. "미국 야구의 문제점이 무엇인지 궁금한 팬이 있다면 세 단어만 알면 된다. 너무 많은 유대인(too much Jew)."[07] 포드의 주간지는 또한 20세기 초 러시아에서 생겨난 시온장로의정서(Protocols the Elders of Zion)라는 악명 높은 음모론을 미국에 처음 소개하며 가상의 유대인 비밀 집단이 경

제를 조종하고 언론을 통제하며 종교갈등을 조장해 세계를 지배하려 한다고 경고했다.[08]

1920년 12월 포드의 증오 선전을 처음 인지한 헬렌은 서둘러 《주이시애드버케이트(Jewish Advocate)》신문에 편지를 보내 포드의 독설을 공개적으로 비난한 미국 최초의 저명인사가 되었다. 헬렌은 이렇게 썼다. "유대인을 향한 《디어본인디펜던트》의 공격에 저는 수치심과 분노로 가득 차 있습니다. 그런 발언은 어리석고 비겁한 거짓말입니다. '의정서'에 대해 자신들이 제기하는 혐의를 뒷받침할 근거를 조사하는 수고는 들이지도 않았을 것이 분명합니다. 한 번만 훑어봐도 이러한 비방이 현재와는 아주 동떨어진 시대에 유래한 적대감과 편견을 사람들의 마음에 심어 주려는 무지막지한 인간들의 작품이라는 것을 알 수 있습니다."[09] 헬렌이 처음 《디어본인디펜던트》에 반대하는 목소리를 내고 몇 년 만에 그 주간지에 게재된 논평을 골라 엮은 책『국제 유대인(The International Jew)』이 발간되었다. 이 책은 특히 독일에서 등장할 수많은 나치의 반유대주의를 부추기는 해로운 영향을 미쳤다. 바이에른의 당 본부 책상 위에 포드의 초상을 걸어 두었던 히틀러는 나중에 디트로이트의 어느 논평가에게 포드가 "나의 영감의 원천"이라고 말했다.[10] 이제 새로 등장한 나치 정권을 통해 그토록 오래 경멸했던 증오 조장 행위가 선명히 드러나는 것을 지켜보며, 헬렌은 타자기 앞에 앉아 아돌프 히틀러에게 보낼 편지를 작성했다.

사상을 짓밟을 수 있다고 생각한다면 당신은 역사에서 아무것도 배우지 못한 것입니다. 이전에도 독재자들이 자주 그런 시도를 했지만 그들이 짓밟으려던 사상은 스스로 되살아났습니다. 나의 책과 유럽 최고의 지성들이 쓴 책을 불태울 수야 있겠지만 그 안에 담긴 사상은 무수한 경로를 통해 스며들었고 계속해서 또 다른 사고를 자극할 것입니다. 나는 오직 독일 국민을 향한 사랑과 연민이 가득한 마음으로 세계대전 당시 시력을 상실한 군인들을 위해 내 책의 인세를 모두 기증했습니다. 유대인을 향한 당신의 야만성을 여기서는 모를 거라고 상상하지 마십시오.[11]

알 수 없는 이유로 헬렌은 편지를 마무리하며 주소란에 쓴 히틀러의 이름에 줄을 그어 지우고 "독일 학생회"로 고쳐 썼다.[12]

1932년 헬렌은 AFB의 유급 직원으로 복귀했다. 서로 입장 차이는 여전했지만 미겔 소령은 헬렌의 재능을 모금만이 아닌 다른 쪽으로도 활용할 수 있겠다고 판단했다. 특히 그해 대통령 선거에서 장애 당사자로서 재단의 대의에 더 공감하리라 믿었던 후보가 백악관에 입성했기 때문이기도 했다. 간간이 AFB 일을 하던 1929년에 헬렌은 당시 뉴욕 주지사였던 프랭클린 D. 루스벨트(Franklin D. Roosevelt)에게 재단 이사회 참여를 요청하는 편지를 보냈다. 루스벨트는 정중히 거절했다. 자신의 초대를 거절한 편지에 서명이 없다는 사실을 알게 된 헬렌은 특유의 각진 필체로 쓴 자필 편지를 동봉해 그 편지를 돌려보냈다. 헬렌은 이렇게 썼다. "친애하는 루스벨트 씨, 서명을 부탁드립니다. 어쩐지 당신이 자유의 땅, 용감한 자들의 고향에서 대통령이 될 듯하니 지금 서명을 받아 두는 편이 좋을 것 같습니다."[13] 1932년 루스벨트가 대통령에 당선되면서 마치 예언처럼 헬렌의 예상이 적중했지만, 선거 2주 전《뉴욕타임스》에 자신이 "여전히 사회주의자"이기는 하지만 "정치에 신경 쓰기에는" 일이 너무 바쁘다고 했던 헬렌 본인은 루스벨트에게 표를 던지지 않았다.[14]

서른아홉 살에 소아마비를 앓아 하반신이 영구적으로 마비된 루스벨트는 장애인 최초로 대통령 집무실을 손에 넣게 되었다. 장애 때문에 신임 대통령에게 친근감을 느꼈든 아니든 간에 헬렌은 루스벨트와 호의적인 관계를 맺었고 그의 아내 엘리너(Eleanor)와는 친지라고 봐도 될 만큼 특별한 우정을 쌓았다. 1933년 2월 헬렌은 영부인에게 이렇게 썼다. "겨우 두 번 만났을 뿐이지만 저는 불우한 사람들을 위한 영부인의 진솔하고 건설적인 노력에 마음을 빼앗겼고, 선거일 이후 우리 사이의 유대감이 점점 더 강해지는 것을 느꼈습니다. 영부인의 용기 있는 행동을 지켜보며 얼마나 큰 자부심과 만족감을 느꼈는지 표현할 길이 없습니다. 라디오를 통해 듣는 영부인의 연설에서는 도의와 이상의 울림이 퍼져 나옵니다."[15]

헬렌은 지체 없이 새 대통령에게 대의에 동참해 줄 것을 요청했다. 취임 후 몇 주 만에 헬렌은 시각장애인들이 연방 우체국 건물에 가판대를 설치해 다양한 상품을 판매함으로써 "생계를 충분히 꾸릴" 수 있도록 하자는 제안에 대한 대통령의 승인을 얻어 냈다.[16] 장애인의 직업적 기회를 확보하는 일은 실제로 헬렌이 남은 생애 동안 주력한 활동이 되었는데, 헬렌은 특히 시청각장애인도 적절한 기회를 얻으면 "충분히 자립"할 수 있다는 믿음에 열정을 쏟았다.[17] 2년 후에 루스벨트가 최초로 연방 노령 연금과 실업보험을 도입하고 장애를 지닌 미국인에게 월별 수당을 지급하는 사회보장법(Social Security Act)이라는 상당한 파급력을 지닌 법안에 서명할 때 헬렌은 더욱 실질적인 양보를 얻어 내는 데 기여했다. 헬렌과 AFB의 열정적인 로비에 크게 힘입어, 늘 주 관할로 간주된 탓에 초안에는 전혀 언급되지 않았던 시각장애를 지닌 미국인을 재정지원 대상자의 범주에 명시적으로 포함하는 수정안이 추가되었다. 사회보장법은 기존의 어느 법보다 시각장애를 지닌 미국인의 삶을 개선하는 데 크게 기여한 것이 틀림없다.[18]

하지만 이런 승리에 만족감을 느끼면서도 헬렌은 재단의 우선순위가 자신과 맞지 않는다고 느낄 때면 반발하곤 했다. 1933년 미겔 소령이 시각장애인이 들을 수 있도록 축음기에 책을 녹음하는 토킹북(Talking Books) 사업에 참여할 것을 제안했을 때도 그랬다. 재단이 새로 시작하는 이 사업은 수십 년 전인 1877년 토머스 에디슨이 은박 축음기 특허를 신청하면서 처음 제안한 것이었다.[19]

미겔의 요청을 받았을 때 헬렌은 스코틀랜드에서 애니, 폴리와 함께 휴가를 보내고 있었다. 전보로 보낸 헬렌의 답장은 간단했다. **"토킹북은 시각장애인에게 당장 필요치 않은 사치품. 실업자가 1000만인 상황에서 축음기 구입 비용을 모금할 생각 없음."**[20]

나라를 경제적 절망의 늪에 빠트린 대공황이 발생한 지 4년이 흘렀어도 여전히 회복될 기미가 보이지 않는 상황에서 헬렌이 내놓은 이런 거부 의사에는 수년 전부터 표명해 온 특권과 장애에 관한 철학이 담겨 있었다. 특권에 대한 비판을 자신의 사회운동에 포함하기 수십 년 전부터 이미 자신의 특권적 지위를 예민하게 의식했던 헬렌은 이를 장애 운동과 연결하기로 마음먹은 지 오래였다. 1916년 글에 썼듯이 헬렌은 비록 지배계급 출신이기는 해도 자신의 가치관에 따라 피지배계급 편에 섰다.

우리 가족은 모두 지배계급에 속했고 태생과 사회적 특권을 자랑스러워했으며 노예를 소유했다. 어린 시절부터 내 마음은 줄곧 노예와 함께했다. 나는 그들과 함께 쫓겨났다. 그들과 함께 박탈당했다. 백인 남성이 자기가 원하는 직업이나 집을 가질 때 집과 교회에서 쫓겨날 뿐 아니라 수익성 있는 일로 지배계급과 경쟁하다가는 테러와 린치를 당하기까지 하는 그들의 굴욕에 나는 비통함을 금할 수 없다. 그리고 정의, 품위, 고등교육, 기회의 평등, 모두를 위한 공정한 경쟁을 위해 투쟁하는 모든 노동자를 지지한다. 그들의 싸움은 나의 싸움이며, 나는 그들이 원하는 것을

원하고 반대하는 것에 반대한다.[21]

공개적으로 급진 정치에 뛰어들고 몇 년이 지난 이 시기에도 헬렌의 정치적 신념은 여전히 깊어지고 있었던 것이 틀림없다. 이보다 3년 앞서 헬렌은 미국 도서관에 점자책을 배포하는 데 필요한 예산을 책정해 달라고 의회에 로비를 펼쳐 성공을 거두었다. 당시 헬렌은 의원들에게 "책은 시각장애인의 눈입니다"라고 말했다.[22] 그렇기에 점자 보급에 열의를 보이던 헬렌이 갑자기 새 사업에 참여하기를 거부하자 미겔과 관련자들은 충격을 받았다. AFB의 역사를 기록한 프랜시스 케스틀러는 이렇게 말한다. "헬렌의 토킹북 사업 참여 거부는 재단 이사진에게 충격과 실망을 안겼다. 어떤 이들은 헬렌이 청각장애를 지녔기 때문에 구어의 중요성을 과소평가하는지도 모른다고 보았다. 또는 '사치품'보다 빵을 우선시하는 것이 당연하다고 여기는, 평생에 걸친 사회주의자로서의 신념에 따른 결과라고 생각했다."[23]

헬렌이 재단 직원의 임무보다 자신의 원칙을 중시한 것은 이번이 마지막이 아니었다. 1943년 겨울, AFB 사무총장 밥 어윈(Bob Irwin)은 헬렌에게 시각장애인이 질환과 관련된 자잘한 비용에 대해 500달러까지 세액공제를 받을 수 있게 하는 소득세법 개정안을 통과시키기 위한 로비를 해 달라고 요청했다. 이번에도 헬렌은 부유한 소수에게만 혜택이 돌아가는 조항에 조금의 관심도 없었다. 헬렌은 어윈에게 이렇게 썼다. "물론 저는 시각장애인에게 이득이 되는 모든 운동을 환영하지만, 그 H. R. 3687[법안]은 실명 보험 도입안만큼 크게 중요해 보이지 않아요. 여러분과 저처럼 꽤 여유로운 계층이 느끼는 특정한 소득세 부담은 제가 보기에 상당수 시각장애인이 소득세를 전혀 내지 않는다는 사실 앞에서 의미를 잃습니다." 그 대신 장애와 빈곤이 중첩될 때가 많다는 점을 상기시키며 이렇게 주장했다. "저의 주목적은 항상 빈곤과 시각장애라는 비극을 동시에 겪는 사람들의 복지를 증진하는 데 있고 앞으로도 이를 중심으로 활동하고자 합니다."[24]

이러한 거부를 한때 악명 높았던 정치사상 탓으로 돌린 이사진의 판단이 옳았을지도 모르지만, 그렇다 해도 헬렌이 그저 당의 노선에 따랐다고 볼 수만은 없었다. 헬렌에게 사회주의란 마르크스를 읽고 존 메이시를 만나고 사회당에 입당하기 훨씬 전부터 형성된 나름의 깊은 신념을 구체화한 것일 뿐이다.

헬렌은《뉴욕타임스》에 이렇게 말했다. "대문자 'B'가 붙은 시각장애인(Blindness) 집단이 제 관심을 끌었던 적은 없어요. 저는 늘 시각장애인을 사회의 일부로 보았고, 시각장애인이 인권을 되찾아 세계경제 속에서 유용하고 존엄한 자리를 지킬 수 있도록 돕고자 했어요. 시각장애인에 관한 저의 발언은 청각장애인, 보행장애인, 빈곤층, 정신질환자 등 어려움을 겪는 모든 집단에 똑같이 적용됩니다."[25]

재단을 위해 기꺼이 받아들인 사업과 단호히 거절한 사업을 살펴보면 헬렌의 우선순위가 뚜렷이 드러난다. 헬렌은 거듭거 듭 사회에서 가장 취약하다고 여겨지는 계층을 옹호하는 일을 택했다. 사실 헬렌은 결국 토킹북 사업에 적극적으로 참여했지 만, 이는 루스벨트가 대공황이 남긴 최악의 피해를 완화하기 위 해서 뉴딜 사업을 시작한 이후의 일이었다.

⠠⠋⠞⠑⠗⠀⠞⠓⠑⠀⠍⠊⠗⠁⠉⠇⠑

1930년대 중반이 되자 헬렌은 수년째 건강이 나빠지는 선생 님을 돌보느라 재단 일에서 점점 멀어졌다. 1935년 말에는 20년 전 애니가 결핵을 치료하느라 푸에르토리코에서 몇 달간 지냈 을 때처럼 따뜻한 기후에 몸 상태와 기분이 나아지기를 바라는 마음으로 애니와 함께 자메이카로 여행을 떠났다. 열대의 아름 다움에 묻혀 지내면서도 현지인들의 고난에서 눈을 돌릴 수 없 었던 헬렌은 친구에게 이렇게 썼다. "아름다운 자연 속에서 보 니 가난과 무지가 더욱 끔찍해 보여요. 이토록 매력과 즐거움이 넘쳐 나는 섬의 어두운 면을 거론하는 게 너무 궁색해 보일지 모 르지만, 상상력이 있는 사람이라면 선주민 대부분의 피폐한 모 습 앞에서 그 매력을 계속 느끼기는 어려울 거예요."[26]

이듬해 여름, 애니가 남아 있던 반대쪽 눈의 시력마저 잃고 나자 헬렌은 소중한 선생님의 시간이 얼마 남지 않았음을 직감 했다. 두 사람이 롱아일랜드 해변의 건물을 빌리고 나서, 애니는 집에 돌아가 새로운 마음가짐으로 지낼 생각에 부풀어 있다며 헬렌의 마음을 달랬다. 헬렌은 이렇게 회고했다. "나는 그 말에 속지 않고 선생님이 죽어 가고 있다는 것을 깨달았다."[27] 이 마지막 몇 달 사이에 방문한 친구들은 가슴 아픈 반전을 전했다. 애니가 남은 시력을 잃은 후로 점자 읽는 법을 잊어버렸다는 사실을 알게 된 후로 헬렌은 몇 시간씩 곁에 머물며 선생님의 손을 점자 위로 이끌어 글 읽기를 다시 익히도록 도와주었다. 애니가 점자를 알려 준 지 반세기가 지나 제자가 선생님이 되었다.

1936년 10월 15일, 애니가 관상동맥혈전증을 겪은 후로 이전에 애니가 하던 역할을 점차 넘겨받고 있던 폴리 톰슨이 워싱턴의 레노어 스미스에게 전보를 쳤다. **"선생님 상태 급속 악화."**[28]

헬렌은 이렇게 회고했다. "그 후 며칠 사이에는 내 심장이 멎을 것만 같았다. 선생님의 상태는 오락가락했다. 절망에 사로잡힌 선생님은 몹시 비통해하는 폴리와 나는 안중에도 없는 듯할 때가 많았다. 누가 방을 정리하고 있으면 선생님은 계속 죽음의 천사가 곧 도착할 테니 그전에 모든 것이 정리되어 있어야 한다고 말했다."[29]

헬렌에게 남은 애니에 대한 마지막 기억은 친구이자 이웃인 허버트 하스(Herbert Haas), 그리고 폴리와 함께 애니의 침대맡에 모여 있던 10월의 어느 날 저녁이었다.[30] "허버트가 조금 전에 본 로데오 이야기를 들려주자 선생님이 웃음을 터트렸다. 허버트가 한 말을 전부 내 손에 써 주면서 얼마나 부드럽게 어루만

져 주시던지. 그러고는 혼수상태에 빠져 다시는 깨어나지 못했
다."³¹

전 세계에서 애도의 목소리가 쏟아지는 가운데 뉴욕에서 장
례식이 열렸고, 유골은 워싱턴국립대성당(Washington's National
Cathedral)에 안장되었다. 이는 평소 대통령을 포함한 특정한 국
가적 인물만이 누릴 수 있는 영예였다. 하지만 상상력을 사로잡
은 인생사로 인해 애니의 영혼이 전 국민의 마음에 자리 잡은 듯
했다. 추도사를 맡은 해리 포스딕(Harry Fosdick) 목사는 이렇게
선언했다. "언젠가는 끝날 수밖에 없는, 인류 역사상 가장 특별
한 이야기의 마지막 장이 여기서 끝납니다. 동쪽 창을 파고드는
햇살처럼 친구의 삶을 비추던 사람."³²

하지만 그 어떤 가슴 아픈 추도사도 두 여성이 서로에게 어
떤 의미였는지, 그 강도를 도로시 허먼만큼 짚어 내지는 못했다.
1998년에 발표한 전기에 허먼은 이렇게 썼다.

거의 50년에 걸쳐 두 사람은 최고로 열정적인 사랑을 나누는 연
인들만큼이나 전면적인 우정을 나누었다. …… 연인이 대부분
그렇듯이 두 사람 사이의 동맹은 권력과 의존이 얽힌 복잡한 상
호작용으로 이루어졌다. 애니는 헬렌의 명성에 의지해 생계를
감당했고 평온해 보이는 헬렌의 기질에 의지해 어두운 기운을
떨쳐 낼 수 있었지만, 정작 세상에 무력한 존재로 비친 것은 장애
를 지닌 헬렌 쪽이었다.³³

넬라에 따르면 애니의 죽음으로 헬렌의 공적인 삶이 끝날 수밖에 없다고 생각하는 친구가 많았다. 헬렌을 지도해 줄 선생님이 사라진 이상 앨라배마로 돌아가 여동생 밀드레드와 여생을 보내는 수밖에 없다고 보았다. 다들 폴리 톰슨이 애니를 대체할 수는 없다고 생각했다.[34] 애니는 헬렌이 잘 지낼 거라고 확신하면서도 마지막 며칠 동안 간호사에게 비슷한 걱정을 계속 늘어놓았다고 한다. 애니는 이렇게 말했다. "헬렌의 뒤가 아닌 옆에 서겠다고 다툴 사람이 얼마나 많을지 알고 있어요. 폴리가 충분히 감당할 수 있을지 모르겠네요."[35] 하지만 사실 이 의뭉스러운 스코틀랜드 여성은 오랜 세월에 걸쳐 충분한 실력을 보여 주었다. 선생님의 뒷자리에 만족했음에도 불구하고 애니의 건강이 나빠지면서 폴리는 점차 더 많은 임무를 넘겨받았고, 애니와 맺었던 유대 관계까지는 아니라도 헬렌은 폴리를 신뢰하게 되었다. 심지어 애니와는 불가능했던 정치적 유대감까지 누렸다. 넬라 헤니는 폴리가 "정치 이외의 모든 분야에서 보수적"이었다며 이 스코틀랜드 여성이 헬렌의 좌파적 신념에 곧잘 동조하면서도 사람들을 잘못된 방향으로 인도하는 온갖 편견에 빠져 있을 때가 많았다고 했다. 애니가 가톨릭신자였던 점을 생각하면 역설적으로, 폴리의 편견 중에는 가톨릭에 대한 멸시도 포함되어 있었다. 넬라는 보기에 "폴리는 존 녹스(John Knox, 16세기 스코틀랜드 종교 개혁가—옮긴이)만큼이나 편협했다".[36]

헬렌은 공적인 삶을 내려놓을 생각은 전혀 없었지만 자신의 미래에 관해, 그리고 오랫동안 이어 온 AFB와의 관계가 족쇄로 작용하는 점에 대해 다시 생각하기 시작했다. 한동안은 재단에서 사직할 생각도 했고 정규직으로 복귀한 지 얼마 되지 않았던 1932년에 기부금 관리를 둘러싼 분쟁이 발생하자 미겔 소령에게 이미 그런 편지를 쓰기도 했다.[37]

여전히 슬픔에 빠져 있던 헬렌은 아직 미래를 결정하지 못했다. 헬렌은 이렇게 회고했다. "선생님이 떠나면서 내 삶이 크게 흐트러져 방향을 잡기까지 여러 달이 걸렸다."[38] 폴리는 헬렌에게 함께 스코틀랜드로 가서 자신의 가족과 성탄절을 보내며 마음속에 들어찬 "슬픔의 안개"를 걷어 내자고 제안했다. 11월에 SS도이칠란트(SS Deutschland)호를 타고 출항한 후 헬렌은 십대 시절 이후 처음으로 일기를 쓰기로 하고 생각과 감정을 담은 선상 일기를 쓰기 시작했다. 이 기간에 매일 숙고한 내용을 살펴보면 헬렌의 시각이 달라지는 징후가 강하게 드러난다. 더 이상 건강이 나빠지는 애니 걱정에 시달리지 않게 된 헬렌은 10여 년 전부터 AFB에서 일하면서 스스로 둘러쳤던 정치적 고치에서 벗어나기로 마음먹은 듯하다. 이 일기는 헬렌이 지닌 시사 관련 지식의 깊이와 폭넓고 다양한 독서 습관을 독특한 관점에서 살펴보게 해 준다. 또한 유럽 전역을 휩쓰는 파시즘의 위협을 점점 더 크게 염려하며, 전 지구적 정세에 대한 깊은 이해를 바탕으로 정교한 정치 분석을 보여 준다. 그중에서 1937년 4월에 쓴 일기에는 가장 강력한 예언이 담겼다. "2주 전에 히틀러가 군에 갑작스러운 쿠데타에 대비하라고 명령했다는 기사를 읽은 후로 마음에 불안이 가득하다. 히틀러가 단독으로 저지르지는 않겠지만 무솔리니와 만난 후에 무슨 끔찍한 일이 벌어질지 모를 일이다. 이 무자비한 지도자 둘이 또 다른 전쟁의 발판을 만들 수도 있다."[39] 또 다른 글에서는 전쟁이 몇 년 이내에 일어날 수도 있으리라 내다보았다. 히틀러가 소련을 침공하기 4년이나 앞서 헬렌은 이렇게 썼다. "조만간 독일, 이탈리아, 일본이 손잡고 러시아를 정복하려 들 가능성이 있으며 이는 단지 가능성이라고만 할 수 없다."[40]

위에 인용한 글은 히틀러의 "사악한 세력"과 "미친 듯한 권력 추구"를 지적한 무수한 일기 중 단 두 편에 지나지 않는다. 실제로 1938년 3월에 헬렌의 일기가 출간되자 총통을 비난하는 내용이 어찌나 많았던지 나치 정권 측에서 "히틀러 국가의 불의와 잔학성"을 서술한 수많은 문장을 인용하며 독일 내 판매 금지를 발표했을 정도였다.[41] 대다수에게 여전히 사랑과 이해의 성자로 그려지던 이 여성은 나치가 자신의 다른 저서를 장작불에 던진 지 5년 만에 세계에서 가장 무도한 독재자마저 떨게 할 정도로 날카로운 글솜씨를 선보였다. 뉴욕에 기반한 반나치 소식지 《디아워(The Hour)》에서 헬렌은 이렇게 말했다. "독일에서 나의 일기를 금지했다고 하니 야만적인 테러리즘에 맞서 비장애인과 장애인의 권리를 똑같이 주장하고 싶어집니다. 노예제도를 묵인하고 원칙과 권력욕을 구분할 줄 모르는 그들은 눈이 멀었거

든요."⁴²

　나치에 대한 거침없는 발언과 일기를 출간하기로 한 결정으로 헬렌은 시각장애 이외의 주제에 관해서도 다시 목소리를 내기로 마음먹었음을 알리는 듯했다.

　한편 독일군이 유럽을 거의 무방비 상태로 짓밟는 것을 지켜보면서 헬렌은 히틀러의 범죄에 충분히 주의를 기울이지 않는 미국 언론에 점점 더 크게 좌절했다. 미국나치선전반대위원회(American Council against Nazi Propaganda) 참여 요청을 수락할 정도로 "무시무시한 위협"을 염려했던 헬렌은 독일에서 장애인을 겨냥한 끔찍한 안락사 계획이 추진되고 있다는 보도를 제시하며 경각심을 불러일으켰다. 그러고는 장애인의 어려운 처지를 알리려는 데에 더 많은 노력을 기울였는데, 그러던 중에 나치가 자신을 "블랙리스트, 즉 강제수용소로 이송될 용의자 명단"에 올렸다는 소식을 전달받았다.⁴³ 이 무서운 소식을 입수한 경로에 대해서는 자세히 밝힌 바가 없다.

　이 시점에 헬렌은 우생학에 관한 자신의 입장이 크게 달라졌음을 깨달았다. 아기 볼린저 사건에 개입해 곤란을 겪은 지 20년 만에 헬렌은 구명 수술이 필요한 영아에 관한 또 다른 논쟁에 참여했다. 시카고에서 한쪽 눈에 악성종양이 생긴 채로 태어난 헬레인 콜런(Helaine Colan)이라는 아기였다. 의료진이 안구를 제거하면 아기의 생명을 살릴 수 있다며 수술을 권했지만 부모가 아기를 시각장애인으로 살게 하느니 죽게 내버려두겠다는 뜻을 비치며 거부했다. 헬렌을 포함한 여러 사람의 노력으로 장애인을 인간답게 대하는 방향으로 크게 진보했지만, 당시 수많은 논평가가 보여 준 반응에서는 여전히 끈질기게 남아 있던 구시대적 태도가 극명히 드러난다. 한 신문에서는 "어둠 속의 삶보다는 죽음이 낫다"라며 수술에 반대했다.[44] 헬렌은 수년 전 하이젤든 박사의 우생학적 주장을 지지했던 입장을 완전히 뒤엎고 전보와 공개서한을 통해 아기의 가족에게 이렇게 전했다. "시각장애가 최악의 문제는 아닙니다……. 시각장애인은 죽는 편이 낫다고 말하는 사람은 또 다른 어둠에 갇혀 있는 것입니다."[45] 이런 노력 덕분에 부모가 수술에 동의하여 헬레인의 목숨을 살릴 수 있었다.

1938년 가을, 수정의밤(Kristallnacht) 대학살이 발생한 지 3주 후에 헬렌은 《뉴욕타임스》의 편집장직에서 막 은퇴한 친구 존 핀리(John Finley)에게 편지를 보내 그 무렵 빈의 유대인시각장애연구소(Jewish Institute for the Blind) 전 직원으로부터 받은 편지를 살펴봐 달라고 요청했다. 나치가 연구소를 폐쇄하고 학생들을 몰아내 "시각장애로 곤경이 심한 탓에 앞을 볼 수 있는 유대인보다 더 고통받으며 구걸하거나 굶어 죽게" 했다는 내용이었다. 헬렌은 핀리에게 "억압받는 이들의 대변자, 혼란에 빠진 이들의 조언자"로서 "시각장애보다 더 나쁜 가려진 그림자, 비인간성으로 무력한 자들을 찌르는 침묵의 칼끝"에 빛을 비추는 데에 영향력을 발휘해 달라고 촉구했다. 같은 편지에서 헬렌은 커지는 좌절감을 드러내면서, 9월 뮌헨회담에서 히틀러가 주데텐란트(Sudetenland)를 합병하도록 허용한 프랑스와 영국의 "배반"을 "멀리 내다보며 대담하게 독재에 맞서야 했을 정부의 어리석음과 비겁함"이라며 질타했다.[46]

AFTER THE MIRACLE

세상사를 면밀히 지켜보면서도 헬렌은 어릴 때부터 좋아했던 소설과 시를 계속 탐독했다. 미국인 수백만 명이 그랬듯이 헬렌도 남북전쟁 및 재건 시대의 조지아주를 배경으로 펼쳐지는 장편 서사로서 1936년 출간 후 베스트셀러가 된 마거릿 미첼(Margaret Mitchell)의 소설 『바람과 함께 사라지다(Gone with the Wind)』에 푹 빠졌다. 그 소설은 "나른하고 달콤했던 터스컴비아의 봄과 초여름의 향수"를 자극했고, 아프리카계 미국인에 관한 묘사는 "만족할 줄 모르는 말괄량이였던 나와 착하게 놀아주던" 흑인 친구들과 헬렌 자신을 떠올리게 했다. 하지만 목가적인 어린 시절의 추억을 떠올릴 때면 종종 그랬듯이 자신도 생생히 기억하는 가혹했던 현실이 되살아났다. "슬프게도 나는 그 어린아이들이 나면서부터 마주한 비참한 가난과 무지, 미신, 그리고 그들 중 다수가 여전히 겪으며 살고 있을 지독한 흑인문제가 떠오른다."[47]

1938년 캔자스시티의 아프리카계 미국인 신문 《더콜(The

Call)》과의 인터뷰에서는 더 노골적으로 감정을 드러냈다. 헬렌이 할렘르네상스(Harlem Renaissance) 시기의 유명한 시인 카운티 컬런(Countee Cullen)과의 사적인 우정에 관해 이야기하자 기자는 "린치와 편견"을 용인하면서도 미국이 도덕적 영향력을 행사할 수 있다고 생각하느냐고 질문했다. 기자의 표현에 따르면, 폴리가 헬렌의 손바닥에 "린치(lynchings)"라는 단어를 쓰자 헬렌의 얼굴에 "확연한 공포의 징후"가 떠올랐다고 한다. 헬렌은 사회당과 IWW에 공개적으로 참여했던 시절 이후로 미국 정치에 대한 공개적 발언에서 거의 사라졌던 표현과 어조를 되살려, "이 모든 일에 내 영혼이 수치스럽다"라고 선언했다. 그러면서 미국이 "모든 국민을 위한 정의와 인류애를 흠 없이 실천해 나가는 모습을 전 세계에 보인다면" 훨씬 더 큰 영향력을 발휘할 수 있다고 덧붙였다.[48]

그리고 헬렌은 흑인에 대한 인종차별 문제가 계속 터져 나오는 중에도 소외된 다른 집단을 향한 차별에도 똑같이 분개하는 모습을 보였다. 1939년 7월 코네티컷주 웨스트포트에 아컨 리지(Arcan Ridge)라고 이름 붙인 저택을 구입한 지 얼마 안 되어 헬렌은 스토니 선주민족(Stoney Indian Nation) 명예 회원으로 "선정"되었다는 통지를 받았다. 이는 영화배우나 정치인 같은 저명인사에게 수여하곤 하는 영예였다. 이전까지 여기에 선정된 유명 인사들은 상투적인 소감을 밝히는 데 그쳤다. 하지만 헬렌은 회원 자격 수여식에 참석해 선주민족이 대중 서적과 영화에서 늘 "야만인(savages)"으로 묘사되곤 하던 이 시기에 거의 거론되지 않던 문제에 관해 발언할 기회를 얻었다. 헬렌은 스토니족 앞에서 이렇게 말했다. "어린 시절부터 인디언에 관해 찾을 수 있는 모든 글을 읽은 저는 백인이 저지른 끔찍한 잘못과 그들이 평화로이 인디언의 주신(Great Spirit)을 섬기던 제자들에게 저지른 폭력이 부끄러워 얼굴이 뜨거워지곤 했습니다."[49]

오랫동안 AFB 홍보 업무와 관련 없는 문제에 관해서는 거의 발언하지 않았던 헬렌에게 무언가 변화가 생긴 것이 틀림없었다. 이보다 몇 년 앞서 헬렌은 미겔 소령에게 AFB와의 업무적인 관계로 인해 "마찰과 불행"을 겪고 있다고 밝힌 적이 있었다. 그러면서 뭐라도 하지 않으면 "남은 인생을 시각장애인을 위해 구걸하며 살 것이라는 전혀 매력적이지 않은 전망" 속에 살아갈까 두렵다고 했다.[50]

1930년대가 저물 무렵에는 헬렌이 너무나 오래 억눌러 온 옛 마음을 풀어내기로 결심했다는 사실이 점점 더 뚜렷해졌다.

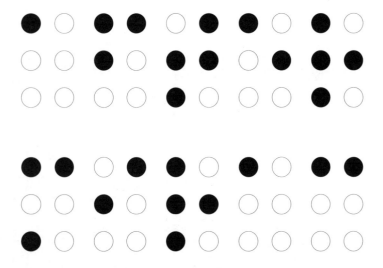

After the Miracle

part

III

헬렌과 빨갱이들

17

"저항 정신"

1939년 초에 헬렌은 엘리너 루스벨트에게 "부끄럽지만 제 책 『어둠을 벗어나』를 보내드려도 괜찮을까요?"라는 간단한 글귀와 함께 소포를 보냈다. 당시 헬렌의 정치철학이 담긴 글로서 가장 악명이 높았던 「나는 어떻게 사회주의자가 되었나」를 포함해 헬렌이 좌파 정치활동 초기에 쓴 글 여러 편을 묶은 그 책은 미국 영부인에게 선뜻 보낼 법한 선물은 아니었다. 백악관 재임 중에도 진보적 대의를 지키려 끊임없이 노력하는 루스벨트 여사를 지켜보면서 헬렌은 정치적 동반자를 찾았다고 여긴 듯하다. 헬렌은 이렇게 덧붙였다. "지금 보면 시대에 뒤처진 이야기도 좀 있지만, 우리 둘을 움직이게 했던 저항 정신은 그대로 남아 있어요."[01]

1940년 12월에 헬렌은 다시 한번 엘리너에게 편지를 보냈는데, 이번에는 자신이 한동안 관심을 두고 있던 대의에 동참해 달라는 내용이었다. 이보다 한참 전인 1938년에도 헬렌은 스페인 공화파의 대의를 지지하며 일기에 이렇게 썼다. "마드리드의 수호자들을 생각하면 심장이 찢기는 듯하다. 더 개화된 나라를 만들기 위해 목숨을 바치는 많은 이들을 위해 흘리는 나의 눈물이 자랑스럽다."[02] 피비린내 나는 3년간의 내전을 예의 주시한 헬렌은 1939년 좌파 인민전선(Popular Front) 정부에 충성했던 공화파 세력이 히틀러의 지원을 등에 업은 프란시스코 프랑코(Francisco Franco) 장군에게 밀려나자 크게 실망했다.

내전이 끝난 후 살아남은 미국인과 국제여단원은 자국으로 돌아갈 수 있었지만 스페인 공화파는 1939년 1월 바르셀로나를 무너뜨리고 곧장 "반역자" 소탕에 나선 프랑코의 보복을 피해 달아나야 했다. 대대적인 처형과 고문, 강제 노역 보도가 이어지면서 거의 50만 명이 국경을 넘어 프랑스로 탈출하는 이른바 퇴각(La Retirada)이 벌어졌다.[03] 이 난민들도 결국 1940년 6월 나치 독일이 프랑스를 침공해 비시(Vichy)에 꼭두각시 정권을 세운 후로는 대부분 강제수용소나 강제 노역에 끌려갔다.

처음 AFB 직원이 되었던 1924년부터 헬렌은 외부 활동을 대부분 단절한 채 지냈다. 나치 독일을 강하게 비판하고 이따금 인종차별에 대해 솔직하게 발언한 것을 제외하면 정치적 의견을 거의 드러내지 않았다. 그러나 1940년에는 조용히 미국구조선작전(American Rescue Ship Mission)이라는 신생 단체의 명예 의장직을 맡았다. 미국스페인연합원조위원회(United American Spanish Aid Committee)의 후원을 받는 이 단체는 교통편만 마련할 수 있다면 강제수용소에 있는 스페인 난민을 멕시코로 보내는 데에 프랑스 비시정부가 합의했다고 발표했다. 멕시코는 내전 중에 스페인 공화파를 지지한 몇 안 되는 나라 중 하나였다. 이를 위해 헬렌은 프랑스에서 난민을 이송할 구조선 임차비 30만 달러를 모금하는 임무에 착수했다.

헬렌은 곧바로 폭넓은 인맥을 동원해 지인들에게 이 일에 동참해 달라고 호소했는데, 그 대상에 영부인도 포함되었다. 1940년 12월 초에 헬렌은 루스벨트 여사에게 이렇게 써 보냈다. "여사님은 열세 개 식민지(대영제국 당시 북아메리카에 있던 식민지로 독립 후 미국을 건국함—옮긴이)가 적대적인 세계에 맞서 생존과 자유를 위해 어떻게 싸웠는지 아실 테지요. 아직도 가늠할 수 없는 그들의 희생을 기리는 데에는 망가진 유럽에서 민주주의를 지키기 위해 불길을 헤치며 피 흘려 온 사람들을 돕는 것만큼 적절한 일은 없는 듯해요."[04]

몇 년 앞서 프랭클린 D. 루스벨트는 미국의 인기 연예인 윌 로저스(Will Rogers)에게 "저는 헬렌 켈러가 하는 일이라면 무엇이든 지지합니다"라고 말했다.[05] 모금 활동에 이름을 빌려주기로 흔쾌히 동의한 것을 보면 엘리너도 남편과 같은 마음이었던 모양이다. 엘리너가 후원을 약정하고 며칠 뒤에《뉴욕타임스》에서는 대학 총장과 저명한 성직자, H. G. 웰스, 예후디 메뉴인(Yehudi Menuhin) 등 유명 인사 130인이 헬렌 켈러의 후원자로 나섰다고 밝혔다. 루스벨트 여사는 심지어 12월 12일 여러 매체에 게재되던 인기 논평 '나의 하루' 지면에 구조선위원회를 언급하기까지 했다.[06]

그런데 며칠 만에 엘리너의 태도가 돌변했다. 12월 중순에 영부인이 갑자기 헬렌에게 후원을 철회한다는 편지를 보냈다. "미국구조선작전을 후원하는 단체가 스페인위원회에서 탈퇴했다는 사실을 지금 막 알게 되어, 너무나 아쉽지만 같은 목적으로 활동하는 다른 단체와 함께하는 것이 더 낫겠다는 생각이 듭니다. 그래서 철회하고자 하니 앞으로는 제 이름을 쓰지 말아 주시기를 바랍니다. 당신도 이 사실을 몰랐을 것이 틀림없다고 믿기에, 제 이름을 빼 달라고 요청하는 이유를 알려 드리고자 이렇게 편지를 씁니다."[07] 루스벨트 여사가 물러난 사실은 그로부터 3주가 더 지난 후인 1941년 1월 초에 《뉴욕타임스》에서 그 소식을 1면에 대서특필하면서 공개되었다. 내용 자체는 12월에 엘리너가 헬렌에게 사적으로 전한 설명을 되풀이한 것이었지만 《뉴욕타임스》는 이보다 몇 달 앞서 스페인구호행동(Spanish Relief Campaign)에서 빚어진 분열 사태의 "이면의 사연"을 밝힘으로써 독자가 행간을 읽어 내도록 했다. 사연인즉, 미국스페인연합원조위원회의 고위 활동가들이 "구호보다 공산주의 선전 지원을 우선시하고, 정치와 무관하게 스페인 난민의 안전을 도모하고자 참여한 자유주의자들의 활동을 방해"했다는 이유로 "축출"되었다는 것이었다.[08] 심지어 이 단체의 사무총장 프레드 비덴카프(Fred Biedenkapp)는 공산당과 긴밀히 연결되어 있었다.

헬렌은 자신의 이름을 빌려준 그 단체가 공산주의 전선이 분명하다는 폭로에 처음에는 전혀 개의치 않았다. 언론에 실린 성명을 통해 헬렌은 재차 지지 입장을 밝혔다. "자유로운 영혼을 지녔다면 구조선작전을 적대해야 한다니, 가슴이 아픕니다. 저는 순수하게 대중을 사랑하는 마음에서, 자유의 불꽃을 북돋우거나 꺼진 불꽃을 다시 타오르게 하는 일을 기쁨이자 특권으로 여기기 때문에 이 단체에 제 이름을 걸었습니다. 저는 보수적이든 급진적이든 상관없이 용감한 사람들의 애타는 요청에 귀 기울이는 일보다 자기만의 전술이나 이론을 더 중시하는 사람을 인류의 배신자로 여깁니다."[09] 루스벨트 여사가 물러나자 철회의 물결이 일었지만 그 대탈출의 대열에서 헬렌 켈러의 이름은 보이지 않았다. 초기에는 헬렌이 애초의 입장을 고수하며 스페인 난민을 위한 활동을 이어 나갈 의사가 있는 듯 보였다.

하지만, 물밑에서는 애니가 죽은 뒤로 헬렌의 최측근이 된 넬라 헤니의 주도로 헬렌의 핵심 측근 사이에 일련의 사건이 벌어지고 있었다. 넬라는 더블데이출판사에서 일하던 중 헬렌의『내인생의 이야기』속편 작업을 도우라는 상사의 지시에 따라 헬렌의 삶에 처음 발을 들였다. 겉보기에 두 사람 사이에는 공통점이 많아 보였다. 조지아주의 작은 마을에서 태어난 넬라는 웨슬리

언대학(Wesleyan College)을 졸업한 후 온실 속 같은 남부의 삶을 벗어나기 위해 뉴욕으로 이주했다. 그리고 얼마 안 가 신입 편집자로 더블데이출판사에 취직했다. 넬라는 맨해튼에 있는 사무실에서 뉴욕시 퀸스 자치구의 녹음이 우거진 주거지 포리스트힐스에 있던 헬렌과 애니의 집으로 매일 찾아가 두 사람과 긴 시간을 보내면서 금세 지문자를 익혀 1929년 출간된 헬렌의 두 번째 회고록 『중류 지점』 작업을 함께했다. 그러는 사이에 애니와 돈독한 유대감을 쌓은 넬라는 1933년 애니의 회고록 『앤 설리번 메이시』의 집필자로 선택받았다. 애니가 죽은 후 헬렌은 자신의 업무 전반을 위임할 정도로 넬라를 신뢰하게 된다.

넬라가 애니로부터 헬렌의 보호자 역할을 물려받았다고 믿은 것은 틀림없지만 그 방법은 전혀 달랐다. 애니는 갈수록 급진화하는 헬렌의 정치적 입장이 탐탁잖을 때면 그런 의견을 공개적으로 표현했다가는 제자의 평판이 손상되거나 활동에 방해가 될 것으로 여긴 모양인지 늘 부드럽게 지적하거나 농담처럼 동의를 표해 헬렌이 제자리로 돌아오도록 유도했다. 이와 전혀 다르게 넬라는 헬렌의 뒤에 숨어서 위험을 통제하려 할 때가 많았다. 그리고 이제는 폴리 톰슨이 언론과 대중은 물론 AFB까지 포함한 외부 세력과 헬렌 사이의 1차 관문 역할을 맡고 있어 헬렌에게 접근하려면 폴리를 통해야 한다는 사실을 넬라는 오래전부터 알고 있었다. 스페인 원조 논란이 불거졌을 때 재단 내부에서 어떤 식의 반발이 일어났는지 확인할 자료가 마땅치 않지만, 이 시기에 폴리와 넬라 사이에 오간 서신을 보면 그 정황이 그려진다.

폴리는 우선 헬렌이 스페인원조위원회에 관여하도록 "허용"한 자신을 탓했다. 서신이 전부 남아 있지는 않지만 폴리에게 경계가 느슨하다고 암시한 사람이 넬라였던 것은 분명하다. 폴리는 이렇게 썼다. "아아, 넬라, 저는 제 자신을 절대 용서 못 할 거예요. 더 잘 알아봤어야 했는데. 네, 헬렌이 하고 있는 일을 파악할 수 있도록 모든 정보를 점자로 만들어 두기는 했지만 그래도 책임은 저에게 있어요. 그 후원자 목록에 우리가 속아 넘어간 거예요."[10]

한편 폴리와 넬라에게는 실망스럽게도 헬렌은 물러설 기미를 보이지 않았다. 빨갱이(Red)라는 모략은 사회주의 성전에 몰두하던 20년 전에 헬렌 자신과 동지들이 견뎌야 했던 정치적 공격을 또렷이 떠올리게 했다. 그 동지 중 한 명인 좌파 만화가 아트 영(Art Young)은 헬렌에게 입장을 고수하라고 조언하면서 맹렬한 공격에 맞서 싸우도록 도와주었다. 엘리너의 철회 소식이 공개되고 며칠 뒤에 영은 헬렌에게 이렇게 썼다. "나는 자본주의 선전 요원들이 진보적 사상에 관여한 사람이나 그런 사상을 용인하는 사람까지 비방해 대는 모습을 평생토록 지켜봐 왔어요. 지배계급이 대중주의, 평화주의, 아나키즘, IWW 등의 운동에 질색했던 시절을 떠올리면서, 공포와 비난이 공산주의에 쏠리는 것을 당연하게 받아들이려 해요."[11]

헬렌은 미국 내에서 다양한 세력에 의해 형성된 반공 정서가 어느 수준인지 미처 가늠하지 못한 듯하다. 헬렌이야 이상주의에 빠져 이런 세력을 과소평가했다 쳐도 넬라는 이 반격으로 성스러운 헬렌의 상이 훼손될 수 있음을 알아챌 정도로 눈치가 빨랐다. 엘리너 루스벨트와 마찬가지로 주기적으로 미국에서 가장 존경받는 여성 명단에 오르는 헬렌을 넬라는 어떻게든 그 자리에 붙들어 두고자 했다. 그렇지만 헬렌이 마음을 쉽게 바꾸지 않을뿐더러 자신이 소중히 여기는 대의에 관련된 일이라면 더욱 그러하다는 사실도 잘 알고 있었다. 루스벨트 여사가 물러나고 며칠 후 헬렌은 공개 성명을 통해 공산주의자들이 그 단체를 조종한다는 의혹에 대해 "조사하는 중"이라고 밝혔지만 "의혹과 이 운동 사이에서 의심스러운 지점을 전혀 발견하지 못했다"라고 덧붙이며 근거 없는 의혹이라는 뜻을 비쳤다.[12]

헬렌이 위원회에서 물러날 기미를 보이지 않자 실망한 넬라와 폴리는 함께 정보를 취합하여 헬렌을 움직이게 할 만한 출구 전략을 마련하고자 나섰다. 1월 말에 넬라는 폴리에게 이렇게 썼다. "저도 누구 못지않게 헬렌이 구조선작전에서 물러나기를 간절히 바라지만, 그러려면 아주 확실한 발판을 마련해 두어야 해요."[13] 이를 위해 넬라는 헬렌이 물러나도록 설득할 방안을 제시하듯이 이렇게 썼다.

헬렌은 그 일에 관한 입장을 이미 밝혔고, 단체 차원에서 입장을 정하지 않았다는 점만 제외하면 공산주의 문제는 처리되었다고 봐도 될 거예요. 그 사람들이 공산주의자이고 그 점을 시인한다면 별문제 없을 텐데 실제로 공산주의자이면서 사실을 부인한다면 문제가 아주 심각해져요. 헬렌뿐 아니라 다른 누가 보더라도, 법적으로 다툴 수 있을 정도로 확실하게 공개되거나 밝혀진 사실은 아무것도 없어요. 의구심을 표현하려면 느낌이나 뜬소문이 아닌 문서화된 자료를 확보해야 해요.[14]

이후로도 자주 그랬듯이 넬라는 자기가 보기에 원하는 결과를 끌어낼 수 있으리라 여겨지는 확실한 방안을 제안했다. 루스벨트 여사가 물러난 이후 위원회에서 사임한 공산당 관련자 비덴카프의 후임인 헬렌 브라이언(Helen Bryan)에게 문의해 보라고 폴리에게 조언한 것이다. "브라이언 씨가 어떤 질문에는 답해 줄 수 없다고 하면, 그럼 누구에게 물어보면 좋겠냐고 질문해 봐요. …… 헬렌은 맡은 일이 너무 많다거나 건강이 좋지 않다는 이유를 들어 사임하면 될 거예요."[15]

아니나 다를까, 넬라가 세심하게 설계한 각본에 따라 2월 7일에 헬렌이 갑자기 스페인원조위원회에서 물러난다고 발표했다. 루스벨트 여사 때와 마찬가지로 헬렌의 사임 소식은《뉴욕타임스》1면에 대서특필되었다. 헬렌은 이렇게 해명했다. "조사 결과 저는 이 일을 둘러싸고 끝없이 벌어지는 사건과 관련 문제, 그리고 긴장 관계를 따라잡을 수가 없다고 판단했습니다. 스페인 난민이 겪는 곤경에 마음이 찢어질 것 같았기에 그들을 돕고자 했습니다. 하지만 AFB에서 맡은 제 역할에 더해 이 일까지 감당하기에는 부담이 너무 크다는 것을 알게 되었습니다. …… 난민을 향한 애정 어린 관심은 여전합니다. 제가 처한 환경 때문에 마음껏 그들을 도울 수 없는 현실에 몹시 마음이 아픕니다."[16]

글에 담긴 뜻은 명확했지만 성명문 어디에서도 헬렌이 공산주의자와 관련이 있다는 의혹 때문에 사임했다는 말은 없었다. 하지만《뉴욕타임스》에는 이 성명서와 더불어 기자에게 자세한 정황을 설명하고 루스벨트 여사가 물러난 후 그렇게 오랜 시간이 필요했던 이유를 해명하는 폴리의 인터뷰가 실렸는데, 헬렌의 승인을 받은 일은 아닌 듯하다. 폴리는 늦어진 이유가 "헬렌의 장애" 때문이라고 말했다. 또한 헬렌이 개별 면담 두 건을 포함해 자체 조사를 진행한 결과 "모호하거나 모순되거나 회피적인" 답이 나왔다고 밝혔다.[17]

헬렌은 스페인원조위원회와 공산주의를 연결 짓는 의혹에 신빙성을 더하지 않으려 신중하게 성명서를 작성했지만 사람들은 헬렌이 사임한 이유를 논리적으로 설명할 방법은 그것뿐이라고 보았다. 1941년의 ACLU는 급진적 기반에서 벗어난 지 오래였고 지도자들은 현재까지도 그러하듯이 언론의 자유를 옹호하는 단체로 자리매김하려 애썼다. 헬렌이 물러났다는 소식을 들은 로저 볼드윈(Roger Baldwin) 전무이사는 동료들에게 20년 전 자신이 공동 창립자로 영입했던 헬렌에 관한 서신을 돌렸다. 헬렌이 구조 사업에서 물러난 것은 그 위원회가 공산주의와 연루되어 있고 "부정하게 운영"되었기 때문이라고 말했다. 소식을 전해 들은 헬렌은 분노에 차서 볼드윈에게 "제 이름을 그렇게 마음 대로 쓰시다니 불쾌하군요"라고 써 보냈다. 나중에 볼드윈은 그 서신이 "공식 서한"이 아닌 사적인 편지였으며 헬렌의 말을 직접적으로 인용한 게 아니라 그저 "추측해 본 것"뿐이었다고 해명하며 헬렌을 달래려 했다.[18]

수십 년 후 헬렌의 전기작가로서 가장 유명했던 조지프 래시 역시 같은 결론에 도달한 듯, 헬렌이 "스페인구조선 사건에서 공산주의자들에게 속았다"라고 썼다.[19] 헬렌이 공공연히 급진적으로 활동하던 시절에 주위 사람들에게 조종당했다는 언론보도가 넘쳐 났던 일을 떠올리게 하는 주장이다. 이는 심각한 장애인 차별적 서사의 일부로서 결국에는 좌파 정치에 재등장한 헬렌에게 따라붙어 많은 이들이 믿는 진실이 되기에 이른다. 여하간 스페인구조선 논란은 AFB에서 일하기 시작한 1920년대 중반부터 자제해 온 헬렌이 처음으로 급진적 대의에 공개적으로 연루된 사건이었다.

1980년 출간된 헬렌 켈러 전기의 "결정판"『헬렌과 선생님』에서 래시는 헬렌의 급진적 정치 성향이 재단 일을 시작하던 무렵부터 조용히 뒤로 밀려나기 시작했고 스페인구조선 논란 당시에는 거의 희미해진 상태였다고 암시했다.

사회와 정치를 향한 헬렌의 견해는 실제로 온건해지고 있었다.

더 이상 사회혁명에 이끌려 생각하고 행동하지 않았다. IWW는
전시에 받은 탄압으로 무너졌다. 공산당에 가입한 회원이 일부
있었지만 그들은 호전적인 분파로 대부분 반체제인사였다. 사회
주의자들은 그 어느 때보다 약해진 상태인 데다 거의 모든 사회
주의 정당이 전쟁에 반대하고 나서지 못하자 헬렌은 국제사회주
의운동에서 손을 뗐다.[20]

헬렌의 가족을 포함해 수많은 이들이 두고두고 되풀이해 온 이
야기다. 헬렌의 종손자 윌리엄 존슨(William Johnson)은 2005년
기자에게 이렇게 말했다. "헬렌의 급진적 정치관은 1900년대 초
에서 1925년 사이에 나타났어요. 더 나이 들고 나서는 어떤 사건
에 대해서도 그런 견해를 고수하지 않았던 것 같습니다. 젊을 때
는 누구나 급진적이기 마련이죠. 헬렌의 그런 면모는 거의 역사
적 유물에 가깝다고 보는 게 맞을 겁니다."[21]

심지어 급진 정치를 지지하는 사람들도 이런 설명을 받아들
이는 듯했다. 1967년 노동사가 필립 S. 포너는 소규모 마르크스
주의 출판사를 통해 헬렌 켈러가 좌파로서 한 연설과 저술을 엮
은 책『사회주의 시절의 헬렌 켈러』를 펴냈다.[22] 책에 실린 내용
은 대부분 1911년에서 1925년 사이에 국한되었다. 최근까지도 헬
렌의 이른바 급진적 시기라는 것을 사회당과 IWW 활동을 중심
으로 조명한 기록물이 많았다. 15년 정도 되는 이 시기가 헬렌이
마침내 성장하기까지 거쳐 간 한 "단계"로 그려지는 경우가 많

았다. 따라서 헬렌이 급진적 정치관을 지녔다고 인정하더라도 헬렌의 생애에서 이 시절은 AFB에서 일할 무렵까지만 이어진 일시적인 변덕에 불과하다는 통념이 자리 잡았다. 그 뒤로는 대체로 비정치적이었다거나 자유주의적 사회정치관으로 돌아섰다고 서술하는 경우가 일반적이다. 이런 서사에서 스페인구조선 건은 헬렌이 자신의 성숙한 정치적 견해에 맞지 않는 사업에 속아서, 의도치 않게 끌려들어 간 일탈적 행동으로 그려졌다.

그 무렵 미국 정계에 반공주의 광풍이 점차 거세게 일어나면서 연좌제로 희생당하는 사람이 많았다. 엘리너 루스벨트에 뒤이어 저명인사들이 대거 스페인원조위원회를 떠난 것으로 볼 때 이 일의 전모를 알지 못한 채 발을 들인 이가 많았던 듯하다. 헬렌의 해명이 쉽게 받아들여진 것도, 나중에 조지프 래시가 헬렌이 "속았다"라고 주장한 것도 그다지 놀라운 일이 아니다. 그렇지만 기밀문서, FBI 자료, 개인 일기, 서신 등 방대한 증거로 볼 때 이는 전혀 사실이 아니다. 헬렌의 정치관이 "온건해졌다"라는 래시의 주장과 정반대로 헬렌이 조용히 더 왼쪽으로 이동했다는 사실이 명백히 드러난다.

래시가 정확히 지적했듯이 AFB에 들어간 1924년 무렵 헬렌은 사회당에 깊은 환멸을 느꼈다. 실제로 헬렌은 그보다 몇 년 전 IWW에 가입할 때도 사회당이 "너무 느리다"라고 주장할 정도로 불만을 숨기지 않았다. 많은 좌파 인사가 그러했듯이 헬렌도 1917년 볼셰비키혁명이 자신이 품은 사회주의적 이상의 정점을 보여 주었다고 믿으며 기쁨을 감추려 들지 않았다. 볼셰비키가 정권을 잡은 직후에 헬렌의 친구이자 동지이며 미국에서 가장 저명한 아나키스트인 엠마 골드만은 이렇게 써 보냈다. "러시아는 위대한 기적이 아닌가요? …… 미국에서 지낸 33년 동안 저는 늘 혁명적 전통 안에서 살아왔는데 이제 러시아에서 젊은 시절의 꿈이 모두 실현되고 있어요."[23]

혁명 직후 유진 데브스가 이끄는 미국사회당의 수많은 당원이 볼셰비키의 러시아 정권 장악을 환영했다. 혁명 몇 달 후에 볼셰비키당은 러시아공산당(All-Russian Communist Party)으로 당명을 바꾸었다. 처음에는 사회당의 정치와 새로운 공산주의 정권의 목표가 크게 구별되지 않았다. 어쨌거나 사회주의와 공산주의 모두 마르크스주의 원칙에 기반한 것이었고 블라디미르 레닌이 새로운 "사회주의 질서"를 수립하겠다는 의지를 표명하기도 했다. 여기에는 생산수단의 공동소유와 "프롤레타리아독재"가 포함되었다.[24]

한편, 헬렌이 존 메이시의 조언에도 불구하고 재정을 지원해 주었던 존 리드는 사회당이 혁명 직후 새로 등장한 볼셰비키 정권을 지원하도록 유도하겠다는 뜻을 품고 미국으로 돌아왔다. 리드는 아직도 민주적 수단을 통해 점진적이고 평화적으로 사회주의를 실현할 수 있다고 믿는 온건파로부터 당의 통제권을 빼앗으려던 "좌익" 분파의 일원이었다. 이들은 1918년 당이 "프롤레타리아독재를 통한 자본주의 전복과 사회주의 건설"을 위

해 나서기를 촉구하는 자신들만의 선언문을 발표했다.[25]

1919년 봄에 벌어진 극적인 대결로 당 전국위원회가 친볼셰비키 당원 수만 명을 축출했다. 몇 달 후에 리드를 포함한 이른바 좌익 세력은 공산노동당(Communist Labor Party)을 창당했는데, 그해에 환멸에 빠진 사회주의자들이 창립한 세 개 공산당 중 하나였다.[26] 오래지 않아 이 세 당은 레닌 정권에 강력히 충성할 것을 선언하며 미국공산당(Communist Party of the United States of America, CPUSA)으로 합당한다.

혁명 직후의 이 몇 년 동안 헬렌의 동지들은 제각기 다양한 정치적 노선을 택했다. 1919년에 러시아로 추방당한 엠마 골드만은 그 체제에 지독한 환멸을 느끼게 되었다. 결국 혁명은 기적이 아니었다고 결론짓고 레닌의 무자비한 권위주의와 동료 아나키스트를 향한 가혹한 탄압을 비난했다.[27] 1920년에 발진티푸스로 사망한 존 리드는 러시아에서 영웅급의 장례식을 치르고 크렘린 성벽에 묻히는데, 헬렌의 오랜 동지였던 IWW의 빅 빌 헤이우드를 포함해 미국인으로서 이런 대접을 받은 이는 세 명뿐이었다. 한편, 엘라 리브 블로어(Ella Reeve Bloor)와 엘리자베스 걸리 플린 같은 전투적 사회주의자들은 미국공산당에서 지도자 역할을 맡은 반면 유진 데브스 같은 이들은 개혁파와 잦은 분쟁을 겪기도 하고 초기에는 볼셰비키를 존경했음에도 계속해서 사회당의 대의를 지지했다.

앞서 언급했듯이 헬렌이 1924년 AFB에서 일하기 시작하면서
정치활동을 삼가기로 합의했다는 뚜렷한 증거는 없지만 헬렌은
자신의 열렬한 혁명적 수사가 AFB의 모금 활동에 해가 될 뿐임
을 알았을 것이다. 그리고 혹시 헬렌이 당시에 정치활동을 자제
하기를 원치 않았더라도 종종 그랬듯이 애니가 헬렌을 부드럽
게 제지했을 것이 틀림없다. 실제로 헬렌은 1924년 재단과 계약
하기 얼마 전에 기자로부터 공화당원이냐는 질문을 받았다. 헬
렌이 기자에게 자신은 사실 "사회주의자이며 볼셰비키"라고 답
하자 애니가 장난스럽게 헬렌을 찰싹 때린 후 이렇게 말했다고
한다. "볼셰비키당에는 손에 피를 묻힌 노동자만 가입할 수 있
잖니. 널 원하지도 않는 사람들 일에 끼어들려고 하는구나."[28]
양측에 소속감을 표현한 것으로 볼 때 헬렌이 그때까지는 사상
적 입장을 확립하지 못한 상태였음을 알 수 있다.

그리고 재단을 대표해 연단에 설 때는 정치적 수사를 거의 삼
갔지만 사석에서는 종종 경계를 풀고 진심을 드러내곤 했다.
1926년 초 열렬한 반공주의 운동가인 프레드 R. 마빈(Fred R.
Marvin)이라는 사람이 자신이 속한 전미교육위원회(Committee
on American Education) 회원들에게 헬렌의 애국심에 의문을 표
하는 편지를 돌렸다. 편지에는 자신을 "예비군(Department of
the Reserve Corps) 정보담당관"이라 밝힌 두 사람의 진술서가 첨

부되어 있었다. 그중 한 명인 헨리 B. 그라이슨(Henry B. Greisen)은 헬렌이 밀워키호텔에서 AFB의 헬렌켈러기금을 홍보하던 중에 공산주의에 대한 입장을 묻는 질문에 답하는 것을 들었다고 진술했다. 헬렌이 "공산주의와 사회주의, 소비에트러시아의 정책과 사상에 아주 관심이 크며 붉은 깃발이야말로 인류 복리의 진정한 상징"이라고 했다는 것이다. 두 번째 진술자 로버트 B. 리처즈(Robert B. Richards)는 공산주의자의 진정한 목적은 정부를 전복하고 "백악관에 붉은 깃발을 거는 것"임을 알고 있느냐는 질문에 헬렌이 "자신은 붉은 깃발이 '형제애'를 의미한다고 보아 좋아한다"라고 대답했다고 주장했다.[29]

마빈은 헬렌이 "급진적 운동으로 악명 높은" ACLU의 전국위원회 위원직을 맡은 사실도 언급했다. 마빈이 주장하기로 그로부터 일주일 전에 ACLU의 지도자 로저 볼드윈이 뉴욕에서 "오랫동안 IWW 및 공산당과 관련된 급진적 행동으로 주목받아 온 인물"인 엘리자베스 걸리 플린을 위한 만찬에서 건배사를 맡았다고 했다. 그날 저녁 연사로 나선 이들 중에는 "최근에 무력과 폭력으로 정부를 전복시키자고 촉구한 혐의를 받는" 벤 시틀로(Ben Citlow)도 있었다고 덧붙였다.[30]

마빈은 진술서에 이렇게 썼다. "켈러 씨 본인의 잘못은 아닐 것입니다. 켈러 씨는 평범한 사람이 아닙니다. 주위 사람들이 켈러 씨에게 잘못된 인상을 심어 주었고 거기에 반복적으로 노출된 것입니다. 정부를 무너뜨리려는 자들이 켈러 씨의 인기와 명성을 이용하고 있는 것이 분명합니다. 하지만 켈러 씨가 결백하다고 해도 이 진술서에 담긴 사실은 여러분과 여러분의 주위 사람들에게 알려져야 합니다."[31]

헬렌의 솔직한 발언이 포착된 시기는 볼셰비키혁명의 흥분이 아직 생생하고 러시아가 완전히 악당으로 부상하지는 않은 때였다. 그러니 헬렌이 이른바 급진적 시기를 짧게 거쳐 갔을 뿐이라고 치부할 수도 있었을 것이다. 하지만 몇 년 후 헬렌은 『내 인생의 이야기』 이후 25년 사이에 일어난 이야기로 범위를 확장해 회고록을 새로 쓰기로 한다. 정치적 내용이 거의 없었던 첫 회고록과 달리 1929년 출간된 『중류 지점』에는 당시 헬렌의 세계관이 상당히 확장되었음을 알려 주는 단서가 담겨 있다. 마음 깊이 품은 종교적 신념을 드러내는 어느 구절에서는 자신이 "속사람으로는 하느님의 법"을 기뻐한다고 선언한 성 바울을 본으로 삼았다고 설명한다. 결국 사랑이 모든 것을 바로잡으리라고 믿기는 하지만 자신에게 주어진 권리를 쟁취하기 위해 무력을 써야하는 억압받는 사람들의 처지에 공감하지 않을 수 없다고 말한다. 헬렌은 이렇게 썼다. "지금 러시아에서 진행 중인 위대한 실험에 큰 관심을 기울이는 데는 이런 이유도 있다. 혁명은 사악한 무리나 아나키스트, 독선적인 교육자에게 자극받은 사람들이 갑자기 일어나 사방을 무법천지나 폐허로 만드는 그런 것이 아니다. 슬픔에 뒤덮인 민중에게 그 어떤 꿈도 남아 있지 않을 때라야 일어나는 것이다." 그러면서 이 "거대한 소요"는 "민중의

깊은 불행에서 발원하는…… 불만과 억압의 물줄기"에 의해 촉발된다고 덧붙인다.[32]

10년 전 애니와 보드빌 순회공연을 다니던 시절에 헬렌은 블라디미르 레닌을 전 세계 살아 있는 사람 중에 가장 위대한 인물이라고 말하곤 했다. 1924년 1월 레닌이 사망했을 때 어떤 반응을 보였는지는 기록이 남아 있지 않다. 하지만 AFB에서 일하는 동안에도 존경심을 거두지 않았던 헬렌은 레닌이 사망한 지 5년 후에 내놓은 회고록에서도 여전히 그의 정신에 깊은 감명을 받았다고 밝혔다.

러시아혁명은 레닌으로부터 비롯되지 않았다. 수 세기에 걸쳐 러시아의 신비주의자와 애국자의 꿈속을 맴돌던 것이었으나, 레닌의 시신이 크렘린궁에 안치되자 러시아 전체가 떨며 울부짖었다. 몇 달 동안 굶주린 적들은 새로운 희망에 부풀었지만 울부짖는 군중 위로 레닌의 영혼이 넘실대는 불꽃처럼 내려앉자 사람들은 두려움 없이 서로 대화했다. …… 인간은 쟁기질하던 고랑을 남겨 둔 채 세상을 떠난다. 레닌이 남겨 둔 고랑에는 흩어지지 않을 인류의 새로운 삶의 씨앗이 뿌려져 있다.[33]

소비에트연방 창시자를 향한 이런 찬사가 담긴 것을 보면, 『내 인생의 이야기』는 여전히 수천 개 학교에서 필독서로 꼽히는 반면 헬렌이 성인이 된 후 거둔 업적과 신념에 관한 사연을 추가한 책이 나온 사실은 대부분 모르고 있다는 것이 놀랍지 않다. 그리고 AFB에서 일한 지 만 10년이 지난 1934년에도 그 "위대한 실험"에 대한 헬렌의 존경심은 변함이 없었다. 그해에 헬렌은 자신에게 사회주의를 처음 알려 준 오랜 친구이자 조언자인 조지프 에드거 체임벌린에게 보낸 편지에서 소비에트식 사회주의에서 "용기와 이상주의"가 나타나는 고무적인 징후에 관해 이야기했다. 헬렌은 여전히 에드 삼촌이라는 애칭을 쓰며 체임벌린에게 이렇게 말했다. "러시아는 강하고 희망이 있어요."[34]

2년 후 선생님을 떠나보낸 헬렌이 폴리와 함께 폴리의 친척을 만나러 SS도이칠란트호를 타고 대서양 횡단 여행에 나섰을 때 쓴 일기에도 헬렌의 신념이 변화한 과정이 진솔하게 담겨 있다. 1936년 12월 29일 자 일기에서 헬렌은 그 무렵 독일 측 출판 담당자 오토 슈람(Otto Schramm)의 편지를 받고 "내 안에서 정신적 반란의 소용돌이가 일어났다"라고 말한다. 헬렌이 밝히기로 슈람은 이미 두 차례 "볼셰비즘에 호의적인 나의 견해에 반박하는 긴" 편지를 보낸 후였다. 하지만 『중류 지점』 독일판 출간을 앞둔 그 시점에 보낸 편지에서는 자신은 헬렌의 견해를 더 이상 책임질 수 없으며 "경제적 민주주의를 위한 러시아의 위대한 실험에 호의적인 감정을 표현하는 나의 그런 글을 출판하는 것은 독일법상 금지"되어 있다고 경고했다.[35] 헬렌은 슈람이 특히 나치 정권의 극렬한 반공주의 정책에 부응해, 헬렌이 레닌을 찬양하면서 그가 인류를 위해 "흩어지지 않을 씨앗"을 뿌렸다고 한 대목을 삭제할 것을 고집했다고 밝힌다. 검열을 정당화하기 위해 슈람은 독일 국민이 "볼셰비즘에 맞서 목숨 걸고 싸워야 한다고 여기"고 있기에 정권이 그런 감상이 담긴 책을 출판하도록 허락하지 않을 것이라고 주장했다.[36]

슈람은 이렇게 썼다. "머지않아 당신이 잘못 판단했음을 깨닫고 러시아 볼셰비즘에 담긴 사악하고 끔찍한 파괴적 경향을 알게 되어 이에 대한 입장이 완전히 바뀌었다고 제게 알려 줄 마음이 들기를 바랍니다."[37] 편지의 내용을 일기에 기록하면서 헬렌은 소비에트연방에 대한 자신의 입장이 10년 전과 거의 달라지지 않았다고 밝혔다. "슈람 씨 말대로 러시아 민중 수백만 명의 육체와 영혼이 죽임당했다면 오랫동안 기아와 무지에 맞서 싸워 온 러시아가 지금 우리가 아는 것처럼 그 어느 때보다 강한 나라로 떠오를 수는 없었을 것이다." 하지만 헬렌은 러시아가 완벽하지는 않다는 사실을 인정하는 한편 슈람이 제기한 비판에 담긴 모순을 지적했다. "러시아가 심각한 실수를 저질렀다는 점은 부정할 수 없지만 그 점은 국가사회주의 독일도 마찬가지이며 현재 독일은 암흑기에서도 가장 어두웠던 시절로 되돌아간 상태다."[38]

러시아 문제는 헬렌이 영국을 여행하고 있던 다음 달에도 또 한 차례 도마 위에 올랐다. 헬렌은 어느 모임에서 친구인 찰리 뮤어(Charlie Muir)와 히틀러 정권과 소비에트러시아 중 어느 쪽이 "더 폭압적"인지를 놓고 설전을 벌였다고 했다. 그날 밤 일기에 토론 내용이 담겨 있다.

찰리가 내게 왜 러시아보다 독일에 더 가혹한 태도를 보이느냐
고 했다. 나는 내가 보기에 1000년 동안 지독히도 궁핍했던 러시
아가 인자하고 가부장적이라고도 할 수 있는 정부 아래서 놀라
운 발전을 이루고 있고, 아시아의 사고방식과 자기표현 방식은
독일이나 다른 서방국가가 경험한 것과 근본적으로 다르다고 생
각한다고 말했다. 찰리는 나를 이교도라고 생각할지도 모르겠
다. 반기독교운동을 개탄하는 그에게 나는 러시아 교회가 무너
져서 기쁘다고 말했으니 말이다.[39]

같은 여행에서, 헬렌은 당시 슈람의 검열 시도에 대해 친구인
맥 이거(Mac Eagar)와 네드 홈스(Ned Holmes)가 보인 반응도 언
급했다. "맥은《슈튀르머(Der Stürmer)》에 신랄한 회신을 보냈
고《더타임스》에는 반유대주의적 편견이 확산하는 데에 고상하
게 항의하는 글을 썼다. 독일은 영국과 우호적 관계를 유지하기
를 간절히 원하고 있으니 영국 정부는 유대인에게 적대적인 글
이 국경 밖으로 나돌도록 허용하는 것은 양국 간 우호 관계에 위
배되는 행위라고 나치 독일에 경고할 의무가 있다고 했다." 이
어서 헬렌은 이렇게 회고했다. "네드가 소비에트의 젊은 기술자
들이 엄청난 위업으로 세상을 놀라게 하고 있다며 칭송하니 찰
리와 맥이 '맞아요. 러시아의 이상은 훌륭하죠'라고 맞장구를 치

고는 '하지만 종교도 자유도 없이 꾸준히 성과를 낼 수 있을까요?'라고 반문했다."[40]

독실한 종교적 신념을 지닌 헬렌이 여기서 다시 한번 종교 기관을 가혹하게 탄압하는 러시아를 성토하지 않는 모습을 보인 것은 다소 의아하다. 헬렌이 오랫동안 마르크스주의의 원칙을 지지해 온 것은 사실이지만 종교는 인민의 아편이라는 주장에 동의한 적이 있다는 증거는 전혀 없다. 헬렌은 이렇게 반박했다. "러시아인은 적어도 자신의 특별한 재능을 개발할 자유라도 있지만 예술, 문학, 교육이 고사 수준으로 쪼그라들고 과학이 범아리안주의로 탈바꿈해 버린 현재의 독일에서는 그조차 불가능하다."[41]

한 달 후 장기간의 해외여행을 마치고 미국으로 돌아온 헬렌은 어느 기자로부터 세계에서 가장 위대한 사람이 누구라고 생각하느냐는 질문을 받는데, 여기서 레닌의 후계자 이오시프 스탈린(Iosif Stalin)에 대한 견해가 처음으로 드러난다. 헬렌은 이렇게 답했다. "그야 어떤 위대함을 숭상하느냐에 따라 다르겠죠. 과학 분야라면 당연히 아인슈타인 교수가 세계에서 가장 위대한 천재입니다. 그게 아니라 정치인 중에서라면? 만약 루스벨트 대통령이 뛰어난 업적을 이어 나가고 거대한 권력을 지닌 상태로도 평정심을 유지할 수 있다면 진정 창조적인 정치인으로 칭송받을 것입니다." 그날 밤 일기에 헬렌은 이렇게 썼다. "스탈린을 언급하지 않은 것은 그가 자신은 레닌의 목적을 실행하는 도구에 불과하다고 스스로 말했기 때문이다. 레닌의 특징인 상 상력이나 폭넓은 판단력, 온화한 인간성이 스탈린에게는 보이지 않는다."[42]

사실 헬렌은 스탈린이 고문, 처형, 인민재판을 활용해 권력을 강화한 대숙청기(Great Purge)의 출발점이 된 1936년 모스크바 재판(Moscow Show Trials) 소식을 읽고 소비에트의 독재자를 냉소적으로 바라보게 된 듯했다. 헬렌은 일기에 숙청이 "역겹다" 라고 썼다.

"현대 러시아만큼이나 진보적인 나라에서 그런 재판을 벌인다는 것은 도무지 이해할 수 없다. 한때 청교도주의 뉴잉글랜드에서 광적으로 벌이던 마녀사냥이 이름만 바뀐 채 되풀이되는 거나 다름없다. 소비에트 지도자들도 똑같이 광적인 두려움에 사로잡혀 수감자가 저지른 적 없는 범죄를 자백하도록 강요하기로 한 모양이다."[43]

이렇게 우려하면서도 헬렌은 여전히 볼셰비즘의 이상을 굳게 믿으며 소비에트 정권을 열렬히 옹호했다. 그러면서도 1930년대 내내 어떤 식으로든 미국 공산주의 진영에 연루되거나 체제전복을 꾀할 인물로서 정보기관의 시선을 끌 만한 활동을 하지 않았다. 하지만 바르셀로나가 프랑코의 민족주의 세력에게 넘어가면서 파시스트가 스페인내전에서 승리한 지 몇 주밖에 지나지 않은 1939년 2월에는 상황이 달라지기 시작했다. 패배한 국제여단 생존자들이 귀국하자, 스페인 파시즘에 맞서 싸우려 국제공산당에서 조직한 에이브러햄링컨대대(Abraham Lincoln Battalion)에서 목숨 바쳐 싸운 미국인들을 기리는 추모식이 뉴욕에서 열렸다. 감동적인 그 추모식에서 헬렌은 상처 입은 채 스페인에서 막 돌아온 참전 용사들과 함께 연단에 섰다. 프랑코에게 맞서 싸우다 전사한 미국인 355인의 넋을 기리며, 헬렌은 맨해튼센터에 모인 5000인이 넘는 참전 용사에게 민주주의를 위한 투쟁에서 여단이 "어두운 세계에 밝은 빛"을 비추었다고 말했다.[44]

반공주의 광풍이 정점에 다다르기까지는 아직 10년이 더 남은 때였지만 FBI와 그 조직의 열성적인 국장 J. 에드거 후버(J. Edgar Hoover)는 이미 각종 "전선", 즉 자금을 대부분 공산당으로부터 받거나 당내 인사로 알려진 인물이 이끄는 진보적인 단체들을 주시하고 있었다. 헬렌이 처음으로 수사국의 감시망에 오른 것도 사실 이 시기에 인민전선으로 알려진 스페인 공화파의 대의에 동참했기 때문이다. 이후 FBI는 헬렌의 정치활동을 "공식적으로 수사"한 것은 아니라고 주장했지만 상당 부분이 삭제된 채로 1984년에 기밀 해제된, 수사국이 "신뢰할 만한 출처"로부터 수집했다는 헬렌의 FBI 자료를 보면 1938년 4월 초부터 이미 그러한 활동에 대한 집중 수사가 이루어졌다는 사실이 드러난다. 같은 달 미국공산당 기관지 《데일리워커(Daily Worker)》에는 스페인민주주의의친구들(American Friends of Spanish Democracy)이 프랭클린 루스벨트 대통령에게 "스페인 인민이 싸울 수 있도록" 스페인에 대한 무기 금수 조치 해제를 촉구하고자 배포한 탄원서에 헬렌이 서명했다는 기사가 실렸다.[45]

헬렌이 연루된 사실을 기록한 FBI 자료에는 이런 글이 담겨 있다. "공산당이 구호단체라는 명목으로 사람들을 모아 스페인민주주의의친구들…… 같은…… 각종 조직을 꾸려 스페인 공화파의 대의를 지지하는 운동에 대대적으로 뛰어들었다." 몇 달이 지난 1938년 10월 《데일리워커》는 스페인에서 싸우다 실명한 후 여단을 대표해 미 전역을 순회하고 있던 로버트 레이븐(Robert Raven)이라는 에이브러햄링컨대대 참전 용사에게 헬렌이 보낸 편지 두 통에 관해 보도하면서 공화파를 지지하는 헬렌의 입장을 재차 확인했다.[46]

헬렌이 1938년 초부터 일찌감치 공화파의 대의를 지지한 사실은 결국 2년 후 스페인구조선작전에서 주도적인 역할을 맡은 배경을 이해하는 데 중요한 단서가 된다. 그때까지만 해도 공산주의자가 아닌 공화파 지지자가 많았고 FBI의 공산주의 동조자 색출 기록은 미비한 수준에 그쳤던 데다 연좌제에 대한 거부감을 불러일으키는 경우가 많았다. 이후 인민전선 운동기에 이르러서는 미국의 공화파 지지자들이 초기에 파시즘의 위험을 경고하는 선견지명을 보였다고 재평가된다. 지지자 중 상당수가 히틀러가 스페인에서 프랑코를 강력히 지지한 것이 앞으로의 큰 그림을 실현하기 위한 준비 과정일 뿐이라고 정확히 지적했다. 사실 더 이전인 1937년에 "히틀러와 무솔리니의 비밀 회담" 소식을 접한 헬렌은 그들이 프랑코의 민족주의자들을 지지하려는 "코앞에 닥쳐온 음모"를 꾸미고 있는 듯하다고 여겼다. 헬렌은 일기를 통해 "프랑스를 동맹국들로부터 고립시키고 스페인 민족주의자에게 힘을 실어 주려는 그들의 노력이 좌절되기를 바란다"라는 의견을 피력했다. 머지않아 세계정세가 대대적으로 변동하리라 예견한 듯이 "그런 자들은 언제라도 파괴적인 지진이나 화산 폭발을 일으킬 수 있는 자연의 위력 못지않게 끔찍한 존재"라고 썼다.[47]

헬렌이 공화파의 대의를 적극 지지한 것은 미국 공산주의에 동조해서가 아니라 반파시스트 신념에 따라 행동한 것에 불과하다고 볼 수도 있겠지만, 제2차세계대전 시기에 헬렌이 한 행동을 분석해 보면 이런 주장은 설득력이 떨어진다.

Chapter

18

공산주의 동조자

1933년 히틀러가 집권하자마자 공개적으로 나치 정권을 규탄했던 헬렌은 1939년 9월 1일 독일이 폴란드를 침공하며 제2차세계대전이 시작되고 나치 정권이 드디어 무너질 거라는 전망이 나왔을 때는 이례적으로 침묵을 지켰다. 나치가 사상 최대의 병력을 동원해 폴란드를 급습하기 9일 전에 앙숙지간이던 독일과 소비에트연방(이후 소련으로 표기─옮긴이)이 10년간 서로 공격하지 않고 동유럽에서 세력권을 다지도록 보장하는 불가침조약을 맺었다. 이 일 역시 공산주의자와 그 지지자들이 입장을 바꾸는 결정적인 계기가 되었다.

역사가 존 얼 헤인즈(John Earl Haynes)는 이렇게 말한다. "미국 공산주의자들은 나치-소비에트 조약에 놀라기는 했지만 모스크바에서 내놓는 새로운 정책에 관한 일련의 안내 메시지에 따라 착실하고 신속하게 정치적 입장을 전환했다."[01] 히틀러가 폴란드를 침공하자 미국공산당은 금세 "미국은 제국주의 전쟁에서 물러나라"라는 새로운 구호를 내걸었다.[02] 개입 반대라는 이 입장도, 적지 않은 미국 좌파 진영이 이를 신속히 받아들인 사실도 명백히 위선적이었지만 많은 이들이 소련이 독일과의 피치 못할 전쟁에 대비해 무장할 시간을 주려면 중립을 지켜야 한다고 믿었다.[03] 역사가 버나드 벨루시와 주얼 벨루시(Bernard and Jewell Bellush)는 하룻밤 사이에 일어난 극적인 변화를 이렇게 기록했다.

약 3년간 브라우더(Earl Browder)와 공산당은 "인류는 더 이상 히틀러를 참아 줄 수 없다"라고 주장하며 루스벨트에게 "지구상에서 파시즘이라는 전염병을 제거"하기 위해 히틀러와 무솔리니에 대한 집단적 강경 대응 정책을 펼치라고 요구해 왔다. 11월에 모스크바에서 국제공산당 지도자 게오르기 디미트로프(Georgi Dimitroff)는 "현재의 전쟁은 양측 모두에게 부당한 제국주의 전쟁"이라고 규정하며 새로운 당 노선을 제시했다.[04]

한편 영국과 프랑스가 독일의 맹습에 대비하는 사이에 루스벨트 대통령은 궁지에 몰린 유럽 국가들을 직접적인 군사개입 없이 지원할 방안을 모색했다. 루스벨트가 영국과 프랑스에 무기 판매를 허용하는 법안을 지지하자《데일리워커》에서는 미국인 대다수가 "더러운 제국주의 전쟁에 개입"하는 데 강하게 반대한다고 주장했다. 이 신문은 대통령이 "전쟁의 광기에 심하게 물든" 분위기에서 법안을 밀어붙인다며 비난했다.[05]

상황이 이렇게 되자 1940년 초 코네티컷 자택에 머물던 헬렌은 동생 필립스 켈러에게 놀랄 만큼 달라진 정치적 입장과 루스벨트에 대한 전혀 다른 태도가 담긴 편지를 보냈다. "루스벨트 대통령에게 몹시 실망했어. 이 나라의 민주주의를 강화하고 인도적 원칙에 따라 시민의 삶을 재건하겠다던 수년 전의 선언을 실현하는 데에 몰두하기보다는 미국을 전쟁으로 끌고 들어가 명성을 떨치는 데에만 관심이 있는 것 같아." 헬렌은 루스벨트가 "진정으로 위대한"지 확신이 들지 않는다며 앞으로는 진정한 정치력을 지닌 대통령이 행정을 이끌었으면 좋겠다고 털어놓았다. "그전까지는 경쟁하는 두 제국의 싸움에 미국이 개입하지 않기를 기도할 뿐이야. 하는 말과는 달리 그 어떤 제국도 진정으로 민주주의를 위해 싸운 적이 없으니 영국이나 프랑스라고 다르리라 믿을 수 없어."[06]

4개월 후 프랑스가 나치에 함락당할 때도 헬렌은《뉴욕타임스매거진》을 통해 히틀러는 결국에는 자멸할 테니 무찌르려 애쓸 필요가 없다고 주장하며 개입 반대 입장을 유지했다. 헬렌은 이렇게 선언했다. "전쟁은 그저 시력이 떨어지는 정도가 아니라 훨씬 치료하기 어려운 실명 상태입니다."[07] 제1차세계대전 당시 미국의 참전을 막기 위해 헬렌이 펼쳤던 유명한 반전운동을 기억하는 기자는 전쟁을 "혐오"하는 태도가 "확고한 평화주의자"라는 헬렌의 입지에서 기인했을 수 있다고 말했다. 기자는 "전쟁 대비"에 반대하는 기나긴 운동을 벌인 1914년에서 1917년 사이에 개입 반대를 당 노선의 핵심 강령으로 삼았던 사회당과 헬렌의 공개적 제휴 관계가 최고조에 달했었다는 사실을 몰랐던 것 같다. 실제로 헬렌은 평화주의 자체에는 비판적이라고 수차례 강조했고, 프랑스혁명을 예로 들면서 민주주의를 이루기 위해서는 "유혈 사태"가 필요할 때도 있다는 신념을 표명했다.

1941년 4월 말 플로리다주 탤러해시(Tallahassee)에서 열린 어느 모임에서도 헬렌은 "미국이 참전할까 무척 염려스럽다"라면서도 "이 나라는 전쟁에 끼어들지 않으리라는 희망을 놓지 않고 있다"라며 변함없이 확고한 입장을 내놓았다.[08]

두 달 후인 1941년 6월 22일, 히틀러가 스탈린과의 허술한 조약을 배반하고 바르바로사 작전(Operation Barbarossa)을 개시하며 소련을 침공했다. 이번에도 미국공산당은 거의 하룻밤 사이에 미국의 유럽전쟁 개입을 반대하던 입장을 번복했다. 역사학자 하비 클레어(Harvey Klehr)는 이렇게 말한다. "1941년 6월 나치가 소련을 침공하자 미국의 개입을 단호히 반대하던 공산당은 즉시 참전을 열렬히 지지하는 쪽으로 입장을 바꾸었다."[09]

독일의 침공으로 헬렌의 입장에도 당연히 커다란 변화가 일어났다. 헬렌은 즉시 미국의 개입을 지지하고 나섰다. 나치가 모스크바에 근접할 때 댈러스에서 강연 중이던 헬렌은 청중을 향해 "유감스럽게도 미국이 전쟁에 참여해야 할 것 같군요"라고 말했다. "날이 갈수록 전 세계가 더 큰 위기에 빠져들고 있습니다. 지금 유럽에서처럼 짓눌려 사느니 신성한 자유의 권리를 수호하기 위해 수백 명이 목숨을 바치는 편이 나을 테지요."[10] 같은 달 덴버에서도 재차 전쟁에 찬성하는 입장을 취했다. 헬렌은 이렇게 단언했다. "저는 지금 이 전쟁이 표현할 수 없을 정도로 슬픕니다. 그런데 자유를 위한 투쟁에 국민들이 내보이는 빛나는 용기에는 이상하게 마음이 들뜨기도 합니다." 행사를 취재하던 《로키마운틴뉴스(Rocky Mountain News)》 기자는 이처럼 미국의 개입을 정당화하는 헬렌의 입장을 예리하게도 한때 악명 높았던 좌파 정치와 연결 지어 기록했다. 기자는 "저는 늘 러시아 인민을 믿었습니다. 어떠한 외교적 마찰이 발생해도 그들은 자유와 명예라는 이상을 좇아 일어설 것입니다"라는 헬렌의 이례적인 칭찬을 인용하며 "독일에 맞서는 러시아의 투쟁에 관심을 기울이는 모습에서 헬렌이 초기에 품었던 사회주의적 지향이 식지 않았다는 사실이 드러난다"라고 지적했다.[11]

미국의 개입에 대한 입장을 바꾼 것으로 볼 때 헬렌은 동조자(Fellow Traveler)가 된 것이 틀림없다. 동조자란 공식적으로 당에 가입하지 않은 채로 공산당의 노선을 수용한 인물을 가리키는 용어다.[12] 이후 매카시 시대에 이 용어는 자유주의자와 진보적 인사를 비하하는 데 자주 쓰였지만 헬렌은 자유주의자가 아니었다. 미국공산당 운동사를 전문적으로 다루는 역사가 존 헤인즈는 헬렌의 갑작스러운 변화가 그 당시 공산당과 동조자들의 입장 변화와 밀접한 것이라고 말한다. 헤인즈는 이렇게 설명한다. "1930년대 중후반에는 자유주의자와 좌파 중에 인민전선의 입장을 지지하는 이가 많았다. 그중 상당수가 나치-소비에트 조약 이후 입장을 바꾸었다. 조약 체결 후에도 변함없이 인민전선을 지지하면서 미국공산당과 마찬가지로 나치 침공 전까지는 개입에 반대하다가 이후 개입 찬성으로 입장을 바꾸었다면 그 사람은 공산당과 강하게 연결되어 있을 가능성이 있다."[13]

역사가 버나드 벨루시와 주얼 벨루시는 러시아가 침공당한 지 일주일도 안 되어 "공산주의자들은 미국과 영국, 소련이 전적으로 협력해 히틀러를 군사적으로 물리치도록 촉구했다. …… '제국주의자'의 전쟁이 '인민'의 전쟁이 되었다"라고 했다.[14]

헬렌이 쓴 수사에서도 심경 변화가 우연이 아니라는 증거가 나타난다. 넬라 헤니에게 쓴 편지에서 헬렌은 당에서 쓴 것과 거의 똑같은 어휘로 갑자기 입장을 바꾼 이유를 설명했다. "이 전쟁이 제국주의적 분쟁에서 비롯했다는 것은 알지만 자유를 위한 인민의 전쟁으로 발전하는 모습이 보이니 어쩔 수가 있겠어요?"[15] 미국공산당 전성기에 동조자들이 한 역할을 폭넓게 기록한 에모리대학교의 역사학자 하비 클레어 교수는 헬렌이 "공산당의 기본 노선"을 따르고 있다는 시각에 동의한다.[16] 클레어에 따르면 공산당이 절정에 달했던 1939년에는 등록 당원이 6만 6000명이었고 동조자는 그 열 배에 가까웠다.[17]

미국은 1941년 12월 일본이 진주만을 공격하자 마침내 전쟁에 참전했다. 이 소식을 듣고 헬렌이 처음 보인 반응은 1937년에 폴리와 함께 일본에 방문한 일을 떠올린 것이었다. 헬렌은 진주만 공격 2주 후에 친구 월터 홈스(Walter Holmes)에게 이렇게 써 보냈다. "집에 돌아오자마자 미국에서 전쟁이 터졌다는 청천벽력 같은 소식을 들었어요. 두려움 때문은 아닌데 몸이 팽팽한 밧줄처럼 떨렸어요. 오래전부터 예상하고는 있었지만, 저에게 그토록 고마운 기억을 안겨 준 친절한 일본 친구들이 전부 우리의 적진으로 던져졌다는 사실이 너무나도 충격적이었어요."[18]

⠀⠐⠞⠓⠑⠀⠀⠍⠊⠗⠁⠉⠇⠑

미국이 전쟁에 뛰어들면서 소련은 이제 히틀러에 맞서 함께 싸우는 동맹국이 되었다. 이로써 이후 4년 동안 헬렌은 논란에 휩싸이는 일 없이 공산주의 기관에 공개적으로 동조할 수 있었다. 실제로 진주만사건 한 달 만에 헬렌은 모스크바에서 열린 반나치여성회의(Women's Anti Nazi Conference)에 미국과 소비에트의 새로운 동맹관계를 환영하는 연대 서한을 보냈다. 헬렌은 대표단에게 이렇게 썼다. "미국과 소비에트러시아 간의 공식적인 우호 관계가 재개된 것은 감사할 일입니다. 물론 진정한 민주주의를 이루기 위한 서로의 이상과 실험을 이해하는 양국 내 집단 사이에 약동하는 공감대를 읽어 내는 우리에게는 그저 한 표지에 불과하지만, 이 일은 무지와 편견이 자유로운 영혼을 지닌 사람들을 영원히 갈라놓을 수 없음을 보여 주는 명백한 증거입니다. 저는 여러분과 같은 길을 걸으며, 그렇기에 여러분을 사랑합니다."[19]

몇 달 후 헬렌은 미국공산당 잡지 《뉴매시스(New Masses)》에 '전쟁에서 흑인은 어떤 존재인가'라는 제목으로 인종차별을 강하게 비판하는 글을 게재했다.

거의 모두가 이 전 지구적 분쟁이 국경 너머의 모든 이들에게 동등한 권리와 기회를 보장하기 위한 것이라고 선언한다. …… 이 중요한 시기에 신이 똑같이 창조한 두 미국인 집단 사이에 적대감을 영속시키는 완고한 편견을 용납할 수는 없다. …… 국내에서는 유색인이 정의와 지적 시민권(intelligent citizenship)을 확보하기 위해 힘겹게 이루어 낸 진보를 강탈하는 행위를 허용하는 미국이 나치즘과 무차별적인 폭력을 물리치겠다고 하는 것은 끔찍이도 **부조리한 일**이다. …… 따라서 이러한 권리를 부정하면 전쟁이 민주주의의 진정한 승리로 끝날 수는 없다는 쓰라린 경험을 되새기며, 불의에 맞서 자기를 지키고자 하는 흑인을 도와야 한다.[20]

미국 공산주의자들이 오래전부터 흑인을 향한 린치와 인종차별에 앞장서 반대하기는 했지만, 인종차별과 관련된 또 다른 문제에서 그들이 남긴 행적은 그다지 호의적으로 보기 어렵다. 미국공산당은 진주만사건 이후 애국심을 드러내고 싶었던 모양인지 당원 명단에서 일본계 미국인을 일괄 제명하는 대응을 보였다.[21] 게다가 두 달 후 연방정부가 "국가안보에 위협적"이라고 주장하며 10만 명이 넘는 일본계 미국인을 소집해 강제수용소에 밀어 넣기 시작할 때도 아무런 입장을 내놓지 않았다. 나중에 밝혀지기로 정부 측에는 이 일본계 미국인들이 위협이 된다는 증거가 하나도 없었고, 당시 강제수용은 1980년 미 의회의 위원회에서 표현했듯이 "인종적편견과 전쟁의 광기"로 인해 벌어진 일이었다.[22]

1943년 여름 헬렌은 미국 전시재배치국(War Relocation Authority)에서 일본계 미국인을 수용하기 위해 설치한 캠프툴레이크(Camp Tule Lake)에 장애를 지닌 아동을 위한 헬렌켈러학교가 생겼다는 편지를 받았다. 해나 다카기(Hannah Takagi)라는 청각장애를 지닌 15세 소녀가 보낸 편지였다. 다카기는 이렇게 썼다. "저희는 1년 전에 살고 있던 웨스트코스트의 주거지에서 쫓겨난 일본인 수천 명 중 일부에 불과해요. 우리 학교에 '헬렌 켈러'라는 이름이 붙은 것은 성공하려고 열심히 노력해서 유명해진 켈러 씨를 기리기 위해서예요."[23]

확인할 수 있는 선에서, 헬렌은 아프리카계 미국인이 겪은

"수치스러운" 인종차별을 거침없이 비판하곤 했지만 전쟁 중에 미국 시민들을 국내 강제수용소에 억지로 감금한 일에 대해 공적으로든 사적으로든 발언한 적이 전혀 없었다. 하지만 다카기에게 보낸 헬렌의 답장에는 그 소녀와 주변인들이 겪은 끔찍한 일을 모르지 않는다는 암시가 담겨 있었다. "해나 양을 비롯한 툴레이크학교 학생들이 저 같은 이방인을 그리 친절히 생각해주었다니 정말이지 멋진 일입니다. 집이며 소중했던 많은 것들이 그리울 테지요. …… 그곳에서 학생들이 책을 읽으며 더 또렷이 말하는 법과 그늘 속에서 빛을 찾는 방법을 배울 기회가 생겨 기쁩니다. 학생 여러분은 이것만 기억했으면 해요. 장애를 극복하는 여러분의 용기가 주위 사람에게도 밝은 빛을 널리 비추는 등불이 되리라는 것을."[24]

전쟁이 한창이던 시기에 헬렌은 또다시 공산주의 간행물인 《소비에트러시아투데이(Soviet Russia Today)》에 기고했다. 스탈린그라드 포위 작전이 벌어진 후에, 붉은 군대(Red Army)는 "창조적 영감과 레닌의 위대한 꿈을 이루려는 의지"에 따라 세계평화를 지키기 위해 탄생한 것이라며 칭송하는 글을 쓴 것이다. 그 대열에 "스탈린이라는 천재에 의해, 피부색과 인종, 종교가 각기 다른 이들이 영광스러운 투쟁을 위해 하나로 뭉쳤다".[25] 한 달 후에는 『전쟁과 평화』를 쓴 유명한 러시아 작가의 딸인 알렉산드라 톨스토이(Alexandra Tolstoy) 백작 부인과 점심을 함께했다. 식사 후 친구에게 쓴 편지에서 헬렌은 여전히 반소비에트 정서를 조금도 참아 넘길 수 없다며 힘주어 말했다. 헬렌은 이렇게 썼다. "백작 부인이 러시아가 기독교와 문명을 완전히 잃어버렸다는 식으로 말할 때마다 반론이 튀어나오려는 것을 억눌러야 했답니다."[26]

한편 헬렌은 애국주의적인 군 병원 순회에 나서며 전쟁에 들이는 노력을 열정적으로 지원했다. 엘리너 루스벨트는 논평 '나의 하루' 지면에 "헬렌의 방문으로 그들은 의사의 치료에 버금가는 치유를 받을 것이다"라고 썼다.[27] 헬렌은 전쟁 중에도 AFB의 모금 및 홍보 업무를 계속했지만 그 일에 열정을 보이는 경우는 시각장애인 공동체에서도 더욱 소외된 집단을 옹호하는 활동을 할 때뿐이었다. 1944년 10월, 증언차 의회 위원회에 참석한 헬렌은 장애를 지닌 미국인을 위해 더 많은 기금을 조성해 달라고 의원들에게 열정적으로 호소했다. 헬렌과 AFB는 1935년 루스벨트가 뉴딜정책의 초석으로서 사회보장법안을 작성할 때 시각장애인을 위한 재정지원 조항을 삽입하도록 로비를 펼치는 데에 중요한 역할을 담당했다.[28] 하지만 장애로 인한 생계비 증가를 법안에 반영하려던 노력은 실패로 돌아갔다. 위원회에서 헬렌은 이렇게 발언했다. "사회보장법에는 더 가난하게 살아가는 시각장애인의 특수한 필요를 충족할 방안도, 생계 수단이 심각히 줄어드는 사정에 대한 고려도 담겨 있지 않습니다. 점자 필기구나 타자기를 살 여력이 없는 경우가 대부분입니다. 해외에 있는 아들이나 형제에게 편지를 쓸 수도 없는 상태로 어둠 속에 머무는 것이 상상이 가십니까?"[29]

헬렌은 위원들에게 자신은 특히 "시각장애인 친구 중에서도 가장 어려운 처지인 데다 가장 보살핌을 못 받는" 두 집단을 위해 호소하려 한다고 말했다. 첫 번째는 아프리카계 미국인 시각장애인이었다. 헬렌은 이렇게 설명했다. "이 대륙을 오르내리면서 저는 허름한 학교 건물에서 결핍에 맞서 처절히 싸우는 그들의 모습을 보았습니다. 부실한 교육을 받으며 적절한 의료서비스를 누리지 못하고 구직 기회도 얻지 못하는 차별을 겪는 그들을 보고 충격을 받았습니다. 이 부유한 나라에서 인종이 다르다는 이유로 이런 불의한 일을 겪는 사람이 있다는 것, 그리고 이 현실을 못 본 척 내버려둔다는 것이 수치스럽습니다. 시력을 잃고 무시무시한 장애물에 가로막힌 유색인이 인간으로서 존엄과 용기를 지킬 수 있도록 재정적으로 지원해야 합니다."[30]

마지막으로 헬렌은 시청각장애인 공동체를 향한 관심을 호소했다. "모든 주마다 시각장애인의 경제적 문제를 해결하겠다는 전문 기관이 존재하지만 보지도 듣지도 못하는, 지구상에서 가장 외로운 사람들의 재활을 위해 설립된 조직은 어디에도 없습니다. 어두움과 침묵이라는 이중의 감옥에 갇힌 그들에게는 햇빛을 끌어올 수 있는 사소한 혜택이나 즐거움도 누릴 여력이 없습니다."[31]

루스벨트가 전례 없는 4선 연임에 도전하는 1944년 대통령선거를 목전에 두고 헬렌이 루스벨트에게 표를 던지겠다고 밝힌 일은 대다수 미국인은 물론 12년에 가까운 재임 중에 자주 헬렌을 칭송했던 대통령 본인조차 놀랄 만한 일이었다. 《뉴욕타임스》에 실린 인터뷰에서 헬렌은 대통령을 지지하기로 한 이유를 이렇게 밝혔다. "재선이 되면 루스벨트는 전쟁을 승리로 이끌고 전 세계가 질서와 정의를 이루기 위해 치른 엄청난 희생에 부합하는 평화를 실현하기 위해 최선을 다할 것입니다."[32] 생애 최초로 주류 정당 후보에게 투표하겠다는 헬렌의 선언을 이제는 급진 정치를 버리고 민주당을 지지하는 자유주의자가 되었다는 결정적인 증거로 볼 수도 있을 것이다. 하지만 전시 미국의 정치 지형과 그 무렵 헬렌에게서 나타난 이념적 변화를 고려하면 더욱 논리적인 해석이 가능하다. 대통령이 영국과 프랑스에 군사적 원조를 제공했던 4년 전 헬렌은 미국공산당과 마찬가지로 대통령이 미국을 전쟁으로 "끌어들인다"라며 비판했다. 하지만 루스벨트가 소련과 전시 동맹을 맺은 후로는 대통령에 대한 헬렌의 태도가 극적으로 달라졌다.

제2차세계대전이 사그라드는 동안 공산당 역시 현직 대통령을 지지했다. 1980년 루스벨트 대통령에 대한 미국 좌파의 대응을 분석한 역사가 버나드 벨루시와 주얼 벨루시는 공산당이 "루스벨트의 재선 선거운동에 뛰어들었다"라고 썼다.[33] 따라서 헬렌은 좌파 정치에서 돌아선 것이 아니라 이번에도 공산당 노선에 발맞추어 대통령 지지를 선언한 것으로 보인다. 하지만 개인적으로는 이 선택에 의구심을 품었던 것 같다. 헬렌은 어느 쪽이든 "그 나물에 그 밥"이라고 말한 적이 있을 정도로 30년에 걸쳐 단호하게 기성정당에 대한 반감을 드러냈다. 선거 두 달 전 넬라에게 쓴 편지에 헬렌의 이런 복잡한 심경이 담겨 있다. "루스벨트에게 투표하면 어떤 일이 벌어질지 다시 한번 짚어 보았고, 원래대로 밀고 나가기로 했어요. 넬라, 정말이지 루스벨트에게 투표하는 것이 어릴 적부터 평화주의자였던 제가 이 전쟁에 뛰어드는 것보다 더 나쁘겠나 싶어요. 탈영병이 된 기분은 여전하지만." 헬렌은 민주당 후보에게 투표하면 루스벨트의 지도력을 전적으로 인정하는 것으로 비칠 수 있다는 점이 마음에 걸렸다. 사실은 정반대였기 때문이다. "아니에요. 제가 루스벨트를 대중의 지도자로 여기는 듯이 보이고 싶지 않아요. 저는 링컨 시절 이후로 미국에 진정한 국민 대통령은 없었고 제가 온전히 지지할 만한 정당도 아직 나타나지 않았다고 생각해요."[34]

1년이 지나지 않아 전쟁이 끝나고 루스벨트는 사망하며, 헬렌은 루스벨트의 유산을 복구하려는 치열한 투쟁에 휩싸이게 된다.

몰려드는 폭풍

북쪽으로 향하는 그레이하운드 고속버스에서 아이작 우더드 (Isaac Woodard)는 4년 전 출병 후 처음으로 아내와 만날 순간을 고대하고 있었다. 동원 해제 후 마닐라에서 출발해 군용열차로 조지아주 고든(Gordon) 캠프를 거쳐 마침내 최종 목적지인 사우스캐롤라이나주 윈스버러(Winnsboro)로 향하는 긴 여정이었다. 미군에서 별도로 편성한 "흑인 부대"에서 3년 넘게 복무하고 막 제대한 26세인 이 군인은 수년에 걸친 뉴기니 점령 전투의 포화 속에서도 용기 있게 싸워 훈장을 받았다.

롤리(Raleigh)에서 남동쪽으로 50마일 떨어져 있는 흑인이 다수인 카운티에서 몹시 가난하게 자라다가 살길을 찾아 열다섯 살에 집을 떠난 우더드에게 군 생활은 고되긴 해도 따뜻한 피난처를 제공했다. 훗날 우더드의 어머니는 지역 내 백인들이 "흑인을 개와 다름없이 여긴다. …… 그들이 우리에게 바라는 건 노동뿐이다"라고 말했다.[01]

1946년 2월의 쌀쌀한 어느 저녁, 우더드가 집에 도착하기 직전이었다. 우더드에 따르면 화장실에 다녀오는 문제로 버스 기사 올턴 블랙웰(Alton Blackwell)과 실랑이를 벌이면서 시련이 닥쳐왔다. 자신에게 욕설을 퍼부으며 버스를 세워 주지 않으려는 블랙웰에게 우더드는 사람대접을 해 달라고 요구했고 마침내 버스에서 내려 쉴 수 있었다.

이후 버스가 에이킨(Aiken)을 지날 때 블랙웰이 순찰차에 타고 있던 경찰서장 린우드 슐(Lynwood Shull)과 또 다른 경찰관을 불러 우더드가 "소란"을 피웠다고 일렀다.[02] 나중에 우더드는 자신이 버스 기사와 언쟁한 사연을 설명하려는데 말이 끝나기도 전에 슐이 주머니에서 경찰봉을 꺼내 머리를 때리면서 "입 닥쳐"라고 했다고 진술했다. 백인 군인인 제닝스 스트라우드(Jennings Stroud)가 이후 FBI에 진술한 바로는 경찰이 "그 흑인 친구에게 자기의 권위를 과시하려는 듯이, 쓰러질 정도는 아니지만 꽤 심하게 구타했다"라고 한다.[03] 우더드는 경찰서로 끌려가는 동안에도 계속 슐에게 구타당해 정신을 잃었다고 말했다.[04] 결국 치료를 받으러 보훈병원에 입원했을 때는 회복 불가능할 정도로 눈이 손상되었다는 진단을 받았다. 우더드가 가족과 재회하기까지는 두 달이 더 걸렸다.

트루먼 대통령이 연방 차원의 조사를 지시한 후 과도한 폭력을 행사한 혐의로 기소된 슐은 우더드를 때린 건 정당방위였다고 주장했다. 전원 백인으로 구성된 배심원단은 겨우 30분 만에 심의를 끝내고 무죄를 선고했다.[05]

처음에는 별다른 시선을 끌지 못한 우더드 실명 사건은 그해 여름 오슨 웰스(Orson Welles)가 ABC에서 진행하는 주간 라디오 방송을 통해 우더드가 겪은 고난을 조명하고 정의를 요구하면서 귀환한 흑인 퇴역 군인이 모욕당한 사례로 부각되었다.[06] 곧 이 사건을 중심으로 아프리카계 미국인 공동체가 결집해 1946년 8월 우더드의 생활비 모금을 위해 열린 집회에 2만 명이 몰려들었다.

아이작 우더드 사건이 알려지기 시작하고 얼마 안 되어 헬렌은 앨라배마주 몽고메리에서 남편과 세 자녀와 함께 살고 있던 여동생 밀드레드 켈러 타이슨의 집을 방문했다. 아서 켈러 사망 후 자신이 한동안 어머니와 함께 살았고 피터 페이건과의 약혼이 좌절된 후에도 머물렀던 지역이었다. 한때 몽고메리에서 가장 아끼는 딸로 칭송받았던 헬렌은 1916년 남부 지역 아프리카계 미국인에 대한 처우를 비판하면서 남부 출신으로서 "진심으로 부끄럽다"라고 쓴 편지를 NAACP에 보낸 후로 인심을 크게 잃었다. 이후 몇 년 동안은 사람들의 시선을 피해 조용히 드나들었고 밀드레드도 친구와 이웃에게 가족관계가 드러나지 않도록 조심해야 했다. 이런 식으로 몽고메리에 방문하는 것이 헬렌에게도 고역이었다. 몽고메리에 다녀온 헬렌의 감정을 기록한 넬라의 일기가 있다. "밀드레드 방문은 즐겁지 않았다. 완고하고 고리타분한 남부인인 밀드레드 가족은 헬렌이 바라보는 세상을 조금이라도 이해해 보려 하지 않는다."[07]

주기적으로 가족을 만나러 갔던 헬렌이 NAACP 사무실을 방문한 적이 있는지는 기록이 남아 있지 않다. 만약 방문했다면 1943년 12월에 몽고메리 지부의 서기가 된 로자 파크스(Rosa Parks)라는 젊은 여성과 만났을 수도 있다. 파크스는 그로부터 10년 후 버스 앞좌석을 양보하라는 요구를 거부한다. 파크스가 체포되면서 1년에 걸친 몽고메리 버스노선 승차 거부 운동이 벌어졌고, 이로써 지역에서 활동하던 목사 한 명이 미 전역으로 활동 무대를 넓히게 된다. 마틴 루서 킹 주니어(Martin Luther King Jr.) 박사와 로자 파크스가 전국적인 흑인민권 논의를 촉발한 1955년 이전에는 미국 내 인종차별을 공개적으로 비판하는 백인 유명인사가 거의 없었다. 그러나 헬렌은 1946년 여름 아이작 우더드 사건을 접하자 분노를 감출 수 없었다.

9월에 헬렌은 "코네티컷의 흑인을 위한 정의"를 촉구하고자 댄버리(Danbury)에서 개최하는 회의에 연사로 참여해 달라는 요청을 수락했다. 그 자리에는 흑인 콘트랄토(contralto) 가수 메리언 앤더슨(Marian Anderson)도 참석했고, 회의가 끝난 후 헬렌과 함께 식사했다. 그날 오후 앤더슨을 포함한 수많은 청중 앞에서 헬렌이 한 연설의 내용은 남아 있지 않다. 하지만 넬라에게 쓴 편지에서 헬렌은 그 연설을 통해 마음 깊은 곳에 품고 있던 반흑인 인종차별에 대한 감정을 드러내고 자신이 오랜 세월 목격한 차별을 돌이켜 볼 수 있었다고 말한다.

짐작하겠지만 댄버리회의에서 제가 한 연설은 이 나라의 유색인이 처한 상황을 보며 느꼈던 지울 수 없는 수치심을 표현한 것에 불과해요. 그들이 어떤 모욕을 당하는지 알게 된 후로 제 안에서 이 분노가 가라앉은 적이 없어요. …… 남부 지역 어느 도시의 호텔로 저를 찾아온 고상하고 품위 있는 유색인 교사가 화물용 엘리베이터를 써야 했을 때 느낀 치욕을 잊을 수 없어요. 충격적으로 낙후된 유색인 시각장애인 학교에 방문했던 일이나 인종적편견 때문에 그 사람들이 적절한 교육과 먹고살 만한 일자리를 얻기 위해 얼마나 힘겨운 투쟁을 벌여야 했는지 생각하면 마음이 찢어질 듯이 아파요. 역사적 기록이 말하듯이 뉴잉글랜드에서든 남부에서든 흑인에 대한 끊임없는 린치와 범죄행위, 그리고 입에 담기도 싫은 백인우월주의 주창자의 존재는 미국의 미래를 어둡게 만들 거예요.[08]

같은 편지에서 헬렌은 아이작 우더드 사건을 언급하며 이렇게 말했다. "'정당방위'였다고 주장하는 경찰이 어떻게 유색인 퇴역 군인의 눈을 멀게 했는지 알고 나니 또 다른 악의 심연을 본 듯했어요. 법을 무시한 채 팔다리가 상하거나 눈이 멀게 만드는 폭력을 쓰고 그 행동을 '정당방위'라고 부르는 곳에서는 시각, 청각, 그 밖에 여러 장애를 지닌 사람들의 권리가 침해된다고 덧붙이지 않을 수 없네요." 헬렌이 NAACP에 쓴 편지로 인종차별에 대한 "분노"를 표현한 지 30년이 지나 발생한 우더드 사건은 우더드를 비롯해 셀 수 없이 많은 흑인이 자유의 이름으로 세계대전에 참전해 싸웠는데도 미국의 현실은 거의 달라지지 않았다는 사실을 고통스럽게 일깨워 주었다. 70년이 지난 후에도 미국에서는 비슷한 사건이 계속 신문에 오르내릴 것을 알고 있기라도 한 듯이, 헬렌은 사건에 담긴 의미를 이렇게 짚어 냈다. "이 극단적인 잔학 행위는 이런 일이 벌어지도록 용인하는 무력함을 저격할 뿐 아니라, 기독교를 배신하고 미국의 가장 중요한 전통에 내재한 민주주의 정신을 배신한 자들이 감추고 있는 도덕적 타락을 드러내 줘요. 우리 사회의 기준을 중세 시대로 돌려놓을 수도 있는 사악한 위험이죠."[09]

반흑인 인종차별을 거듭 강하게 비판한 데서 사회운동을 하면서 장애인 차별보다 인종적편견에 더 격한 반응을 보이곤 했던 헬렌의 독특한 면모가 뚜렷이 드러난다. 킴 닐슨은 이렇게 말했다. "헬렌은 억압받는 집단의 일원이었던 적이 없고 스스로 그렇게 인식한 적도 없으며, 자신은 그저 어려움을 겪는 한 개인이라 생각했다."[10] 그래도 아이작 우더드를 위해 발언하고 평생소수인종 시각장애인과 청각장애인을 비롯해 빈곤 상태에 놓인 장애인을 옹호하는 등 장애인 중에서도 소외된 사람들이 겪

는 문제를 꾸준히 강조했다. 그럼에도 불구하고 장애인 시민권
(civil rights)을 위한 투쟁은 다음 세대 활동가들의 몫이 되었다.

한편 제2차세계대전을 거치며 더 강렬해진 소비에트러시아
를 향한 헬렌의 동경은 가라앉을 기미를 보이지 않았다. 얼마 안
가 헬렌의 좌익성향이 다시 한번 도마 위에 오르는데, 여기에는
1942년에 처음 만난 후 급격히 친밀해져 결국 가장 가까운 친구
가 된 조각가 조 데이비드슨(Jo Davidson)과의 관계가 어느 정도
영향을 미쳤다. 몇 년 앞서 청각장애인인 조각가에게 지문자를
배웠던 데이비드슨은 펜실베이니아에 있는 자신의 농장에 종종
머물던 헬렌과 "자연스러운 공감대"를 이루게 되었다고 썼다.[11]

데이비드슨은 영향력 있는 예술 후원자이자 수집가인 거트루
드 밴더빌트 휘트니(Gertrude Vanderbilt Whitney)가 뉴욕 휘트니
미술관을 설립하기 20년 전인 1908년에 파리에서 휘트니와 친
구가 된 후로 미국에서 가장 유명한 조각가로 떠올랐다. 1923년
에는 세계 "최고의 화제의 인물"인 블라디미르 레닌의 흉상을
제작하고자 로버트 라폴레트와 함께 러시아로 갔다.[12] 당시 레
닌은 앉아 있기도 어려울 정도로 아팠지만 주석 권한대행 알렉
세이 리코프(Alexei Rykov)를 비롯해 다수의 저명한 볼셰비키를
조각에 새길 수 있었다. 러시아에 머무는 동안 데이비드슨은 헬

렌의 오랜 정치적 조언자이자 IWW 지도자인 빅 빌 헤이우드, 미국 좌파 언론인 링컨 스테펀스(Lincoln Steffens)와도 친구가 되었다. 이 여행을 통해 급진 정치에 입문했든 아니든 간에 데이비드슨은 이후 평생에 걸쳐 꾸준히 왼쪽으로 시선을 옮겼다. 헬렌처럼 데이비드슨도 인민전선기에 공화파의 대의에 투신했고 내전 중에는 스페인을 여행하며 저명한 반파시스트 지도자들의 초상화를 그리기까지 했다.

공산당에 입당했다는 증거는 전혀 없지만, 데이비드슨은 철저히 당의 노선을 따랐고 헬렌처럼 적어도 동조자였던 것은 거의 확실하다. 심지어 "지하 공산주의자"였을 가능성도 있다. 소련 스파이였던 루이스 부덴츠(Louis Budenz)가 공산주의를 버리고 FBI로 넘어간 지 3년 후인 1948년에 주장하기로, 데이비드슨은 러시아에서 좌파 언론인 링컨 스테펀스와 친구가 된 1923년부터 시작된 "당과의 오랜 인연"으로 "정치국(Politburo, 공산당의 최고 정책 결정 기관—옮긴이)"에 의해 지도자로 발탁되었다고 했다.[13] 미국공산당 지도자 얼 브라우더가 데이비드슨이라면 동조자는 자기의 신념보다 당의 뜻을 우선해야 한다는 "공산주의 규율을 수용"할 것이므로 당의 전선 조직을 이끌 후보로 적합하다고 주장했다고 어느 비밀 정보원이 FBI에 보고한 적도 있었다.[14]

1944년에 데이비드슨은 루스벨트 선거운동에 뛰어드는데, 우연인지 몰라도 공산당이 루스벨트의 재선을 지지할 무렵이었다. 심지어 "루스벨트를 지지하는 예술계과학계유권자위원회(Independent Voters' Committee of the Arts and Sciences for Roosevelt)"라는 이름으로 저명한 지인들을 조직하고, 배우 에설 배리모어(Ethel Barrymore), 털룰라 뱅크헤드(Tallulah Bankhead) 등 수많은 유명인과 함께 서명에 참여하도록 헬렌을 설득하기까지 했다.[15]

루스벨트 선거운동 산하의 위원회를 꾸리기는 했지만, 조는 막바지에 해리 트루먼(Harry Truman)에게 밀려 1944년 대통령 선거 출마 기회를 놓친 헨리 월리스(Henry Wallace) 부통령과 특히 가까웠다. 월리스가 떨어진 이유는 소련에 지나치게 우호적으로 보인다는 인식 때문이라거나 인종차별 반대 입장을 거침없이 표명하는 탓에 분리주의를 내세우는 딕시크랫파와 진보적인 북부 민주당 사이의 허술한 연합 관계에 위협적이었기 때문이라는 상반된 시각이 있다. 이 아슬아슬한 동맹으로 남부의 많은 지역이 수십 년 동안 민주당 진영에 묶여 있었지만, 이 때문에 루스벨트는 길었던 대통령 임기 내내 정치적 편익을 위해 짐크로 체제에 반대하는 목소리를 가로막았다.

공천에 탈락하기는 했어도 월리스는 지지층이 상당해, 데이비드슨이 1944년 대선을 일주일 앞두고 월리스를 기조연설자로 삼아 매디슨스퀘어가든에서 개최한 집회에는 군중이 가득 찰 정도였다. 좌파 성향이 대부분인 군중에서 터져 나오는 열광적인 반응을 마주한 데이비드슨 측 인사들은 퇴임하는 부통령을 중심으로 새롭고 강력한 운동이 탄생하고 있음을 알아챘다. 이 날 집회에서 루스벨트 지지 연설을 한 헬렌은 집회 후 처음으로 만난 월리스를 "시대가 애타게 부르짖던 새로운 유형의 정치인"이라 칭하며 얼마 안 가 전시 동맹국에서 미국의 숙적으로 변모할 국가를 향한 여전한 집착이 드러나는 편지를 그에게 보냈다. "불과 26년 사이에 사회적·경제적으로 엄청난 부흥을 이루어 낸 소련을 관대하게 바라보자고 사람들을 설득하기 어려운 상황에서 당신이 보여 준 사려 깊은 공감에 힘이 납니다."[16]

월리스는 답장을 통해 헬렌의 편지가 "그동안 제가 받아 본 것 중에서 가장 큰 영감을 안겨 준 편지"였다며 자신도 헬렌에게 매료되었음을 드러냈다.[17] 헨리 월리스는 헬렌과 데이비드슨이 루스벨트 대통령의 재선을 지지하기로 할 때 자신들이 주장하던 진보적 이상을 대표하는 인물이었다. 반면 월리스에 이어 부통령이 된 해리 트루먼은 루스벨트가 추진한 뉴딜개혁을 되돌리려는 반동 세력을 대표했다.

1945년 4월 루스벨트가 사망하고 트루먼이 대통령직에 오르면서 두 사람이 가장 염려하던 일이 벌어질 듯했다. 신임 대통령이 뉴딜을 지지하는 민주당원을 끌어안고자 월리스를 상무부 장관직에 유임시켰을 때는 잠시나마 마음을 놓았다. 점차 트루먼이 특히 소련과의 관계에서 자꾸만 월리스를 방패로 삼으며 당을 우경화시키는 과정을 바라보며 많은 이들이 경악했다.

한때 루스벨트-트루먼 후보를 지지했던 상당수의 자유주의자와 좌파가 이러한 변화에 경계의 눈빛을 보냈다. 조 데이비드 슨은 루스벨트 재선을 위해 조직했던 위원회를 예술계과학계 전문직군독립시민위원회(Independent Citizens Committee of the Arts, Sciences and Professions, ICCASP)로 재구성했다. 일본에 두 차례 원자폭탄이 떨어지고 불과 몇 달 만인 1945년 말에 핵무기 통제가 위원회의 주요 원칙으로 선정되었다. 트루먼 정부에서 일하는 동안에도 데이비드슨과 친분을 유지하며 위원회의 원칙 을 지키려는 의지를 드러내던 월리스와 위원회는 동일한 입장 에 서 있었다.

재정가 버나드 바루크(Bernard Baruch)가 갈수록 적대적으로 변해 가던 미국과 소련 사이의 관계를 설명하는 용어를 만들어 내기 2년 전이었지만 이미 냉전(Cold War)은 상당히 진행된 상 태였고 해리 트루먼은 미국을 휩쓸기 시작한 반공주의 광풍을 기꺼이 받아들였다. 월리스는 그 긴장을 가라앉힐 의지를 지닌 몇 안 되는 인사에 속하는 것으로 보였다. 1946년 7월에 월리스 는 트루먼에게 소련이 미국의 군사정책에 대해 "공포와 의구심, 불신"을 느끼는 데는 합리적인 근거가 있다며 "합당한 안전보 장"을 승인할 것을 촉구하는 비공개 서한을 보냈다.[18] 소련과의 긴밀한 경제 관계가 상호 이익이 될 거라며 양국 간 우호 관계를 유지해야 한다고도 주장했다. 하지만 대통령은 월리스의 호소 에 무관심한 듯 보였다.

트루먼의 비타협적인 태도에 좌절한 월리스는 11월 중간선거

후 사임하기로 마음을 정했다. 그러면서 미국 시민들에게 자기의 주장을 펼치기로 결심했다. 1946년 9월 12일 매디슨스퀘어가든에서 연설에 나선 월리스는 독립적인 외교정책을 촉구하며 이렇게 말했다. "라틴아메리카, 서유럽, 미국의 정치문제에 관여하는 러시아와 달리 미국이 동유럽의 정치문제에 관여할 이유는 별로 없다는 것을 인지해야 합니다." 이 연설을 소련의 간섭을 대놓고 비난한 것으로 여긴 좌파 성향의 군중은 야유를 보냈지만, 월리스가 미국을 공산주의 진영으로 들이려 한다고 여긴 공화당원 사이에서는 즉시 비난이 쏟아졌다. 사전에 백악관의 허락을 받은 연설이었음에도 불구하고 압박에 굴복한 트루먼은 월리스에게 장관직에서 물러나기를 요구했다.

오랫동안 트루먼 정부가 "제국주의를 향해 나아가고 있다"고 확신해 온 헬렌에게는 월리스가 마지막 남은 지푸라기였다.[19] 새 친구에게 닥친 운명을 알고 분노에 차서 넬라에게 급히 써 보낸 편지를 보면 헬렌이 20년 동안 AFB에서 일하면서 정치관이 온건해졌다거나 좌파 정치 신념을 버렸을지 모른다는 의구심이 말끔히 해소된다.

금요일 밤에 라디오에서 헨리 월리스가 강제로 사임당했다는 소식을 듣고 깜짝 놀랐어요. …… 분노에 찬 여러 평론가의 발언이 저의 극단적인 좌익 사상을 단념할 명분을 조금도 주지 않는 정부에 대한 제 감정을 꿰뚫는군요. …… 제 생각에 저를 포함한 미국 시민들이 동맹이 될 만한 국가 간의 볼썽사나운 다툼을 가라앉히고 인류의 조언자이자 친구로서 루스벨트가 펼치던 관대한 외교를 복원하려는 월리스의 투쟁을 지지하는 데에 부끄러울 정도로 느꼈던 것 같아요.[20]

월리스가 해임당한 지 한 달도 안 되어 좌파 성향의 여러 단체가 헨리 월리스가 대표하는 미국진보당을 창당하기 위한 연합체를 결성했다. 몇 주 후 열린 1946년 상원 선거에서 위스콘신 출신의 공화당 소속 무명 정치인이 당선되는데, 이 일은 곧 헬렌의 삶과 유산에 지대한 영향을 미치게 된다. 조 매카시가 최악의 악행을 저지르기까지는 아직 몇 년이 남아 있었지만 그가 운동에 드리울 먹구름은 이미 피어오르기 시작한 상태였다. 이윽고 폭풍이 몰려온 순간, 바로 그 앞에서 헬렌의 정치적 신념이 되살아나게 된다.

Chapter

20

빨갱이 공포

　트루먼 대통령이 신설 원자력위원회의 위원장으로 데이비드 릴리엔솔(David Lilienthal)을 임명한 1946년 가을에 매카시즘이라 알려진 현상이 그 추악한 모습을 처음으로 드러냈다.

　히로시마와 나가사키에 원자폭탄이 떨어지고 몇 달 후, 의회에서 평화 시 원자력 기술개발을 촉진하고 통제하는 위원회를 설치했다. 릴리엔솔은 테네시강유역개발공사(Tennessee Valley Authority)라는 연방 공공사업 기관의 책임자로서 남부 농촌 지역에 저렴한 수력전기를 보급하는 데 크게 성공하면서 두각을 나타냈다. 무리 없이 통과될 것 같았던 릴리엔솔 임명 건을 케네스 매켈러(Kenneth McKellar)라는 테네시주 민주당 상원의원이 반대하고 나섰다. 몇 달 앞서 매켈러는 어느 기자에게 릴리엔솔이 "우리 주에 있는 공산주의자들의 우두머리"가 틀림없다며 위원회를 장악할 경우 그는 러시아에 "원자력 기밀"을 넘길 것이라고 말했었다.[01]

결국 공화당과 민주당을 막론하고 점점 더 많은 상원의원이 지명을 철회시키려는 움직임에 동참하면서 만장일치로 인준될 듯했던 릴리엔솔 임명 건이 본격적인 싸움으로 번졌다. 논란이 절정일 때 헬렌은 릴리엔솔 인준을 촉구하는 편지를 《뉴욕타임스》에 보내면서 공개적으로 싸움에 뛰어들었다. 헬렌은 이렇게 썼다. "자유로운 시민이자 민주주의를 고민하는 딸로서 저는 데이비드 E. 릴리엔솔을 흔들어 대는 비양심적 정치 공세가 상징하는 빛과 어두움의 갈등에 대한 심경을 밝히고자 합니다. …… 릴리엔솔이 원자력위원회의 위원장으로 활동하게 될지 인준을 거부당할지는 이 나라와 세계에 중요한 문제이며, 이를 결정할 의무는 기득권과 지역적 편견에 얽매인 특정 집단이 아닌 미국 시민에게 있습니다."[02]

릴리엔솔 임명안은 결국 통과되지만 이로써 이후 수십 년에 걸쳐 정치 지형을 지배할 추악한 정치의 서막이 열렸다. 그해 7월에는 월터 스틸(Walter Steele)이라는 사람이 하원의 비미활동위원회(House Un-American Activities Committee, HUAC)에 출석해 정치적 파장을 일으켰다. 극렬한 반공주의 간행물 《내셔널리퍼블릭(National Republic)》의 발행인인 스틸은 자신이 공산당 불법화 법안을 지지하는 "애국자 2000만 명"을 대표한다고 주장했다. 증언에 나선 스틸은 온갖 자극적인 혐의를 제기하면서 공산주의자들이 필요하다면 폭력을 써서 독재정권을 수립할 의향을 품고 있다고 주장했다.[03] 그러면서 조 데이비드슨과 그가 이끄는 ICCASP를 주도 세력으로 지목했는데, 헬렌이 점점 더 적극적으로 참여하고 있던 단체였다. 스틸은 이 단체가 그 무렵 헨리 월리스를 필두로 창당한 정당과 연결된 "빨갱이 전선(Red front)"이라고 말했다.[04] 공산당이 불법화된 주에서는 "빨갱이들이 미국진보시민회(Progressive Citizens of America)가 후원하는 이른바 '진보' 후보를 밀고 있습니다. 투표에서 배제된 공산주의자들이 이 운동을 철의장막으로 삼아 정치 진영에서 활보하려는 겁니다"라고 주장했다.[05]

찰리 채플린과 진 켈리(Gene Kelly) 같은 할리우드 인사를 포함해 청문회에서 스틸이 지목한 수많은 인물과 그가 언급한 무수한 전선 조직 사이의 관계는 미미한 수준에 불과했다. 한때 뉴딜을 지지하는 민주당원이었던 로널드 레이건(Ronald Reagan)마저도 데이비드슨의 ICCASP 운영위원회에서 활동하다 물러난 지 얼마 되지 않아 공산주의 연루 혐의를 받기 시작했다.[06] 실제로 수많은 자유주의자가 좌파 성향의 단체에 가입하거나 회의에 참석하거나 심지어 이후 공산주의 조직이나 전선 조직으로 추정되는 단체와 연계된 것으로 드러난 서명운동에 참여했다는 이유로 오명을 쓰는 경험을 하게 된다. 마녀사냥이 시작되자 감시자들은 무심결에 모호한 진보 정치 영역에 휘말린 사람을 어느 편으로 보아야 할지 파악하기 쉽지 않았다.

하지만 헬렌의 정치활동을 추적해 온 FBI는 어디에 선을 그어야 할지 고민할 필요가 별로 없었다. 제2차세계대전 중에는 소련이 동맹국이었기 때문에 헬렌이 공산주의 조직과 공개적으로 관계를 맺는 데에 별로 개의치 않았다 해도 전쟁이 끝난 지 몇 달이 지나도록 소련에 대한 지지를 거두지 않자 다시금 수사국의 시선이 집중되었다. 그들의 눈길을 끈 것은 1945년 11월 8일 맨해튼의 소련영사관에서 열린 소련혁명 28주년 기념행사에 헬렌이 초청받았다고 보도한 이디시(Yiddish)어 공산주의 신문 《모르겐프라이하이트(Morgen Freiheit)》의 기사였다. 해당 기사에는 헬렌이 영사관에 들어서면서 "드디어 소련 땅을 밟네요"라고 했다고 쓰여 있었다.[07]

석 달 후에는 스페인내전 당시 파시즘에 맞서 싸운 미국인의 모임인 에이브러햄링컨여단 참전 용사 회의에 축전을 보낸 개인 및 단체 명단에서 헬렌의 이름이 발견되면서 또다시 수사국의 관심이 쏠렸다. 헬렌이 인민전선에 관여했던 초창기로부터 7년이 지나는 사이에 여단은 미국 법무부 장관이 공식적으로 지정한 "공산주의 조직" 명단에 올라 있었다.[08] 1946년 말에는 《소비에트러시아투데이》에 '우리가 한 행동으로 평가받을 것'이라는 제목으로 미국과 소련 간의 우호 관계를 촉구하는 헬렌의 글이 실렸다. 헬렌은 이렇게 썼다. "소련 건국 29주년은 분명히 축하받을 만한 일입니다. 이 탄생이 갈등으로 얼룩진 인류의 눈앞에 떠오르는 치유의 샛별과 같이 환영받기를 바랍니다!"09

전후 시기 헬렌이 스스럼없이 드러내는 공산주의 기관 및 매체와의 유대 관계가 초기에는 대중의 시선에 그다지 걸리지 않았다. 하지만 미국의 정치 환경이 급변하면서 사정이 달라지기 시작했다. 헬렌은 갈수록 트루먼 정부가 이끄는 미국의 향방에 환멸을 느낀 것이 분명하다. 1947년 2월에 헬렌은 친구 에릭 볼터(Eric Boulter)에게 이렇게 썼다. "여기 미국에서 우리는 쓰디쓴 퇴행기를 겪고 있어요. 프랭클린 델러노 루스벨트가 죽은 뒤로 활기 없고 근시안적인 행정 때문에 그가 인생을 걸고 추진해온 장기적으로 유익한 전 지구적 정책에 혼선이 빚어졌어요." 헬렌은 인종차별이 "만연"하고 "급진주의를 억누르는" 데에 모든 노력이 집중되고 있다며 "자유주의자는 어느 방송국에도 나갈 수 없고 폭탄 제조는 계속되는데 핵전쟁을 막기 위해 시민 개개인이 할 수 있는 일이 너무 적다는 게 당혹스러워요"10라고 했다.

조 데이비드슨과 공산당의 관계는 여전히 모호했지만, 넬라 헤니가 1947년 3월에 당혹스러워하며 쓴 일기에 나타나듯이 이 시기 헬렌의 주위에는 공산당원임이 분명한 인물이 여럿 있었다. 넬라가 특히 우려한 것은 헬렌과 폴리가 훗날 『스파르타쿠스(Spartacus)』를 쓴 작가 하워드 패스트(Howard Fast)와 가까이 지내는 것이었다. "두 사람과 친밀한 사이인 하워드 패스트는 불우한 배경을 지닌 유대인 청년으로 공산주의자를 자처한다.

감각이 탁월하고 문학적 역량이 적지 않지만 (자기 논문에 맞추어 미국의 역사를 왜곡하는 것을 보면) 진정성이 부족한 사람이라 헬렌과 폴리가 그와 얽히는 것이 안타깝다."[11] 또 다른 저명한 좌파 작가 도로시 파커와 헬렌의 관계는 못해도 1940년까지 거슬러 올라가는데, 헬렌이 비시프랑스에서 반파시스트 난민을 수송하고자 추진하다 안타깝게 실패한 스페인구조선작전에 파커가 참여하면서였다.[12] 미국공산당 중앙위원회 위원으로 활동하다 1945년 망명한 전 소련 스파이 루이스 부덴츠는 파커가 "지하 공산주의자"라고 했다. 매카시처럼 무모하게 혐의를 제기하는 것으로 유명했던 부덴츠는 파커에 대한 확실한 증거를 하나도 내놓지 않았지만, FBI에 파커가 "지하" 당원이라고 말한 비밀 정보원이 또 있었다. 보고서에는 헬렌이 수십 개 전선 조직과 공산주의자 "연합체"의 일원이라고 기록되어 있었다.[13] 이 시기 당원으로 추정되던 인사들과 헬렌의 관계를 보면, 조 데이비드슨과의 친분이 헬렌이 공산당 진영과 꾸준히 관계를 이어 왔다는 핵심 증거라고 단정하기는 어렵다는 사실이 드러난다. 헬렌이 조와 처음 만난 1942년보다 적어도 3년 앞선 시기부터 이미 동조자였다는 점에서도 특히 그러하다. 혹시 그보다 앞서 당과 접촉한 사실이 담긴 자료가 있었을지라도 헬렌과 폴리가 유럽 여행을 떠난 1946년에 아컨 리지에 발생한 화재로 저택과 헬렌의 소중한 물건이 모두 소실되면서 사라졌을 것이다.

한편 1948년 대선에서 월리스가 트루먼에 맞설 것이라는 전망이 나오면서 좌파 투사가 대통령선거에 나서는 것을 지켜보는 반공주의 우파와 민주당 지도부는 이미 두려움에 빠져들고 있었다. 1947년 11월 〔재건된〕 아컨 리지에서 열린 파티에 참석한 후 넬라가 기록했듯이 헬렌과 지인들은 월리스의 출마 가능성에 흥분한 것이 틀림없었다. 넬라는 특히 아내 플로렌스와 함께 파티에 참석한 조 데이비드슨이 도착하자마자 쏟아 낸 이야기를 기록해 두었다.

두 사람이 몹시 들떠서 이야기하길, 직전에 월리스와 점심을 먹었는데 자신이 실패할 줄 알고 있지만 혹시 요청이 있다면 대통령선거에 출마하겠다고 조용히 동의했다고 했다. …… 데이비드슨 부부는 월리스가 시민들을 위해 십자가에 못 박힐 준비가 되어 있는 그리스도와 같은 존재라고 믿는다. …… 이로써 자유주의와 진보적 사고의 물결이 일어나기를 바라며, 실패하더라도 받아들일 준비가 되어 있다고 한다. 조는 그러면서도 '하느님이 함께하신다면 승리할 수도 있겠죠'라고 한다. 헬렌은 역시 월리스라고 말한다.[14]

같은 달에 헬렌은 AFB의 밥 어윈 이사로부터 불길한 서신을 받았다. "동봉한 자료는《데일리워커》에서 오려 낸 기사예요. [하원 비미활동위원회에서] 조만간 재단을 조사할 거라는 소문이 돌고 있어요."[15] 동봉했다는 자료는 유실되었지만 그 무렵 해당 신문에는 필라델피아 공산당 모임에서 엘라 리브 "마더" 블로어(Ella Reeve "Mother" Bloor)의 참석을 기념해 제작하는 소책자에 헬렌이 환영사를 써 보냈다는 기사가 실렸다. 블로어는 사회당 동지였다가 소련 건국 후 급격히 좌파로 변신해 미국공산당 창당에 참여한 인물로, 좌익 진영에서 사랑받으며 "공산주의 운동의 어머니"로 널리 알려졌다. 얼마 안 가 블로어의 아들 할 웨어(Hal Ware)가 웨어 그룹(Ware Group)으로 알려진 미국 역사상 가장 큰 소련 스파이 집단의 우두머리였음이 밝혀진다. 1935년 자동차 사고로 사망하기 전까지 웨어는 연방정부 곳곳에 퍼져 있는 지하 조직을 통해 뉴딜 정부에 잠입할 스파이들을 수십 명 모집했다.[16]

헬렌이 엘라 블로어에게 써 낸 "우애를 담아, 헬렌 켈러"라는 간단한 환영사가 공산당 행사 안내문에 등장한 1947년은 웨어가 공개적으로 스파이로 지목되기 전이었다.[17] 그런데도 마녀사냥꾼들의 관심과 수사 위협으로 AFB 측의 긴장이 높아지면서 헬렌이 평생을 헌신해 온 재단과의 관계가 극적으로 변화하게 되었다.

어윈이 AFB에 비미활동위원회의 관심이 쏠리고 있다고 경고한지 불과 몇 주 후인 1947년 12월에 웨스트브룩 페글러(Westbrook Pegler)가 여러 매체에 실리는 자신의 인기 칼럼 지면 대부분을 그 무렵 경쟁자로 등장한 에드 설리번(Ed Sullivan)이 쓴 '토크 오브 더 타운' 칼럼을 폄하하는 데 쓰면서 우려하던 최악의 상황이 현실로 다가왔다.

　이후 텔레비전 예능프로그램 진행자가 되는 설리번은 그 무렵 헬렌 켈러가 조 데이비드슨과 함께 카페 소사이어티(Café Society)라는 뉴욕의 나이트클럽에 방문해 주 공연자인 래리 애들러(Larry Adler)의 하모니카 연주를 감상하며 "조화로운 리듬에 몸을 맡겼다"라고 썼다. 악명 높은 우익 칼럼니스트인 페글러는 해당 클럽의 소유주가 미국 공산주의에 연루된 리언 조지프슨과 버나드 조지프슨(Leon and Bernard Josephson) 형제라는 사실에 주목했다. 페글러는 리언 조지프슨이 국무부에 자신이 미국공산당 "핵심 세력"의 일원이며 공산당 중앙위원회의 명령을 행하기 위해서라면 "살인만 빼고 무슨 짓이든 다 할 것"이라고 말한 적이 있다고 독자에게 고했다.[18]

　해당 클럽이 공산주의 전선이라는 것을 설득력 있게 제시한 페글러는 에드 설리번이 헬렌 켈러가 "순수한 의미"에서 방문한 것처럼 포장해 "정치적 홍보와 선전"을 감행했다며 맹비난했다. 주 공연자로 등장한 하모니카 거장 래리 애들러는 1943년 전쟁 전 의회에서 "배신 및 전복 행위"를 조사하기 위해 마틴 다이스(Martin Dies)를 주축으로 구성한 "다이스위원회(Dies Committee)의 보고서에 세 차례" 등장한 인물이라고 지적한다. 다이스위원회는 이후 비미활동위원회라는 이름으로 더 유명해진 바로 그 위원회였다. 페글러는 헬렌과 동행한 조 데이비드슨 역시 위원회에서 수차례 "거론"되었다고 덧붙인다. 이렇게 근거를 대기는 했어도 주류 언론 최초로 헬렌을 공산주의와 직접적으로 연결한 칼럼의 논조를 볼 때 페글러의 글은 헬렌을 공산주의 동조자로 몰아가기 위해 설계된 것이 분명하다.

페글러는 "헬렌 켈러가 1943년에 열한 차례 언급되었다"라고 썼는데, 이는 위원회 내부 조사 자료에 이름이 등장한 횟수를 가리키는 듯하다. "켈러는 오래전에 의식적으로 정치적 동반자를 선택했다. 잘 알려져 있듯이."[19]

페글러의 칼럼이 게재된 시기와 재단이 곧 조사받을 것이라는 소문은 모두 급작스레 닥쳐왔다. 페글러가 헬렌이 미국 공산주의에 연루되었을 가능성을 제기하기 불과 2주 전인 1947년 11월 24일에 미 의회는 영화산업 내부의 전복 행위 가능성을 조사하기 위해 비미활동위원회가 소집한 청문회에 협조하기를 거부했다는 이유로 할리우드 인사 열 명을 모독 혐의로 고발했다. 곧 최장 1년의 징역형을 받으며 할리우드 텐(Hollywood Ten)으로 알려지는 이들은 이후 10년 동안 수많은 사람의 삶을 파괴한 블랙리스트의 최초 희생자였다. 사실 이들 중 상당수는 조 데이비드슨의 ICCASP 회원이었다. 이들이 기소당한 사건으로 미국 좌파 진영이 얼어붙기 시작해 이후 수년 동안 지속되는데, 그사이 무수한 진보 인사가 위원회 앞에 끌려가 경력을 지키려면 "이름을 대라"라는 요구를 받게 된다. 끌려가지 않은 이들은 충성 맹세에 서명하기를 강요당했다. 소문을 주로 다루는 영향력 있는 칼럼니스트 헤다 호퍼(Hedda Hopper)는 "애국심이 부족한 자들

은 너무 늦기 전에 강제수용소에 보내야 한다"라고 썼다.[20]

페글러의 칼럼에서 가장 우려스러운 부분은 다이스위원회에서 헬렌을 여러 번 언급했다는 주장이었다. 이는 곧 페글러가 FBI 또는 위원회에서 흘러나온 정보를 접했다는 뜻으로, 그 무렵 밤 어윈이 들었던 재단이 조사받을지 모른다는 소문을 확증해 주는 듯했다. 위원회가 **공개적으로** 헬렌의 이름을 거론하거나 증인으로 소환한 적이 없다는 사실로 미루어 보아 페글러가 유출한 내용은 헬렌에게 급진적 진영을 멀리하도록 경고할 목적으로 기획된 작업이었을 것이다.

이후 10년 동안 빨갱이 몰이꾼들이 보인 행태로 볼 때 헬렌이 박해를 피할 수 있었던 것은 대중의 사랑을 받는 상징적 인물이라는 지위 덕분이었음이 거의 틀림없다. 1930년대에서 1940년대 사이에 비미활동위원회가 당원이나 동조자로 활동하던 유명인이 아니라 시나리오작가와 감독에게 먼저 시선을 돌린 것은 우연이 아니었을 것이다. 실제로 위원회가 결국 배우까지 지목하는 단계에 이르러서도 상대적으로 덜 알려진 이들이 대상이 된반면 유명 배우들은 J. 에드거 후버나 블랙리스트 작성자들이 빠져나갈 구멍을 마련해 준 덕에 마녀사냥에 시달리는 처지를 피할 수 있었다. 몇 년 뒤 그 명단에 오른 한 인물이 어떤 대접을 받았는지 살펴보면 헬렌 정도의 평판을 지닌 인물이 공개적으로 드러날 위험은 없었을 것으로 짐작할 수 있다.

1951년 CBS에서 〈왈가닥 루시(I Love Lucy)〉가 방영되자 북슬

북슬한 빨간 머리를 한 배우 루실 볼(Lucille Ball)은 거의 하룻밤 사이에 미국 최초의 텔레비전 대스타가 되었다. 이미 오랫동안 B급 영화배우로 활동해 온 루실 볼(루시)이 전에 없던 명성을 얻자 과거의 정치적 행적에 관한 원치 않는 관심이 뒤따랐다. 수사국에서는 루시가 1936년 공산당에 표를 던지기 위해 입당했다는 사실을 금세 알아냈다. FBI 자료에 따르면 그해에 루시가 캘리포니아주 공산당 중앙위원회에 발탁되었다는 보고가 있었다. 게다가 캘리포니아주 주무장관 기록에는 루시가 에밀 프리드(Emil Freed)라는 공산당 소속 주 하원의원 후보를 후원한 사실이 담겼다.[21] 1938년에도 다시 공산당에 투표하기 위해 유권자 등록을 했고 베벌리힐스에 있는 자택을 적어도 한 번 이상 공산당 모임에 쓰도록 내주었다.[22]

이처럼 텔레비전 대스타가 미국 공산주의와 직접적으로 연결되어 있다는 증거가 이미 여러 사람의 경력을 망가뜨린 험담이나 뜬소문을 훨씬 뛰어넘는 수준으로 쏟아져 나왔다. 하지만 루시는 미국인의 사랑을 받는 인물이었고, J. 에드거 후버도 나중에는 루시 부부를 "가장 좋아하는 스타"로 꼽은 바 있었다.[23] 루시에게는 공청회에 불려 나가는 곤란을 겪는 대신에 윌리엄 휠러(William Wheeler) 위원과 따로 만나는 기회가 주어졌다. 이 자리에서 루시는 휠러에게 자신은 공산당원이었던 적이 없지만 "평생을 사회주의자로" 살아온 병든 할아버지 프레드 헌트(Fred Hunt)를 "위해" 유권자 등록을 했다며 공산주의 관련 행적에 대해 애매한 변명을 내놓았다.[24] 위원회는 이렇게 허술하고 의뭉스럽기 짝이 없는 변명을 듣고도 문제 삼지 않기로 했다. 그 후 루시는 주 위원회에 발탁된 일을 "전혀 알지 못하거나 기억나지 않는다"라는 진술서에 서명했다.[25] 시간이 지나 1953년 월터 윈첼(Walter Winchell)의 인기 라디오방송에 출연했을 때 "떠도는 소문"으로 루시의 공산주의 연루 건이 등장하자 남편 데시 아르나즈(Desi Arnaz)가 재빨리 나서서 아내에 관한 소문을 일축했다. 데시는 이렇게 응수했다. "이 여성에게 빨간 구석이라고는 머리카락밖에 없는데, 그마저도 뚜렷하지 않아요."[26]

후버나 위원회 측에서는 루시에게 그러했듯이 헬렌 켈러처럼 사랑받는 인물을 표적으로 삼았다가 대중의 동의와 이해를 받는 데 실패한 적이 거의 없었던 마녀사냥을 위태롭게 만들 생각은 없었을 것이다. FBI 내부의 역사가인 존 폭스(John Fox)가 "나라면 그 심의에 동의하지 않았을 것"이라 썼듯이 말이다.[27]

하지만 헬렌이야 박해를 피했다 쳐도 페글러의 칼럼이 미치는 파장에 떨고 있던 재단까지 안전하리라는 보장은 없었다. 헬렌에게 어떤 역풍이 닥쳤는지에 관한 기록은 없지만 1947년 12월 넬라의 일기를 통해 물밑에서 어떤 일이 벌어지고 있었는지, 그리고 헬렌이 자신과 조를 향한 공격에 얼마나 격한 반응을 보였는지 살펴볼 수 있다.

[페글러는] 그렇게 말하진 않았지만 두 사람이 공산주의자임을

암시했다. (이제 누군가를 공산주의자라고 부르는 것은 중상모략에 해당한다고 본다.) AFB는 조금 난처해졌다. 이유는 여러 가지다. 헬렌이 전국적인 아니 국제적인 성자이고 우리는 성도들에게 금욕을 요구한다는 점이다. (재단과 관련해서는 제일 중요한) 또 다른 이유는 헬렌이 기금을 모으고 있는 데다 페글러가 대표하는 집단이 다른 어떤 이들보다 돈이 많은 집단이라는 사실이다. 헬렌은 페글러를 똥덩어리(dung-beetle)라 불렀고 다른 사람들은 그에게 더 심한 별칭을 붙였다.[28]

재단 후원자 월터 포스놋(Walter Fosnot) 여사가 페글러의 칼럼을 동봉해 헬렌의 "공산주의 활동"에 자기 돈이 쓰이는 것을 원치 않는다고 써 보내자 재단 내부에서 커지던 우려의 목소리가 더욱 거세어졌다. 어윈은 즉시 AFB 대표 윌리엄 지글러(William Ziegler)에게 우려를 표하는 서신을 보냈다.

어윈은 이렇게 썼다. "웨스트브룩 페글러가 쓴 이 글이 꽤 반향을 일으켰다고 듣기는 했지만 우리의 모금 활동에 영향을 미친다는 직접적인 증거를 접한 것은 이번이 처음입니다. 여사의 편지를 무시해야 할지 답장을 쓰는 편이 좋을지 모르겠군요. 첨부한 내용의 편지를 대표님 명의로 보내도 되겠습니까? 헬렌의 보수주의적인 지인들은 공산주의자나 그 주변 인물과 어울리곤 하는 헬렌의 행태에 당혹스러워한 지 오래입니다. 부디 조언 부탁드립니다."[29]

즉시 위기관리에 나선 지글러는 헬렌이 자기도 모르게 주위 사람들에게 속은 것이라는 너무 익숙한 변명으로 헬렌의 활동을 폄하하는 편지를 포스놋 여사에게 써 보냈다.

헬렌 켈러는 오랫동안 억압받는 사람에게 관심이 있었는데, 몇 년 전부터 사회주의 저자들의 글에 담긴 철학이 켈러 씨가 품은 보편적 형제애를 자극했습니다. …… 사회주의와 공산주의 운동의 인도주의적 측면에 대한 헬렌의 관심을 그쪽 진영의 몇몇 지도자가 자연스레 이용한 것입니다. …… 헬렌 켈러가 모금한 돈은 전액 미국시각장애인재단(AFB) 또는 미국재외시각장애인재단(American Foundation for Overseas Blind)에 귀속되며 켈러 씨에게는 한 푼도 가지 않습니다. …… 그러니 여사님의 기부금이 공산주의의 대의를 위해 쓰일 가능성은 거의 없다는 것을 아시겠지요.[30]

한편 1948년 대통령선거가 가까워지면서 조 데이비드슨은 월리스의 선거캠프에서 더욱 중요한 역할을 맡게 되었다. 이미 수많은 저명인사를 설득해 선거운동에 참여시킨 조는 이제 헬렌도 선거운동원 명단에 올려 주도적인 역할을 맡기고 싶어 했다. 헬렌은 그로부터 얼마 전에 하원 비미활동위원회를 폐지하기 위해 저명한 진보 인사들이 새롭게 꾸린 "1000인위원회"에 자신의 이름을 올리는 데에 동의했다.[31] 1000인위원회는 1948년에 "공산주의자가 조직하고 통제하는 전선 조직"으로 지목되었다.[32] 헬렌이 아직 진보당 선거캠프에서 공식적인 역할을 맡기로 동의하지 않은 때였지만 또다시 전선 조직에 참여했다는 혐의가 제기되는 바람에 AFB의 근심이 더 깊어졌을 것이 틀림없다.

헬렌이 공개적으로 월리스 후보를 지지하고 주도적인 역할을 맡을지 여부를 고민하는 사이에 월리스의 선거캠프에 대한 수사의 강도가 높아지기 시작했다. 비판자조차도 월리스 본인이 공산주의자라는 의혹을 제기하는 경우는 드물었다. 월리스가 내놓는 경제이론과 배경으로 볼 때 그 자신은 스스로 밝혔듯이 "진보적 자본주의자"임이 분명했지만[33] 언론에서 월리스 주변 인사들을 파헤치기 시작했고 그중 상당수가 공산당원으로 알려져 있었다. 1948년《애틀랜틱(Atlantic)》에 실린 '인물 소개' 기사에는 헬렌이 어떤 결정을 내릴지 고민하던 당시의 정치적 분위기를 짐작할 만한 단서가 담겨 있다. 잡지에 실린 문구는 이랬다. "월리스의 입장이 크렘린의 당 노선과 가깝고 공산당원과 추종자들이 선거캠프를 이끌고 있기는 하지만 선거운동을 공산당이 진행하는 것은 아니다." 친구와 동료들이 출마를 만류했지만 "그들의 진술한 목소리는 안팎에서 월리스를 둘러싸고 종용한 공산주의자와 기타 인사들에 가로막혔다"[34]라고 했다. 하지만 월리스의 지지자 중에는 공산주의와는 늘 거리를 두었던 사회주의자도 있었다. 그중에서 가장 눈에 띄는 인물은 그 무렵 월리스를 지지하는 예술가와 과학자의 위원회에서 조 데이비드슨과 함께 공동위원장을 맡기로 한 알베르트 아인슈타인(Albert Einstein)이었다. 헬렌은 20년 전인 1930년에 아인슈타인을 기리는 만찬에서 연설을 맡으면서 그와 처음 만났다. 1년 후 뉴욕에서 사적으로 한 번 더 아인슈타인과 만난 헬렌은 미 전역에 배포되는 잡지에 그 만남에 관해 이렇게 썼다. "미국인은 아인슈타인의 수학 공식을 전혀 이해하지 못하기 때문에 그를 사랑한다고 농담조로 말한 이들이 있다. 터무니없는 소리다. 아인슈타인은 사람 자체가 천재이다. 우리는 그의 민주적인 태도와 포용성, 편견 없고 편협하지 않은 성품을 좋아한다."[35] 헬렌은 이후 아인슈타인이 핵무기의 위험성을 전 세계에 알리기 위해 1946년에 설립한 원자력과학자비상위원회(Emergency Committee of Atomic Scientists)에 가입하라는 제안에도 응했다.

헬렌이 결정을 내리지 못하던 중에, 도로시 파커가 곧 미국을 방문할 저명한 공산주의자 이렌 졸리오퀴리(Irène Joliot-Curie) 부인의 환영위원회에 참여하라고 보낸 전보를 폴리가 가로챘다. 노벨상을 받은 화학자이자 저명한 과학자 마리 퀴리와 피에르 퀴리의 딸인 졸리오퀴리는 반파시스트난민연합위원회(Joint Anti-Fascist Refugee Committee)의 후원으로 미국을 방문할 예정이었다. 3월 3일, 헬렌이 또 다른 공산주의 전선에 연루될 것을 염려한 넬라가 폴리에게 편지를 보내 파커의 전보를 "무시하라"라고 조언했다.[36] 자신의 은밀한 개입을 합리화하기 위해 넬라는 일기에 "헬렌이 그런 요청을 거절하기는 쉽지 않다"라고 썼다.[37]

한편 헬렌은 자신의 진보적 이상에 잘 맞는 후보를 지지하는 마음과 페글러의 칼럼이 나온 후로 AFB 내부에서 거세어지는 반발 사이에서 더 이상 버틸 수 없는 처지에 놓였다. 넬라는 이렇게 썼다. "헬렌이 윌리스를 위해 대통령선거에 적극 참여해야 한다는 압박이 거세다. 플로렌스 데이비드슨은 헬렌이 '윌리스를 지지하는 여성' 모임에 이름을 올리기를 원하는데 플로렌스와 조 둘 다 고집이 대단한 터라 이 우정에 금이 갈까 걱정된다."[38]

3월, 결국 압력에 굴복한 헬렌은 조에게 시각장애인 공동체를 위한 "시급한 업무"로 인해 "시시각각 달라지는 윌리스에 관한 발언, 사설, 논평을 읽을 시간이 전혀 없다"라는 이유를 들어 대통령선거운동 참여를 정중히 거절하는 편지를 썼다.[39]

이 결정으로 헬렌이 공개적으로 좌파 정치활동을 재개한 10년의 기간이 저물기 시작한다. 이후 2년 동안 헬렌은 시급한 사회문제에 대해 발언하는 대신 전국 점자 읽기 대회에 이름을 건다든지 그 무렵 창설된 국제연합에 시각장애인 공동체의 복지를 위해 일하도록 요구하는 데 참여하는 등 논란을 벗어나고자 꾸준히 노력했다.

하지만 1950년이 되어서도 여파는 여전해, 전년도에 AFB 상임이사로 취임한 플로리다 출신의 시각장애인 로버트 바넷(Robert Barnett)은 비서 메리 블랭컨혼(Mary Blankenhorn)을 뉴욕에 있는《저널아메리칸(Journal American)》사무실로 보냈다.

블랭컨혼의 임무는 웨스트브룩 페글러의 칼럼을 포함해 바넷이 취임하기 전에 나온 헬렌 관련 논란 기사를 있는 대로 모조리 파헤치는 것이었다. 블랭컨혼은 며칠 후 바넷에게 조사 결과를 보고했다. 보고에 따르면 "페글러의 공격과 관련된" 사안은 1941년 헬렌이 스페인구조선작전에서 물러난 건이 유일한데, 당시는 위원회를 "공산주의자가 통제한다"라는 이유로 많은 인사가 떠나간 시기와 일치했다.[40]

왜 1950년이라는 뒤늦은 시기에 신임 이사가 헬렌에 관한 불리한 정보를 파헤치고 있었는지는 확실치 않지만, 같은 주에 넬라가 쓴 일기에서 그 단서를 찾을 수 있다. 넬라는 그 무렵 AFB가 헬렌의 "급진적 견해" 때문에 재단명을 "헬렌켈러시각장애인재단"으로 바꾸려던 계획을 보류했다고 밝혔다.[41] 그리고 명칭 변경에 반대하는 것은 "오래된 재단의 몹쓸 유산"이라는 데에 바넷과 자신의 의견이 일치했다고 썼다. 바넷이 동의하는 태도를 보이자 넬라는 언젠가 밥 어윈이 재단 이사회에서 헬렌과 폴리에게 "헬렌이 정치와 거리를 두는 편이 두 사람에게 더 좋을 것"이라고 써 보낸 "아주 불쾌한" 편지를 자신에게 보여 준 적이 있다고 바넷에게 알려 주었다.[42] 이는 재단이 헬렌의 정치 활동에 대놓고 제동을 걸고자 한 사실을 알려 주는 최초의 증거로, 헬렌이 1948년에 개인적으로는 월리스를 지지했음에도 갑작스레 선거운동에서 물러난 이유를 짐작게 하는 중요한 단서가 될 수 있다.

넬라가 몰랐던 사실은 바넷 역시 헬렌을 밀어내는 데 적극적인 역할을 했다는 점이다. 취임한 지 몇 주밖에 지나지 않은 1949년 11월에 시각장애인을위한봉사회(Service Club for the Blind)로부터 공동 모금 운동에 헬렌 켈러의 이름을 넣게 해 달라는 요청을 받자 재단 신임 이사는 전임자 어윈에게 서신을 보냈다. 헬렌의 이름을 사용하는 데서 빚어진 "문제" 때문에 모금 운동에 그 이름을 활용하는 일을 "가능한 한 빨리 중단"하기로 "지난 며칠 사이에" 결정했다고 말이다.[43]

⠁⠋⠞⠑⠗ ⠞⠓⠑ ⠍⠊⠗⠁⠉⠇⠑

헬렌이 칠순을 맞이한 1950년 6월은 웨스트브룩 페글러가 헬렌이 공산주의자라고 암시한 지 거의 3년이 지난 후였다. 월리스 선거운동에서 물러난 후로 헬렌은 대체로 비정치적인 태도를 유지했다. 그래서 《뉴욕타임스》에서 헬렌의 생일을 맞아 인물 소개 기사를 작성할 당시에 사람들이 기대한 것은 유명 인사의 미화된 인생담이나 "영감 어린" 헬렌의 삶과 업적이 담긴 회고 기사 정도였을 것이다. 해당 신문 일요일판에서 '70세, 새로운 정신, 새로운 자유'라는 제목을 본 독자라면 정확히 그렇게 생각했을 수 있다.[44]

필자 조지프 배리(Joseph Barry)는 생일을 기념해 헬렌에게 샴페인을 건네자 "햇살 담은 병" 같다고 말한 일화를 들며 가벼운 논조로 글을 시작한다. 늘 그랬듯이 헬렌의 유머 감각이 빛을 발한다. 폴리의 스코틀랜드 억양을 알아챌 수 있느냐는 질문을 받은 헬렌은 웃음을 터뜨리고는 "버르르르스, 버르르른스, 브르르라운스" 하는 식으로 동반자의 독특한 억양을 흉내 내 기자를 즐겁게 한다. 하지만 이 가벼운 도입부 이후 인터뷰의 분위기가 급격히 달라지면서 곧 기사가 나아갈 방향이 뚜렷해진다. 배리는 "헬렌 켈러에게 공산주의는 어떤 의미입니까"라고 묻는다. 헬렌의 답은 명쾌하다. 손상된 이미지를 회복하기 위해 의도한 듯이 "저에게 공산주의는 인간의 정신과 육체에 대한 또 다른 폭정입니다"라고 단언한다.

헬렌은 이 정도면 다른 주제로 넘어갈 만하리라고 생각했을지 모르지만 뜻밖에도 질문이 집요하게 이어졌다. 배리는 앞서 헬렌의 서재를 둘러보던 중에 서가에서 『공산당 선언』 점자판을 발견했다. 헬렌은 "독재로 몰리지만 않는다면 역사상 가장 훌륭한 저작에 속하죠"라고 설명했다. 배리가 보기에 헬렌은 본인이 한때 "흩어지지 않을 인류의 새로운 삶의 씨앗"이 뿌려진 고랑을 남긴 인물로 묘사했던 레닌을 대단히 존경하는 듯했다. 이에 대해 헬렌은 정치인이 할 법한 애매모호한 해명을 내놓았다. "레닌은 사상가로서만이 아니라 지구상의 인류 중 거의 절반의 미래를 설계한 사람으로서 세계적으로 대단한 영향력을 발휘했어요."

배리는 헬렌에게 스탈린도 이런 천재성을 물려받았다고 생각하느냐고 물었다.

헬렌은 이렇게 답했다. "그렇지 않다고 봐요. 스탈린은 레닌만큼 창의적으로 사고하지 않고 방어적으로 굴고 있어요."

러시아혁명에서 무슨 일이 일어났는지 헬렌의 의견을 들으며 배리는 헬렌이 "장기적인 관점"을 지녔다고 평한다.

헬렌은 이렇게 말했다. "미국 혁명이 성공하기까지 100년이 걸렸어요. 지금은 레닌의 정신에서 뻗어 나왔던 러시아의 시계추가 차르가 행사했던 낡은 권력으로 되돌아가고 있어 인민이 감히 자기의 의견을 표현하지 못하지요. 슬픈 일입니다."[45]

의외의 견해를 보여 주는 것으로 보아 이 기사는 헬렌의 측근 중 누군가가 페글러의 칼럼이 헬렌에게 남긴 오명을 씻고자 준비한 것일 가능성이 있다. 넬라와 AFB는 헬렌이 미국에서 가장 저명한 신문 지면을 통해 공산주의를 부인한다면 의혹의 목소리를 확실히 차단하고 재단 안팎의 비판자에게 헬렌이 드디어 좌익성향을 내려놓았다는 확신을 심어 줄 수 있다고 믿었을지도 모른다. 하지만 헬렌이 이후 공적 생애의 마지막 10년 동안 보여 주었듯이 나이가 들어서도 그 열정적인 신념은 수그러들지 않았다.

헬렌 대 아파르트헤이트

미국이 냉전으로 빠져들면서 자신의 명성을 위협하던 1950년
대 초에 헬렌은 조용히 국내문제에서 국제 무대로 초점을 옮겼
다. 헬렌은 1937년에 일본을 방문하는 등 1930년대에는 세계 곳
곳을 돌아다녔지만 전쟁으로 인해 국제적으로 활동 범위를 넓
히려던 계획이 가로막혔다. 1941년 11월이 되어서야 미겔 소령이
헬렌의 남미 "친선 여행"을 추진하고자 국무부와 협상을 벌였지
만 진주만폭격사건으로 그마저 좌초되었다.[01]

전쟁이 끝나자 헬렌은 해외여행을 재개했다. 1946년에는 AFB
의 자매기관으로 자신이 "국제관계자문"을 맡고 있던 미국재외
시각장애인재단(American Foundation for the Overseas Blind)을
대표해 "극빈층 시각장애인" 지원 기금을 모으기 위해 전쟁으로

황폐해진 서유럽을 찾았다. 2년 후에는 히로시마와 나가사키를 방문해 원자폭탄으로 삶이 파괴된 주민들을 만났다. 나중에 헬렌은 당시 화상을 입은 생존자의 얼굴을 만지며 "황폐함, 채울 수 없는 상실감과 슬픔"을 느꼈다고 회고했다.[02]

『내 인생의 이야기』가 아랍어, 일본어, 중국어, 한국어, 우르두어, 페르시아어, 베트남어 등 50여 개 언어로 번역되면서 국내에서만이 아니라 국제적으로도 유명 인사가 된 헬렌이 이렇게 여러 나라를 찾아다니는 동안 언론에서는 늘 헬렌의 해외 활동을 보도하는 데 열을 올렸다.[03] 1946년 유럽의 여러 신문에 헬렌이 직접 더글러스 스카이마스터(Douglas Skymaster)기의 조종간을 잡고 20분 동안 지중해 상공을 날아 파리에서 로마로 비행한 과정을 박진감 넘치게 묘사한 기사가 실렸다. 비행 후 폴리가 전하길, "헬렌은 부조종사 자리에 앉고 조종사가 그 뒤에서 지시하는 내용을 제가 헬렌에게 전달했습니다"라고 했다. 이로써 헬렌이 쌓아 온 무수한 업적에 인상적인 업적 하나가 더해졌다.[04]

이런 해외여행은 늘 AFB를 대표해 수행하는 미국 내 모금 및 홍보 일정으로 인해 뒷전으로 밀려나 있었다. 하지만 페글러의 공격 이후 국내에서의 헬렌의 입지를 염려해 온 재단은 이제 헬렌을 다시금 국제 홍보대사로 활용하고자 했다. 이 과정에서 어릴 때부터 거의 변함없이 헬렌을 따라다니던 회복력 및 "역경 극복"의 빛나는 상징을 제시하는 것 외에 재단이 무엇을 이루려했는지는 전혀 파악할 수 없다. 여행 중에 헬렌은 기회가 될 때

서가

서울대 가지 않아도 들을 수 있는 명강의

명강

30

서가명강 BEST 3

서가명강에서 오랜 시간 사랑받고 있는
대표 도서 세 권을 소개합니다.

나는 매주 시체를 보러 간다

의과대학 법의학교실 유성호 교수 | 18,000원

"서울대학교 최고의 '죽음' 강의"

법의학자의 시선을 통해 바라보는 '죽음'의 다양한
사례와 경험들을 소개하며, 모호하고 두렵기만
했던 죽음에 대한 새로운 인식을 제시하다

왜 칸트인가

철학과 김상환 교수 | 18,000원

"인류 정신사를 완전히 뒤바꾼
코페르니쿠스적 전회"

칸트의 위대한 업적을 통해 인간에게 생각한다는
의미와 시대의 고민을 다루는 철학의 의미를
세밀하게 되짚어보는 대중교양서

세상을 읽는 새로운 언어,
빅데이터

산업공학과 조성준 교수 | 17,000원

"미래를 혁신하는
빅데이터의 모든 것"

모두에게 영향력을 끼치는 '데이터'의 힘
일상의 모든 것이 데이터가 되는 세상에서
우리는 빅데이터를 어떻게 바라봐야 할까?

인생명강

• 내 인생에 지혜를 더하는 시간 •

도서 시리즈

* 인생명강 시리즈는 계속 출간됩니다.

마다 실명이 "가난과 무지, (자본주의의) 탐욕" 때문에 발생하는 경우가 많다는 견해를 전하고자 했다.[05] 장애인들에게 기회가 주어지고, 정부가 장애를 지닌 시민을 위한 학교 및 교육사업에 예산을 투여할 도덕적 의무를 다한다면 장애인도 잘 살아갈수 있다는 신념을 특히 강조했다.[06]

10년에 걸쳐 여러 공산주의 전선 단체와 친밀하게 지낸 후유증이 남아 있기는 했어도 헬렌은 여전히 널리 사랑받았다. 조지프 래시는 이렇게 썼다. "수많은 동지의 경력을 무너뜨린 비판과 광분, 처벌이 헬렌에게 미치는 경우는 드물었고 헬렌을 공격한 이들은 거의 무시당했다. …… 헬렌은 오직 선행을 베풀고자하는 사람, 최악의 시련을 이겨 냈으며 미국 역사상 가장 어려운 시험을 통과하고도 환희와 온화함을 잃지 않은 진정한 미국의 영웅이라는 대중의 신념은 결코 흔들리지 않았다."[07]

역사가 킴 닐슨은 미국 정부가 헬렌의 이러한 인기를 해외에서 미국의 위상을 드높이는 데에 활용하고 싶어 했다는 사실을 밝혀냈다. 닐슨은 이렇게 말한다. "국무부 기록에 따르면 정부가 헬렌을 미국을 선전하는 데 유용한 도구로 여겼다는 사실에 의심의 여지가 없다. 전후 및 냉전 시기에 헬렌은 국제 무대에서 대단히 인상적인 이미지를 구축했다."[08] 좌파 성향을 거듭 드러내던 몇 년 전까지만 해도 정부 측에서는 헬렌을 이런 목적으로 활용하려 들지 않았을 것이다. 하지만《뉴욕타임스》를 통해 공산주의의 "독재"를 비난한 뒤로 헬렌은 급진 정치에서 완전히 손을 떼고 닐슨의 표현대로 "아메리카니즘(Americanism) 확산에 기여하는 냉전기의 자유주의자"로 변모한 것으로 여겨졌다.[09] 이는 너무 섣부른 평가였음이 밝혀질 테지만, 1950년대 초에는 AFB와 정부 모두 헬렌을 세계 무대에서 활용할 가치가 있다고 믿은 듯했다. 개인적으로는 여전히 자국의 외교문제를 깊이 우려하고 있었던 헬렌은 실제로 1952년 미국 외교정책상의 "끔찍한 실수"를 한탄하면서 냉전을 계속 부채질하는 트루먼 정부의 행태에 불만을 토로하는 편지를 넬라에게 보냈다.[10]

국무부와 해외 순회 일정을 조율하던 중에 오랜 친구의 초대를 받은 헬렌은 거기에 응하기로 했다. 헬렌이 남아공시각장애인협회(South African National Council for the Blind) 이사 아서 블랙솔(Arthur Blaxall) 목사와 처음 만난 건 블랙솔이 뉴욕을 방문한 1931년이었다. 영국 태생의 백인 성공회 신부인 블랙솔은 인종을 불문하고 남아공의 소외계층을 위해 오랫동안 열정적으로 일했는데, 특히 시각 및 청각장애인 공동체에 관심이 높았다. 처음 만났을 때 장애인을 지원하기 위해 남아공에서 어떤 노력을 기울이고 있는지 전해 들은 헬렌은 블랙솔의 이야기에 깊이 감명받았다. 1949년 말, 블랙솔은 헬렌에게 편지를 보내 시각장애인 운동이 몇 년째 난항을 겪고 있다며 남아공에 방문해 달라고 요청했다. 기금을 마련하느라 1년이 더 걸렸지만 일정을 정리한 끝에 헬렌은 1951년 봄에 여정을 시작하기로 했다.

20년 전 헬렌과 블랙솔이 처음 만난 후로 남아공의 정치 지형은 크게 변했다. 헬렌이 초대받기 1년 전에 남아공에서는 백인 우월주의를 내세운 국민당이 집권해 인종 분리와 소수 백인 아프리카인의 다수 흑인 지배를 공식 규정하는 최초의 아파르트헤이트법을 제정했다. 당시 남아공 인구 중 백인은 20퍼센트도 안 되었다.[11] 인종차별을 거론할 때마다 격분하던 예전과 달리 블랙솔의 초대에 응한 이유를 설명할 때 헬렌은 남아공 흑인이 처한 상황에서 자신이 어린 시절을 보낸 남부 지역의 흑인이 떠올랐다며 전에 없이 온정적인 표현을 사용한다. 나중에 헬렌은 이렇게 썼다. "아프리카계 미국인 아이들과 뛰어놀던 어린 시절이 떠올랐다. 나는 언제나 변함없이 미국 내 유색인의 발전을 애정을 담아 지켜보았다."[12] 한때 아프리카계 미국인의 처우에 "분노" 또는 "수치심"을 느낀다며 인종차별을 강하게 성토하던 열정이 누그러진 것은 분명 냉전기의 분위기 때문이었을 것이다.

헬렌은 래드클리프에 재학 중이던 1899년에 발발한 보어(Boer)전쟁을 계기로 처음 남아공에 관심을 두게 되었다. 영국 정부가 식민제국에 대한 반란을 진압하고자 발 빠르게 움직여 남아공 태생 백인(Afrikaners)을 잔인하게 탄압한 사건이었다. 1900년 알렉산더 그레이엄 벨에게 보낸 편지에서 헬렌은 그 무렵 보어전쟁에 관해 작성한 자신의 논문을 언급하며 이렇게 말했다. "대영제국을 강하게 옹호하는 입장에서 시작했는데 참고 자료를 다 읽고 나서는 영웅적인 보어인에게 공감하게 되었어요."[13] 50년이 지나 억압받던 이들이 억압자가 되자 헬렌의 공감대는 크게 달라졌다. 아파르트헤이트에 대해 알아 갈수록 헬렌은 더욱 분노했다.

이전까지의 해외여행과 달리 이번 여행에는 처음부터 뚜렷한 정치적 목적이 담겨 있었다. 헬렌은 남아공의 흑인(Black South Africans), 즉 헬렌의 표현으로 "선주민(native)"에게 도움이 될 일을 하기로 결심했다. 어떤 주제에 빠져들 때면 늘 그랬듯이 헬렌은 최선을 다해 공부했다. 아파르트헤이트 시행 전까지 남아공에서 형성된 인종 갈등을 다룬 앨런 페이턴(Alan Paton)의 애절한 소설 『울어라, 사랑하는 조국이여(Cry, the Beloved Country)』를 읽었다. 그런 다음 점자판 간디 자서전을, 그리고 간디가 변호사로 일하던 청년 시절에 남아공에 머물던 중 백인 전용 일등석을 양보하기를 거부하다가 기차에서 쫓겨난 일을 다룬 책을 읽었다. 나중에 헬렌은 이렇게 회고했다. "간디가 남아공의 인종문제를 잘 알고 있었기에, 나는 강렬한 영감을 안겨주는 이 책들에 담긴 확고한 철학과 형제애를 통해 곧 마주할 괴이한 난제에 대비할 수 있었다."[14]

국제적 사안에 대한 경험이 풍부한 헬렌은 자신의 노력이 허사로 돌아가지 않게 하려면 신중히 접근해야 한다는 사실을 알고 있었다. 그래서 수많은 자료를 섭렵하며 최선의 접근법을 찾고자 애썼다. 헬렌은 블랙솔에게 이렇게 썼다. "편견과 분노로 인해 인종 간 긴장이 형성되었다는 것을 알게 되었어요. 비시각장애인보다 백인 사회의 전횡에 시달릴 가능성이 더 높은 유색인 시각장애인을 제대로 도우려면 열정만이 아니라 기술과 요령도 필요합니다."[15]

남아공으로 떠나기 직전에 헬렌은 영향력 있는 아프리카계 미국인 신문《암스테르담뉴스(Amsterdam News)》편집자인 오랜 친구 클릴런 파월(Clilan Powell) 박사의 초대로 할렘에서 열리는 유색인 사교계 진출 무도회(Colored Debutantes' Cotillion)에 참석하기로 했다. 나이 든 백인 여성의 등장이 어색해 보일 수도 있는 자리였지만 헬렌은 꼭 참석해 미국에서 가장 유명한 외교관이기도 한 주빈 랠프 번치(Ralph Bunche)와 만나 다가올 여행에 관해 상의하고 싶었다. 번치는 1년 전에 이스라엘과 이집트 간의 휴전협정에 기여한 공로로 노벨평화상을 수상하면서 흑인 최초의 노벨상 수상자가 된 인물이었다. 1949년 국제연합에서 만났을 때 헬렌은 번치를 "영웅"이라 불렀고 번치는 어린 시절부터 헬렌에게 "영감"을 받았다고 말했다.[16] 상당히 오랫동안 아프리카 대륙을 누비고 다녔던 번치는 무도회 중에 시간을 내어 헬렌에게 자신이 아는 남아공의 현황을 자세히 일러 주었다. 더불어 새로운 인종차별법을 간단히 설명해 주며 남아공 흑인 노동자의 비참한 처지에 관해 열변을 토했다.

그 만남 이후 헬렌은 조 데이비드슨에게 이렇게 썼다. "번치 박사가 말하기로, 알고 보니 광산과 공장, 그리고 지상에서 일하는 선주민 노동자의 처지가 1832년 산업개혁 법제화 이후 진보한 영국의 노동자에 비해 한 세기 이상 뒤처져 있었다고 했어요.

그렇다면 아프리카 선주민 노동자들이 제대로 대접받기까지는 꽤 오랜 시간이 필요할 것 같아요."[17]

헬렌은 폴리와 남아공으로 향하는 도중에 런던에 들러 영국 시각장애인협회(Britain's Empire Society for the Blind) 사무총장 존 윌슨(John Wilson)과 만났다. 그에 앞서 윌슨은 헬렌에게 동아프리카에서 인종차별에 대해 공공연히 반대 의사를 표명했다가 "처참한" 결과를 맛보았던 자신의 경험을 담아 이렇게 써 보냈다. "아프리카인은 당황하고 유럽인은 경악하고 인도인과 (흑백 혼혈) '유색인'은 괴로워했지요. 생각보다 대단히 미묘한 문제라 인종차별 논란을 일으킬 경우 득보다 실이 훨씬 많을 수 있어요. 요즘 제가 따르는 규칙은 간단합니다. 인종차별 논란을 먼저 일으키지는 않되 다른 누군가가 화제로 삼는 경우 솔직히 이야기하는 거예요."[18]

헬렌은 윌슨의 조언에 따르고자 했지만, 남아공에 도착해 보니 그 경고를 금세 무시할 만큼 충격적인 현실이 기다리고 있었다. 야심 차게도 두 달 반 동안 25개 이상의 학교에 방문하는 와중에 무수한 기념식과 시민참여 행사에 참석하는 일정이 준비되어 있었다. 나중에 헬렌은 이렇게 어마어마한 일정이 나온 것은 근본적으로 다른 인종이 한자리에 모이지 못하도록 강제하는 분리 정책 때문이라고 불평했다. 기자들에게는 무척 만족스러운 시간을 보내고 있다는 진부한 감상을 내놓은 덕에 초기 언론보도는 칭찬 일색이었지만, 사적으로 친구들에게 보낸 서신에서 헬렌은 점점 심해지는 불만을 토로했다. 여정 중에 존 월슨에게 보낸 답장에는 말을 조심하라는 조언을 따르기가 너무 어렵다고 썼다. 헬렌은 이렇게 털어놓았다. "저 역시 맹목적이고 잔혹한 인종적편견에 대한 분노를 숨기기가 어렵네요."[19]

마침내 헬렌이 한계에 다다른 모양이다. 3월 말 《케이프아거스(Cape Argus)》에 '헬렌 켈러 씨, 슬픔에 잠기다'라는 제목으로 헬렌이 케이프타운을 떠나면서 기자에게 발언한 내용을 담은 기사가 실렸다. 헬렌은 이렇게 외쳤다. "시각장애인과 청각장애인을 위해 실행하고 있는 일들에 무척 감명받았습니다만, 아직 갈 길이 너무 멀군요!" 기사에 따르면 헬렌이 "슬픔에 잠긴" 이유 중 하나는 차별당하는 쪽이 항상 유럽인이 아닌 "비유럽인"이라는 사실에 있었다. 헬렌은 다시금 시각장애인과 청각장애인의 고립을 표현하는 데 늘상 등장하는 비유를 들며 한탄했다. "한 집단이 우선 대우받을 동안 나머지는 어둠과 침묵 속에서 기다리는 모습을 보면 마음이 아픕니다. 하느님은 불행한 이들 중 특정한 집단만을 보살피신 적이 없는데 말입니다." 기자는 헬렌이 흑인 거주지역 중에서 어떤 곳은 7~8인 중 한 명꼴로 실명률이 높은데도 시각장애인을 지원하는 시설이 전무하다시피하다는 사실을 알고 "경악"했다고 덧붙였다.[20]

헬렌이 이렇게 대놓고 비판한 탓에 월슨이 경험한 것처럼 인종차별 논란이 일었는지 아닌지 확인할 기록은 남아 있지 않다. 그렇게 인기 있는 인물이 공개적으로 체제를 비판한 사실이 눈에 띄지 않았을 리는 없을 것이다. 남아공 재외국민으로 AFB 측에서 헬렌과 폴리의 여정에 동행하도록 파견한 앨프리드 앨런(Alfred Allen) 부상임이사가 헬렌에게 비판의 수위를 낮추도록 조언했을 가능성이 높다. 나중에 헬렌의 여행에 관한 의견을 남긴 넬라의 일기에서 그런 정황이 강하게 드러난다. "출발하는 순간부터 앨프리드 앨런은 두 사람을 불편하게 했다. 폴리와 헬렌의 잘못이 아니었다. 앨런은 정말이지 불쾌한 소인배였다. …… 잠깐 살았다고는 해도 30년 동안 가 본 적도 없는 남아공을 다 아는 것처럼 구는 괴상하기 짝이 없는 인간이다."[21]

헬렌이 남아공 방문 중에 인종차별을 대놓고 비판한 일이 더는 없었던 것으로 보아《케이프아거스》에 발언이 실린 후에 공개적인 비판을 자제하라는 조언을 받은 것이 사실인 듯하다. 하지만 사적인 서신에서는 거침이 없었다. 헬렌은 조에게 이렇게 썼다. "생긴 지 67년밖에 안 되었다는 점을 감안하면 요하네스버그는 정말이지 놀라운 도시예요. 지독한 인종차별과 온갖 추악한 구석, 그리고 '금광열(gold fever)' 때문에 영 마음에 들지 않았지만 결국에는 이 도시가 쌓아 올린 부를 여기 사는 모든 인종의 안녕과 교육, 형제애를 위해 쓰도록 이끌어 갈 숭고한 정신이 성장하고 있다고 믿어요."[22]

남아공에서 헬렌을 괴롭힌 문제는 인종차별만이 아니었다. 1912년 로렌스파업 이후 수십 년간 헬렌은 인종을 불문하고 억압받는 노동자의 처지에 지대한 관심을 기울였다. 인간의 손으로 가장 깊이 파 내려간 곳이어서 빅홀(Big Hole)이라 불리던 킴벌리다이아몬드광산에 방문해 랠프 번치에게 전해 들은 남아공 흑인 광부의 비참한 처지를 확인한 일은 헬렌에게 깊은 인상을 남겼다. 헬렌은 조에게 이렇게 썼다. "자연 상태의 다이아몬드를 접하고 그 놀랍도록 다채로운 빛깔을 알게 된 것은 근사했지만 헤아릴 수 없는 고통과 저임금, 스러져 간 목숨을 상징하는 빅홀(광산)을 생각하면 황량한 기분에 사로잡히게 되더군요."[23]

수십 년 전에는 그런 상황을 초래하는 기업가를 거리낌 없이 비난했던 헬렌은 빅홀 광산을 소유한 드비어스(De Beers)사의 사주로서 남아공에서 가장 유명한 광산 재벌 어니스트 오펜하이머(Ernest Oppenheimer)의 집에 초대받자 신중하게 처신하는 것이 좋겠다고 판단했다. 여행 후에 헬렌은 조에게 이렇게 써 보냈다. "오펜하이머는 우리를 기꺼이 대접해 주었고 부인도 정말 친절했어요. 우리의 거친 입을 조심해야 하는 순간 중 하나였죠."[24]

헬렌은 48회 이상 총 5만여 명 청중 앞에서 연설하는[25] 내내 발언의 수위를 조절했지만 친구에게 보낸 사적인 서신에서는 진심을 드러냈다. 넬라는 남아공 여행에 대한 헬렌의 솔직한 평을 일기에 써 두었다. "그들은 남아공이 마음에 들지 않았다. 인종 집단 중에서는 남아공 태생 백인에게 제일 무관심했지만, 어딜 가나 인종적 긴장이 심해 괴로워했다."[26]

두 달 반에 걸친 순회 중에 헬렌은 은근히 체제에 대한 문제의식을 드러내곤 했다. 블룸폰테인(Bloemfontein) 지역신문에 실린 기사에서는 시각장애인이 가족에게 짐이 되지 않고 자립하도록 하는 것이 중요하다고 지적한 후 이렇게 덧붙였다. "유럽인뿐 아니라 선주민도 포함해서요."[27] 이 신문에서 헬렌은 인종별로 따로 만나야 해서 순회 일정이 "몹시 버거웠다"라는 소회도 전했다.[28] 5월이 되어 마침내 미국으로 돌아가기 전날, 헬렌은 《케이프아거스》의 기자로부터 남아공에서 어떤 면이 가장 힘들었느냐는 질문을 받았다. 두 달 전 해당 신문을 통해 분리 정책을 대놓고 비판했던 것과 달리 헬렌은 이렇게 대답했다. "남아공은 인종문제가 심각한데, 그런 문제로 늘 긴장 상태에 놓인다는 것이 씁쓸합니다."[29]

어딜 가나 이 유명한 미국인을 만나 보고 싶어 하는 현지 인사의 환대에 응하며 돌아다니는 것이 칠순의 방문객에게는 쉽지 않은 일이었다. 헬렌은 친구에게 행사가 어찌나 많은지 매번 새로운 연설을 준비하느라 머릿속이 "핑핑 돌 정도"라고 불평했다. 도중에 휴식차 남아공의 유명한 크루거공원(Kruger Park)에서 이틀 동안 사파리를 즐길 기회가 생겼는데, 사자, 기린, 얼룩말, 하마 등 온갖 야생생물을 마주하며 보낸 그 여행이 "상상할 수 있는 가장 짜릿한 경험"이었다고 말했다.[30] 야생생물에 관해서는 폴리에게 설명을 들어야 했지만 키 큰 풀들이 바스락거리는 것을 직접 느꼈고, "정글의 맑은 공기, 그리고 동물들이 마음껏 돌아다닐 수 있는 자유로운 분위기에 한껏 취했"다.[31]

헬렌이 가장 기대했던 일정은 20세기 초 모한다스 간디 (Mohandas Gandhi)가 영국의 지배에 맞서는 독립투쟁을 이끌기 위해 인도로 돌아가기 전까지 10년 넘게 살았던 더반(Durban)시에 방문하는 것이었다. 간디가 빈민을 위해 일한 공로로 산스크리트어로 "위대한 영혼"을 뜻하는 **마하트마**(Mahatma)라는 경칭을 처음 얻은 건 사실 남아공에서였다.[32] 헬렌은 이후 간디가 독립을 위해 투쟁하는 과정을 상당히 관심 있게 지켜보았다. 1936년에는 일기에 그 무렵 영국 식민주의에 반대하는 운동을 펼치며 "교수형 당할 각오가 되어 있다"라고 선언한 간디에게 감명받았다라고 썼다. 그러는 동시에, 헬렌은 늘 그랬듯이 "똑같이 비극적인 의미를 지닌" 문제라며 인도의 뿌리 깊은 카스트제도에 희생당하는 사람들의 고통에도 주목했다. "인권을 부정당하는 인도의 불가촉천민은 독립을 원치 않는 것처럼 보인다. 원할 이유가 어디 있겠나?"[33]

마하트마가 인도에서 힌두교 극단주의자에게 암살당한 지 3년 후인 1951년, 헬렌은 더반의 간디홀(Gandhi Hall)에 운집한 인파 앞에서 그를 추모했다. 헬렌은 청중을 향해 이렇게 말했다. "눈에 보이지는 않지만, 여러분 앞에 서니 어쩐지 그분의 존재가 느껴집니다. 시각장애인과 청각장애인을 위해 일하면서 저는 간디의 소극적저항 원칙을 생생히 떠올리게 하는 순간을 경험했습니다. 공연히 청각장애나 시각장애에 맞서 싸우거나 굴복해버린다면 패배할 수밖에 없다는 것을 확인했습니다."[34]

연설 전에 마하트마의 아들인 마닐랄 간디(Manilal Gandhi) 가족이 참석할 거라는 소식이 전해졌지만 마닐랄 본인은 아파르트헤이트에 항의하는 대대적인 단식투쟁을 벌이는 중이라 참석하지 못했다. 오랫동안 아버지 간디의 그늘에 가려져 있던 둘째 아들은 어린 시절을 남아공에서 보내고 한동안 모한다스가 세운 협동조합 공동체 피닉스정착촌(Phoenix Settlement)에서 일하다가 결국 인도로 돌아왔다. 1918년에 다시 남아공으로 건너간 마닐랄은 아버지가 남긴 비폭력 및 사회정의의 유산에 따라 차별적인 아파르트헤이트법에 저항하기 위해 주기적으로 단식투쟁을 벌이고 《인디언오피니언(Indian Opinion)》 신문을 발행하며 여생을 보냈다.

헬렌은 연설 도중 간디 가족이 참석했다는 소식을 알리면서 마닐랄에게 이렇게 전했다. "제가 애틋하게 간직하고 있는 가르침을 선사한 간디의 자녀분께 안부를 전합니다. 당신이 지금 이루고자 애쓰는 선한 대의가 결국 승리하기를 기원합니다."[35] 그 말을 들은 스물두 살 된 마닐랄의 딸 시타가 달려 나가 헬렌을 끌어안고는 아버지에게 전해 주겠다고 했다.

마닐랄 간디의 둘째 딸 엘라는 당시 열한 살이었지만 헬렌이 방문한 날을 마치 어제처럼 기억한다. "헬렌의 정치관에 대해서는 잘 몰랐지만 무척 유명한 사람이었고, 보지도 듣지도 못하는 사람이 책을 쓰고 세계를 돌아다니고 그 모든 일을 해냈다니 정말 놀랍다고 생각했던 것이 기억나요."[36] 어린 시절 인도에 가서 할아버지 모한다스의 아쉬람에서 지낸 적이 있는 엘라는 이후 저명한 아파르트헤이트 반대 운동가로 성장한다. 남아공 정권에 저항하는 지하투쟁을 벌이다 9년 동안 가택연금을 당했고, 아파르트헤이트가 폐지된 후에는 10년 넘게 아프리카국민회의 소속 의원으로 활동하면서 넬슨 만델라와 긴밀히 연대했다.

현재 더반에 본부를 둔 간디발전트러스트(Gandhi Development Trust) 대표로 활동하는 엘라는 이렇게 말한다. "헬렌 켈러처럼 유명한 사람이 아파르트헤이트에 반대하는 목소리를 내고 끔찍한 인종차별법에 대한 관심을 끌어모았다는 것은 지금 생각하면 대단한 일이에요."[37] 헬렌이 남아공에 방문한 당시에는 너무 어려서 미국의 정치 지형을 잘 몰랐지만, 이 유명한 방문객이 남아공을 여행하며 경험한 것이 짐크로법 아래에서 인종 분리가 강제되고 대다수 아프리카계 미국인이 투표권을 박탈당했던 헬렌의 고향 앨라배마주의 상황과 다를 바 없었다는 사실을 나중에는 이해하게 되었다. 그렇다면 헬렌은 어째서 아파르트헤이트에 그토록 충격을 받았을까?

엘라는 이렇게 설명한다. "훗날 많은 이들이 놀랐듯이, 당시 남아공에서 다수를 차지하던 흑인이 극소수인 백인에게 억압당한다는 사실이 충격적이었을 것 같아요. 1951년 당시 우리나라와 미국 남부의 가장 큰 차이가 거기에 있었을 거예요."

헬렌이 방문한 당시 열일곱 살이었던 엘라의 오빠 아룬 간디(Arun Gandhi)는 헬렌이 연설하는 간디홀에 참석하지 못했다.

피닉스정착촌에 돌아가 단식 중인 마닐랄을 돕고 아버지 대신 《인디언오피니언》을 발행하고 있었기 때문이다. 지금은 유년기에 인도에 가서 만났던 할아버지를 애틋하게 추억하며 그의 유산을 이어 뉴욕 로체스터에서 M.K.간디비폭력연구소(M.K. Gandhi Institute for Nonviolence)를 운영하고 있다. 아룬이 기억하기로는 헬렌이 더반에 도착하기 전에 이미 한바탕 소란이 일어났다고 한다. "헬렌이 아파르트헤이트를 거침없이 비판하는 바람에 정권이 골머리를 앓고 있지만 물의를 일으키지 않고 당국이 개입할 방법은 없다는 기사가 여러 신문에 실렸어요."[38]

아룬은 아버지의 투쟁을 지지한 헬렌의 발언을 직접 듣지 못했지만 행사가 끝나고 헬렌이 폴리와 함께 가족들을 만나러 집으로 찾아온 일을 기억한다. "물어보고 싶은 게 정말 많았지만 성가시게 할 것 같았어요." 그날 오후 아버지 마닐랄과 어머니 수실라를 만난 헬렌은 아파르트헤이트를 거세게 비판했다고 한다. "제도의 심각한 문제를 사람들에게 알리고 관심을 끌어모으는 데에 헬렌이 큰 역할을 했다고 생각해요. 아버지의 투쟁을 알리는 데에도 도움이 되었죠. 다른 사람도 그렇지만 특히 미국인으로서 그런 목소리를 낸다는 것이 당시에는 아주 드문 일이었어요. 게다가 굉장히 유명하고 존경받는 사람이 말이에요. 헬렌의 지지가 정말 큰 힘이 되었어요."[39]

며칠 뒤 헬렌은 마닐랄로부터 자신의 투쟁을 공개적으로 지지해 주어 고맙다는 메시지를 받았다. 마닐랄은 이렇게 썼다.

"단식 중에 당신이 보내 준 메시지에 더없이 큰 영감을 받았기에 깊은 감사의 인사를 전합니다. 제가 받은 그 어떤 것보다 소중한 메시지였습니다. 거대한 과업을 앞둔 저를 따뜻하게 응원해 주신 것으로 생각합니다."[40]

이 여행 중에 헬렌은 다른 인종이 한데 섞이지 못하도록 하는 아파르트헤이트하에서도 통합교육을 실시하는 단 두 학교 중하나인 비트바테르스란트(Witwatersrand)대학교에서 수여하는 명예학위를 받음으로써 또 다른 방식으로 체제에 대한 반대 의사를 표명할 수 있었다.[41] 상징적인 의미에서 학위를 받기로 한 헬렌은 수락 연설 도중에는 아파르트헤이트를 명시적으로 비판하지 않았지만 미국으로 돌아간 뒤 남아공 방문에 관해 쓴 글에다 자신의 의도를 뚜렷이 밝혀 두었다. "내가 가 보니 학교 어디서나 인종차별정책이 실시되고 있었다. 비트바테르스란트대학교에는 백인과 유색인 모두 입학할 수 있다는 사실은 우연히 알게 된 귀중한 예외 사례였다. 장애를 지닌 사람의 정신을 위협하고 행복을 누릴 기회를 좁히는 상황 앞에서 내 몸의 모든 세포가 반발했다."[42]

방문 초기에는 아파르트헤이트에 대한 비판을 자제했지만, 남아공에 도착한 지 몇 주 후에 참석한 줄루족 모임에서 헬렌이 주최 측으로부터 "많은 이의 양심을 일깨웠다"라는 의미를 지닌 홈부셀렐로 맛소셀렛소(Homvuselelo Matsoseletso)라는 경칭을 받자 그 소식이 언론을 통해 빠르게 퍼져 나갔다.[43]

이렇게 인정을 받았어도 헬렌은 종종 자신의 노력으로 정말 변화가 생기기는 했는지 또는 요령 없이 비판하는 바람에 임무에 차질이 빚어지지는 않았는지 의문스러워했다. 귀국 후에 헬렌은 "일본의 헬렌 켈러"라 불리곤 하는 시각장애인으로 1937년 헬렌이 폴리와 함께 일본에 방문했을 때 숙식을 제공해 주었던 이와하시 다케오(Takeo Iwahashi) 고베대학 교수에게 편지를 보냈다.

"친구들은 계속 제가 호소한 덕에 사람들의 마음이 움직였다고 단언하고, 저도 이번 남아공 방문으로 어느 정도는 선한 의지가 생겼으리라 믿어요. 하지만 아시다시피 인종 간 적대감이 워낙 만연한 곳이다 보니 선주민 시각장애인이나 청각장애인의 복지가 훼손될지 모른다는 염려를 떨칠 수가 없네요."[44]

미국으로 돌아간 뒤에 헬렌은 당시의 경험을 담은 「잊을 수 없는 여행」이라는 수필을 발표했다. 해외의 백인 저명인사가 아파르트헤이트를 비판한 최초의 글에 속하는 이 수필에서 헬렌은 여행 중에 자제했던 비판 의식을 묻어 두지 않고 자신이 직접 목격한 사실에 관해 솔직한 의견을 내놓았다. "단지 인종적편견 때문에 시각장애인과 청각장애인이 사회의 도움을 받지 못하는 현실을 거듭 목격했다. 이는 인도주의에 반하는 결코 용서받지 못할 범죄이다. 나는 그들을 속박하거나 모독하거나 왜곡하는 그 어떤 사회적·교육적 체제에도 타협 없이 맞서 싸우고 있다."[45]

돌이켜 보면 헬렌의 남아공 여정 중에 청각장애인 학교와 시각장애인 학교 방문 건수가 동일했다는 점은 특기할 만한 일이다. 어쨌거나 헬렌은 시각장애인을 위한 옹호 활동에 주력해 왔으니 말이다. 1929년에 발표한 회고록 『중류 지점』에서 헬렌은 한 분야에 집중하는 이유를 이렇게 설명했다. "나는 시각장애인 못지않게 청각장애인을 위한 운동에도 관심이 많았고 언어를 습득하기 전에 청력을 상실하는 것이 시력을 상실하는 것보다 훨씬 더 고통스럽다고 생각해 왔지만, 동시에 시각장애인과 청각장애인 양쪽을 위해 일하기는 불가능하다는 사실을 깨달았다."[46]

사실 헬렌이 국내 활동 중에 청각장애인 공동체를 지원하지 않은 것은 일부 청각장애인 사이에서 헬렌의 업적이 저평가되는 여러 요인 중 하나이다. 밝혀진 바로 이는 헬렌의 의지가 전혀 아니었다. 훗날 AFB의 로버트 바넷 이사가 회고하기로, 재단에 취임한 후 헬렌과 만났을 때 헬렌이 활동 범위를 넓히게 해달라고 자신에게 요청했다고 한다. 헬렌은 "로버트, 청각장애인을 위해서 뭔가 해야 해요"라고 주장했다. 하지만 바넷은 관심이 없었다. "그건 제 역할이 아니라고 설명해야 할 것 같았어요."[47] 일본에 갔을 때는 여러 청각장애인 학교를 조용히 방문하기도 했지만 해외 순회 여정은 대체로 시각장애인 공동체에 집중되었다.[48] 남아공 순회 방문 여정을 짤 때는 헬렌 본인이 적극 개입한 덕에 마침내 오랫동안 본능에 따르지 못하게 막던 족쇄를 벗어던질 수 있었다.

1951년 여름 미국으로 돌아오자마자 헬렌은 곧바로 다음 해외 여행 계획을 세우는 데 열을 올렸다. 이스라엘을 두루 여행한 조 데이비드슨과 아내 플로렌스는 성지에서 돌아올 때마다 1948년 5월 건국 이래 그 신생국가가 얼마나 성장했는지 극찬하곤 했다. 훗날 이스라엘은 조와 헬렌이 자주 접하던 좌익 진영에서 골 칫덩이로 떠오르기는 하지만, 당시만 해도 소련으로부터 건국을 승인받고 시온주의 사명에 대한 전 세계 사회주의자의 지지를 얻는 등 진보적 가치의 귀감으로 널리 받아들여졌다. 민주적 사회주의자들이 연합한 집권당 마파이당(Mapai Party)은 유대인 조국 건설이 요원한 꿈에 불과하던 시절부터 오랫동안 이스라엘의 정치 지형을 지배해 왔다.

1930년대부터 일찌감치 유대인 국가 건설을 강력하게 지지해 온 헬렌은 급성장하는 시온주의 운동에 대한 감상을 자주 기록 했다. 1937년 1월 일기에 헬렌은 이렇게 썼다. "나는 오래전부터 유대인이 종교, 예술, 사회정의 영역에서 드러내는 특출한 천재성을 마음껏 발휘할 조국이 있어야 문제가 해결되리라 생각했다."[49] 이 글과 이후 또 다른 글에서도 성지를 요구하는 유대인을 강하게 지지하는 모습을 보였고 평소답지 않게 아랍인에 대해 배타적인 태도를 내비치는 일도 더러 있었다. 1937년 일기에 헬렌은 이렇게 썼다. "팔레스타인 점령을 둘러싸고 유대인과 아랍인이 벌이는 논쟁에서 아랍인이 침략하기 훨씬 전에 유대인이 먼저 그 땅을 점령했었다는 주장은 거의 나오지 않는다. 팔레스타인의 발전을 위해 아랍이 한 일이 뭐가 있나? 유대인이 오랜 세월 박해받고 엄청난 비방에 시달려 오면서도 건설적인 정치 역량, 철학, 집단적 우호 관계라는 세계적인 유산을 가늠할 수 없을 만큼 풍부히 채워 주는 동안…… 아랍인은 자기네 관습에만 젖어 있지 않았던가?"[50]

여기까지는 유대인 국가를 둘러싸고 점차 격해지는 논쟁에서 한쪽 편을 드는 것뿐이라고 볼 수 있을지 몰라도 이어지는 내용은 명백히 편견에서 비롯한 것이었다. "지난 수 세기 동안 동족보다 뛰어난 아랍 사상가가 일부 있었다는 것은 알지만, 한 민족으로서 아랍인은 유대인처럼 더 나은 삶을 향한 불빛을 꾸준히 밝혀 오지 못했다."[51]

조 매카시의 칼끝을 피하려 파리에 머물고 있던 조 데이비드슨 역시 불과 3년 전 영국의 위임통치에서 벗어나 독립을 쟁취한 신생국가에 매료된 것이 틀림없었다. 1951년 10월 조가 남아공 여행의 추억을 전한 헬렌의 편지에 대한 답장으로 쓴 편지는 현대인의 관점에서는 역설적으로 보일 만하다. "친애하는 헬렌, 남아공에서의 경험, 그곳의 복잡한 사정과 시각장애인을 위해 당신이 한 일, 백인과 유색인, 선주민, 인도인이 한자리에 모이지 못하게 막는 바람에 하루에 서너 차례씩 모임을 가져야 했던 일 등이 적힌 편지를 잘 받아 보았어요. 정말 엄청나군요! 그런 식으로 구분하지 않고 함께 일하는 이스라엘과는 얼마나 다른지." 그런 다음에는 대담하게도 이스라엘에는 "차별이란 없다"라고 주장한다.[52] 1967년 6일 전쟁(Six Day War, 제3차 중동전쟁—옮긴이) 이후 팔레스타인인에 대한 처우와 서안지구 점령 건으로 이스라엘이 좌파 진영에서 외면당하기까지는 아직 20년이 더 남은 시기였기에, 헬렌은 조의 이 말을 대단히 기쁘게 받아들였다.

헬렌은 조와 플로렌스에게 "폴리와 저는 여전히 그 나라에 방문하기를 꿈꾸고 있어요"라면서 "방문을 주선해 줄 사람이 없어요"라고 불평했다.[53] 몇 달 후 조가 헬렌에게 전하기로, 자신이 개인적으로 다비드 벤구리온(David Ben-Gurion) 총리에게 헬렌에게 초대장을 보내라고 요청했더니 총리가 "헬렌 켈러가 파리에 있을 때 꼭 연락하세요. 제가 직접 초대하겠습니다"라고 약속했다고 했다.[54] 이에 헬렌은 기대에 부풀어 있었지만 초대장을 받기 전인 1952년 초에 조가 파리에서 사망하고 말았다. 넬라는 이제 이스라엘 방문은 요원하리라 생각했다. 조의 장례식이 끝나고 이틀 후에 넬라는 일기에 이렇게 썼다. "소식을 듣고 이제 저 두 사람 이스라엘에 못 가겠다 싶었다. 그런데 어젯밤에 폴리가 말하길 재단과 존밀턴협회(John Milton Society)에서도 진행하기를 바라고 있으니 헬렌과 이스라엘에 갈 생각이고, 이참에 이란과 이라크까지 방문하려 한다고 했다. 둘은 원래 조와 플로렌스와 함께 이스라엘에 가고 싶어 했고 나는 아예 안 갔으면 했지만, 이제는 어찌 되든 놀라지 않을 것 같다."[55]

중동 여행을 계획하던 중에 국무부 측에서 헬렌과 폴리에게 여권에 이스라엘 도장이 찍혀 있는 경우 아랍 국가에 입국허가를 못 받을 수 있으니 방문하고 싶다면 이스라엘을 제일 마지막 방문지로 두어야 한다고 일러 주었다. 마침내 두 사람은 이동 경로를 모두 정리하고 여정을 확정했다. 헬렌은 "성경으로만 접했던 그 땅에 실제로 방문한다고 생각하니 가슴이 설렜다"라고 썼다.[56]

1952년 봄에 길을 나선 그들은 먼저 레바논, 시리아, 이집트를 방문했다. 여행 전에 넬라는 헬렌이 "아랍인에 대한 적대감에 젖어" 있으리라 걱정했지만, 여행 중에 그런 적의의 흔적을 전혀 찾아볼 수 없었다. 오히려 아랍여성연맹(Arab Women's Federation) 모임에 참석한 후 헬렌이 넬라에게 보낸 편지에는 다마스쿠스 여성들이 "사회적 성숙과 독립을 향해 빠르게 나아가고 있고, 남성보다 대학 진학률이 더 높다"라는 등 그들에 대한 존경심이 가득 담겨 있었다.[57]

20여 년 전에 일기에 썼던 불편한 반아랍적 편견은 이제 이 시기 아랍 국민 대부분을 억압하던 사회적 조건에 대한 경멸로 바뀌어 있었는데, 이는 헬렌의 정치 분석 역량이 진화했기 때문일 것이다. 헬렌은 긍정적인 면도 많이 발견했지만 가는 곳마다 눈에 띄는 극심한 경제적 불평등과 장애인에 대한 당국의 무관심에 경악하곤 했다. 남아공을 여행하던 때와 마찬가지로 헬렌은 감정을 요령 있게 표출하지 못하는 순간이 종종 있었던 모양이다. 다마스쿠스에서 열린 공개회의에 참석한 후 넬라에게 쓴 편지에 헬렌은 이렇게 솔직히 털어놓았다. "시각장애인을 철저히 무시해 온 점은 정말 알아줄 만했다니까요. 사회적 책임이라는 감각이 거의 없어서, 불행한 이들을 도우려는 태도를 배우려면 한참을 갈고닦아야 할 거예요. 우리가 방문한 아랍 국가는 어디나 경제적·사회적 빈부격차가 극심했고, 누군가 상황을 개선하려 노력한다 해도 통치자들에게 무자비하게 짓밟히고 말아요."[58]

5월이 되어 마침내 이스라엘에 도착한 헬렌은 복잡한 감정에 빠졌다. 예루살렘에 가서 훗날 총리가 되어 골다 메이어(Golda Meir)로 더 잘 알려지게 되는 노동부장관 골다 마이어슨(Golda Myerson)과 함께 시내를 둘러보았는데, 넬라에게 전한 바로는 "지루하기 짝이 없는" 관광이었다. 헬렌은 이렇게 썼다. "예수탄생교회(Church of the Nativity)와 성모마리아의 무덤으로 추정되는 곳에 갔는데, 세상에, 그 역겨운 상업주의라니! 비아 돌로로사(Via Dolorosa, 고난의 길이라는 라틴어로, 예수가 십자가를 지고 걸어간 길을 가리킨다—옮긴이)의 계단을 하나하나 걸어 오를 때는 그 성스러운 장소에 닥친 우여곡절을 자세히 전해 들었죠. 저는 그 고대도시에서 나는 냄새가 너무 끔찍해서 미쳐 버릴 것 같았어요. 소리 지르지 않고 꾹 참는 것밖에 할 수 있는 게 없었어요. 제정신이라면 그렇게 오물이 넘쳐 나는 곳을 종교적 성지라고 부를 수 있을까요?"[59]

이처럼 투덜대기는 했어도 독립 후 4년 만에 이 신생국가가 이룬 성과에 매료된 헬렌은 넬라에게 또 이렇게 썼다. "이스라엘의 분위기는 아직 묻히지 않은 채 썩어 가는 문명들과는 너무나도 달랐어요. 정말이지, 제가 글로 접했던 그대로 이스라엘은 깨끗하고 활기차고, 경주에 나서는 강인한 인간처럼 환희에 차 있어요."[60]

텔아비브 외곽 한 시간 거리에 있는 정착촌 우리엘(Uriel)에 갔을 때는 그리 좋은 인상을 받지 못했다. 시각장애인마을(Village of the Blind)로 알려진 그곳은 시각장애인 420인이 특수한 공예품과 가구, 직물 제품을 만들어 파는 완전한 자급자족 마을이었다. 헬렌은 기자들에게 우리엘 주민들이 자신이 만나 본 "가장 용감한 사람들"이라고 말했지만 개인적으로는 시각장애인을 사회로부터 분리한다는 발상에 치를 떨었다. 나중에 로버트 바넷은 헬렌이 "불같이 화가 나서" 마을을 해체하라고 당국에 요구했다고 주장했다. 이후 헬렌은 이렇게 썼다. "경험에 비추어 볼 때 시력을 잃은 노동자는 비정상이며 시력이 있는 사람들과 자연스레 어울려 살 수 없는 존재라는 오해와 해로운 인상이 퍼질 수 있기 때문에, 나는 '시각장애인마을'이라는 것을 조성하는 데에 강하게 반대했다." 그 대신 이렇게 주장했다. "그들이 장애인으로 구성된 사회가 아닌 일반적인 사회의 일원이 될 수 있도록 훈련해야 한다. 장애인만 한곳에 몰아넣으면 장애의 부정적인 면이 강화되는 경향이 있다."[61] 헬렌은 비판을 접한 당국에서 마을 이름을 "하느님의 빛"으로 바꾸었다는 소식을 듣고 잠시 마음을 풀었다가 바뀐 것이 이름밖에 없다는 사실을 알고 난 뒤로 다시금 비판의 목소리를 높여, 자신은 여전히 시각장애인을 별도의 마을이 아닌 "비시각장애인 사이에" 살게 하는 편이 낫다고 믿는다고 《뉴욕타임스》를 통해 말했다.[62]

해외여행 중에 이렇게 거침없이 소회를 밝힌 일로 국내에 논란을 일으킨 적은 없고 국무부가 지원을 재고해야 하는 상황을 유발한 적도 없었지만, 헬렌이 새삼 발언을 조절하는 데에 지쳐 있었음을 짐작할 만한 단서가 되어 주기는 했다.

헬렌 대 조 매카시

1952년 여름 미국으로 돌아온 헬렌은 반공주의 광풍이 여전한 가운데 정치활동을 축소하거나 조 데이비드슨처럼 해외로 망명할 수밖에 없는 처지에 놓인 친구가 많다는 사실을 알게 되었다. 사석에서 헬렌은 마녀사냥꾼들과 점점 혐오스러워지는 조 매카시의 전술에 맞서는 사람이 아무도 없다며 분개했다.

8월, 헬렌은《뉴욕타임스》에 곧 있을 상원의원 선거에 매카시가 재출마하는 데에 공개적으로 반대하지 않는 공화당 대통령 후보 드와이트 D. 아이젠하워(Dwight D. Eisenhower)를 비판하는 사설이 실리자 기뻐했다. 영향력 있는 그 신문에서는 이렇게 선언했다. "'매카시즘'이라는 단어는 '적절한' 이름이 아니다. 그것은 우리 미국을 두려움에 떨게 만드는 무언가를 상징한다. 우리

는 장군에게 '매카시즘'을 규탄하기를 권한다."01 신문의 논조에
감격한 헬렌은 편집장에게 매카시의 전술은 미국의 소중한 전
통에 반하는 "비극"이라고 전했다. 헬렌은 이렇게 썼다. "실수를
저지르고 비합리적인 태도를 보이는 이들보다 우월한 모습을
보여 주곤 하는《뉴욕타임스》가 자랑스럽습니다."02

  2년 앞서 해당 신문에서 공산주의를 비난하는 태도를 보인 후
로, (그사이 미국공산당 지도자였던 옛 동지 엘라 리브 "마더"
블로어의 장례식에 애도의 편지를 보낸 사실이 FBI 자료에 정식
으로 기록되기는 했지만) 헬렌이 공식적으로 미국 정치 무대에
다시 모습을 드러낸 것은 이번이 처음이었다.03 예상대로 매카
시를 거론한 헬렌의 편지는 즉각 반발을 불러일으켰다. 격분한
어느 서점 주인은 헬렌에게 이렇게 써 보냈다. "제가 늘 진심으
로 존경해 온 당신이《뉴욕타임스》에 쓴 편지를 보고 너무나 큰
충격을 받았습니다. 어디서 말도 안 되는 이야기를 듣고 그러시
는 건지 걱정이 됩니다. 매카시 의원의 새 책을 한 부 보내 드리
니 그가 하는 이야기를 읽어 보셨으면 합니다."04

  우파 진영 싱크탱크에서도 목소리를 보탰다. 공공서비스연구
소(Institute for Public Service) 대표는 헬렌에게 이렇게 썼다. "오
랜 시간 다방면에 걸친 당신의 활동을 깊이 존경해 온 수만 명,
어쩌면 수십만 명 독자가 오늘《뉴욕타임스》에 실린 당신의 편
지를 보면 대단히 아쉬워할 것입니다. 당신이 공식기록 중에서
극히 일부만 보고 매카시 의원의 이른바 '매카시즘'에 대해 판단

을 내렸을지 모른다고 염려할 것이기 때문입니다."05

　매카시 논란이 지나간 후, 헬렌은 곧 자신의 공적 생애에서 가장 큰 위기를 불러올 냉전 정치에 다시 휘말리고 말았다. 1952년 11월에 평화를위한인민회의(Congress of the Peoples for Peace) 주최 측에서 헬렌 켈러로부터 12월 초 빈에서 시작될 회의를 지지하는 서신을 받았다고 발표했다. 인민회의는 소련이 미국의 "전쟁 도발"에 반대해 1950년 프라하에 설립한 세계평화회의(World Council of Peace)에서 파생된 단체였다. 지난 15년간 헬렌이 가입하거나 이름을 빌려주었던 여러 공산주의 전선 조직은 지배구조가 뚜렷하지 않아 적당히 부인할 수 있었지만 인민회의는 미국이 유일하게 핵무기를 보유하고 있던 1950년 당시에 핵군축을 지지하고자 설립한 조직인 만큼 어떤 식으로든 크렘린과 직결되어 있다는 데에 의심의 여지가 없었다.06

　헬렌이 프레데리크 졸리오퀴리(Frédéric Joliot-Curie)로부터 편지를 받았을 때부터 측근 사이에 위험 신호가 울리기 시작했다. 졸리오퀴리는 인공방사능을 발견한 공로로 (저명한 과학자 피에르 퀴리와 마리 퀴리의 딸인) 아내 이렌 졸리오퀴리와 함께 1935년 노벨화학상을 받은 프랑스의 존경받는 과학자였다. 신념이 깊은 공산주의자이면서 마침 인민회의 대표이기도 했던 그는 헬렌에게 체코슬로바키아 프라하에 있는 인민회의 본부로 지지 서신을 보내 달라고 요청했다. 헬렌은 요청에 따라 "여러분의 근사한 운동을 지지합니다"라고 전보를 보냈다.07 뒤늦게 헬렌이 철의장막 뒤로 전보를 보냈다는 사실을 알게 된 폴리는 즉시 넬라에게 연락했고, 늘 그랬듯이 위기관리 태세로 전환한 넬라는 AFB 측에 또다시 헬렌의 이름이 공산주의와 연결되는 위기가 닥칠지 모른다고 경고했다.

그 주에 작성된 AFB의 미결재 내부 문건을 보면 상황의 심각성이 드러난다.

세계평화회의는 크렘린의 전선 조직으로, 선의와 이상에 매몰된 이들과 별생각 없이 전쟁에 반대하고 평화라는 단어에 현혹되는 선량한 시민들을 끌어모으는 데 이용되고 있습니다. …… 저명한 언론인 다수는 헬렌 켈러가 이 단체로부터 편지와 초청을 받았다는 사실이 알려질 경우 《데일리워커》를 제외한 미국의 모든 언론이 우리에게서 등을 돌릴 것이며, 즉시 상원, 특히 매카시 상원의원이 우리를 조사할 것이라고 합니다. 매카시 상원의원을 재단으로 초청하는 것도 한 가지 방법이지만 그가 여기에 머무는 것을 반길 사람은 아무도 없겠지요.

⠁⠋⠞⠑⠗ ⠞⠓⠑ ⠍⠊⠗⠁⠉⠇⠑

최대한 신중하게 다루어야 하는 위험 신호입니다. ……
부디 헬렌 켈러 측이든 이 기관과 관련된 누구든 12월 10일 빈에서 열릴 세계회의에 서신을 보내려는 시도를 더 이상 하지 마시기 바

랍니다.

그 익명의 관계자는 이렇게 썼다. "켈러 씨가 졸리오퀴리에게 전보를 보낸 모양입니다. 그 글이 아직 공개되지 않았기를 바랍니다. 전 세계 모든 공산주의 신문에 실릴 겁니다. …… **비상입니다!**"⁰⁸

⠐⠕⠞⠑⠗ ⠞⠓⠑ ⠍⠊⠗⠁⠉⠇⠑

이처럼 재단으로부터, 그리고 아마 넬라로부터도 거센 압박을 받은 헬렌은 11월 21일 졸리오퀴리에게 두 번째 전보를 보냈다. **"유감. 서면 지지 약속을 취소할 수밖에 없는 정치적 문제 발견."**[09]

의도적으로 무시한 것인지 전보가 늦게 도착해서 그랬는지 몰라도 헬렌이 처음 보낸 서신이 체코슬로바키아공산당 기관지 《루데프라보(Rudé Právo)》에 대대적으로 게재되었는데, 그 문구가 번역되어 미국 언론에 실렸을 때는 "여러분의 훌륭한 운동을 진심으로 지지합니다"로 약간 변형된 상태였다.[10]

며칠 후 AFB의 로버트 바넷 이사는 〈미국의 소리(Voice of America)〉 방송에 출연해 해당 신문을 비난했다. "《루데프라보》 편집자들이 켈러 씨가 이 발표를 부인했다는 사실을 알았다고 해도, 켈러 씨는 그들이 이른바 지지 서신이라는 것을 신문에 게재하기 9일 전인 11월 28일에 빈 회의가 진정한 평화운동이 아니라 스탈린주의를 선전하기 위한 허울이라는 이유로 자신이 이미 지지를 철회했다는 사실을 제가 알리기를 바랐을 것입니다."[11]

미국 언론은 바넷의 발언을 알리는 데는 전혀 관심이 없었다. 한 신문에는 이런 표제가 실렸다. **"빨갱이가 헬렌 켈러를 속여 '평화 협상' 지지를 얻어 내다".** 하지만 유독 드러나지 않은 것은 헬렌 자신의 입장이었다. 뒤에서는 넬라가 헬렌에게 계속해서 그 위험한 관계를 멀리하라고 요구했다. 넬라는 일기에 〈미국의 소리〉 측에서 헬렌에게 "모든 형태의 공산주의를 거부한다는 확실한 입장"을 발표하기를 "간청"해 왔지만 "헬렌은 유고슬라비아에서는 시각장애인이 외부 세계와 자유롭게 소통할 수 있다는 이유로 거절했다"라고 썼다.[12] 이 말의 의미는 확실치 않지만, 헬렌은 장애를 지닌 시민을 대우하는 방식을 기준으로 국가를 평가할 때가 많았다. 넬라는 헬렌이 에스페란토어로 발간되는 유고슬라비아 잡지를 받아 보면서 그 나라의 발전 과정을 지켜보았다고 했다. 넬라는 일기에 "헬렌은 유고슬라비아가 시각장애인 처우 면에서 명석하고 선진적인 나라라고 여긴다"라고 썼다.[13]

헬렌은 이번에는 주위에서 요구하는 대로 명시적으로 공산주의를 거부하는 입장을 발표하는 대신 제안받은 여섯 가지 문안 중에서 비교적 온건한 비판이 담긴 입장문을 발표하기로 결정했다. "저는 어떤 형태의 압제도 믿지 않습니다. 전혀 그런 적이 없습니다. 독재적인 견해를 지닌 조직이나 개인이 자신들의 계획에 저를 끌어들이려는 데에 분노합니다. 제 마음은 세계 곳곳에서 자유를 사랑하는 사람들과 함께합니다." 한편, 헬렌이 거부한 문안 중에는 이런 것도 있었다. "저는 독재적인 공산주의를 믿지 않습니다. 전혀 그런 적이 없습니다."[14]

공산주의를 전면적으로 거부하라는 요청을 거절한 사실을 보면 헬렌은 《뉴욕타임스》를 통해 공산주의의 폭정을 비난한 후로 2년 동안 다른 마음을 품고 있었는지도 모른다. 이는 헬렌이 폭압적인 방법으로 사회주의를 밀어붙여 이상을 훼손했다고 볼 만한 소련과 같은 개별 국가의 정권에는 의구심을 품었을지 몰라도 빈곤과 인종차별, 기타 사회적 병폐를 제거할 최선의 처방이 사회주의라는 오랜 신념은 달라지지 않았다는 명백한 진실을 부각한다.

하지만 헬렌이 여전히 공산주의 동조자였다고 단정할 수 있을지, 아니면 동조자로 지낸 1930년대에서 1940년대 사이에 품었던 감정이 변했을지 여부를 판단하기는 어렵다. 오랫동안 눈에 띄게 공산당 노선에 따랐음에도 불구하고, 1924년에 공개적으로 자신이 "사회주의자이며 볼셰비키"라고 선언한 일을 제외하면 헬렌이 공식적으로 공산주의에 대한 충성을 공표한 적은 전혀 없었다. 그래도 블라디미르 레닌과 "러시아의 위대한 실험"에 대한 감탄을 자주 표현한 것으로 볼 때 헬렌은 오랫동안 공산주의가 자신이 여전히 신봉하는 사회주의사상이 국제적으로 표출된 사례라고 여겼던 것이 틀림없다. 사실 레닌 자신도 새로운 "사회주의 질서"를 수립하겠다는 의지를 표명했던 만큼, 헬렌이 특정 정권에는 선을 그으면서도 여전히 공산주의와 사회주의를 크게 구분하지 않았을 가능성이 높다.

공산주의를 전면적으로 비난하기를 거부할 핑계로 유고슬라비아를 옹호한 사실은 특히 주목할 만하다. 헬렌은 그 나라가 아직 유고슬라비아 왕국으로 불리던 1931년에 애니, 폴리와 함께 방문한 적이 있었다.[15] 하지만 그 후 몇 년 사이에 왕정이 무너졌고 제2차세계대전 이후 요시프 티토(Josip Tito)가 이끄는 공산주의 정권이 그 자리를 대신했다. 스탈린주의 러시아와 다르게 티토 정권은 자유주의에 더 가까운 것으로 여겨졌고, 1949년 그 나라를 방문한 조 데이비드슨에게도 호의적인 인상을 심어 주었다. 여행 중에 조는 헬렌에게 티토가 "굉장한 사람"이라고 써 보냈다.[16] 헬렌은 수년 동안 스탈린을 불편하게 여겼으니 독재를 비난한 것이 가식적이라고 볼 수는 없었다. 조가 생전에 보낸 감탄 어린 평가와 에스페란토어 잡지에 실린 유고슬라비아 시각장애인 공동체를 칭송하는 기사 외에 헬렌이 그 나라의 내부 사정에 관해 얼마나 알고 있었는지 몰라도, 스탈린의 무자비한 독재에 비하면 티토 정권은 훨씬 덜 가혹한 편이었지만 티토 특유의 억압 전술과 반체제인사 제압 방식을 감안하면 그도 어지간한 폭군이었다.

헬렌은 여러 언어로 된 신문 요약본과 정기간행물을 꾸준히 접했기 때문에 친구들이나 비평가보다 더 많은 정보를 읽고 이해하고 있기는 했지만, 철의장막 뒤편의 소식은 심하게 검열되고 있었다. 서방에서는 한참이 지나도록 동유럽 국가의 상황이나 스탈린의 잔혹성을 제대로 아는 사람이 거의 없었다. 동지들에 비해 헬렌이 정치적으로 더 정통한 것처럼 보이기는 했어도 이들 국가의 정치적 상황을 잘 알지 못했던 것은 헬렌뿐 아니라 좌파 대부분이 마찬가지였다. 실제로 헬렌은 1937년 1월 일기에 인민재판 형태를 띤 모스크바 쇼 재판이 스탈린의 잔혹성을 보여 주는 사례라며 개탄했는데, 이는 1956년 2월 제20차 당대회에서 니키타 흐루쇼프(Nikita Khrushchyov)가 스탈린의 범죄를 폭로하기 전까지는 미국의 공산주의자와 동조자 대다수가 비판적인 입장을 거의 취하지 않았던 것과 뚜렷이 대조된다.

헬렌이 빈 회의를 지지하고 또다시 좌파 정치에 얽히면서 재단은 재차 신경을 곤두세웠다. 1949년 로버트 바넷이 이사로 취임한 후 얼마 되지도 않아 헬렌은 조 매카시를 비난하고 스탈린주의자들의 모임을 공개적으로 지지하는 등 여러 가지 문제를 일으켰다. 헬렌을 AFB의 유산으로 여기며 동등한 관계를 유지했던 전임자 밥 어윈과 달리 바넷은 거듭되는 정치적 소란을 재단에 대한 실존적 위협으로 인지하는 듯했다.

넬라는 일기에 새로 일어난 논란에 대해 "물결이 요동쳤다"라고 쓰고는 로버트 바넷이 아컨 리지에 찾아와 "직접적으로 말하지는 않았지만 헬렌이 사임하기를 바란다는 뜻을 폴리에게 넌지시 전했다"라고 언급했다. 바넷은 이후 넬라에게는 더 노골적으로 헬렌의 사임을 요청했다.[17] 공식적으로 직무가 밝혀져 있지는 않았지만 넬라는 오래전부터 AFB의 "자문 및 이사"로 임명되어 있었다. 헬렌이 오래 미루어 둔 애니의 전기 작업을 마무리해야 한다는 핑계로 바넷의 요구에 응하려 하던 찰나, 그들은 바넷이 언질도 없이 장기 "휴가"에 들어갔다는 사실을 알게 되었다. 넬라는 바넷이 신경쇠약 때문에 자리를 비웠을 것으로 추측했고, 헬렌의 사임 건은 더 이상 재론되지 않은 듯했다.[18]

하지만 바넷과 사이가 멀어지면서 헬렌은 결국 제2차세계대전 이후 AFB와 통합되기 전까지는 별도의 조직이었던 미국재외시각장애인재단(AFOB)과 AFB 간의 힘겨루기에 휘말리게 된다. 1953년 이사회에 보낸 편지에서 헬렌은 두 조직을 분리하는 것이 이미 발생한 "불신과 의혹을 해소"할 유일한 방법이라며 "재단이 독립성을 되찾을 때가 왔다고 확신합니다"라고 썼다. 같은 편지에서 헬렌은 몇 달 동안 "무관심"하게 굴면서 국제관계자문인 자신을 "무시"하는 바넷에 대한 환멸감이 커지고 있다고 털어놓기도 했다. "어쩌다 이렇게 되었는지 모르겠군요"라고 한탄했지만 이사가 자신의 정치적 궤적을 염려하고 있다는 사실을 헬렌이 몰랐을 리는 없다.[19] 두 조직을 분리하자는 헬렌의 요청은 받아들여지지 않았지만, AFOB는 1977년에 결국 떨어져 나가 헬렌켈러인터내셔널(Helen Keller International)로 이름을 바꾸었다. 이 단체는 헬렌의 영향력, 그리고 "끈질긴 빈곤의 순환 고리"를 극복해야만 시각장애 및 기타 건강 문제를 근절할 수 있다는 헬렌의 믿음을 중요하게 내세우며 해외에서 역동적인 진보세력으로 통하게 된다.[20]

1950년대 내내 헬렌은 AFOB 일로 인도, 파키스탄, 필리핀, 그리스 등 여러 나라를 두루 방문한 반면 AFB와 함께하는 국내 활동은 크게 줄었고 바넷과도 계속 냉랭하게 지냈다. 수년 동안 두 사람은 헬렌이 가장 좋아하는 체커 게임을 즐기곤 했지만 한때 활기찼던 두 사람의 대결도 이제는 점점 드물어졌다. 상호 합의 하에 헬렌은 모금, 공개 석상 출연, 연설 등 재단에서 오랫동안 맡아 온 주요한 역할에서 물러나 상징적인 존재로 남게 되었다. 1950년대의 나머지 기간에 헬렌의 일상은 AFB가 아닌 코네티컷 자택을 중심으로 펼쳐졌다.

⠈⠋⠞⠑⠽ ⠞⠓⠑ ⠍⠊⠁⠉⠇⠑

1950년대에 헬렌이 가까운 친구들과 자주 어울리며 사회생활을 하는 공간이었던 아컨 리지는 마크 트웨인이 말년을 보낸 지역에서 멀지 않은 코네티컷주 이스턴에 널찍이 펼쳐진 식민지 시대 저택이었다. 헬렌은 레노어 스미스에게 자신이 좋아하는 책으로 가득 찬 너른 서재와 "햇볕 쬐기 좋은" 창가를 묘사하며 "아컨 리지보다 더 사랑했던 공간은 없어"라고 말했다.[21] 이웃에 사는 친구 스튜어트 그루먼, 샌드라 그루먼(Stuart and Sandra Grummon)과도 자택에서 자주 어울리곤 했다. 외교관이었던 스튜어트는 아이티 대사로 있다가 전쟁 전에 모스크바 주재 미국 대사관에서 1등 서기관으로 근무한 후 은퇴했다. 아내 샌드라는 지문자를 알아서 폴리가 계속 곁을 지키지 않아도 헬렌과 소통할 수 있었다. 부부는 진보적인 정치관을 지니고 헬렌과 편하게 어울릴 만한 매력적인 손님을 두루 초대해 만찬을 열곤 했다. 항상 자신이 가장 좋아하는 올드패션드 칵테일을 준비해 주는 그루먼 부부에게 헬렌은 성탄절마다 스카치위스키 한 병을 선물했는데, 거기에 꼭 "햇살 리큐어(liquid sunshine)"라고 쓴 쪽지를 동봉했다. 넬라가 초대받았을 때마다 남긴 일기는 이런 모임에서 어떤 대화가 오갔는지 엿볼 수 있는 귀한 자료이다.

1951년 11월, 여느 때처럼 활기찬 그루먼 부부의 만찬에 헬렌의 친구이자 할렘의《암스테르담뉴스》편집장인 클릴런 파월이 참석했다. 넬라는 세상사에 밝은 뉴욕의 문인으로 명성을 얻은 지 오래였는데도 인종문제에서는 종종 남부 출신 티가 나곤 했다. 파월이 만찬에 참석한 이날 넬라는 일기에 흑인과 "친밀한" 분위기에서 저녁을 함께한 건 처음이라고 밝힌다. 넬라는 이렇게 썼다. "나는 별다른 의견이 없었는데, 파월이 식사 전에 마티니를 석 잔째 마시기 시작할 무렵 다소 소란스러워져서 놀랐지만 금세 가라앉았다."[22] 넬라의 일기에 따르면 만찬 중에 몇몇이 드와이트 아이젠하워가 출사표를 던지고 1952년 대통령선거에 출마할 것인지를 놓고 격론을 벌였다. 누군가 "스캔들", 즉 아이젠하워가 전쟁 중에 운전사이자 개인 비서였던 케이 서머스비(Kay Summersby)와 부적절한 관계를 맺었다는 공공연한 비밀이 그에게 가장 큰 걸림돌이 될 것이라고 했다. 이에 또 다른 손님이 그런 소문이 돌지 않은 대통령이 거의 없고 그로버 클리블랜드는 1880년대에 대통령으로 당선되기 전에 혼외 자녀를 얻은 사실도 잘 알려져 있다고 말했다. 대화가 이쯤 이르렀을 때 폴리가 자신이 서머스비의 회고록을 읽어 보았지만 문제될 만한 내용은 없었다고 말했다. 그러자 파월이 끼어들어 아이젠하워의 불륜을 암시하듯이 "아, 하지만 우리는 책에서 빠진 부분을 알고 있지요"라고 했다.[23]

이 시기에 아컨 리지를 자주 찾은 헬렌의 가까운 친구 중에는 브로드웨이의 인기곡 〈하우 하이 더 문(How High the Moon)〉을 작곡한 유명 배우이자 작사가, 제작자인 낸시 해밀턴(Nancy Hamilton)이 있었다. 해밀턴은 "미국 극장가의 영부인"으로 알려진 당대 최고의 브로드웨이 배우 캐서린 "키트"코넬(Katharine "Kit" Cornell)과 오랜 연인 관계였다. 코넬은 저명한 연극연출가 거스리 매클린틱(Guthrie McClintic)과 결혼했지만 이는 대중에게 보여 주기 위해 편의상 치른 "위장결혼"이었고 해밀턴과의 관계는 매클린틱의 동성애와 마찬가지로 공공연한 비밀이었다.[24]

코넬은 오래전부터 넬라가 1933년에 발표한 전기『앤 설리번 메이시』를 바탕으로 한 영화에 출연하고 싶다는 의사를 표현했지만 실현되지 않았다.[25] 그 대신 헬렌의 승인 아래 해밀턴이 감독하고 키트가 내레이션을 맡아 다큐멘터리를 제작하기로 했다. 그렇게 해서 1954년에 개봉한 영화 〈정복되지 않는 사람(The Unconquered)〉은 커다란 호평을 받았다. 헬렌과 폴리의 일하는 모습과 일상생활을 애니의 기록 영상과 함께 보여 주는 이 영화는 백악관에 방문한 헬렌이 아이젠하워 대통령을 "보는 특권을 누릴 수" 있느냐고 물은 다음, 손으로 대통령의 얼굴을 만져 보는 장면으로 마무리된다. 이 작품으로 1955년 오스카 최우수 다큐멘터리상을 받으면서 해밀턴은 그 상을 받은 최초의 여성 감독이 되었다.[26]

헬렌 역시 마서스비니어드(Martha's Vineyard)섬에서 키트와 낸시가 여름을 보내던 키트 코넬의 별장 칩찹(Chip Chop)에 자주 찾아갔다. 해밀턴이 나중에 회고하기로, 한번은 헬렌에게 자신은 항상 나체로 수영한다며 헬렌도 해 보라고 권했다고 한다. 그러자 헬렌은 자신은 보는 즐거움을 누리지 못하니 수영복을 입겠다고 응수했다.[27] 헬렌은 아컨 리지의 "지독한 더위와 습기"를 벗어나 코드곶의 바닷바람을 즐기고 있자니 "활력"이 되살아난다며 기뻐했다. 1950년 출간된 『내 인생의 이야기』 개정판에 찬사로 가득한 서문을 기고하기도 한 헬렌의 친구 엘리너 루스벨트도 칩찹에 모인 세 여성과 여러 차례 함께 어울렸다. 사실 훗날 헬렌의 전기를 쓰는 조지프 래시와 헬렌이 처음 만난 곳도

칩칩이었다. 키트와 마찬가지로 마서스비니어드에 집을 갖고 있었던 래시는 1954년 어느 날 오후 엘리너와 함께 모임에 참석했다가 헬렌을 만났다.[28]

키트는 헬렌을 아끼면서도 친구의 정치적 신념을 깊이 염려하고 있었던 것으로 알려져 있다. 헬렌과 조의 우정이 정점에 달했을 때 넬라는 일기에 이렇게 기록했다. "키트가 헬렌의 빨갱이 성향을 곤란해한다. 나는 헬렌이 조 데이비드슨의 영향을 받을까 걱정하는 키트에게 염려 말라고, [헬렌은] 조와 알고 지내기 훨씬 전부터 깊고 철저한 신념을 지닌 급진주의자였다고 일러 주었다."[29] 넬라가 이런 신념이 공개되는 것을 막으려고 얼마나 애쓰곤 했는지를 생각해 보면 여기서 헬렌의 정치관에 대해 이토록 무심한 태도를 보이는 것은 다소 의외이다.

키트와 낸시 외에 아컨 리지에 드나드는 친구 중에는 헬렌이 애니, 존 메이시와 함께 급진주의자와 비순응주의자(nonconformist)들을 초대해 어울리곤 하던 렌섬 시절의 보헤미안 모임을 연상시키는 다양한 집단이 포함되어 있었다. 나중에 로버트 바넷은 이 시기에 헬렌의 저택에 "드나든 게 분명한 동성애자들"이라는 표현을 써서 헬렌의 친구 중에 성소수자가 키트와 낸시만이 아니었음을 암시했다. 이는 인근에서 함께 살던 존 스킬턴(John Skilton)과 어니스트 힐먼 주니어(Ernest Hillman Jr.)를 가리키는 것이 거의 틀림없는데, 헬렌은 아컨 리지에 자주 방문하던 두 사람을 늘 "소년들"이라 불렀다.[30] 조지프 래시와 한 미공개 인터뷰에서 바넷은 헬렌 주변의 사람들을 "머리 긴 동성애자 친구들—정부와 예술계의 높으신 분들"이라 칭했다.[31]

헬렌은 이런 예술계 인사 중에서도 저명한 드라마 평론가이자 라디오 진행자인 알렉산더 울콧을 통해 알게 된 유명 배우겸 극작가 루스 고든(Ruth Gordon)과 꾸준히 우정을 쌓았다. 헬렌과 폴리가 맨해튼에서 고든과 식사하거나 함께 극장에 가는 모습이 자주 눈에 띄었다. 훗날 〈로즈메리의 아기(Rosemary's Baby)〉에서 맡은 역할로 1969년 오스카상을 수상하는 고든은 헬렌이 세상을 떠난 후 앨곤퀸 원탁회의의 초기 구성원이었던 울콧을 포함해 수많은 친구의 마음을 사로잡았던 헬렌의 유머 감각에 관한 글을 《뉴욕타임스》에 게재했다.

고든은 뉴욕 고섬호텔(Gotham Hotel)에서 헬렌, 울콧과 함께 술을 마시던 잊지 못할 만남을 회상하며 이렇게 썼다. "헬렌은 늘 자신을 소재로 한 농담에 가장 크게 웃었다. 알렉의 얼굴을 기억하려고 헬렌이 몇 번이고 그의 얼굴을 두드렸다. 그런 다음 콧수염을 두드렸다. '헬렌 말로는 당신 콧수염이 더 작아진 것 같다는군요.'" 그러자 울콧이 몸을 기울여 헬렌의 얼굴을 두드렸다. 울콧이 "헬렌은 안 그런 것 같다고 전해 줘요"라고 대답하니 헬렌은 "누구보다 크게" 웃었다.[32]

유난히 다양했던 헬렌의 지인 중에서 유독 장애인을 찾아보기 힘들었다. 킴 닐슨은 일본의 이와하시 다케오 교수를 제외하면 "헬렌의 가까운 친구 중에 장애인이 한 명도 없었다"라고까지 주장한 바 있다.[33] 이는 간단치 않은 주제로, 거의 반세기 동안 한결같이 헬렌의 곁을 지켰던 애니 설리번이 헬렌과 알고 지낸 기간 동안 법정 장애인이었고 생애 마지막 몇십 년 동안 신체적·정신적 건강 문제로 다양한 병증을 앓았다는 사실을 무시하는 것이다. 애니 외에 친밀한 범위 내에 장애인이 없었던 것은 확실하지만, 헬렌에게 친한 장애인 친구가 전혀 없었다는 주장은 그리 정확하지 않다. 사실 헬렌은 1950년대 이후 자신의 인생에서 중요한 역할을 할 장애인 친구를 적어도 두 명 이상 사귀었다.

피터 새먼(Peter Salmon)은 애니 설리번과 마찬가지로 퍼킨스 시각장애인학교에 "부분시각상실" 학생으로 입학해 1914년에 졸업했다. 그리고 3년 후 "시각장애인이 스스로 생계를 꾸리고 자립할 수 있도록 사업을 가르치고자" 19세기 말에 설립한 브루클린의 시각장애인산업훈련소(Industrial Home for the Blind)에 취직했다.[34] 1945년 사무국장을 맡기까지 여러 직책을 거친 새먼은 미국의 시청각장애인을 위한 직업 알선 서비스 구축 과정에서 헬렌과 긴밀히 협업했다. 로버트 바넷에 따르면 헬렌과 만났을 당시 법정 시각장애인이었던 새먼은 한시도 경계를 늦추지 않는 헬렌의 동반자를 통과할 수 있는 몇 안 되는 친구에 속했다. 바넷은 이렇게 회고했다. "폴리 톰슨은 누가 헬렌에게 직접 말을 걸면 불같이 화를 냈어요. 피터는 지문자를 쓸 줄 알았죠. 그는 파티가 시작되기를 기다렸다가 폴리를 피해 헬렌과 소파에 앉았죠. 피터가 짓궂은 농담을 하면 헬렌이 웃음을 터트리

곤 했어요."³⁵

새먼은 헬렌이 또 다른 시청각장애인과 사적으로 유일한 친
분을 쌓도록 만든 사람이기도 했다. 로버트 스미스다스(Robert
Smithdas)는 1953년 뉴욕대학교에서 석사학위를 받으면서 시청
각장애를 지닌 학생 최초로 대학원 학위자가 되었다. 헬렌은 뉴
욕대학교를 졸업하는 로버트에게 이런 전보를 보냈다. "용기와
인내가 자랑스럽습니다. 당신이 극복한 장애물은 고귀한 월계
관입니다."³⁶ 하지만 이후 몇 년간은 서로 연락을 거의 주고받지
않았고, 훗날 스미스다스의 친구들이 말하기로 "남자 헬렌 켈
러"라 불리곤 하던 그는 사람들이 아는 유일한 시청각장애인으
로서 관심을 독차지하는 헬렌을 조금 원망했다고 한다.³⁷ 헬렌
의 말년에 이르러 스미스다스는 마침내 자신이 조언자로 여기
던 새먼 덕분에 헬렌과 실제로 교류할 기회를 얻지만, 그 전에
상당한 장애물을 돌파해야 했다. 폴리 톰슨은 접근을 엄격히 통
제하는 것으로 늘 악명이 높았다. 나중에 스미스다스는 이유는
알 수 없지만 폴리가 장애인이 헬렌에게 접근하지 못하게 막는
습성이 있어서 자신은 1957년 폴리가 뇌졸중을 겪고 더 이상 헬
렌의 일상을 예전처럼 전면적으로 강하게 통제하지 못하게 된
후에야 헬렌의 친구 무리에 끼어들 수 있었다고 주장했다.³⁸ 로
버트 바넷은 직접 물어본 적은 없지만, 헬렌이 "가톨릭교를 싫
어했고 집안에 가톨릭교도를 들이지 않으려 했다"라고 말했다.
또한 폴리가 "헬렌과 외부 세계 사이의 유일한 소통 창구" 역할

을 자임했다고 주장했다.[39]

1950년대 후반 들어 폴리가 건강이 나빠지면서 한결같이 헬렌의 곁을 지키기 어려워지자 스미스다스와 헬렌은 두 사람을 이어 주려는 새먼의 노력에 힘입어 새로운 유대감을 형성하기 시작했다. 스미스다스는 특히 자신이 청각장애인에 관한 알렉산더 그레이엄 벨의 우생학적 견해가 잘못되었다고 헬렌을 일깨워 준 주역이라고 주장했다. 스미스다스에 따르면 두 사람이 우정을 쌓아 가던 중에 자신이 헬렌에게 그 발명가의 행적을 자세히 알려 주자 헬렌이 벨이 "거짓말을 했다"라고 말했다고 한다.[40] 1960년 무렵이면 스미스다스는 헬렌의 80세 생일 파티에 초대받은 극소수에 속할 정도로 가까운 친구가 된다.[41] 그리고 13개월 후 헬렌은 스미스다스와 새먼을 자신의 장례식에 참석할 명예 운구자(honorary pallbearer) 명단에 올리고,[42] 시청각장애인 공동체를 위한 활동 기금으로 쓰도록 유산의 상당 부분을 새먼 앞으로 남기게 된다.[43]

헬렌이 장애인과 접촉하는 것을 막는 데 폴리가 어떤 역할을 했든 간에 헬렌 본인이 말년에 국내문제나 장애 관련 사안에 나서는 경우가 크게 줄었다는 데는 의심의 여지가 없는데, 이는 나이가 들면서 활동을 자제한 까닭에 그런 것만은 아니었다. 그보다는 대중의 찬사와 자신에게 부여된 상징적인 지위로 인해 자신에 대한 소유권을 주장하는 사람들에게 이리저리 끌려다니는 것이 몹시 불편해졌기 때문으로 보인다. 로버트 바넷은 "모두가 헬렌 켈러를…… 자기들의 과시용으로 끌어다 쓰고 싶어 했다"라고 밝혔는데, 바넷에 따르면 1950년대에 헬렌이 자신이 직접 파악할 수 없는 대의에는 이름을 빌려주지 않겠다며 고등학교에 자신의 이름을 붙이는 경우까지 포함해 어떤 일이든 승인을 얻기 전에 예산과 계획을 보여 달라고 요구했다고 한다.[44] 이 발언으로 미루어 보아 헬렌은 본인이 미처 내용을 파악하기도 전에 주위 사람들이 자신에게 동의받았다고 주장하면서 이름을 끌어다 붙이는 온갖 정치적 대의에 대해서도 동일한 기준을 적용했을 가능성이 있다.

헬렌은 해외여행에서는 수만 명 장애인들과 만났던 반면 생애 마지막 10년 동안 장애 관련 활동을 펼치는 국내 조직의 초청을 거의 모두 거절했다. 일례로 1955년 하버드대학교에서 수여한 명예학위는 기꺼이 수락했지만 1950년대에 미국에서 급증한 시각장애인을 위한 학교 및 단체의 출범식에 참석해 달라는 무수한 요청은 묵살했다.[45]

AFB에서 보내는 시간은 줄어들었지만 헬렌은 여전히 일주일에 한 번 이상 서신이나 업무를 처리하러 코네티컷에서 재단의 맨해튼 본부 사무실로 출퇴근했다. 저녁에는 보통 폴리와 함께 넬라를 만나 하버드클럽(Harvard Club)에서 먹고 마신 다음 브로드웨이에서 루스 고든 아니면 키트 코널, 낸시 해밀턴 커플과 함께 연극을 관람했다. 연극 대사는 옆에서 폴리가 재빨리 손바닥에 써 주었다. 그러는 와중에 버그도프굿먼(Bergdorf

Goodman)이나 벤델(Bendel) 같은 맨해튼의 세련된 백화점에서 값비싼 모자와 옷을 수천 달러어치씩 사들이곤 했다. 폴리는 이 비용을 주로 AFB 경비 계좌로 청구했는데, 로버트 바넷이 이를 대단히 불쾌해했다. 나중에 프랜시스 케스틀러는 이런 사치스러운 행위를 서술하며 헬렌이 "허영심이 심했다"라고 주장했다.[46] 하지만 넬라가 1954년에 쓴 일기를 보면 다르게 해석할 수도 있다. 넬라는 그해 1월 낸시 해밀턴의 다큐멘터리가 개봉된 후 헬렌의 동생 밀드레드가 영화에 등장한 언니의 모습이 아주 멋져 보였다고 말했다는 이야기를 헬렌에게 전했다. 그러자 헬렌은 "장애인은 다 멋져 보였으면 좋겠어요. 사람들에게 외면당하지 않게"라고 답했다.[47] 헬렌이 펼친 활동이나 사고방식은 대단히 진보적이고 미래지향적이었던 반면, 이런 발언을 통해 볼 때 헬렌의 문제적인 태도나 언어가 어느 정도는 본인이 경험한 낙인과 당대의 확고한 신념으로 인해 형성된 것임이 새삼 드러난다.

여행이나 쇼핑, 가까운 지인과 함께하는 각종 만찬에 참석하는 일 외에 이 시기에 헬렌이 가장 즐거워한 활동은 아컨 리지에서 경사진 언덕을 따라 숲으로 오래 산책을 다니거나 향기로운 정원을 가꾸는 것이었다. 제일 좋아하는 꽃인 "장미와 모란에서 홍수처럼 밀려오는 향기"라는 표현을 쓴 적이 있는 헬렌은 한번 정원에 나서면 몇 시간씩 무릎을 꿇은 채 풀을 뽑곤 했다. 앨라배마에서 어린 시절을 보낸 후로, 또 나중에 레드팜에서 여가를 보내면서 헬렌은 야외 활동을 피난처로 여겼고 "자연과의 우정"이 건강을 유지하는 데 가장 중요한 요소라고 했다. 이렇게 산책에 나설 때는 주로 독일셰퍼드 에투(Ettu)와 닥스훈트 팅커(Tinker)가 동행했는데 이 둘은 헬렌이 가장 마지막으로 함께 지낸 개들이었다. 헬렌은 개를 "짖을 줄 아는 형제"라고 표현한 적 있을 정도로 인생에서 가장 소중한 동반자로 여겼지만[48] 안내견을 들인 적은 없었다. 1980년대에 시청각장애인의 필요에 맞춘 개 훈련을 시작한 단체가 등장한 후로 시청각장애인도 안내견을 활용하게 되었지만 이 시기만 해도 시각장애와 청각장애를 모두 지닌 사람에게는 안내견이 실용적이거나 안전하지 못하다는 인식이 여전히 널리 퍼져 있었다.[49] 헬렌은 또한 아컨 리지 내에 새 모이통을 50개 이상 비치해 두고 집안일을 하는 이들에게 항상 씨앗을 채워 두도록 지시했다. 새를 보거나 소리를 듣지는 못해도 발코니에 새들이 날아와 헬렌이 내민 손에 있는 모이를 먹곤 했다. 새를 가까이하기 좋아했던 헬렌을 지켜본 주변인 중 한 명은 헬렌이 "손가락 끝에 하나씩 총 열 개 눈"을 갖고 있다고 말한 적이 있다.[50]

한편, 헬렌은 세계평화회의를 지지한 일로 한바탕 난리가 난 후로 공개적인 논란을 피하며 오래전부터 계획했던 애니의 전기를 3년에 걸쳐 완성해 나갔다. 하지만 1946년 아컨 리지와 헬렌이 소중히 여기던 소장품 대부분이 화재로 소실되면서 집필 계획에 큰 차질이 빚어졌다. 애니의 자료도, 헬렌이 사랑하는 선생님에게 헌정하고자 수년 동안 집필해 거의 완성 단계에 이른 원고도 모두 사라졌다. 화재의 원인은 결국 밝혀지지 않았지만 이 일로 귀중한 자료 중 하나가 역사 속으로 사라지고 말았다. 이듬해 저택을 재건한 후 친구들이 헬렌에게 새 점자 타자기를 선물해 주면서 다시 집필 작업이 시작되었다. 헬렌은 오래전부터 1933년 출간된 넬라의 전기가 "내가 아는 선생님의 모습을 보여 주지" 못했다고 불평하면서 "내 마음에 드는 선생님의 전기를 쓰겠다"라고 다짐했다.[51] 1955년, 마침내 책이 『선생님: 애니 설리번 메이시가 마음으로 길러 낸 아이가 바치는 헌사(Teacher: Anne Sullivan Macy, a Tribute by the Foster Child of her Mind)』라는 제목으로 출간되었다. 헬렌이 애니를 칭송하면서 자기를 삼인칭으로 표기한 어색한 형식을 띠었어도, 전기는 대체로 호평받았다. 《캔자스시티스타(Kansas City Star)》에 서평을 게재한 루스 로빈슨(Ruth Robinson)은 이렇게 썼다. "책을 내려놓으면 한 위대한 영혼, 즉 헬렌 켈러와 앤 설리번의 영혼과 잠시 접촉한 기분이 든다. 두 사람은 사실상 하나였기에."[52]

이 시기에 헬렌은 정치를 향한 열정을 전혀 잃지 않았다. 위스콘신의 상원의원 매카시가 조지 마셜(George Marshall) 국방부 장관을 공산주의자로 몰아가려 한 후로 마침내 아이젠하워가 등을 돌리면서, 매카시의 일조로 지속되어 온 빨갱이 공포 자체는 끝나지 않았다 해도 선동가들이 정치세력으로서 설 자리는 사라지게 되었다. 넬라는 헬렌이 1954년 매카시를 무너뜨린 육군의 매카시 청문회 방송을 지켜보면서 감격스러워했다며 일기에 이렇게 썼다. "매카시 청문회에서 일어난 반전에 화색이 가득."[53]

1955년 여름에는 에밋 틸(Emmett Till) 피살 사건 보도에도 관심을 기울였다. 시카고에 살던 14세 흑인 틸은 미시시피 시골 지역의 가족을 만나러 갔다가 백인 여성을 유혹했다는 의심을 사는 바람에 잔인하게 살해당했다. 탤러해치강(Tallahatchie River)에서 수습된 틸의 시신은 이니셜이 새겨진 반지로만 신원을 확인할 수 있을 정도로 심하게 훼손된 상태였다. 미국 흑인민권운동을 촉발했다고 이야기되곤 하는 이 살인사건 소식에 미 전역이 엄청난 충격에 휩싸였다. 헬렌은《라이프(Life)》를 통해 사건을 처음 접했는데, 이 잡지는 틸의 장례식 사진과 함께 책임자를 기소하지 못한 당국을 비판하는 진심 어린 사설을 실었다. 헬렌의 급진적 성향을 억제하려는 넬라의 오랜 노력이 점차 온 나라를 휩쓸어 가는 반공주의 광풍으로부터 헬렌의 명성을 지키려는 마음에서 비롯했을 수 있다고 해도,《라이프》는 급진적인 출판물과는 거리가 멀었기 때문에 해당 사설을 본 넬라의 반응은 기껏해야 외면하는 수준에 그쳤다. 1955년 10월, 헬렌이 틸 사건으로 인해 행동에 나섰다는 사실을 알게 된 넬라는 폴리에게 편지를 보냈다.

에밋 틸 건은 어제서야 알았어요. 제가 전화를 드릴 테니 같이 이야기해 봐요. 당신과 헬렌이 원한다면야 NAACP에 기부해선 안될 이유가 없지만,《라이프》에 실린 그 과장된 사설에만 이끌려서 그러지는 말았으면 해요. 저는《타임스》를 통해 그 끔찍하고 무서운 사건의 전말을 면밀히 지켜보았어요.《라이프》 사설이 전하는 것처럼 그렇게 간단한 이야기가 아니에요.[54]

언론에서 헬렌이 흑인민권운동단체에 기부했다는 소식을 전하자 AFB 기부자 중 한 명이 헬렌이 "남북전쟁 이후 아무것도 이루어진 게 없다는 듯이" 미국을 분열시키려고 위협하는 "악귀 들린" 단체에 기부했다고 비난하면서 재단에 대한 재정지원을 취소하겠다고 분노에 찬 편지를 보냈다.[55] 레슬리 위어리(Leslie Weary)는 이렇게 썼다. "제가 귀 재단이 N.A.A.C.P.와 절연했다는 공신력 있는 성명을 읽기 전까지는 저에게 보내기 위한 우편료와 편지지를 낭비하지 않는 편이 좋을 것입니다."[56]

그해 일흔다섯 번째 생일을 맞이한 지 일주일 후, 헬렌은 오랜 친구 엘리자베스 걸리 플린에게 생일 축전을 보내 달라는 요청을 받으면서 갑작스레 또 다른 소란에 휘말리게 되었다. 미국공산당 지도자 중 한 명이었던 플린은 1951년에 정부를 "폭력적으로 전복하도록 가르치고 부추긴" 혐의로 체포, 기소되어 스미스법(Smith Act)에 따라 다른 공산주의자 열여섯 명과 함께 유죄판결을 받았다.

헬렌이 플린의 동지 뮤리얼 사이밍턴(Muriel Symington)으로부터 이 요청을 받을 당시 플린은 2년의 연방 징역형을 선고받고 웨스트버지니아에서 복역 중이었다. 1955년 7월, 사이밍턴은 헬렌에게 이렇게 썼다. "지난가을 저의 소중한 친구 엘리자베스 걸리 플린이 활동을 시작하던 때부터 사코·반제티(Sacco and Vanzetti)사건(1920년 이탈리아계 미국인인 니콜라 사코, 바르톨로메오 반제티가 무장 강도 및 살인 혐의로 기소된 후 사형으로 집행된 사건. 무고를 주장하는 증인이 많았음에도 아나키스트라는 이유로 사법살인을 당했다는 여론이 일었다.—옮긴이)의 비극적 결말까지를 아우르는 자서전을 타이핑하는 특권을 저에게 선사한 덕에 당신의 삶과 업적을 대단히 친근하게 느끼게 되었습니다. 온갖 전선에서 유익한 투쟁을 벌였던 그 치열한 세월의 기록에는 당신의 이름을 포함해 미국의 여러 유명 인사의 이름이 수차례 등장합니다. 하지만 플린이 그 누구보다 강한 애정과 존경심을 담아 기록한 사람은 바로 당신입니다."[57]

헬렌은 기꺼이 요청에 응했고 재단 측에서 헬렌의 생일 축전이 공산당 기관지인《데일리워커》에 거창하게 전면 게재되었다는 소식을 접할 때까지 그 일에 관해 별생각이 없었다.

친애하는 엘리자베스 플린에게 사랑을 담아 생일 축하 인사를 보냅니다. 인류를 위해 봉사하는 마음이 당신의 용감한 심장에 힘과 평화를 안겨 주기를 바라며. 애정을 담아, 헬렌 켈러.[58]

며칠 만에 미국 내에서 가장 악명 높은 반공주의 간행물인 《뉴카운터어택(New Counterattack)》에서 헬렌의 축전을 전재하면서 독자들이 헬렌에게 의분의 편지를 보내도록 독려했다. "헬렌 켈러라는 이름은 수백만 미국인에게 용기와 역경을 이겨 내는 승리, 희망을 의미하기에 이르렀습니다. 그 이름이 공산당 선전에 사용되면서, 때마침 공산당에게도 특별한 의미를 지니게 되었습니다."[59]

이쯤 되면 재단에서는 헬렌의 공산주의 동조 의혹 위기에 놀라지 않고 주기적으로 찾아오는 이런 논란을 잠재우는 일을 마치 두더지잡기게임처럼 여겼을지도 모른다. AFB는 격분한 후원자와 "애국자"들이 조치를 취해 달라며 보낸 분노의 편지가 수십 통씩 쏟아질 때 어떻게 대처할지를 알고 있었다. 로버트 바넷이 요청한 것인지 헬렌의 오랜 측근으로서 스스로 위기관리에 나선 것인지는 불확실하지만, 넬라는 곧 자기가 생각하기에 헬렌을 설득할 만한 유일한 사람에게 급히 편지를 보냈다. 폴리에게 쓴 그 편지로 미루어 볼 때 헬렌이 사과하기를 거부하고 있었을 가능성이 높으며, 정치적 위험을 잠재우기 위해 넬라는 다시 한번 감정적 조종을 시도한다.

헬렌을 아끼는 사람치고 이번 사태를 심각하게 염려하지 않는 이가 없는데 정작 헬렌 본인은 무심하게 보고 있다면 문제가 있어요. 오랜 세월 헬렌은 온 세상이 알 정도로 시각장애인, 청각장애인, 시청각장애인, 기타 장애인 단체를 위해 기꺼이 열정적으로 일해 온 인물이고, 헬렌이 하는 모든 활동에 그들의 존재가 반영돼요.[60]

넬라는 헬렌의 지위를 "왕족"에 비교하며 그와 마찬가지의 책임이 따른다고 주장했다. 그러니 그렇게 "충동적이고 경솔한 발언"을 해서는 안 된다는 것이다. 넬라는 그 발언을 "온 세계" 공산주의자들이 선전 목적으로 활용할 것이 틀림없다고 믿었다. 넬라는 폴리에게 이렇게 말했다. "두 사람 다 다음에 어떤 목적으로든 여행을 계획할 때 여권에 문제가 생길 수 있어요. 헬렌의 영화와 책에도 영향이 미칠 수 있지만, 더 중요한 문제는 전세계의 시각장애인들이 가장 크게 고통받을 거라는 사실이에요."[61]

넬라의 편지가 계기가 되었는지는 몰라도 헬렌은 3년 전 스탈린주의 조직인 세계평화회의 행사를 지지했을 때보다는 상황의 심각성을 잘 파악하는 듯했다. 즉시 《뉴카운터어택》의 독려에 응했던 수십 명에게 헬렌의 이름이 담긴 공식 서한이 발송되었다. 헬렌은 수십 년 전 "공정한 생활 조건을 위해 투쟁하는 광부와 노동조합을 지지하는 사람들 사이에서" 엘리자베스 플린을 처음 만났다고 주장하며 "진작에 알았어야 했는데, 저는 공산주의자들과 만나는 이런 경험을 통해 우리가 항상 얼마나 애써 경계하고 조심해야 하는지를 깨달았습니다"라고 썼다. 플린은 "노동문제와 파업, 그리고 이런 문제에 얽혀 있는 복잡한 역사를 이해"하려 노력하던 중에 "괴로운 문제들"을 놓고 함께 토론하던 수많은 인물 중 한 명이었다고 설명했다. 하지만 그 후로 플린의 아들이 죽었을 때 애도의 메시지를 보낸 것을 제외하면 연락이나 서신을 주고받은 적이 전혀 없다고 주장했다. 그러고는 이렇게 편지를 마무리했다. "1924년에 AFB에 합류한 후로는 어둠 속의 망명자들을 위해 일하느라 다른 활동에 참여할 겨를이 없었습니다."[62]

이는 사기에 가까운 부정직한 답변이었다. 걸리 플린은 헬렌이 편지에 서술한 것처럼 단순한 지인이 아니었다. 사실은 1917년에 플린과 여러 동지가 폭동 교사 혐의로 기소되자 헬렌이 윌슨 대통령에게 개인적으로 탄원서를 보냈을 정도로 IWW에서 가까운 동지였다. 1920년에는 ACLU 창립회원으로 이사회에서 함께 활동했고, 그 후로 자주 연락을 주고받았다는 증거가 거의 없지만 같은 모임에 참석하는 경우도 잦았다. 하지만, 생일 축전이야 별 뜻 없이 보냈다 쳐도 헬렌은 플린이 공산당과 계속 관련을 맺고 있으며 "미국 정부 전복"을 계획한 혐의로 수감된 사실을 아주 잘 알고 있었다. 그래도 오랜 친구에게 보낸 사적인 축전이 공개되리라고는 상상도 못 했을 것이다.

1950년대 내내 공산주의에 관한 정치적 입장이 오락가락했던 사실은 헬렌의 진화하는 신념을 평가하려는 역사가와 전기작가에게 큰 혼란을 안겨 주었다. 시각장애인 공동체를 지원하는 헬렌의 활동을 보호하기 위해서라고 하지만, 이러한 신념을 폄하하는 행위를 거듭 묵인한 것 또한 답을 찾기 어려운 의문을 제기한다. 만약 헬렌이 자신의 신념을 굳게 지키면서 유명세와 영향력을 활용해 자신이 중시하는 사회문제와 장애인 정책에 대한 무수한 추종자의 생각과 마음을 바꿔 보려 했다면 어떤 성과를 얻을 수 있었을까? 사회당의 투쟁에 공개적으로 참여했던 1912년에서 1924년 사이, 그리고 급진 정치에 재등장했던 1940년대를 제외하면 헬렌의 글과 연설은 대체로 본인도 오랫동안 의식적으로 일조해 온 이미지 형성에 기여하는 "영감 어린" 상투적 표현에 치우쳐 있었다. 헬렌의 "철학과 신념"을 보여 주는 글을 엮어 1957년 출간한 열두 번째이자 마지막 책인 『열린 문(The Open Door)』에서 헬렌은 이렇게 썼다. "우주의 무한한 경이는 정확히 우리가 받아들일 수 있는 만큼 우리 앞에 모습을 드러낸다."[63] 더블데이사에서 오래 일한 편집장 켄 매코믹(Ken McCormick)은 『중류 지점』과 『내 인생의 이야기』를 제외하면 "헬렌이 책에서 할 이야기가 그리 많지 않았다"라고 말했다.[64]

이유가 무엇이든 간에 헬렌은 오래전부터 자기의 생각을 입 밖으로 꺼내서 얻을 것이 별로 없고 외려 장애 운동에 방해가 될 수도 있다고 판단한 듯했다. 우연의 일치인지 헬렌이 이러한 태도를 보이기 시작한 것은 AFB에서 일할 생각을 처음 하던 시기로 보인다. 1924년 AFB에 입사하기 불과 몇 주 전에 헬렌은 좌파 상원의원 로버트 라폴레트에게 편지를 보내 그가 그해에 진보당 대통령 후보로 지명되었다는 소식에 "진심으로 기뻤"는데도 연락하지 않은 이유를 해명했다. 헬렌은 언론이 빈곤 철폐 및 자본주의와 실명의 관련성에 대한 자신의 신념은 무시하고 "부유한 이들의 길을 닦아 주는" "피상적인" 자선 활동에 관해 이야기하기를 더 기대할 것이 틀림없기 때문에 선거캠프에서 일하지 않기로 했다는 뜻을 비쳤다. 헬렌이 의원에게 밝힌 그런 태도가 "저의 주요한 관심사에 관해 침묵하는" 이유였다.[65] 이따금 침묵을 깬 적이 있기는 해도, 시간이 흐르면서 헬렌은 자신의 유명세를 "연민을 채워 주고" 시각장애인 공동체를 위한 "사업을 이루어 내는 통로"로 활용하는 편이 낫다고 판단한 것으로 미루어 볼 수 있다. 이를 위해 헬렌은 기꺼이 대중이 듣고 싶어 할 만한 것을 내어 주는 한편 이따금 경계를 늦추어 여전히 주요한 관심사로 남은 문제를 살펴볼 틈을 마련했다. 이 10년 동안 좌파와의 관계로 인해 주기적으로 일었던 정치적 논란이 의도된 것이었는지는 가늠하기 어렵다. 아니면 사실은 편의상 입을 다물어야 하는 상황에서 헬렌이 느낀 좌절감이 드러난 것일까?

⠁⠋⠞⠑⠗ ⠞⠓⠑ ⠍⠊⠗⠁⠉⠇⠑

걸리 플린에게 보낸 축전에 대한 반발은 헬렌을 공개적인 논란에 휘말리게 한 마지막 사건이었지만 헬렌의 정치적 확신은 그래도 흔들리지 않았다. 넬라가 1956년 12월에 남긴 일기에는 그 무렵 재선에 성공한 아이젠하워와 닉슨(Richard Nixon)에 대한 헬렌의 견해가 담겨 있다. "헬렌은 전성기의 매카시에게 그랬던 것처럼 닉슨에게 분개하고 있다. 헬렌에게는 누적된 분노를 표출할 대상이 필요한데 그것이 한 사람에게 집중되는 것도 좋을 것 같다는 생각이 든다. 쌓인 게 너무 많아서 그런다고 다 털어지지도 않겠지만. 아이젠하워에 대해서는 닉슨에 비해 조금 덜 싫어하는 정도이지만 헬렌은 그 사실을 섣불리 겉으로 드러내지 않을 뿐이다."[66]

만약 킴 닐슨이 추정한 대로 헬렌이 1950년대에 "냉전기의 자유주의자"로 변모했다고 해도 이 시기에 AFB 교육국에서 일했던 마블 돕스(Marvel Dobbs)는 그렇게 느끼지 못했다. 헬렌과 긴밀히 협력할 때가 많았던 돕스는 이후 함께 일하면서 헬렌을 "사회주의자 자매님"이라 불렀다. 1977년에 돕스는 이렇게 회고했다. "헬렌은 끝까지 사회주의 원칙에 충실했어요. 저는 그랬다고 확신합니다."[67] 헬렌의 가까운 친구였던 문학평론가 밴 위크 브룩스도 헬렌이 일생 "사회주의적 관점"에 대한 확신을 지녔다고 주장했다.[68]

걸리 플린 역풍 이후 공개적인 논란을 피하고자 꾸준히 애쓰긴 했어도 헬렌의 정치적 신념이 여전히 밝게 불타고 있었다고 볼 증거가 제법 남아 있다. 미국재외시각장애인재단 현장관리자였던 에릭 볼터는 1957년에 자신이 보는 앞에서 헬렌과 AFB 이사 조지 피치(George Fitch)가 1949년 공산 중국(중화인민공화국) 건국 후 외딴섬으로 분리되어 악명 높은 우익 독재자 장제스(蔣介石) 통치하에 있던 대만에 관해 나눈 대화를 떠올렸다. 볼터는 이렇게 회고했다. "피치는 장제스가 기독교인이고 기독교인의 자유로운 활동을 허용한다는 이유로 모두가 그를 지지해야 한다고 주장했어요. 저는 헬렌이 그렇게 화가 난 모습을 처음 보았어요. 거의 무례할 지경으로 장제스와 [대만] 비밀경찰에 관해 자신이 아는 모든 것을 열거하고는, 장제스가 스스로 기독교인이라고 주장한다고 해서 이 모든 일을 눈감아 주어야 한다고 생각해요?라고 묻더군요."[69]

이제는 소련에 대한 의견을 혼자만 간직할 정도로 요령이 생겼는데도 불구하고 1953년 스탈린이 사망하자 그 나라를 향한 헬렌의 애정이 재점화한 듯하다. 사실 이전에 애정이 식은 적이 있었는지도 불확실하지만 말이다. 그래서 헬렌은 한 번도 배운 적 없는 외국어인 러시아어를 배우기로 했고, 마침내 오랫동안 글을 통해 이상향으로 그려 왔던 그 나라를 방문하기로 했다. 독재자가 사망하면서 냉전이 일시적으로 풀리고 "탈스탈린화"가 진행되던 중에 헬렌과 폴리는 1957년 봄으로 러시아 여행 시기를 정해 두었다. 미 국무부가 세부 일정까지 승인했지만 1956년 11월에 소련이 헝가리를 침공하고 헝가리의거를 잔혹하게 진압하면서 계획이 중단되었다. 1956년 말에 넬라는 일기에 헬렌이 계획했던 러시아 여행을 언급하며 "처음에는 열렬히 반기던 국무부가 이제는 안 된다고 한다"라고 기록했다.[70]

수년 전 남아공을 방문한 후로 헬렌은 인종별로 나누어 진행하는 행사에 참석한 일을 결코 잊지 않았고 거기에 참여한 자신을 용서하지도 않았다. 특히 1951년 여행 중에 진보적인 남아공 교사 노조를 대표하는 백인 교사가 보낸 편지 내용에 특히 분노했다. P. F. 반 메카르(P. F. van Mekarh)는 이렇게 썼다. "저희는 행사에서 당신과 직접 만나기를 몹시 고대해 왔습니다. 당국이 무례하게 조정한 계획으로 인해 심려를 끼치게 되어 유감입니다. 백인 청중부터 만나고 그다음에 비백인과 만나는 것으로 정해졌습니다. 당신과 상의해 결정한 것은 아닌 듯하지만 저희는 인종차별이 명백히 드러난 상황에서 그런 행사를 지지할 수 없음을 유감스럽게 생각합니다."[71] 헬렌의 답장에는 당시 느낀 감정의 깊이가 고스란히 담겼다. 헬렌은 미국으로 돌아간 후 반 메카르에게 이렇게 썼다. "교사연맹(Teachers' League)의 입장이 담긴 당신의 편지를 받고 분노와 슬픔에 잠겼습니다. 저는 인간의 존엄을 구분하거나 낮추는 모든 관행에 본능적으로 반대합니다. 동시에, 당국이 청중에 관해 저의 의견을 구하지 않았으리라 판단할 정도로 교사연맹 측에서 저를 믿어 주신 데에 깊이 감동했습니다."[72]

헬렌이 다녀간 지 5년 후에 아파르트헤이트 정권이 넬슨 만델라와 아프리카민족회의(African National Congress) 집행부 전원을 포함해 활동가 156인을 체포하면서 남아공의 상황이 최악으로 치달았다. 이는 흑인 및 백인 반체제 세력의 숫자가 늘어나면서 아파르트헤이트 체제에 대한 반대가 점차 격화되던 차에 벌어진 사태였다.[73] 몇 년 후에는 아파르트헤이트에 반대하는 국제적 운동이 자유주의자들의 주요 관심사가 되지만 1956년만 해도 공산주의와 직간접적으로 연결된 급진적 운동으로 여겨지는 경우가 많았다. 실제로 만델라를 포함한 여러 활동가가 반공법에 따른 반역죄로 기소되었다. 유죄판결은 곧 사형을 의미할 수 있었다.

재판이 최고조에 달한 1959년, 헬렌은 조지 M. 하우저라는 사람으로부터 한 가지 요청을 받았다. 뉴욕에 본부를 둔 남아공변호기금(South Africa Defense Fund) 사무국장인 하우저는 2년 전에 남아공 소식지《반역재판공보(Treason Trial Bulletin)》에 헬렌의 발언이 실린 것을 보았다고 했다. 1957년에 반체제인사들이 체포당했다는 사실을 처음 접한 헬렌이 내놓은 선언문이었다. "자유를 사랑하고 법을 준수하는 남성과 여성 여러분, 자신의 발전과 교육을 누릴 권리를 거부당한 사람들을 옹호하기 위해 전 세계적으로 연대하고, 모든 나라에서 인종차별과 억압의 해악을 걷어 낼 때까지 절대로 멈추지 맙시다."[74]

이제 하우저는 변호기금 측에서 변호 비용 모금을 위해 미국에서 발간할 소식지에 그 문장을 인용하고자 허락을 구하고 있었다. 1년 앞서 남아공에서 공개된 만델라와 다른 피고인들을 위한 헬렌의 지지 선언은 당시에는 미국에서 이목을 끌지 않았다. 10년 동안 헬렌을 따라다녔던 냉전 논쟁을 감안하면 또 다시 공산주의 관련 대의에 관여했다가 자신의 명성이나 활동에 오점을 남길까 염려하는 실용주의적 차원에서 요청에 응하기를 주저하거나 거절하려 했을지 모른다고 생각할 수도 있다. 그런데 헬렌은 주저 없이 자신의 이름을 변호를 지원하는 데에 쓰도록 빌려주었다. 헬렌은 하우저에게 이렇게 썼다. "제 심정은 변함이 없으며 그 발언을 인용하는 데에 전적으로 동의합니다. 반역 재판 변호기금이 넉넉히 채워지기를 진심으로 기원합니다. 모든 정부가 인간이 자신의 유용성과 존엄에 따라 살아갈 권리를 옹호하기 전까지는 문명이 진정으로 안전할 수 없습니다."[75]

1950년대가 시작될 무렵에는 급진적인 정치적 신념을 실용적 차원에서 부인했다면, 그 10년이 저물 무렵에는 정치적 편의보다 사회정의를 앞세우는 선동가의 모습이 되살아났다. 그사이 매카시즘의 위력이 다소 약해지기는 했어도 냉전은 여전히 생생하게 진행되는 중이었고, 얼마 지나지 않아 두 초강대국의 지독한 대치 속에서 전 세계가 핵전쟁의 위기에 직면하기에 이른다. 헬렌이 논쟁적인 정치 지형에 뛰어들고자 하는 의지를 새로이 드러낸 것을 변화하는 정치 환경으로 설명하기 어렵다면, 더 간단히 설명할 방법이 있을 수도 있다. 수십 년에 걸쳐 그러한 신념에 효과적으로 제동을 걸어 온 여성이 더 이상 존재하지 않게 된 것이다.

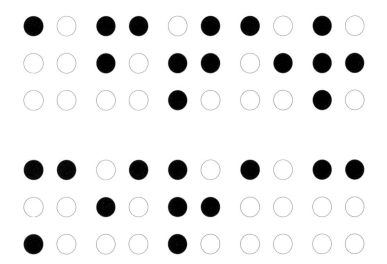

part

VI

새로 쓰는 역사

〈미라클 워커〉

    헬렌의 생애를 살펴보는 마지막 파트에서는 20년 전 선생님이 세상을 떠나면서 생긴 거대한 공백을 메우기 위해 움직였던 여러 인물과 파벌의 영향력을 살펴본다.

    넬라 헤니의 세계를 뒤흔들어 놓은 사건의 근원은 윌리엄 깁슨(William Gibson)이라는 무명의 청년 작가가 자신이 한동안 진행해 온 작업을 가지고 넬라에게 접근하면서 성사된 별 뜻 없는 만남으로 거슬러 올라간다. 이 만남이 곧 자신이 일구어 온 가장 중요한 관계에 비극적인 종말을 예고할 것이며, 이로써 헬렌의 이미지를 영구적으로 재정립시킬 사건의 씨앗이 뿌려지리라는 사실은 거의 알지 못했다.

    깁슨의 아내 마거릿 브렌먼 깁슨(Margaret Brenman-Gibson)

은 매사추세츠주 오스틴릭스(Austen Riggs)정신병원의 이름난 정신분석 전문의였다. 마거릿이 환자를 치료할 동안 깁슨은 병원의 환자들이 출연하는 아마추어 연극을 무대에 올리면서 연극 기법을 익히며 시간을 보냈다. 마거릿은 나중에 깁슨을 "집안의 돈 못 버는 시인"이라고 불렀다.[01]

오랫동안 좌파 문학계와 정치계에 발을 붙여 온 깁슨 부부는 마거릿이 "문화적 영웅"이라 칭한 극작가 클리퍼드 오데츠(Clifford Odets)를 통해 처음 그 분야를 동경하게 되었다.[02] 오데츠는 미국공산당에 입당한 지 얼마 지나지 않은 1936년에 첫 연극 〈레프티를 기다리며(Waiting for Lefty)〉로 문학의 판테온에 등극한다. 결국 할리우드에서 명성을 얻은 오데츠는 1952년 하원 비미활동위원회에 "우호적 증인"으로 출석해 이름을 댄 덕에 블랙리스트를 피한다.[03] 헬렌에 관한 글을 쓰기로 결심했을 때 깁슨은 헬렌이 급진 정치와 오랫동안 인연을 맺어 온 사실을 알고 있었을 테지만 냉전이 한창인 시기였던 만큼 그렇게 논쟁적인 주제는 자신이 마음에 둔 작업에 맞지 않는다고 여겼을 수 있다. 자신의 집필 노력을 헬렌의 어린 시절에 국한하는 편이 안전하리라는 사실을 깁슨은 분명 알고 있었다.

깁슨과 넬라의 관계를 둘러싸고 벌어진 사건은 대부분 넬라의 일기에서 발췌하여 개략적으로 서술한다. 1956년 12월의 일기 중에 넬라가 더블데이사의 편집장 켄 매코믹의 주선으로 깁슨과 처음 만난 일이 기술되어 있다.[04]

전화기 너머로 들리는 [깁슨의] 맥없는 목소리와 그를 "[문학
에] 몰두하는 조그만 남자"라고 소개한 켄의 말 때문에 나는 완
전히 잘못된 인상을 품고 있었다. 깁슨은 젊고 활기차며 꽤 잘생
긴 데다 짙은 눈썹과 지적인 눈매를 지녔고 음악과 시, 사람을 좋
아하고 높은 이상을 품은 세심한 사람만이 할 법한 방식으로 몰
두하는 사람이었다. 깁슨이 거의 처음으로 한 말은 이랬다. "제가
애니 설리번에게 푹 빠진 게 눈에 보이시죠."[05]

이 극작가 지망생은 넬라에게 중학교 시절 『내 인생의 이야
기』를 처음 읽었지만 〈미라클 워커〉라는 제목으로 현재 진행 중
인 작업에 착수한 것은 스톡브리지에서 어느 여성으로부터 헬렌
켈러에 관한 "춤"을 무대에 올리고 싶다는 말을 듣고부터였다고
말했다. 그 여성에게 대본을 써 주기로 하고는 애니가 1887년 앨
라배마에 도착한 후 마이클 아나그노스에게 보낸 편지를 읽는
데 몰두했다. 결국 춤을 무대에 올리지는 못했지만 애니는 "계
속 마음에 남아 있었다". 깁슨은 1933년에 넬라가 발표한 전기
『앤 설리번 메이시』를 읽고 나서 이 작업을 시작했는데, 그런 자
료를 사용하는 것이 "무례한" 짓임을 알았고 특히 선생님의 대
사로 쓴 내용이 헬렌의 마음에 들지 않을까 봐 걱정되었다고 말
했다. 넬라를 찾은 것은 1956년에 이미 CBS 방송국의 '티비 스펙
터큘러(TV Spectacular)'에 대본이 채택된 후였다.[06]

〈미라클 워커〉 작업을 인지할 당시 헬렌은 연예계를 통해 끝

없는 재정적 불안정을 벗어날 수 있다는 믿음을 내려놓은 지 오래였다. 제1차세계대전 후 기획한 영화 〈딜리버런스〉는 실패작이 되고 말았고 제작자들이 약속한 부를 창출하지도 못했다. 비슷하게, 오스카상을 수상한 낸시 해밀턴의 1954년작 다큐멘터리는 호평을 받았는데도 불구하고 역시 이렇다 할 수익을 내지 못했다. 그러니 넬라가 깁슨의 작업에 관해 처음 알려 주었을 때 헬렌이 별 관심을 보이지 않은 것은 놀라운 일이 아니다.

1957년 2월 CBS '플레이하우스90'에서 방영된 〈미라클 워커〉는 두 차례 오스카상 후보에 오른 배우 테레사 라이트(Teresa Wright)가 애니 역을, 벌 아이브스(Burl Ives)가 켈러 대위 역을 맡은 한편 헬렌 역은 14세의 신인배우 패티 매코맥(Patty McCormack)이 맡는 등 화려한 출연진 덕을 크게 보며 대성공을 거두었다. 방영을 앞두고 CBS 측에서는 보도 자료를 통해 〈미라클 워커〉에서 헬렌 켈러가 "영아기에 시청각 질환을 앓은 탓에 작은 동물처럼 자랄 수밖에 없었던 고집쟁이 소녀"로 그려질 것이라고 밝혔다.[07]

원작 대본은 다소 투박했지만 나중에 영화화되면서는 익숙한 공식을 따라갔다. 이후 제작된 영화는 사람들에게 깊이 남은 헬렌의 인상이 형성되는 데에 어쩌면 『내 인생의 이야기』보다도 더 큰 역할을 했을 것이다. 이야기는 헬렌이 여섯 살 때 애니가 터스컴비아에 도착한 후의 짧은 기간을 중심으로 진행되다가 펌프장에서의 "기적"으로 마무리되었다. 대본의 수준에 즉시 매료된 넬라는 이렇게 썼다. "대단히 기대되었다. 문학적 가치와 극적인 힘을 갖춘 작품이 마침내 탄생했다고 생각했다."[08]

텔레비전 방영작에 거의 모든 평론가가 호평을 보냈지만 그 열정을 모두가 공유하지는 않았다는 사실이 곧 분명해졌다. 켄 매코믹에게 보낸 편지에서 넬라는 헬렌의 동반자가 처음부터 깁슨의 대본을 미심쩍어했다고 말했다. 넬라는 이렇게 썼다. "폴리는 〈미라클 워커〉를 좋아하지 않았어요. 일단은 선생님의 초창기 생활을 다루는 것을 불편해했고 선생님 입에서 나오는 몇 가지 대사에 창피해하기도 했어요."[09] 애니가 마이클 아나그노스에게 "음, 뭐라고 해야 할지, 저는 뭣도 모르는 고집쟁이인데, 이 모든 게 당신 덕분이죠"라고 말하는 대목처럼 일부 대사는 실제로 창피해할 만했다.[10] 하지만 넬라는 이렇게 과한 변형을 예술적 허용으로 정당화하는 듯했다. 넬라는 매코믹에게 이렇게 썼다. "저도 의아한 부분이 좀 있었지만 앨라배마에 처음 갔을 때의 선생님은 덜 다듬어진 상태였고, 정석에서 벗어난 깁슨 씨의 표현은 극적인 강조를 위해 정당화된다고 생각했어요."[11]

집안 식구 중에 의구심을 품은 이는 폴리만이 아니었다. 텔레비전 영화가 방영되기 전에 어느 평론가가 매코믹에게 곧 방영될 작품을 헬렌은 어떻게 생각하느냐고 물었다. 매코믹은 헬렌이 읽을 수 있도록 대본을 점자로 옮겨 두었다고 밝혔다. "켈러 씨는 그다지 열광하지 않았지만 헤니 씨가 아주 좋아했고, 켈러 씨는 자신에 관한 부분은 그 정도면 충분하다고 보았어요."[12]

방영 당일 밤, 넬라는 일기에 자신이 얼마나 불안해했는지 써 두었다. "다 내 책임이었다. 헬렌과 폴리의 반대를 무릅쓰고 강행했는데 형편없는 작품이 되었다면 낸시에게도 말했듯이 다른 사람들은 가능한 한 좋게 봐준다 해도 나는 나 자신을 용서할 수 없었을 것이다."[13]

텔레비전 특집으로 대단한 성공을 거둔 윌리엄 깁슨은 한 변호사와 밝고 사랑스러운 여성의 격정적인 불륜을 다룬 희극 〈시소 위의 두 사람(Two for the Seesaw)〉 대본을 브로드웨이에 팔면서 평생의 꿈을 실현한다. 헨리 폰다(Henry Fonda)와 당시에는 무명 배우였던 앤 밴크로프트가 주연을 맡은 이 연극은 대단한 인기를 끌며 2년 넘게 상연되었고 나중에는 인기 있는 할리우드 영화로 각색되었다. 〈시소 위의 두 사람〉의 성공으로 깁슨은 연극계의 찬사를 받았고 밴크로프트 역시 토니상 여우주연상을 손에 넣으며 하룻밤 사이에 스타가 되었다.

한편, 깁슨은 텔레비전 특집이 엄청난 성공을 거두며 이득을 본 게 틀림없지만 헬렌이 이 작품을 통해 얻은 것이라고는 자신의 이름으로 AFB 시청각장애인기금에 기탁한 500달러밖에 없었다. 이 시점에 헬렌은 〈미라클 워커〉가 자신의 삶을 다루었다가 곧 잊힐 공연물 한 편에 불과하다고 여겨 제작에 더욱 무심한 태도를 취했을 것이다. 넬라는 헬렌에게 깁슨의 작업 소식을 계속 전하면서 작품의 금전적 예술적 가능성을 직접 판단할 기회를 놓치지 않는 듯했다. 1958년 8월, 넬라는 헬렌에게 흥미로운 새 소식을 써 보냈다. "얼마 전에 깁슨에게서 전화가 왔어요. 〈시소 위의 두 사람〉이 엄청난 성공을 거두고 있어, 그 수익의 상당 부분을 〈미라클 워커〉 상연에 쏟아붓겠다고 하더군요. …… 이제 헬렌의 저작권이 만료되어 원하는 사람은 누구든 글이나 연극으로 다룰 수 있을 텐데 깁슨이 그 역할을 맡아 주는 게 우리에게는 정말 행운인 것 같아요."[14]

넬라가 이 대목에서 『내 인생의 이야기』의 저작권이 만료되었음을 강조하면서 헬렌의 삶을 극화하는 데 대해 당사자가 법적으로 보상받을 권리가 없음을 시사한 데에 특히 주목할 만하다. 이 말인즉, 텔레비전 방영 원작을 통해 받은 돈은 법적 의무가 아닌 "선의"에서 나온 것이라는 의미였다. 넬라가 헬렌에게 깁슨의 텔레비전 영화 원작 대본이 아직 저작권이 남아 있는 애니에 대한 자신의 전기에도 바탕을 둘 거라는 사실을 이전에 알렸는지는 확실치 않지만, 기록으로 볼 때 넬라가 텔레비전 방영작으로 받은 것은 아무것도 없었다. 실제로 1957년 3월에 넬라는 폴리에게 누구든 깁슨더러 자기에게 저작권료를 지불하라는 뜻을 비친다면 "대단히 불쾌할" 것이라고 써 보냈다.[15] 헬렌도 몇 푼 안 되는 돈을 받은 판에 자신이 그 작품으로 이익을 얻는 것처럼 비치기를 원치 않은 듯하다.

1923년 헬렌의 회고록 개정 작업을 돕기 위해 함께 일하기 시작한 후로 두 사람 사이에는 뚜렷한 유대 관계가 형성되었는데,

이는 넬라가 헬렌의 신뢰를 얻은 덕분일 것이다. 애니가 세상을 떠난 후 넬라는 헬렌이 가장 신뢰하는 동료이자 친구 중 하나로 부상한다. 그렇다 해도 오랫동안 서로의 인생에서 중요한 역할을 해 온 두 사람의 관계가 그렇게 평탄치는 않았다고 볼 근거가 많다.

저서 『앤 설리번 메이시』를 제외하면 넬라의 출판 경력은 대부분 시원찮았다. 이유는 모르지만 넬라는 1938년 더블데이사를 조용히 떠나 헬렌의 편집자에서 "문학자문"으로 자리를 옮겼고 때로는 대리인 역할도 했다. 그 후 수십 년 동안 넬라는 이 유명한 의뢰인과의 관계 덕에 유명 배우 키트 코넬을 비롯해 헬렌과 인연이 있는 수많은 저명인사와 하버드클럽에서 점심을 먹는 등 식사 자리에 자주 모습을 드러냈다. 이런 인맥이 넬라에게 명성을 안겨 주었다. 더블데이사에서 함께 일했고 나중에는 헬렌의 여러 저서의 책임편집을 맡은 켄 매코믹은 이렇게 회고한다. "넬라는 포근한 사람은 아니었어요. 뉴잉글랜드 쪽 사람이었죠. '작업복을 입었고 드릴을 쓸 줄 알았어요'라고 설명할 수 있을 정도로요."[16] 넬라가 과학자 키스 헤니(Keith Henney)와 결혼한 사실을 언급하면서 매코믹은 비꼬는 듯이 "키스가 브레인이었죠"라고 말했다.[17]

두 사람이 친구로 지내면서 주고받은 방대한 서신과 넬라가 쓴 일기의 내용을 살펴보면 넬라가 헬렌의 뛰어난 자질을 인정하지 못하는 장애인 차별적 태도를 완전히 떨치지 못했음을 시사하는 패턴이 나타난다. 존 메이시가 그랬듯이 사실 넬라도 헬렌이 애니보다는 못하다고 생각한 듯하다. 도로시 허먼은 이렇게 썼다. "애니 설리번의 전기작가로서 넬라는 두 여성 중에서 자신이 다루는 인물이 더 재능 있고 똑똑하다고 여긴 게 분명했고 헬렌은 감상적이고 유순한 성격에다 급진적이거나 잘 알려지지 않은 대의를 추구하는 편이라며 낮추어 보고는 했다."[18]

한편, 헬렌의 보호자 역할을 자처하던 넬라에게 심각한 도전이 닥친다. 1957년에 폴리가 뇌졸중으로 쓰러지면서 헬렌의 동반자로서 폴리가 수십 년 동안 정기적으로 처리해 온 수많은 업무에 AFB 측이 더 적극적인 관심을 기울이게 된다. 그 업무는 대부분 아컨 리지의 유지관리와 가사 비용 처리였다. 1940년대 후반에 헬렌이 급진적인 활동에 참여하면서 AFB에 원치 않은 관심이 집중된 후로 거리를 두던 중이었음에도 재단 측은 계속해서 헬렌의 개인적 재정적 이해관계에 관여했다. 헬렌의 이름으로 재단의 명칭을 바꾸려던 계획은 폐기된 지 오래였고, 상임이사 로버트 바넷이 넬라에게 헬렌이 "사임"하기를 바란다고 말한 것이 불과 몇 년 전이었다. 1951년 헬렌이 남아공에서 돌아온 직후 제임스 애덤스(James Adams)라는 사람이 헬렌의 재정과 가사 관리를 담당하는 헬렌 켈러 신탁관리단의 빈자리에 임명되었다.[19] 피고용인이 재정 후견인 역할을 맡는 이런 가부장적인 관계가 어떻게 생겨났는지는 밝혀진 바가 없지만 이 방식에 대해 헬렌이 어떤 불만을 표출했다는 기록은 없다.

홋날 로버트 바넷이 밝힌 일화에서 드러나듯이, 뉴욕의 유명 법률사무소 지분변호사(partner)인 애덤스는 수년 동안 신탁관리단에서 헬렌의 이익을 지지하는 입장에 선 몇 안 되는 인물 중 한 명이었다. 관리인으로 지명받은 후 애덤스는 바넷에게 이렇게 말했다. "보세요, 바넷, AFB는 오랫동안 헬렌을 착취하고 괴롭혀 왔어요. 이건 비극적인 일이니 당신이 뭐라도 해야 해요." 바넷이 내놓은 솔직한 답변은 충격적이었다. "저는 헬렌 본인의 동의를 받아 헬렌을 착취할 작정입니다."[20]

문제의 징후가 처음 드러난 것은 〈시소 위의 두 사람〉이 여전히 엄청난 관객을 끌어모으며 상연 2년 차에 접어든 1959년 봄, 배우 앤 밴크로프트가 잭 파(Jack Paar)가 진행하는 〈투나이트 쇼〉에 출연했을 때였다. 조만간 다른 작품 계획이 있느냐는 물음에 밴크로프트가 가을에 헬렌 켈러와 애니 설리번에 관한 〈미라클 워커〉라는 브로드웨이 신작에 출연할 예정이라며 〈시소 위의 두 사람〉보다 더 큰 인기를 끌 만한 작품이라고 했다. 넬라에 따르면 〈미라클 워커〉를 브로드웨이에 올리려는 계획에 관해 전혀 모르고 있었던 듯한 제임스 애덤스가 처음으로 관심을 기울이게 된 것은 밴크로프트가 내놓은 재정적 성공 예측 때문이었다. 넬라는 일기에 이렇게 썼다. "애덤스는 자신이 아는 것이 거의 없다는 사실을 깨닫고 득달같이 달려와서는 자기는 아무것도 모른다며 불같이 화를 냈다."[21] 애덤스는 헬렌의 신탁관리인인 자신이 협상 사실을 몇 달 앞서 알았어야 한다고 생각하면서 넬라가 고의로 자신과 재단 측에 소식을 숨겼다고 의심하는 듯했다.

얼마 후 애덤스는 넬라에게 편지를 보내 신탁관리단에서 넬라가 〈미라클 워커〉 브로드웨이 공연에 관한 계약을 맺었다는 사실을 막 알게 되었다고 전했다. 계약서가 있으면 사본을 10년 전 헬렌이 내어 준 위임장과 함께 보내라고 했다.[22] 애덤스는 폴리가 더 이상 헬렌에게 제출되는 제안서를 검토할 수 없는 상태인 만큼 신탁관리단이 "앞으로 헬렌 켈러를 대신해 중요한 사안을 검토하고 조언할 의무가 있다고 본다"라고 설명했다.[23] 넬라는 이 요청을 앞으로 불길한 일이 닥칠 징조로 본 듯했다. 요청을 받은 후 일기에 이렇게 털어놓을 정도로 애덤스의 동기를 특히 의심스러워했다. "너무 무서웠다. 애덤스가 얼마나 무책임하고 이기적인지 알기에, 자기가 주도권을 잡으려고 무슨 짓이든 할 것 같았다."[24] 존경받는 변호사이자 자선가로서 항상 헬렌을 돌봐 주는 모습을 보였던 애덤스를 넬라가 왜 그리도 못 미더워했는지는 확실치 않다. 1951년 애덤스가 신탁관리인으로 지명되자 헬렌은 편지에 이렇게 썼다. "갖가지 중대한 이해관계와 책임을 맡고 있는 분이 대수롭지 않은 저의 사적인 일까지 살필 가치가 있다고 여기신다니 자랑스럽습니다."[25] 넬라 본인도 애덤스와 함께 수년간 헬렌의 신탁관리인으로 활동하다가 이 무렵 자문위원으로 자리를 옮겼는데, 나중에 재단 측에서는 이를 "수상한" 행동이었다고 표현했다.[26]

이후 벌어진 사건들은 넬라가 두려워할 이유가 충분했음을 보여 준다. 나중에 넬라는 헬렌이 병원에 입원했을 때만 위임장을 사용했다고 주장하지만, 헬렌과 윌리엄 깁슨 간에 체결된 계약서 원본을 보면 헬렌의 이름 위에 특유의 점자 서명이 찍혀 있지 않고 넬라가 위임 권한을 활용한 사실이 드러난다. 신탁관리단이 계약서를 검토하면서 이 사실에 유의했을 수는 있지만 그래도 넬라의 역할이 부적절했다는 증거는 없다. 남아 있는 문서로 볼 때 오히려 자신의 친구 겸 의뢰인을 위해 합당한 일을 하려고 노력한 것으로 보인다.

브로드웨이 공연 협상을 진행하는 데에서 사업적으로 정교하지 못한 태도를 보이기는 했어도 서신을 살펴보면 넬라가 협상 관련 소식을 헬렌에게 꾸준히 고지했음을 알 수 있다. 이유는 모르지만 넬라는 제작자들보다는 윌리엄 깁슨과 직접 협상하는 편을 택했다. 오락물 관련법의 모호함을 감안하면 잘못된 판단이었을 테지만, 넬라는 『내 인생의 이야기』가 공유저작물이 되었으므로 헬렌이 저작권료를 받을 법적인 권리가 없다고 여전히 믿고 있었을 것이다. 넬라는 윌리엄 깁슨과의 친근한 관계를 활용해 헬렌에게 유리한 거래를 성사하려 한 듯하다.

1958년 10월 초에 이미 넬라는 편지를 통해 헬렌에게 〈미라클 워커〉를 브로드웨이에 올리는 계획과 보상에 관한 깁슨의 견해를 전해 주었다. 넬라는 이렇게 썼다. "깁슨은 생각하면 할수록 당신과 저의 책을 바탕으로 한 작업인 만큼 우리가 수익을 배분 받아야 한다고 느꼈대요. 특히 이 연극이 나중에 영화화될 경우 엄청난 돈을 벌어들일지도 모르고요."[27] 그 결과 깁슨에 의해 파생된 수익 중 20퍼센트를 넬라와 헬렌에게 배분하는 계약이 추가로 체결되었다.

이후 상황을 설명해 줄 자료들이 한때 존재했을지 몰라도 AFB 공문보관소에서는 완전히 제거된 상태다. 그러니 1959년 봄에 애덤스가 〈미라클 워커〉 관련 계약을 검토하겠다고 요청한 후로 벌어진 일련의 극적인 사태가 촉발된 원인이 무엇인지는 추측에 의지할 수밖에 없다.[28]

헬렌은 그 연극이 브로드웨이에서 초연되어 엄청난 찬사를 얻는 1959년 10월로부터 몇 달 앞서 넬라를 자기 삶에서 완전히 끊어 낸 듯하다. 그해 7월에 이미 넬라는 자신을 "나환자"니 "호의를 바라는 걸인"이니 하는 식으로 표현하고 있었다. 친구들을 통해 헬렌의 근황을 전해 듣기는 했지만 자신의 의뢰인과 직접 접촉할 방법은 전혀 없었다.[29] 처음에 넬라는 헬렌이 돌아선 것이 폴리 때문이라고 믿었다. 하지만 어느 시점에 자신이 〈미라클 워커〉 건으로 재단의 표적이 되었음을 깨닫고, 사실 헬렌이 자신에게 등을 돌리도록 부추긴 쪽은 폴리가 아니라 AFB라고 결론 내렸다.

최후의 일격은 1960년 1월에 헬렌이 증인들의 서명을 담아 넬라에게 보낸 냉랭한 서신이었다.

친애하는 넬라. 폴리의 병으로 인해 저의 사무관리를 개인 신탁 관리인인 제임스 S. 애덤스, 리처드 H. 미겔(Richard H. Migel), 얀센 노예스 주니어(Jansen Noyes Jr.)에게 맡기기로 했습니다. 하여 1948년 3월에 제가 부여한 위임 권한을 철회하고자 합니다. 그간 제 책과 글 작업을 도와주신 데에 깊이 감사드립니다.[30]

그해 말에 잠시 전화 통화를 한 것을 제외하면 두 사람은 다시는 대화하지 않았다.[31] 넬라는 1960년 3월 폴리 톰슨이 세상을 떠나자 AFB에 폴리의 기념실을 마련할 기금을 내겠다고 제안하는 등 헬렌의 호의를 되찾기 위해 최선을 다했지만 모두 헛수고였다.

헬렌의 오랜 친구 피터 새먼은 이렇게 말했다. "헬렌은 일단 관계를 끊으면 끝이었어요. 시청각장애인이 사람을 그렇게 끊어 내곤 해요. 자신이 착취당한다는 생각이 있어서 말이죠."[32]

〈미라클 워커〉를 둘러싼 소란으로 40년 가까이 이어져 온 우정이 비극적으로 끝났다. 넬라가 일기에 남긴 이런저런 가설에도 불구하고 헬렌이 넬라를 왜 자기 삶에서 몰아내 버렸는지는 지금까지도 수수께끼로 남아 있다. AFB 측에서는 정말로 넬라가 자기 이익을 위해 헬렌을 착취했다고 믿어 헬렌이 등을 돌리게 만든 걸까? 아니면 〈미라클 워커〉로 되살아난 헬렌의 인기와 브로드웨이 연극 및 할리우드 영화의 성공이 가져다줄 막대한 수익에 기대어 이득을 취할 생각으로 그런 걸까? 이후의 자금

흐름과 넬라가 부정한 행위를 했다는 뚜렷한 증거가 없는 상황으로 볼 때 이쪽이 가장 그럴듯한 요인인 것으로 보인다.

헬렌은 1958년 7월에야 자신의 문학 자산 일체와 저작권료 전액을 넬라 앞으로 남기겠다는 유언장을 작성했지만, 이 시기까지 상당한 판매고를 올리던 저작은 『내 인생의 이야기』뿐이었고 그마저도 저작권이 만료되었기 때문에 헬렌의 저작권료에는 그리 큰 가치가 있지 않았다.[33] 그로부터 18개월밖에 지나지 않아, 〈미라클 워커〉가 향후 막대한 수익을 창출할 것으로 기대되는 상황에서 헬렌은 자신의 문학 자산 일체를 AFB에 기부한다는 내용으로 새 유언장을 작성했다.[34]

여기서 수수께끼가 더 커진다. 헬렌의 일상에서, 또 유언장에서 배제되었다 해도 넬라는 여전히 윌리엄 깁슨이 〈미라클 워커〉에서 얻는 수익 중 20퍼센트를 받을 자격이 있었다. 하지만 헬렌이 유언장을 새로 작성하고 불과 4개월 후인 1960년 7월에 재단은 극적인 변화가 있었음을 알리는 놀라운 편지를 헬렌에게 보냈다. AFB 신탁관리인 얀센 노예스 주니어가 그 무렵 〈미라클 워커〉 영화화 권한에 관한 계약이 체결되었다고 전한 것이다. 여기서 노예스는 영화의 수익이 넬라에게는 전혀 돌아가지 않을 거라고 장담한다.

노예스는 이렇게 썼다. "원래 당신에게 돌아갈 몫과 이러지 않았으면 헤니에게 돌아갔을 몫이 모두 계약에 따라 재단으로 들어갈 것입니다."[35]

같은 날 넬라도 사실 영화에서 나오는 "직접적인 수익"을 AFB 측에 맡기는 데에 동의했다고 일기에 털어놓았다.[36] 그래도 영화 판권의 초기 판매 수익 중 일정 비율은 받기로 했지만 영화가 공개된 후 수백만 달러의 수익이 났을 것을 고려하면 대단히 미미한 액수였을 것이다. 수익성 좋은 할리우드 작품에서 자신이 받을 상당한 몫을 포기하기로 동의한 이유는 확실치 않은데, 일기에 담긴 표현으로 볼 때 새로 체결한 계약이 본인도 마뜩지는 않았던 듯하다. 넬라는 이렇게 한탄했다. "[헬렌] 주변 사람들은 거의 다 뭔가 바라는 것이 있는 듯하다. 명성이든 명예든 돈이든. AFB는 전부 다 가지려 들고."[37]

넬라는 십중팔구 소송의 위협 때문에 동의서에 서명했을 것이다. 생전이었음에도 불구하고 넬라가 영화에서 자기가 받을 몫을 재단에 넘기도록 설득당했다는 사실을 헬렌은 몰랐을 것이 거의 확실하다. 그렇다면 적어도 누가 누구를 착취한 것인지 의문스러워진다.[38]

오랫동안 넬라가 때로 의아한 행동과 태도를 보였다고 해도 이렇게 불명예스러운 처지에 놓일 만한 사람이었다고 단정하기는 어렵다. 넬라가 헬렌을 마음 깊이 아꼈다는 데는 의심의 여지가 없으며, 헬렌은 넬라가 최선을 다해 친구의 이익을 지키는 것 외에 다른 목적을 품고 행동했다는 의견에 진심으로 혼란스러워했다.

소원해진 후에도 넬라는 헬렌을 있는 그대로, 강하고 능력 있는 여성으로 바라보기보다는 보호가 필요한 피해자로 여기는 고질적인 가부장적 태도를 벗어나지 못했다. 헬렌의 삶에서 영구적으로 배제당한 지 몇 달 후인 1960년 3월에 폴리가 죽었다는 소식을 접하고 남긴 일기에서도 다시 한번 이러한 태도가 드러난다. 넬라는 끝까지 거들먹거리는 태도로 이렇게 썼다. "누가 헬렌의 연설 연습을 돕고 연단 옆에 서서 통역을 해 줄까? 누가 편지를 살펴보며 공산주의나 다른 어떤 사상을 지지하도록 헬렌을 꾀어내려는 의도가 있는 것은 아닌지 확인해 줄까?"[39]

1973년 넬라가 죽은 후에 남편 키스 헤니는 헬렌과 갈라진 일로 넬라가 끔찍한 고통을 겪고 "내리막을 걷게" 되었다고 주장했다.[40]

٠ʻ∙ʻ٠ ⠹⠓⠞ ⠍⠊⠗⠁⠉⠇⠑ ٠ʻ∙ʻ٠

〈미라클 워커〉 건이 전개되는 동안 헬렌의 삶에서 중요한 인물이 또 한 명 등장했다. 1957년 폴리가 뇌졸중으로 쓰러진 후 위니프리드 코밸리(Winifred Corbally)라는 간호사가 채용되었다. 병원에서 돌아온 폴리는 헬렌과 전 세계를 돌며 고된 일정을 소화하던 수년 전처럼 활동하기에는 너무 쇠약해졌다는 사실이 점차 확실해졌다. 1957년 5월 미국재외시각장애인재단을 대표해 북유럽을 방문한 것이 헬렌의 마지막 해외여행이 되었다. 헬렌은 가벼운 노환을 좀 겪는 것 외에 그 어느 때보다 건강했지만 폴리는 다시 여행에 나서는 노고를 감당할 수 없는 상태였다. 그래서 헬렌은 이제 코밸리가 곁을 지키는 가운데 대부분 아컨 리지에서 시간을 보냈다. 코밸리는 지문자를 익혀 그간 폴리의 몫이던 여러 가지 임무도 도맡았다.

위니는 나중에 이렇게 회고했다. "그 몇 년 동안은 정말 즐거웠어요. 헬렌이 인생에서 가장 즐겁게 보낸 시절이었죠. 헬렌은 악당이에요. 그런 면은 잘 언급되지 않더군요. 완전 장난꾸러기인데…… 우린 재미난 일을 많이 저질렀죠." 위니 말로는 헬렌이 가장 좋아했던 모험 중 하나는 동네 핫도그 가게에 가는 것이었다고 한다. "폴리 톰슨이 알면 무덤에서 뛰쳐나올 거예요. 집안에 절대 핫도그를 들이지 못하게 했지만 헬렌은 좋아했거든요. '머스터드 뿌리는 것 잊으면 안 돼요'라고 말하곤 했죠."[41]

위니는 헬렌과 지내는 시간에 관해서는 거의 입 밖에 꺼내지 않았는데도 폴리가 자신의 존재를 불쾌해했다고 밝혔다. 조지프 래시와의 미공개 인터뷰에서 위니는 이렇게 말했다. "제가 만났을 때 폴리는 굉장히 화가 많은 여성이었어요. 헬렌에게서 멀어질지 모른다고 걱정하고 또 걱정했죠. …… [폴리는] 헬렌에 대한 자신의 권리를 침해당할지 모른다는 생각이 들면 누구에게든 굉장히 방어적으로 굴었어요."[42]

헬렌의 측근들은 오래전부터 폴리가 죽고 나면 어떻게 될지 염려했지만 헬렌은 여동생 밀드레드와 밀드레드의 남편 위런 타이슨이 사는 앨라배마로는 가고 싶지 않다는 뜻을 분명히 밝혔다. 남부를 벗어난 지 오래고 돌아갈 마음도 전혀 없었다. 폴리가 죽기 직전에 헬렌은 위니에게 점잖게 설명했다. "타이슨 주변에는 남부식 생활 방식이 아주 많이 남아 있답니다."[43]

평화로운 말년을 보내는 와중에도 헬렌은 세상일에 깊은 관심을 보였고 정의를 향한 열정도 전혀 식지 않았다. 1960년 3월에 헬렌은 남아공에서 경찰이 인종차별법안에 항의하고자 모인 평화시위대를 향해 발포해 사상자를 250인 이상 낸 샤프빌학살 사건(Sharpeville Massacre) 소식을 접하고 경악했다. 사건 직후 남아공 시각장애인협회의 라일 길리스(Lail Gillies)에게 이렇게 써 보냈다. "현재 남아공에서 일어나고 있는 모든 사건에 관한 소식을 절박한 심정으로 읽었습니다. 수많은 흑인이 무지와 정치적 무능력에 갇혀 있는 현실에 제 마음은 슬프기 그지없습니다만, 결국에는 더 정의롭고 자유를 추구하는 정부가 들어서 모든 국민이 자유와 진정한 문명의 정수를 배울 수 있기를 여러분과 함께 기도합니다."[44]

1960년 80세 생일을 맞은 헬렌에게 세계 각지에서 생일 축전이 날아왔다. 1953년 AFB에서 헬렌의 비서로 임명된 에벌린 자이드(Evelyn Seide)가 쏟아져 들어오는 축전을 헬렌에게 읽어 주는 임무를 맡았지만, 모든 축전이 환영받지는 못했다. 전보 중에는 매카시 마녀사냥에 가담했던 탓에 헬렌이 늘 혐오하던 리처드 닉슨 부통령이 보낸 것도 있었다. 자이드가 회고하기로, 발신인이 누구인지 알아채자마자 헬렌이 손을 휘저었다고 한다.[45]

그해 11월에 실시된 1960년 대통령선거에서 헬렌이 닉슨의 상대 후보에게 표를 던졌는지는 알 수 없지만 젊은 신임 대통령이 취임 두 달 만인 1961년 3월에 자신을 백악관으로 초대하자 흔쾌히 수락했다. 일곱 살에 처음 찾아간 백악관에서 그로버 클리블랜드와 만난 후로 열세 번째로 만난 대통령인 존 F. 케네디(John F. Kennedy)에게 헬렌은 "저를 위해 캐롤라인(케네디의 딸—옮긴이)에게 뽀뽀해 주세요"라고 말했다. 이 자리가 헬렌이 마지막으로 참석한 공식 석상이 된다.

그해 10월에 헬렌은 처음 뇌졸중을 겪었다. 한 달 후에 의사 포리스 B. 칙(Forris B. Chick)이 에벌린 자이드에게 이런 소식을 전했다.

켈러 씨는 이제 공식 석상에서 완전히 물러나야 할 단계에 이르렀고 지금부터 24시간 간호를 받아야 할 것입니다. …… 헬렌이 그간 얼마나 훌륭하게 봉사해 왔는지는 우리 모두 알고 있으니 이제는 은퇴할 때가 되었습니다. 헬렌의 상태는 그대로이며 앞으로 호전되리라는 희망을 제시할 수 없습니다.[46]

일주일 후 헬렌을 만나러 아컨 리지를 찾은 제임스 애덤스는 이렇게 보고했다. "이따금 선생님, 존 메이시와 함께 살던 시절로 되돌아간 것처럼 보이기도 하지만, 평소보다 꽤 둔해진 것 외에는 맑은 정신으로 별 탈 없이 지내는 듯합니다."[47]

헬렌은 은퇴 후 7년 가까이 더 살았지만 이따금 찾아간 방문자로부터 그로모은 단편적인 정보 외에 이 기간에 헬렌이 어떻게 지냈는지는 거의 알 수 없어, 뇌졸중 이후 헬렌의 치매 증세가 점차 심해진 것으로 짐작할 수 있다.[48] 하여 자택 문밖에서 미국이 몰라보게 변해 가던 1960년대에 무수하게 발생한 떠들썩한 사건들을 헬렌이 어떻게 생각했는지를 알려 주는 기록이 남아 있지 않다. 제1차세계대전이라는 어리석은 사태에 맞서 싸우던 시절을 떠올려 보면, 헬렌이 건강했다면 미국이 베트남을 침공하며 벌인 또 한 차례 불의한 전쟁에 맞서는 투쟁의 최전선에 몸을 던졌으리라 상상할 수 있다. 1965년 고향 앨라배바주에서 진행된 셀마에서 몽고메리까지의 행진에 관해서도 헬렌이 알고 있었는지는 파악할 길이 없다.

헬렌은 마틴 루서 킹 주니어가 암살범의 총에 맞아 사망한 지두 달 후인 1968년 6월 1일 아침에 평온하게 세상을 떠났다. 앨라배마 출신으로 위대한 유산을 남긴 두 인물이 비슷한 면이 얼마나 많았는지 알게 된 추종자들은 깜짝 놀랐을 것이다. 여전히 슬픔에 잠긴 채로 헬렌의 소중한 사람들에게 애도를 표하기 위해 시간을 내어 전보를 보낸 킹 목사의 아내 코레타 스콧 킹(Coretta Scott King)은 헬렌이 평생토록 인종차별에 맞서 싸웠다는 사실을 알고 있었던 것이 틀림없다. 코레타는 이렇게 썼다. "여러분이 헬렌과의 우정을 얼마나 그리워할지 아는 저와 저희 가족 모두가 위로를 전합니다. 우리 안에서 함께할 헬렌 켈러의 아름답고 강한 정신이 모두를 얼마나 고귀하게 만들지도 잘 알고 있습니다."[49]

하지만 안타깝게도 헬렌의 가족 중에는 이런 감정을 공유하지 않는 이들이 있었다. 지난 몇 년 사이에 남동생 필립스 브룩스 켈러는 누나의 안부를 묻는 위니 코밸리에게 편지를 보낼 때마다 흑인민권운동에 관한 자신의 견해를 전했다. 필립스는 이전에 있었던 동반자 두 명과는 아주 다른 정치적 성향을 지닌 위니라면 자기 말에 공감해 주리라 믿었던 게 틀림없다. 1964년 12월, 위니는 필립스에게 미국이 "다이너마이트 통" 위에 앉아 있다며 "이 통합 문제를 해결하지" 못한다면 미국은 매우 심각한 문제를 겪을 것이라는 의견을 전했다.

그 무렵 킹 목사를 가리켜 미국에서 "가장 악명 높은 거짓말쟁이"라고 한 J. 에드거 후버의 선언을 언급하며, 위니는 이렇게 덧붙였다. "FBI의 후버 씨는 M. L. 킹에 대한 자기의 견해를 분명히 밝혔고 한 치도 물러서지 않고 있어요. 이 낡은 미국이 할 수 있는 최선의 방안은 FBI와 후버를 단단히 붙드는 것이에요."[50]

4개월 후, 킹의 셀마-몽고메리 행진에 고무된 린든 존슨 대통령이 선거권법 제정을 제안한 직후에 필립스는 위니에게 킹과 린든 존슨이 "인종문제를 50년 후퇴시켰"다고 불평하는 편지를 보냈다.[51] 킹의 지지자들은 평화로운 태도를 유지했으나 경찰 측에서 폭력을 쓰며 거칠게 대응한 사실을 무시한 채 필립스는 행진 참가자들을 "범죄자, 도착자, 상상할 수 있는 온갖 부랑자들"로 묘사했다.[52] 몇 달 후에 다시 위니에게 편지를 보낸 그는 킹 목사와 추종자들을 "다시 아프리카로 아예" 보내 버려야 한다고 주장했다.[53]

킹 목사가 멤피스에서 총에 맞아 사망한 지 며칠 후에 위니는 필립스로부터 또다시 편지를 받았는데, 비극 앞에서도 흑인민권운동 지도자를 향한 필립스의 적개심은 전혀 줄어들지 않은 상태였다. 필립스는 이렇게 썼다. "이 마틴 루서 킹 소동이 끝난다면 정말 기쁘겠어요. 그 사람은 자기만 아니라 전국적으로 수많은 이들의 목숨을 잃게 했고, 드러나지 않았을 뿐 강도, 약탈, 절도, 기타 등등으로 수백만 달러 피해를 끼쳤어요."[54]

헬렌은 늘 여동생 밀드레드와 더 가까이 지냈을 뿐 애니와 함께 터스컴비아를 떠난 후에 태어난 남동생 필립스와는 딱히 친밀한 사이였던 적이 없었음에도 불구하고, 필립스는 헬렌이 죽기 훨씬 전에 AFB에 연락해 헬렌의 장례식을 준비할 때 가족 측 연락을 자신이 맡기로 정해 둔 것으로 보인다.[55] 필립스와 로버트 바넷이 주고받은 서신을 보면 죽어서까지도 헬렌의 바람과 평생의 유산이 주변인들이 형성하려던 이미지에 밀려나는 현상이 나타난다. AFB 측은 필립스가 반대 의사를 표명하자 코네티컷주 웨스트포트에서 스베덴보리식으로 장례를 치르고자 했던 헬렌의 오랜 바람을 조용히 보류했다. 그 대신 워싱턴 국립대성당에서 헬렌의 유골을 애니의 유골과 함께 안장하는 성대한 장례식을 치르기로 했다. AFB 측에서 자신이 요청한 대로 장로교

식 장례식을 받아들이기로 했다는 소식을 접한 필립스는 1967년 10월 제임스 애덤스에게 "저희는 스베덴보리식은 전혀 찬성한 바 없고 그 일로 늘 골치가 아팠습니다"라고 써 보냈다.[56]

필립스는 또한 자기 동창인 앨라배마주 상원의원 리스터 힐 (Lister Hill)에게 추도사를 맡겼다. 가장 유명한 남부 딕시크랫파로서 인종차별 폐지에 반대해 온 리스터를 선택하는 것을 헬렌이 허락했으리라 믿기는 어렵다. 예상대로 의원의 감상적인 추도사에서는 인종적 정의를 실현하려던 활동도, 그 밖에 헬렌이 이루고자 싸워 온 진보적 대의도 전혀 언급되지 않았다. 그 대신 펌프장에서의 기적에서부터 다국어 구사 능력, 그리고 "미국과 전 세계 수백만 동료 장애인을 이롭게 하려는 용기와 신념의 상징"으로서 끊임없이 활동한 "세계시민"으로서의 지위에 이르는 기나긴 헬렌의 업적이 나열되었다.[57]

결국 무시된 헬렌의 요청은 스베덴보리식 장례식만이 아니었다. 헬렌이 몇 년 앞서 작성한 장례식 "명예 운구자" 명단은 헬렌이 거동하지 못하는 사이에 신탁관리단에 의해 조용히 보류되었다. 명예 운구자를 지정해 두는 것은 25년 앞서 열린 애니의 장례식에서 헬렌에게 좋은 추억으로 남은 전통이었고, 이미 언급한 대로 그 명단에는 저명한 장애인 친구 두 명, 즉 시각장애인산업훈련학교(Industrial School for the Blind) 교장 피터 새먼과 대학원 학위를 받은 최초의 시청각장애인으로서 폴리의 뇌졸중 발병 후 헬렌과 더욱 친밀해진 로버트 스미스다스가 포함되어 있었다.[58] 스미스다스를 초대했다면 분명 세간에 강력한 메시지를 전할 수 있었을 것이다. 그렇지만 결국 두 사람 다 장례식에 초대받지 못했고, 그 대신 시청각장애를 지닌 가수들로 구성된 퍼킨스학교 합창단이 조문객을 위해 공연했다.

로버트 바넷은 헬렌의 죽음이 임박해 보이던 1966년 10월에 넬라에게 편지로 이 결정에 관해 설명하면서 헬렌도 폴리가 죽었을 당시에 명예 운구자를 두지 않기로 했다는 잘못된 주장을 내세우며 "그 많은 사람 중에 일부를 추려 내는 것이 쉽지 않은 작업이라는 느낌"이 들어서 그렇게 결정했다고 전했다.[59] 사실 헬렌은 폴리가 죽고 1년이 더 지난 후인 1961년 7월에 자신이 추려 낸 명단을 재단에 전달해 두었다.[60]

헬렌의 장례식 당일 아침, 국립대성당으로 향하던 조문객 중 누군가는 수도 곳곳에 생겨난 야영지를 목격했을 것이다. "부활의 도시"라는 현수막 아래 3000개 목제 천막이 여기저기 설치되어 있었다.[61] 6개월 앞서 마틴 루서 킹 주니어는 "수도로 향하는 고통받고 분노한 시민들의 행진"을 추진하는 빈자들의운동(Poor People's Campaign)을 시작하겠다는 계획을 발표했다. 수년에 걸쳐 킹 목사의 운동은 인종차별 폐지와 시민권을 요구하는 데서 시작해 빈곤과 실업에 맞서는 도덕적 성전으로 점차 진화했다. 1967년에 킹 목사는 이렇게 썼다. "우리 시대에는 빈곤이라는 저주가 정당화될 수 없습니다. 이는 문명이 시작될 무렵의 식인풍습만큼이나 잔인하고 맹목적인 일입니다."[62] 이 말은 킹 목사가 성명서를 작성하기 반세기 앞서 헬렌이 자신의 심경을 담아서 했던 발언을 떠올리게 하며, 나란히 진행된 두 사람의 투쟁의 철학이 얼마나 일치하는지 보여 주는 강력한 상징이다. 헬렌은 전쟁, 인종차별, 사회 불의에 맞서는 대중운동을 시작할 무렵인 1912년에 했던 인상적인 연설에서 이렇게 선언했다. "가난은 가증스럽고 불필요한 우리 문명의 수치이거나, 우리가 문명인임을 부정하는 일입니다."63

킹 목사는 결국 워싱턴에 도착하지 못했지만, 헬렌이 안치되던 1968년 6월 어느 아침에 그의 사명을 이어 가려는 수천 명이 인근에 야영지를 차리면서 마지막 성전이 열매를 맺기 시작했다. 이날 조문객들이 헬렌 켈러의 유언과 유산을 무시한 채 대성당 안에서 진행하는 장례식에 참석하는 동안 헬렌 켈러의 영혼은 분명 부활의 도시에 모인 시위대와 함께 바깥에 머물렀을 것이다.

『헬렌과 선생님』

헬렌이 살아 있는 동안에도 헬렌에 관한 책이 셀 수 없이 많이 나왔지만, 대부분은 펌프장에서의 기적을 중심으로 한 어린 시절 진부한 이야기나 헬렌과 선생님 사이의 유대 관계를 다룬 따뜻한 어린이책이었다. 1929년에 출간한 회고록『중류 지점』을 제외하면 생전에 나온 책 중에서 성인기 헬렌의 삶과 업적에 초점을 맞춘 작품은 드물었다. 1956년 문학평론가 밴 위크 브룩스는 헬렌과의 우정을 가볍게 돌아본『헬렌 켈러: 초상화를 위한 스케치(Helen Keller: Sketch for a Portrait)』라는 책을 출간하여 기존에 나온 피상적인 그림보다 좀 더 완전한 그림을 제시하려 노력했다.[01] 3년 후에는 피터 새먼이 공저자로 참여한『헬렌 켈러 이야기』라는 다소 단조로운 전기가 출간되었다. 헬렌의 사회주의 정치를 간단히 설명하고 해외 순회 활동을 주요하게 다룬 다음 독자에게 "청각장애인, 시각장애인, 시청각장애인과 함께하는 방법"을 안내하는 장으로 마무리한 책이었다.[02] 그렇지만 사망 후 10년이 지날 때까지도 20세기의 가장 유명한 인물에 속하는 헬렌의 전 생애를 아우르는 전기 작업을 시도하는 사람은 아무도 없었다.

이런 상황이 마침내 바뀐 것은 헬렌의 탄생 100주년이 다가오면서였다. 그 무렵 자신이 존경하던 엘리너 루스벨트의 전기를 읽은 래드클리프의 교장 마르티나 호너(Martina Horner)는 그 책을 쓴 조지프 래시야말로 대학이 후원하고 있던 유명 여성 전기 시리즈의 일환으로 래드클리프의 가장 유명한 동문인 헬렌 켈러에 관한 대작을 집필할 이상적인 후보라고 판단했다. 1977년 호너가 작업을 제안하기 위해 접촉할 당시 래시는 1976년에 발표한 프랭클린 루스벨트와 윈스턴 처칠의 전시 동맹에 관한 책의 자매편 작업으로 바빴던 터라 선뜻 수락하지 못했다. 그런 그가 제안을 다시 고려하기 시작한 것은 아내로부터 여자대학교에서 여성의 전기를 남성에게 맡기려 한다는 것은 "영광"이라는 말을 듣고 나서였다고 한다. 래시는 AFB에서 보관하고 있는 헬렌의 자료들을 보고 "신선한 초상"을 그릴 수 있겠다는 확신이 들 경우에만 작업을 맡기로 했다. 자료를 검토한 후 래시는 헬렌에 관한 책 작업은 "거부할 수 없는 일"이라고 결론지었다.[03] 동시에 헬렌의 삶과 대단히 복잡하게 얽혀 있는 한 여성의 초상을 더하지 않고서는 전기를 완성할 수 없다고 판단했고, 결국 『헬렌과 선생님』이라는 적절한 제목이 붙은 이중의 전기가 탄생했다.[04]

3년 후 출간된 그 책은 마치 계시록처럼, 그간 등장한 칭찬 일색의 전기를 훨씬 뛰어넘는 균형 있는 초상을 제시했다. 900쪽에 이르는 방대한 이 전기는 이전에는 검토된 적 없는 수천 건의 편지, 일기, 알려지지 않은 보존 문서뿐 아니라 남아 있는 헬렌의 측근과 AFB 관계자들과의 인터뷰를 바탕으로 작성되었다. 특히 주목할 부분은 애니 설리번의 역할을 서술하는 작업에 최초로 도전해, 결점은 있었지만 헬렌의 삶에서 부인할 수 없는 중요한 인물로서 선생님을 그려 냈다는 점이었다. 실제로 래시는 연대기 작가 중 처음으로 애니가 "서리 왕" 표절 사건에서 자신의 역할을 숨기기 위해 거짓말을 했고, 안타깝게 막을 내린 헬렌과 피터 페이건의 연애를 방해하는 데 일조하기도 했다는 사실을 밝혀냈다.

하지만 이 전기에서 많은 이들이 가장 놀랐던 것은 래시가 헬렌이 AFB에서 일하기 전에 추구했던 급진 정치를 길게 설명한 점이었다. 이 시기 헬렌의 삶을 기억할 만큼 나이 든 독자가 아니고서야 한때 헬렌이 혁명의 이점을 극찬하는 전투적 사회주의자였다는 사실을 알 사람은 거의 없었다. 헬렌이 죽기 1년 전에 소규모 마르크스주의 출판사에서 헬렌의 사회주의 저술 및 연설 모음집을 내놓은 것을 제외하면 래시가 전기를 발표할 당시 헬렌의 생애에서 이 시기는 철저히 가려져 있었다. 이 폭로로 인해 《버밍엄뉴스(Birmingham News)》에 헬렌의 급진적인 과거를 접하고 "공포와 실망"을 느꼈다는 반응과 함께 여전히 극도로 보수적인 앨라배마주에서 살고 있는 가족들의 불만이 담긴 기사가 실렸다. 헬렌의 조카인 패티 존슨(Patty Johnson)은 해당 신문에 이렇게 말했다. "무섭다는 생각이 먼저 드는군요. 하여간 사람들이 그런 글을 쓰는 게 싫어요. 정말 부당한 일이에요." 존슨은 헬렌이 사회주의자 또는 공산주의자가 된다는 것이 어떤 "결과"를 가져오는지 깨닫지 못했던 모양이라고 주장했다. "미국에 충성하지 않는 것이 헬렌의 본성은 아니었어요."05

알고 보니 조지프 래시는 헬렌의 사회주의 정치에 관해 쓸 만한 자격이 충분했다. 래시는 1931년 시티칼리지(City College)를 졸업하고 컬럼비아대학교에서 석사학위를 취득한 후 사회주의 청년 단체인 국제민주학생연맹(Student League for International Democracy)의 집행부로 임명되었다. 1936년에서 1939년까지는 좌파 학생 단체 연합체인 미국학생연합 사무총장으로 일했다. 1987년 래시가 사망하자 《뉴욕타임스》 부고 기사에서는 그의 과거를 이렇게 서술했다. "래시 씨는 1930년대의 정치적 격동 앞에서 자신을 파시즘과 싸우며 국제 사회주의의 목표를 달성하는 데 헌신하는 '전업 혁명가'로 인식했다고 회고했다."06

이런 배경을 고려할 때 래시가 헬렌의 사회당 시절과 초기 급진 정치를 호의적으로 그려 낸 것은 전혀 놀랍지 않다. 하지만 헬렌이 생애 후반기에도 계속 지켜 갔던 좌파 성향에 대해서는 눈에 띄게 건조하고 부정확하게 서술한 것 역시 래시 자신의 정치 역정에 기인한 것이다. 래시가 나중에 회고하기로, 1939년 소련이 히틀러와 불가침조약을 맺자 젊은 시절 품었던 이상주의와 "갈수록 커지던 공산당을 향한 친밀감"이 "참담한 종말"을 맞이하게 되었다고 했다.[07] 수년간 나치즘의 위험을 경고하는 데 몰두해 왔는데 이제 와서 새로운 당 노선에 따라 히틀러에 대한 어떠한 비판도 삼가야 한다는 사실을 알고 충격에 빠졌다. 예전 동료들이나 헬렌 켈러와는 달리 래시는 이런 입장 변화가 명백한 위선임을 즉시 깨달은 듯했다.

당 추종자 중에서 히틀러-스탈린 조약 이후 운동을 그만둔 몇 안 되는 무리 중 한 명으로서[08] 래시는 헬렌이 처음에는 미국이 유럽전쟁에 개입하는 것을 반대하다 소련 침공 이후 입장을 바꾼 것은 본인이 동조자로서 공산당의 궤도 안에 들어가 있었기 때문임을 파악할 수 있는 유일한 위치에 서 있었을 것이다. 하지만 래시는 본심을 숨기고 당시 헬렌이 그저 "신념 있는 평화주의자"였을 뿐이라고 결론지은 《뉴욕타임스》의 서술에 따르기로 했다. 어두웠던 당시의 정치적 기류를 잘 모르는 후대의 연대기 작가들은 래시의 암시를 그대로 수용해 헬렌이 초기에 미국의 개입에 반대했던 사실을 애매하게 처리한 대목을 맹목적으로 되풀이했다.

좌파 정치에 환멸을 느낀 래시는 1939년 기차에서 처음 만났던 엘리너 루스벨트와 함께 반공주의 단체인 민주적행동을위한 미국인(Americans for Democratic Action)을 설립한다. 엘리너와는 평생 친구 겸 전기작가, 그리고 비밀을 공유하는 사이가 된다. 래시가 죽기 전에 기밀 해제된 FBI 자료에 따르면 래시 본인은 늘 부인하기는 했지만 두 사람이 연인이었을 가능성도 드러났다.[09]

1940년 헬렌이 스페인내전 당시 프랑코와 싸웠던 공화파 난민을 구출하려는 반파시스트작전을 주도한 일을 내려다보는 듯한 어조로 설명한 데서 래시가 우파로 기울었음을 짐작할 수 있다. 『헬렌과 선생님』에서 래시는 헬렌이 "스페인구조선 사건에서 공산주의자들에게 속았다"라고 말한다.[10] 헬렌이 1940년대까지는 "급진적" 신념을 어느 정도 지키고 있었다는 점은 인정하지만, 매카시의 전성기에 헬렌을 괴롭혔던 온갖 정치적 논란을 설명하는 와중에도 래시는 대체로 이 관점을 유지한다.

그래도 전기작가는 누구나 자기가 다루는 주제에 대해 나름의 편견을 안고 글을 쓰기 마련이므로 이런 결함이 있다고 해서 여전히 많은 이들이 헬렌 켈러 전기의 결정판으로 여기는 작품의 가치가 퇴색되지는 않는다. 표면적으로는 진정성 있게 헬렌을 조명한 래시의 책은 출간 당시 대체로 호평받았다.

하지만 『헬렌과 선생님』 출간 40년이 지나면서, 래시의 동기에 의문을 제기하고 그 책이 여전히 남아 있는 헬렌의 유산에 미친 영향을 염려하게 하는 새로운 정보가 드러났다.

1980년판에 실린 감사의 글에서 래시는 헬렌 켈러의 자료를 보관하고 있는 AFB 측에서 "내게 아무런 제약 없이 글을 쓰도록 협조해 주었다"라고 썼다.[11] 사실 그사이에는 래시가 밝히지 않은 아주 많은 사정이 있었다.

래시는 AFB의 수석기록관리자인 마르그리트 르빈(Marguerite Levine)과 주로 연락을 취했다. 감사의 글에서 래시가 "교양 있는 프랑스 여성"이라고 언급한 르빈은 프랑스 출신으로 7년간 마치오브다임스(March of Dimes, 소아마비 퇴치 운동 단체―옮긴이)에서 기록관리 업무를 담당한 후 1960년부터 AFB에서 일했다. 나중에 르빈은 헬렌과 함께 일한 기간은 1년이 채 안 되었지만 함께 있을 때면 경외심이 들었다며 헬렌을 "자신만의 종교에 가까운, 세속의 성자"라고 묘사했다.[12] 1955년 헬렌의 일흔다섯 번째 생일 파티가 보도된 신문 기사 조각에 남겨 둔 메모를 보면 르빈이 성자로서의 헬렌의 이미지를 지키기 위해 얼마나 치열하게 노력했는지 짐작할 수 있다. 해당 기사에는 맥주 한 잔을 부탁하는 헬렌과 폴리가 주고받은 대화가 담겨 있다. 폴리가 "아직 안 돼요"라고 하자 헬렌은 기어이 몰래 찾아 마셨다. 폴리는 "헬렌이 맥주를 좋아하죠"라고 말하며 웃었다. 기록물 중에서 우연히 이 기사를 보고 부적절한 모습이라고 생각한 르빈은 기사 조각에 연필로 이런 개인적인 메모를 달아 두었다. "맙소사."[13]

1985년 AFB에서 은퇴하며 했던 퇴임 인터뷰에서 르빈은 재단 측이 래시와 헬렌 켈러 전기 집필 "계약"을 맺었다고 했다. 실수를 인지한 듯한 르빈은 재빨리 발언을 정정하며 재단이 래시에게 "헬렌 켈러 기록물을 제공했다"라고 말했다.[14] 이 실언으로 인해 르빈이 무엇을 숨기고 있었는지 찾기 위한 기록물 조사 작업이 이어졌다. 그 안에는 실제로 재단이 래시와 계약을 맺은 사실을 보여 주는 문서가 담겨 있었다. 책 출간 당시에는 래시도 AFB 측에서도 공식적으로 인정하지 않았던 사실이었다.

AFB가 재단에 관한 글을 쓰려는 작가와 계약을 체결한 것은 그때가 처음이 아니었다. 1971년에 재단은 창립 50주년을 기념해 프랜시스 케스틀러라는 여성에게 AFB의 역사를 기록하는 작업을 의뢰했고, 그 결과물로 나온 책이 『보이지 않는 소수자』이다. "미국 내 시각장애의 사회사"로 소개되었지만 주로 재단의 역사에 초점을 맞춘 이 책에서는 AFB에서 헬렌이 맡은 역할을 상세히 다루었다. 저자는 수십 년간 헬렌과 알고 지낸 수많은 사람을 제약 없이 만날 수 있었다. 케스틀러는 늘 "완전한 자유"를 누렸고 검열도 전혀 없었다고 주장했지만 나중에 재단의 전 상임이사 로버트 바넷은 케스틀러가 그 책을 헬렌에 관한 "폭로" 작업으로 바꾸려는 것을 막기 위해 개입할 수밖에 없었다고 털어놓았다.[15] 그래도 책이 출간된 1976년에 재단 측에서는 케스틀러와 공식적으로 계약을 맺은 사실 정도는 인정했다.

AFB와 계약을 맺은 후로 래시의 연구 및 집필 작업이 놀랄 만큼 빠르게 진행되었는데, 이는 서로 긴밀히 협력하며 작업할 사무실을 마련하기 위해 보조금 1만 달러를 청구한 르빈의 도움이 있었기에 가능했을 것이다. 기록물 중에 계약서 원본이 남아 있지 않아 정확히 어떤 계약을 맺었는지 또는 래시가 래드클리프와 금전적 합의도 맺었는지 확인할 수 없지만, 여러 자료를 종합해 보면 재단이 책에서 파생되는 텔레비전 및 영화 판권의 25퍼센트를 받기로 한 사실 등 계약의 핵심 내용을 추출할 수는 있다.[16] 그중에는 1981년 〈미라클 워커〉의 후속작인 브로드웨이 연극 〈기적 이후의 월요일(Monday after the Miracle)〉에 쓸 자료를 찾던 윌리엄 깁슨이 헬렌 켈러 기록물 사용을 거절당하면서 알게 되었듯이, 래시에게 헬렌 켈러 기록물에 대한 독점 접근권한을 부여하는 조항도 들어 있었다. AFB 측에서 래시가 기록물 "독점 접근권"을 가지고 있음을 공식적으로 인정하기는 했어도 이 계약이 실제로 어디까지 해당하는지 아는 사람은 드물었다. 『헬렌과 선생님』 출간 후 만 1년이 지나 당사자인 래시가 깁슨에게 편지를 보내 자료를 보여 줄 수 없는 사정을 직접 설명했다. 래시는 이렇게 썼다. "안타깝지만, 저희가 『헬렌과 선생님』의 텔레비전 및 영화 판권 협상을 진행하는 중입니다. 다른 작가에게 헬렌 켈러 자료를 열람하게 해 주었다는 이유로 판권을 헐값에 넘기거나 법적인 문제를 감수하고 싶지는 않습니다."[17]

계약 당시 AFB가 초고를 수정할 권리를 갖기로 했는지는 확실치 않지만 래시가 AFB 정보관리국장 퍼트리샤 스미스(Patricia Smith)에게 정기적으로 진행 상황을 알려 주었다는 증거가 있다. 헬렌이 오래 몸담았던 재단 측과 자주 갈등을 겪었는데도 불구하고 래시는 집필 중에 "비평"을 위해 그 장(chapters)을 스미스에게 보내기도 했다. 그렇다면 래시는 왜 재단이 책의 구성에 개입할 기회를 주었을까?[18]

이 명백한 이해 상충을 놓고, 래시의 기록을 통해 그가 전기에서 의도적으로 누락했을 만한 내용이 무엇인지 알아볼 가치가 있다. 뉴욕 하이드파크에 있는 프랭클린루스벨트대통령도서관에는 래시가 1977년과 1978년에 헬렌과 가까웠던 친구 및 동료들과 했던 인터뷰의 미공개 녹취록이 보관되어 있다. 로버트 바넷 AFB 전 상임이사와 장시간 대화한 내용이 특히 눈에 띄는데, 바넷은 자신이 재직 중이던 시기의 중요한 사안에 관해 솔직하게 털어놓았다. 그가 래시에게 고백한 사실 중 가장 놀라운 것은 1949년 밥 어윈의 후임으로 상임이사직을 맡으며 알게 된 특이한 재정 운영 방식이었다. 재단이 헬렌의 자동차와 코네티컷주 이스턴에 위치한 자택에 드는 상당한 유지관리 비용을 전액 부담하면서 장부상에서는 헬렌의 급료로 처리하는 "돌려막기"를 해 왔다는 것이다. 바넷은 "(헬렌의) 국세청 세금신고서에는 전혀 드러나지 않는 사실이었다"라고 했다. 당연히 래시의 책 어디에도 바넷이 폭로한 내용은 들어 있지 않았고 그 밖에 AFB를 부정적으로 서술하는 내용도 찾아볼 수 없었다.

래시는 또한 1954년 오스카상을 수상한 다큐멘터리 〈정복되지 않는 사람〉의 감독 낸시 해밀턴도 인터뷰했다. 해밀턴이 작가에게 전해 준 수많은 추억 속에는 헬렌의 진화하는 정치 신념을 보여 주는 중요한 일화도 담겨 있었다. 해밀턴이 밝히기로, 한번은 러시아 여성 혁명가에 관한 책을 읽고 있던 헬렌이 "러시아의 공산주의는 기독교 공산주의"라고 말했다고 한다.[19] 측근 중 한 명이 밝힌 이런 사실은 헬렌이 생애 후반기에 공산주의에 대해 보인 복잡한 태도뿐 아니라 급진적 정치철학과 종교적 신념 사이의 확고한 연결고리에도 분명 중요한 영향을 미쳤을 것이다. 그런데도 래시는 이 증언을 책에 반영하지 않았는데, 아마도 헬렌이 공산주의자들에게 "속았"고 해밀턴과 가까이 지냈던 1950년대는 헬렌이 공산주의를 지지하는 마음을 버린 지 이미 오래였다는 자신의 주장과 상충하기 때문일 것이다.

이 인터뷰에서 가장 눈에 띄는 주제는 헬렌의 성(sexuality)에 관한 질문이다. 래시는 헬렌의 친구와 동료 들을 조사하면서 여러 차례 이 주제를 꺼냈다. 이 과정에서 실제로 헬렌과 애니가 성적 관계를 맺었다고 생각한다고 밝힌 인터뷰 대상자가 두 명 있었다. 그중 한 명인 프랜시스 케스틀러는 헬렌을 직접 만난 적은 없지만 집필 과정에서 헬렌의 친구와 동료를 상당히 많이 만났다. 나머지 한 명은 30년 넘게 헬렌과 알고 지낸 더블데이사 편집장 켄 매코믹으로, 역시 헬렌과 애니가 연인이거나 성적인 관계였다고 생각한다고 말했다.

하지만 다른 이들은 그런 추정을 단호히 부인했다. 마지막으로 헬렌의 곁을 지켰던 위니 코밸리는 래시가 이 주제를 꺼내자 "세상에, 아니에요"라고 항의했다. 로버트 바넷은 헬렌이 "무성애"였다고 생각한다고 말한 반면 에릭 볼터는 의견을 감추었다. 1978년 11월, 래시가 볼터에게 "두 사람이 레즈비언이었나요?"라고 물었다. 볼터는 "두 사람은 그저 매우 친밀한 친구였다라고만 알고 있어요"라고 답했다. 헬렌의 성에 관한 질문을 받은 인터뷰 대상자 중에 신뢰할 만한 증거를 제시한 사람은 아무도 없었다. 게다가 래시 본인도 헬렌과 피터 페이건의 어긋난 관계를 감동적으로 서술한 터라 이런 이야기는 근거 없는 소문이라 보고 언급하지 않기로 했을 가능성이 높다. 하지만 집필 중에 AFB 정보관리국장 퍼트리샤 스미스에게 쓴 편지에 이 주제를 언급한 것으로 보아 래시가 보수적인 재단 내부에서 논란이 될 법한 의혹을 계속 공유하고 있었던 것이 분명하다. 1978년 래시는 스미스에게 이렇게 장담했다. "저는 헬렌이 어떠한 동성애적 성향을 지녔든지 그 에너지가 선한 일로 승화되었다고 가정하고 있습니다."[20]

래시가 스미스에게 알려 준 논란거리는 이뿐만이 아니었다. 같은 편지에서 래시는 헬렌이 사회주의를 받아들이는 과정에 관련된 사실을 헬렌과 애니가 "왜곡"했을지도 모른다는 의혹을 제시했는데, 이 역시 독자들에게는 공유하지 않은 내용이었다. 래시가 헬렌의 전 생애를 얼마나 면밀하게 기록했는지를 고려하면 우생학에 발을 담갔던 사실과 아기 볼린저 건에 개입한 일에 관해 일절 언급하지 않은 것도 주목할 만하다. 책에서 래시는 애니를 확연히 결점 있는 인물로 묘사하면서도 **헬렌의** 이미지를 손상할 만한 사안은 모조리 일축하거나 외면하는 태도를 유지한다. 만약 헬렌이 오랫동안 공산주의 동조자였다는 사실을 밝혔다면 글라스노스트(glasnost, 구소련의 1985년 개방정책—옮긴이) 이후 마침내 냉전이 완전히 종식되기 10년 전인 1980년에 이 전기를 바탕으로 한 거액의 영화 계약이 성사될 수 있었을까? 래시는 결국 20세기폭스사에 판권을 팔았고 이로써 1984년 〈미러클 컨티뉴(The Miracle Continues)〉라는 텔레비전영화가 제작되었다.[21]

많은 이들이 여전히 래시의 책을 헬렌 켈러 전기의 결정판으로 여기고 있다는 점을 고려할 때, 적어도 AFB와 비밀리에 맺은 계약과 래시 자신이 갖고 있던 정치적 편견이 주제에 접근하는 시야를 얼마나 흐리게 했을지 생각해 볼 만하다. 1998년 도로시 허먼이 『헬렌 켈러: 어 라이프(Helen Keller: A Life)』를 출간할 때까지 『헬렌과 선생님』은 20년 가까이 주목할 만한 켈러의 전기로 남아 있었다. 래시의 백과사전식 서술에 비해 가독성이 높고 밀도가 덜하기는 해도, 허먼의 책에는 새로운 사실이 거의 없고 래시의 전기를 차용한 부분이 많은가 하면 애니와 헬렌이 각자 남성과 맺은 관계에 관해서는 다소 미심쩍은 심리성적(psychosexual) 분석이 제시되었다.

최근에는 킴 닐슨이라는 학자가 헬렌과 애니 설리번의 학업에 관해 비어 있던 중요한 부분을 메워 주었다. 톨레도대학교 여성학 및 장애사 교수인 닐슨은 2004년 『헬렌 켈러의 급진적 생애(The Radical Lives of Helen Keller)』라는 제목으로 헬렌의 정치활동에 관한 짧은 학술 분석서를 출간했다. 래시와 거의 동일한 정치적 배경을 다루면서도 헬렌 켈러가 아기 볼린저 건에 연루된 일과 우생학을 잠시 받아들인 문제적인 행적을 최초로 조명한 책이었다. 헬렌 켈러의 1950년대 해외여행에 관한 국무부 기록물에 접근한 최초의 연구자인 닐슨은 공적 활동의 마지막 10년 동안 헬렌이 펼친 국제적 활동과 헬렌의 이미지를 선전 목적으로 활용하려 한 국무부의 시도에 관해서도 새롭고 중요한 정보를 제공한다. 하지만 이를 통해 헬렌이 이 시기에 해외에서 미국의 국익에 복무하는 "냉전기의 자유주의자"로 변모했다는 의심스러운 결론에 도달한다. 이는 실제로 헬렌이 매카시 시대에 넬라 헤니와 AFB 측의 압력에 마지못해 급진 정치에서 발을 떼는 듯한 모습을 보이면서도 끝까지 사회주의 신념을 유지했다는 친구와 동료 들의 설득력 있는 증언을 무시하는 것이다. 그래도 닐슨은 일부 미심쩍은 주장을 내놓은 래시와 달리 정치적 편견 없이 신뢰할 만하고 객관적인 분석을 시도한다.

닐슨의 분석에서 가장 눈에 띄는 부분은 장애에 관한 헬렌의 태도를 신랄하게 비판한 대목이다. 닐슨은 헬렌이 장애인을 "선천적으로 손상된 존재"로 여겼다고 주장하며 "헬렌이 평생 펼친

장애 정치는 종종 보수적이고 늘 시혜적이고 때로 혐오스럽기도 했다"라고 말한다.[22] 이는 여러 면에서 오늘날 학계 일부, 그리고 헬렌과 그 유산을 두고 여전히 크게 견해가 갈리는 장애인 공동체 일부의 정서를 반영하는 발언이다. 헬렌의 폭넓은 정치적 신념에 관해 잘 아는 몇 안 되는 학자인 닐슨이 그러한 정치에 관해 보다 균형 있는 관점을 제시하지 않은 것은 다소 의아하다. 오늘날의 기준으로 보면 헬렌의 태도는 특히 장애에 관한 언어 면에서 분명 시혜적으로 보인다. 제1차세계대전 이전에 우생학에 잠시 발을 담근 일은 나중에 생각을 바꾸어 나치 정권의 끔찍한 우생학적 정책의 위험을 전 세계에 알리는 데에 기여했음에도 불구하고 여전히 헬렌의 유산에 오점으로 남아 있다. 이런 면모 중 어느 것도, 최초로 있는 그대로의 초상을 그려 내겠다던 조지프 래시가 그랬듯이 에두르거나 무시해서는 안 된다.

그렇지만 닐슨은 여러 면에서 헬렌의 장애 정치가 당시로서는 수십 년 앞선 것이었으며 어느 시대로 보아도 진보적일 수 있다는 점을 인정하지 않는다. 헬렌은 언론의 장애인 차별적 보도를 강하게 비판한 최초의 저명한 장애인 운동가였다. 비꼬기와 조롱을 섞어 비판자들을 줄기차게 물리쳤다. 나아가 장애의 근원을 자본주의와 명시적으로 연결하고 장애 정치를 인종, 성별, 계급과 연결하는 폭넓은 분석을 제시했는데, 이런 비평은 초기 장애 연구 교육과정에서도 찾아보기 힘들 때가 많았다. 수십 년 동안 헬렌은 장애인의 경제적 권한과 자기결정권의 중요성을 크게 강조했고 전 세계를 돌며 시각장애를 유발하는 구조적 빈곤을 근절하라고 촉구했다. 또한 AFB의 자선 활동이 가장 취약한 계층이 아니라 부유한 쪽에 맞춰져 있다고 느낄 때마다 재단에 문제를 제기했다. 마찬가지로, 이따금 자신을 "슈퍼우먼"이라 소개하는 등 본인의 장애에 관해서는 다소 의아한 언어와 태도를 취하곤 하던 헬렌은 특권층으로서 자신이 다른 수많은 장애인에 비해 훨씬 나은 조건을 누리고 있음을 알기에 "한계"를 절실히 느끼고 좌절에 빠질 때가 많아도 불평하기는 어렵다고 분명히 밝혔다. 1957년에 헬렌은 이렇게 썼다. "한계를 부인하는 고통을 나보다 잘 아는 사람은 없고, 알 수도 없다. 나는 내가 처한 상황에 속지 않는다. 내가 슬퍼하지 않는다거나 반항적이지 않다는 것은 사실이 아니지만 나는 불평하지 않기로 오래전에 마음먹었다."[23]

최근 들어 닐슨을 포함한 여러 학자가 헬렌을 더욱 비판적인 시각으로 들여다보는 사이에 애니 설리번 또한 소외된 사람들을 "구출"하는 영웅적 인물에 관한 해묵은 서사에서 자주 등장하는 "구세주"로 보는 인식에서 크게 멀어졌다. 2009년에 닐슨은 『미러클 워커를 넘어서(Beyond the Miracle Worker)』라는 제목으로, 넬라 브래디 헤니가 1933년에 발표한 전기나 헬렌이 1955년에 발표한 헌정서에 비해 애니를 훨씬 더 입체적으로 조명한 두 번째 전기를 출간했다. 이 책에서 특히 눈에 띄는 부분은 애니 본인의 시각장애가 애니의 삶에 미친 영향을 확인하고, 만성

질환 및 우울증으로 인한 고통이 애니를 "시청각장애를 지닌 헬렌보다 훨씬 더 쇠약하게 만들었다"라는 놀라운 결론을 내린 점이다.[24] 그래도 닐슨은 여전히 헬렌의 교육에서 애니가 큰 역할을 했다는 기존의 서사를 거의 유지하면서 전작에서 헬렌에게 가했던 가혹한 비판을 애니에게는 그다지 적용하지 않았다.

이렇게 헬렌 켈러의 유산을 진정으로 균형 있게 바라보는 관점이 부재한 상황에서, 한때 장애인 공동체에서 추앙받는 우상이던 헬렌 켈러가 최근 들어 어떤 이들에게는 그 삶과 업적을 지워 버려야 마땅한, 불화를 유발하는 인물로 변해 버린 것은 놀라운 일이 아니다.

에필로그

전 세계가 치명적인 대유행병에 뒤덮이고 도널드 트럼프
(Donald Trump)가 대통령 재선에 실패한 직후인 2020년 12월, 헬
렌 켈러가 수십 년 만에 처음으로 정치적 논란에 휩싸였다. 문제
의 발단은 어니타 캐머런(Anita Cameron)이라는 아프리카계 미
국인 장애인 권리 운동가가 《타임(Time)》과의 인터뷰 중에 헬
렌이 활동가로서 남긴 유산을 돌아보며 한 발언이었다. 캐머런
은 해당 주간지를 통해 이렇게 말했다. "헬렌 켈러는 전혀 급진
적이지 않습니다. 장애인이긴 해도 그저 특권층 백인일 뿐이고,
특권층 백인 미국인의 사연을 전하는 역사적인 한 사례일 뿐이
죠."01

즉시 반발이 일었는데, 우선 공화당 상원의원 테드 크루즈
(Ted Cruz)가 트위터(twitter)에 이런 글을 올렸다. "**미쳤군요.** 깨
어 있다는 좌파들(Woke Lefties)이 이제 헬렌 켈러를 공격해요?
헬렌 켈러 같은 비범한 인물을 묘사하는 데 쓸 형용사가 얼마나

많은데 그럽니까. '특권층'은 거기에 해당하지 않아요."[02]

직전의 선거 결과를 뒤집으려 애쓰던 도널드 트럼프 주니어도 그 와중에 이런 트윗을 남겼다. "아이고…… 이제는 백인이라고 헬렌 켈러를 내팽개친다고? 이런 헛소리 좀 그만두길. 절대 못 깨어날 인간들."[03]

미국에서 가장 악명 높은 우파 상원의원이 자기도 모르게 급진적 사회주의자를 변호하는 뜻밖의 광경이 펼쳐지기 얼마 전에 소셜미디어 플랫폼 틱톡(TikTok)에서는 헬렌 켈러가 "존재한 적 없는 사기"라고 주장하는 동영상이 널리 퍼졌다. 해당 영상 제작자는 시청각장애를 지닌 사람이 책을 쓰거나 비행기를 조종하거나, 헬렌이 했다고 하는 그 모든 일을 해내는 것은 불가능하다고 주장했다. 이 게시물로 인해 1960년대에 처음 나타났던 불편한 유행, 즉 중학교 운동장에 널리 퍼지던 헬렌 켈러의 장애를 비웃는 대단히 모욕적인 농담들도 되살아났다.

이런 사건들이 모두 다 헬렌 켈러의 이야기를 여섯 살 소녀와 기적적인 교사라는 진부한 사연으로 축소하려는 경향에서 비롯한다고 보지 않을 수 없다. 헬렌이 성인기에 보여 준 비범한 삶을 인정하지 않으니 이렇게 의미 없는 소동이 빈자리를 파고드는 것이다.

경멸에 차서 부정하는 어니타 캐머런의 발언을 통해 장애인 공동체 내에서조차 많은 사람이 장애인의 이미지를 대표하는 듯이 과장된 헬렌의 역할에 자연히 의문을 제기하게 되었다는 사실을 확인할 수 있다. 이런 인식은 이른바 펌프장에서의 기적 소식이 퍼진 이후로 해당 기사에서 헬렌을 묘사하는 데 쓰인 한 단어에 집중되는 경향이 있다. 즉, 헬렌과 헬렌의 삶을 "영감"으로 묘사하는 것이다. 주류화된 헬렌 켈러의 이미지는 수많은 장애 운동가 사이에서 "영감 포르노(inspiration porn)"라는 현상의 전형으로 자리 잡았다. 이 용어는 고인이 된 장애 운동가 스텔라 영(Stella Young)이 2014년 테드엑스(TedX) 강연에서 비장애인의 기분을 달래기 위해 장애인을 대상화하는 관행을 설명하기 위해 제시한 것이다. 영은 이렇게 선언했다. "염려를 덜기 위해서, 장애인을 바라보면서 자신의 처지는 그렇게 나쁘지 않다고 생각하기 위해서 장애인이 존재한다는 겁니다."04

2021년 할리우드의 한 제작사에서 헬렌의 래드클리프 시절에 바탕을 둔 새로운 전기 영화 제작 계획을 발표하자 크리스티나 하트먼(Cristina Hartmann)이라는 청각장애를 지닌 운동가가 자신과 같은 이들에게 헬렌이 드리우는 그늘에 관한 감정을 드러냈다. 하트먼은 장애가시성프로젝트(Disability Visibility Project)에 제출한 수필에 이렇게 썼다. "나는 학교생활을 잘했지만 신동은 아니었다. 헬렌은 지적 수준이 높았지만 자기 삶에 대한 통제권이 거의 없었고 자기 능력을 회의적으로 바라보는 시선에 끊임없이 맞닥뜨렸다. 영감이 아니라 두려움이 몰려왔다. 우리 사회는 이 똑똑하고 입체적인 여성을 영감을 자극하는 우화와 농담으로 끌어내렸다. 미국이 켈러 같은 사람을 하찮게 여기는 나라라면 나 같은 사람은 도대체 어떻게 대할까?" 하트먼은 할리우드와 대중문화에서 헬렌의 삶을 이상화하는 작업을 그만두어야 한다고 믿는다. "이제는 헬렌을 쉬게 해 줄 때다. 헬렌이 잘못해서가 아니다. 헬렌은 수많은 사람에게 감동을 준 뛰어난 여성이었다. 하지만 대중의 주목을 받은 지 이미 한 세기가 넘었다. 사망 후 수십 년이 지나서도 여전히 쏟아지는 관심에서 벗어나지 못하고 있다." 하트먼은 헬렌을 이상화하는 대신 한 번도 주목받지 못한 인물들에게 시선을 돌릴 때가 되었다고 주장한다. "우리 모두에게 필요한 특별한 이야기란 평범한 시청각장애인이 사랑에 빠지고, 시비를 걸고, 중년의 위기에 뒤얽히고, 멀리서 온 사진기자와 지독한 불륜을 저지르는 사연이다. 우리도 별반 다르지 않은 사람이니 우리의 이야기도 다르지 않아야 한다. 이런 이야기가 있어야 나와 같은 아이들이 헬렌 켈러의 그림자를 벗어난 미래를 상상할 수 있다."[05]

다른 사람들을 배제하고 헬렌에게 초점을 맞추는 것은 특권층의 이야기를 칭송하는 것이라고 믿는 어니타 캐머런 같은 이들을 포함해 장애인 공동체에서 이런 정서를 공유하는 집단이 점점 늘어나고 있다. 최근에는 헬렌 켈러의 유산을 발전시키기 위해 활동하는 수많은 조직 중 하나인 청소년및성인을위한헬렌켈러국립시청각장애인센터(Helen Keller National Center for DeafBlind Youths and Adults)의 명칭에서 헬렌 켈러를 삭제해야 한다는 요구가 제기되기도 했다. 2022년 미국시청각장애인협회

(American Association of the DeafBlind) 이사 마크 새프먼(Marc Safman)은 이렇게 주장했다. "애초에 헬렌 켈러를 신성시하게 만든 지배적인 장애인 차별주의적, 인종차별주의적 전통에 도전하고 전복시키기 위해 필요한 일입니다."[06]

이렇게 비판의 목소리가 높아지고 있기는 하지만, 모두가 이제 그만 헬렌과 헬렌의 유산을 지워 버려야 한다고 믿는 것은 아니다. 헬렌이 래드클리프 졸업장을 받은 지 한 세기가 더 지나서 하벤 길마(Haben Girma)라는 여성이 시청각장애인 최초로 하버드대학교 법학 학위를 취득했다. 2019년 회고록 『하벤 길마: 하버드 로스쿨을 정복한 최초의 중복장애인(Haben: The Deafblind Woman Who Conquered Harvard Law)』을 출간한 후 길마는 "밀레니얼세대의 헬렌 켈러"로 널리 호평받았다. 헬렌이 한때 "제2의 로라 브리지먼"으로 불렸듯이, 오랜 세월에 걸쳐 훌륭한 업적을 이룬 여러 시청각장애인에게 부여되었던 호칭을 상기시키는 표현이다. 로버트 스미스다스와 같은 인물에게 이런 비유는 장애에도 **불구하고** 위대한 일을 성취한 사람을 상징하는 의미였다. 하지만 하벤 길마에게는 아주 다른 의미를 지녔다. 길마는 많은 이들이 헬렌이 남긴 메시지의 실체와 거리가 먼 감상적인 서사를 위해 무시하고 싶어 했던 열정적인 정치운동가로서의 헬렌의 유산을 여러 측면에서 계승했다.

에티오피아계 아버지와 에리트레아계(Eritrean) 어머니 사이에서 태어난 오클랜드 출신 길마는 아주 어린 시절에 시력과 청력을 잃었다. 2013년 로스쿨을 졸업한 뒤로 장애인의 기술 접근성을 높이기 위해 노력하고 자신의 막강한 소셜미디어 플랫폼을 활용해 다양한 사회문제를 조명하는 등 인지도 높은 활동가가 되었다. 인종차별과 경찰 폭력을 비판하면서 장애인 차별주의적 태도에 꾸준히 맞서 싸워 왔고, 난민 권리 옹호 활동도 오래 했다. 2013년 버락 오바마(Barack Obama) 대통령은 길마를 "변화의 챔피언"으로 선정했다.

활동가로서 보낸 수년 동안 길마는 장애 역사의 영역에서 헬렌 켈러의 중요성을 자주 강조했다. 그러나 이전의 많은 사람과 달리 길마는 헬렌을 상징을 넘어서는 존재로 이해한다. 동시대인 중 일부와 같이 헬렌의 이미지가 꼭 걸림돌에 불과하다고 생각하지도 않는다. 2018년 텍사스주에서 헬렌 켈러를 교과과정에서 삭제하려는 움직임이 일었을 때 길마는 학생들이 헬렌의 삶을 배워야 한다고 주장하는 사설을 게재해 큰 영향을 미쳤다. 길마는 이렇게 썼다. "교과과정에서 켈러를 삭제하는 것은 장애를 삭제하는 것을 의미할 수 있다. 물론 한 가지 사연만으로 장애인 공동체를 대변하려는 시도 자체는 문제가 있다. 장애인 공동체는 다양하며, 자신이 속한 공동체를 개선하려는 재능 있는 사람들의 풍부한 이야기가 차고 넘친다."07 사실 길마는 다양한 시청각장애인의 업적을 부각하고 소외당하는 목소리를 증폭시키는 데에 헬렌 켈러를 향한 꾸준한 애정을 활용하기도 했다. 그러한 이들 중에는 시청각장애를 지닌 아프리카계 미국인 최초의 대학 학위 취득자로서 연기자 겸 교사로 경력을 쌓아 온 제럴딘 로혼(Geraldine Lawhorn), 반억압(anti-oppression) 관점으로 장애를 분석하는, 시각장애를 지닌 라틴계 활동가 콘치타 에르난데스(Conchita Hernandez)가 있다.

길마는 자신의 방식대로 오랫동안 외면당한 헬렌의 정치적 투쟁에 대한 관심을 모으려 노력했다. 헬렌의 삶에서 간과되곤 하는 측면을 드러내기 위해 자신의 엄청난 소셜미디어 팔로워를 자주 활용한다. 2020년 헬렌 탄생 140주년을 기념하는 동영상에서 길마는 이렇게 선언했다. "헬렌은 백인으로서의 특권을 인식하고 이 나라에 존재하는 모든 인종차별을 종식하는 데에 기여하려 애쓴 여성입니다. 지금 헬렌 켈러가 살아 있었다면 흑인의 생명도 소중하다(Black Lives Matter) 운동을 지지했으리라 확신합니다."[08] 하지만 이런 인식을 갖고 있는 길마 역시 최근 대중문화에서 관심이 되살아나는 현상에 대해서는 염려하고 있다. 할리우드 전기영화 계획이 발표된 후 길마는 이렇게 말했다. "만약 헬렌 켈러가 지금 살아 있다면 아직도 앨라배마의 펌프장에서 시선을 떼지 못하는 영화제작자들을 꾸짖을 겁니다." 길마 본인은 방송 내용에 문제가 있다고 판단해 2021년 PBS 다큐멘터리 〈헬렌 켈러 되기(Becoming Helen Keller)〉 참여를 철회하기도 했다.[09]

놀랍게도 최근 AFB는 거침없고 논란을 일으킬 만한 정치적 신념을 지닌 길마를 "홍보대사"로 삼았다. 오래전 재단이 헬렌에게 모금 활동에 타격을 입히지 않도록 마음 깊이 품은 정치적 신념을 자제하라고 설득하던 당시에 억누르려 했던 바로 그런 신념을 지녔는데도 말이다. 게다가 재단은 특히 성별, 계급, 인종에 관한 헬렌의 진보적인 정치 분석을 일부 인정하는 종합적인 교육계획을 다수 개발하기도 했다. 하지만 길마와 같은 소수의 옹호자가 애쓰고 있음에도 불구하고, 헬렌 켈러의 이름을 딴전 세계 수십 개 학교와 조직 등 헬렌 켈러 관련 단체 중 상당수는 전투적 운동가로서의 헬렌의 발자취는 경시한 채 이따금 헬렌이 "사회적 대의"를 지지한 데 대해 상투적인 인사치레를 하는 쪽을 택했다.

　오늘날 자신의 생애와 유산이 묘사되는 방식과 최근 몇 년 사이에 자신에게 제기되는 비판에 대해 헬렌은 어떻게 반응할까? 언젠가 헬렌은 이렇게 썼다. "나는 솔직한 토론을 좋아하며, 나를 나름의 생각이 있는 한 인간으로 대하는 한 혹독한 비판에 반대하지 않는다."[10] 헬렌은 자신의 유산을 필요에 따라 부정직하게 왜곡하는 사람들보다 자신이 평생 이룬 업적에 대한 선의의 비판을 훨씬 마음 편하게 받아들일 것이 틀림없다. 생전에 자신이 반대하던 모든 것을 지지한다고 하는 테드 크루즈 같은 정치인이 자신을 옹호했다는 소식을 들었다면 헬렌이 어떤 반응을 보였을지 쉽게 짐작이 간다. 어쩌면 칼럼을 통해 자신의 급진 정치를 공격한 웨스트브룩 페글러에게 붙였던 "똥덩어리"라는 별명을 크루즈에게 똑같이 돌려줄지도 모르겠다.

자신을 역경 극복의 상징으로 제시하거나, 계급과 특권이라는 더 깊은 사회적 맥락을 인정하지 않은 채 장애 문제를 논의하는 데 대해 헬렌 본인도 복잡한 감정을 느꼈다. 헬렌은 비판자를 포함해, 자신의 유산을 바탕으로 자신의 실수를 통해 배우고 한때는 홀로 서 있는 듯했던 분야에서 새로운 길을 개척해 나가는 새로운 세대의 진보적 장애 운동가의 노력을 기쁘게 여길 것이 틀림없다.

그렇게 다른 사람들이 역할을 이어 나가는 사이에, 언젠가 역사 속에서 헬렌은 펌프장에 선 여섯 살 소녀 시절에 갇힌 세속의 성자가 아닌 맥주 한잔과 짓궂은 농담을 즐기던 결점 있지만 거침없는 여성으로 기억될 것이다.

주석

part I

기적 대 신화

chaper 1 기적 이전

01 Elisabeth Gitter, *The Imprisoned Guest*, New York: Farrar, Straus and Giroux, 2001, p. 13

02 Ibid., p. 15.

03 Samuel Gridley Howe, *The Letters and Journals of Samuel Gridley Howe*, vol. 1, Boston: D. Estes, 1906, pp. 54, 209.

04 Gitter, *The Imprisoned Guest*, p. 23.

05 Perri Meldon, "Disability History: Early and Shifting Attitudes of Treatment", Telling All Americans' Stories, U.S. National Park Service, 2017.

06 Mary Klages, *Woeful Afflictions: Disability and Sentimentality in Victorian America*, Philadelphia: University of Pennsylvania Press, 1999.

07 "Address of the Trustees of the New England Institution for the Education of the Blind to the Public", 1833, DHM.

08 Ernest Freeberg, *The Education of Laura Bridgman*, Cambridge: Harvard University Press, 2001, p. 11.

09 Ibid., p. 12.

10 Ibid., p. 15.

11 Ibid.

12 Ibid., p. 11.

13 Maud Howe Elliott and Florence Howe Hall, *Laura Bridgman: Dr. Howe's Famous Pupil and What He Taught Her*, Boston: Little, Brown, 1903, p. 11.

14 "Perkins' Milestones", PSB.

15 Samuel G. Howe, *Ninth Annual Report of the Trustees of the Perkins Institution and Massachusetts Asylum for the Blind*, Boston: John H. Eastburn, 1841, appendix A, pp. 34 –35, PSB.

16 Ibid.

17 Clifford Olstrom, *Undaunted by Blindness*, 2nd ed., Perkins School for the Blind, 2012, eBookit.com.

18 Lydia Sigourney, "The Deaf, Dumb and Blind Girl", *Juvenile Miscellany* 4, no. 2, May 1828, pp. 127 –141.

19 Samuel Gridley Howe, Letter to Lydia Sigourney, Sept. 3, 1841, Hoadley Collection, CHS.

20 Jan Seymour Ford, "Laura Dewey Bridgman: 1829 –1889; Laura's Early Life", Dec. 2002, PSB.

21 S. G. Howe, *An Account of Laura Bridgman, of Boston, Massachusetts: A Blind, Deaf and Dumb Girl, with Brief Notices of Three Other Blind Mutes in the Same Institution*, London: John Wright, 1843, p. 6.

22 Ibid., p. 6

23 Elliott and Hall, *Laura Bridgman*, p. 50.

24 Howe, *Account of Laura Bridgman*, p. 8.

25 Freeberg, *The Education of Laura Bridgman*, pp. 37 –38.

26 Howe, *Account of Laura Bridgman*, p. 10.

27 Gitter, *The Imprisoned Guest*, p. 87.

28 Ibid., pp. 13 –14.

29 Ibid., p. 11.

30 Ibid., p. 3.

31 Samuel G. Howe, *Sixth Annual Report of the Trustees of the New-England Institution for the Education of the Blind, to the Corporation*, Boston: Henry Lewis, 1838, pp. 9 –12, PSB.

32 Freeberg, *The Education of Laura Bridgman*, p. 9.

33 Elliott and Hall, *Laura Bridgman*, p. 269.

34 Mary Swift Lamson, *Life and Education of Laura Bridgman, the Deaf, Dumb and Blind Girl*, London: Trubner, 1878, pp. 46–47.

35 Ibid.

36 Gitter, *The Imprisoned Guest*, p. 36.

37 Lamson, *Life and Education of Laura Bridgman*, pp. 322–323.

38 Freeberg, *The Education of Laura Bridgman*, p. 56.

39 Rosemary Mahoney, *For the Benefit of Those Who See: Dispatches from the World of the Blind*, New York: Little, Brown, 2014, p. 127.

40 "When Charles Dickens Fell Out with America", BBC News magazine, Feb. 14, 2012.

41 Charles Dickens, *American Notes for General Circulation*, New York: Appleton, 1868, p. 41.

chaper 2 선생님

01 Nella Braddy Henney, *Anne Sullivan Macy: The Story behind Helen Keller*, New York: Doubleday, Doran, 1933, p. 15. 이 책은 이후로 *ASM*으로 표기한다.

02 "Anne Sullivan", PSB website.

03 Henney, *ASM*, p. 15.

04 Ibid., p. 6.

05 Ibid., p. 7.

06 Annie Sullivan Notes, PSB.

07 Henney, *ASM*, p. 14.

08 Ibid., p. 15.

09 Ibid.

10 Ralph Waldo Emerson, "Man the Reformer", in *The Portable Emerson*, ed. Mark Van Doren, New York: Viking, 1946, p. 70.

11 Ibid., p. 77.

12 Michael B. Katz, *In the Shadow of the Poorhouse: A Social History of Welfare in America*, New York: Basic Books, 1986, p. 61.

13 David Wagner, *The Poorhouse: America's Forgotten Institution*, Lanham, MD: Rowman and Littlefield, 2005, p. 41.

14   David Wagner, "Poor Relief and the Almshouse", VCU Social History Project.

15   Henney, *ASM*, p. 19.

16   "Anne Sullivan's Admission to Tewksbury State Almshouse", DHM.

17   Henney, *ASM*, p. 20.

18   Ibid., p. 22.

19   "Anne's Formative Years (1866–1886): The Death of Her Brother Jimmie", AFB website.

20   Ibid.

21   Kim E. Nielsen, *Beyond the Miracle Worker: The Remarkable Life of Anne Sullivan Macy and Her Extraordinary Friendship with Helen Keller*, Boston: Beacon Press, 2009, p. 29. 이 책은 이후로 *BTMW*로 표기한다.

22   Henney, *ASM*, p. 32.

23   Ibid., p. 31.

24   Ibid., p. 38.

25   Henney, *ASM*, pp. 51–54.

26   "Revolting Revelations", *St. Louis Post Democrat*, Mar. 23, 1876, p. 2.

27   Henney, *ASM*, p. 59.

28   "Speech given by Frank B. Sanborn at a memorial service for Michael Anagnos entitled 'Successors to Success'", Oct. 24, 1906, HKA.

29   Henney, *ASM*, pp. 61–62.

30   Gitter, *The Imprisoned Guest*, p. 277.

31   Ibid., p. 174.

32   Henney, *ASM*, p. 75.

33   Ibid.

34   Ibid., p. 67.

35   두 번째 수술은 1882년에 받았다. "Anne's Education", AFB website.

36   "Valedictory speech given by Anne Sullivan at the Perkins Institution's commencement ceremony", 1886, HKA.

chaper 3   "제2의 로라 브리지먼"

01   *56th Annual Report of the Perkins Institution and the Massachusetts School for*

the Blind for the Year Ending September 30, 1887, pp. 74–75, PSB.

02 Ibid.

03 Ibid.

04 Ibid.

05 Joseph P. Lash, *Helen and Teacher: The Story of Helen Keller and Anne Sullivan Macy*, New York: Delacorte, 1980, p. 56. 이 책은 이후로 *HAT*로 표기한다.

06 헬렌이 『내 인생의 이야기』(Helen Keller, The Story of My Life, New York: Doubleday, Page, 1903; 이 책은 이후 *SOML*로 표기한다)에 쓴 바로는, 아버지와 함께 볼티모어의 안과의사 줄리언 치점(Julian Chisholm)을 찾아갔을 때 치점이 자신은 헬렌의 상태를 "치료"할 방법이 없지만 벨을 만나 상의해 보라고 조언해 주었다고 한다. 연대기 작가 대부분이 이 이야기를 되풀이해 써 왔다. 그런데 아서 켈러와 마이클 아나그노스가 초기에 주고받은 서신에 따르면 아서가 치점으로 추정되는 볼티모어의 안과의사를 만나러 간 때는 벨을 만난 지 한참 후였다. 헬렌이 글을 쓰면서 시기를 혼동한 듯하다.

07 Brian H. Greenwald, "Alexander Graham Bell and His Role in Oral Education", DHM.

08 M. Yeager to Helen Keller, June 25, 1965, HKA.

09 Keller, *SOML*, p. 9.

10 Ibid., p. 19.

11 Ibid.

12 Michael Anagnos to Arthur Keller, Aug. 16, 1886, PSB.

13 *56th Annual Report of the Perkins Institution and the Massachusetts School for the Blind for the Year Ending September 30, 1887*, PSB.

14 Michael Anagnos to Annie Sullivan, Aug. 26, 1886, PSB.

15 *56th Annual Report of the Perkins Institution and the Massachusetts School for the Blind for the Year Ending September 30, 1887*, PSB.

16 Michael Anagnos to Arthur Keller, Jan. 21, 1887, PSB.

17 Carroll Davidson Wright, "Prices by Wages and Decade—1880–1889", in *The Working Girls of Boston*, Boston: Massachusetts Bureau of Statistics of Labor, 1889.

18 Keller, *SOML*, p. 4.

19 Henney, *ASM*, p. 101.

20 Arthur Keller to Michael Anagnos, Jan. 28, 1887, PSB.

21 Annie Sullivan to Michael Anagnos, Mar. 4, 1888, HKA.

22 Keller, *SOML*, p. 22.

23 Annie Sullivan to Michael Anagnos, Mar. 13, 1887, PSB.

24 Annie Sullivan to Sophia Hopkins, Mar. 4, 1888, HKA. AFB의 헬렌켈러기록보관
    소에는 이 편지의 수신자가 마이클 아나그노스로 잘못 표기되어 있다.

25 "Helen Keller", *American Annals of the Deaf*, vol. 33, p. 108.

26 Annie Sullivan to Michael Anagnos, Mar. 13, 1887, PSB.

27 Michael Anagnos, *Helen Keller: A Second Laura Bridgman*, reprinted from the
    *56th Annual Report of the Perkins Institution and the Massachusetts School for
    the Blind for the Year Ending September 30, 1887*, PSB.

28 Keller, *SOML*, Annie Sullivan to Sophia C. Hopkins, Mar. 11, 1887, p. 308.

29 Henney, *ASM*, p. 130.

30 Keller, *SOML*, Annie Sullivan to Sophia C. Hopkins, Mar. 11, 1887, p. 309.

31 Ibid.

32 Ibid., Annie Sullivan to Sophia C. Hopkins, Mar. 20, 1887, pp. 311–312.

33 Dorothy Herrmann, *Helen Keller: A Life*, New York: Alfred A. Knopf, 1998, p. 44.

34 Keller, *SOML*, Annie Sullivan to Sophia C. Hopkins, Mar. 11, 1887, pp. 264–265.

35 Helen Keller, *Teacher: Anne Sullivan Macy*, New York: Doubleday, 1955, p. 49.

36 Ibid., p. 49.

37 Adam Politzer, *A Text-Book of the Diseases of the Ear and Adjacent Organs*,
    London: Henry C. Leah's Son, 1833, p. 238.

38 Keller, *Teacher*, p. 68.

39 Manuscript by Anne Sullivan Macy titled "Foolish Remarks of a Foolish Woman",
    HKA.

40 Keller, *SOML*, Annie Sullivan to Sophia C. Hopkins, Apr. 5, 1887, pp. 315–316.

41 Henney, *ASM*, p. 126.

42 Keller, *SOML*, p. 25.

43 Ibid., p. 25.

01 *56th Annual Report of the Perkins Institution and the Massachusetts School for the Blind for the Year Ending September 30, 1887*, p. 83, PSB.

02 Keller, *SOML*, Annie Sullivan to Sophia C. Hopkins, June 2, 1887, pp. 264–265.

03 Keller, *SOML*, p. 37.

04 Ibid., p. 43.

05 "A Deaf Mute's Evolution", *New York Sun*, July 11, 1887, p. 3.

06 Lash, *HAT*, p. 97.

07 Keller, *SOML*, Helen Keller to Alexander Graham Bell, Nov. 1887, p. 148.

08 Ibid., Annie Sullivan to Sophia C. Hopkins, Apr. 10, 1887, p. 299.

09 Ibid.

10 "A Deaf Mute's Evolution", *New York Sun*, July 11, 1887.

11 56th Annual Report of the Perkins Institution and the Massachusetts School for the Blind for the Year Ending September 30, 1887, p. 96, PSB.

12 Keller, *SOML*, Annie Sullivan to Sophia C. Hopkins, Jan. 9, 1888, p. 344.

13 Annie Sullivan to Michael Anagnos, quoted by Franklin Sanborn in a letter to the Perkins School Trustees, Oct. 24, 1906, HKA.

14 Keller, *SOML*, Annie Sullivan to Sophia C. Hopkins, June 2, 1887, p. 323.

15 *57th Annual Report of the Trustees, Perkins Institution and the Massachusetts School for the Blind for the Year Ending September 30, 1888* (Boston: 1889), PSB.

16 "Helen Keller, a Second Laura Bridgman", *Boston Evening Transcript*, Mar. 27, 1888, p. 6.

17 Keller, *SOML*, Annie Sullivan to Sophia C. Hopkins, June 2, 1887, p. 324.

18 Ibid., Sullivan to Hopkins, June 2, 1887, p. 325.

19 *57th Annual Report of the Trustees, Perkins Institution and the Massachusetts School for the Blind for the Year Ending September 30, 1888* (Boston: 1889), p. 123, PSB.

20 Keller, *SOML*, p. 44.

21 Helen Keller, *Midstream: My Later Life*, New York: Doubleday, Doran, 1929, pp. 245–246.

22 Ibid., p. 246.

23 *57th Annual Report of the Trustees, Perkins Institution and the Massachusetts School for the Blind for the Year Ending September 30, 1888* (Boston: 1889), pp. 83–84, PSB.

24 "Esperanto as World Hope", 신문 기사 조각, 1948, HKA. 헬렌이 퍼스에스페란토연맹(Perth Esperanto League) 임원 A. 에이니호비치 박사(Dr. A. Einihovici)에게 자신이 "수년 동안" 에스페란토어를 익혔다고 말했다는 내용의 기사이다. 1953년 프란츠 크루제(Franz Kruse)에게 보낸 편지에서 헬렌은 영국국립시각장애인연구소(UK National Institute of the Blind)의 에스페란토어 서적을 구할 수 있도록 도와준 데 대해 감사하면서 "전 세계적 보조 언어"를 통해 "세계 곳곳에 떨어져 있는 시각장애인들이 점차 하나가 되어 간다"라는 점이 고무적이라고 말한다. 같은 편지에서 에스페란토어로 능숙하게 글을 쓰지 못하는 데 대한 아쉬움도 토로한다.

25 Annie Sullivan Macy to Michael Anagnos, Feb. 1, 1889, HKA.

26 Michael Anagnos to Anne Sullivan, Mar. 5, 1889, HKA.

27 Lash, *HAT*, p. 136.

28 Ibid.

29 Oliver Wendell Holmes to Helen Keller, Aug. 1, 1890, HKA.

30 John Whittier to Helen Keller, Aug. 5, 1890, HKA.

31 Alexander Graham Bell, "The Method of Instruction Pursued with Helen Keller: A Valuable Study for Teachers of the Deaf", *The Silent Educator*, Alexander Graham Bell Family Papers, LOC.

32 2021년 12월 3일 노엄 촘스키 교수와 저자의 인터뷰. 촘스키는 인간이 원래, 그의 표현으로 "보편문법(Universal Grammar)"이라는 것을 가지고 태어난다고 주장했는데, 이 이론에 많은 언어학자가 이의를 제기해 왔지만 최근 들어서는 심리언어학자 에번 키드(Evan Kidd)가 "인지 도구(cognitive tool kit)"라 칭한 것을 아기가 실제로 가지고 태어난다는 데에 의견이 모이고 있다. 키드는 아기가 자궁 속에서 "청각피질이 성숙할 무렵부터 제1언어의 상(aspects)을 익히기 시작"한다고 주장한다.

33 Keller, *SOML*, p. 25.

34 2022년 9월 18일 산자이 굴라티(Sanjay Gulati) 박사와 저자의 인터뷰.

35 "Helen Keller's Marvellous New Accomplishment", *Boston Daily Journal*, May 17, 1890, p. 10. 애니는 아서에게 급여를 받았다고 주장했지만 헬렌은 나중에 동생 밀드레드에게 선생님과 자신이 퍼킨스로 떠난 1888년 6월 이후 아버지가 애니에게 급

여를 주지 않은 것이 사실이라고 말한다.

36 Frank B. Sanborn to the Board of Trustees of the Perkins School for the Blind, Oct. 24, 1906, HKA.

37 Anne Sullivan to the Board of Trustees of the Perkins Institution, June 17, 1890, PSB.

38 *60th Annual Report of the Trustees of the Perkins Institution and Massachusetts Asylum for the Blind*, Sept. 1891, PSB.

39 Annie Sullivan to Michael Anagnos, Nov. 4, 1891, HKA.

40 "Helen Keller and The Blind. Book VIII"라는 제목의 신문 기사 모음집, 그림 13, HKA.

41 "Miss Sullivan's Methods: A Comparison between Her Reports to the Perkins Institution and the Statements Made in the Volume Entitled *The Story of My Life* by Helen Keller", 저자 및 연도 미상(David Prescott Hall로 추정), PSB.

42 Annie Sullivan to Michael Anagnos, Apr. 2, 1888, HKA.

43 "A Statement", *American Annals of the Deaf*, vol. 36, no. 2 (Apr. 1892), p. 154.

44 Keller, *SOML*, p. 71.

45 Helen Keller to Michael Anagnos, Oct. 17, 1892, HKA.

46 Keller, *SOML*, p. 73.

47 Henney, *ASM*, p. 161.

48 Nielsen, *BTMW*, p. 95.

49 Annie Sullivan to Michael Anagnos, Aug. 17, 1892, HKA.

50 Nielsen, *BTMW*, p. 123.

51 Keller, *SOML*, pp. 78–79.

chaper 5 『내 인생의 이야기』

01 Helen Keller, "How I Succeeded in Overcoming the Difficulties Confronting a Blind Girl and Passed the Entrance Examination for Harvard", *American Magazine*, Oct. 22, 1899.

02 Keller, *SOML*, p. 100.

03 John Albert Macy, "Helen Keller at Radcliffe College", *The Youth's Companion*, vol. 78, no. 22, June 2, 1904, p. 341.

04 Lash, *HAT*, p. 332.

05 Ibid., p. 340.

06 Henney, *ASM*, pp. 198−199.

07 Ibid.

08 John A. Macy to Charles Scribner's Sons, NYC, Feb. 18, 1902, HKA.

09 Henney, *ASM*, p. 200.

10 "Helen Keller Tells the Remarkable Story of Her Life", *San Francisco Call*, Apr. 19, 1903, p. 24.

11 "The Story of My Life" (review), *Brooklyn Citizen*, Apr. 12, 1903, p. 21.

12 William Wade, *The Blind-Deaf: A Monograph, Being a Reprint of The Deaf-Blind*, Indianapolis, IN: Hecker Brothers, 1904, p. 65.

13 Frances Koestler, *The Unseen Minority: A Social History of Blindness in the United States*, New York: American Foundation for the Blind, 2004, p. 506.

14 Ibid.

15 Henney, *ASM*, p. 201.

16 Wade, *Blind-Deaf*. 1901년 초판에서 *Deaf-Blind*였던 제목이 1903년판에서는 *Blind-Deaf*로 살짝 바뀌었다.

17 Ibid., p. 8.

18 Ibid., p. 6.

19 Keller, *SOML*, p. 317.

20 Wade, *Blind-Deaf*, p. 65.

21 William Wade to John Macy, Aug. 31, 1903, HKA.

22 Ibid.

23 Wade, *Blind-Deaf*, p. 4.

24 Keller, *Midstream*, p. 247.

25 Keller, *SOML*, p. 72.

26 Ibid., p. 65.

27 NBH, Book 10, Mark Twain to Helen Keller, Mar. 17, 1903, NBHC.

28 Lash, *HAT*, p. 134.

29 Lash, *HAT*, p. 176.

30 Helen Keller to Mildred Keller Tyson, June 9, 1933, HKA.

31 Keller, *SOML*, p. 3.

01 Albert Bigelow Paine, *Mark Twain*, New York: Chelsea House, 1980, p. 1273.

02 "The Hundredth Anniversary of Mark Twain's Birth"라는 제목으로 헬렌 켈러가 쓴 글. Nov. 13, 1935, HKA.

03 Keller, *Midstream*, p. 104.

04 Helen Keller to Mildred Keller Tyson, June 9, 1933, HKA. 헬렌은 『내 인생의 이야기』에 아서 켈러가 죽기 전에 형편이 좋지 않았다고 썼다. 아버지의 이름에 먹칠을 했다는 밀드레드의 항의에 헬렌은 이렇게 사실을 바로잡았다. "너도 알다시피 선생님이 1888년 6월에 어머니와 나와 함께 보스턴으로 간 후로 한 푼도 못 받은 건 사실이잖니."

05 Samuel L. Clemens to Mrs. H. H. Rogers. 헬렌켈러기록보관소에는 날짜가 없는 이 편지가 1896년에 보낸 것이라는 설명이 붙어 있지만, 헬렌 켈러가 래드클리프에 입학한 1900년 무렵에 보낸 것이 거의 확실하다.

06 Keller, "Hundredth Anniversary", HKA.

07 Keller, *SOML*, "A Supplementary Account of Helen Keller's Life and Education", p. 286.

08 "Speech given by Anne Sullivan Macy at the University of Glasgow when Helen Keller was given an honorary degree", HKA. 설리번은 트웨인이 이 말을 헬렌의 래드클리프 졸업식에서 했다고 주장했지만 사실은 헬렌이 래드클리프를 우등으로 졸업하기 전해인 1903년에 출간된 『내 인생의 이야기』에 인용구의 앞부분이 실려 있었다. 트웨인이 쓴 글이나 남아 있는 트웨인과 헬렌 간의 서신 중 어디에서도 해당 인용구를 찾아볼 수 없기는 하지만 원래의 인용구는 실재이며 두 번째 대목은 트웨인의 이름이 붙은 다른 수많은 인용구와 마찬가지로 출처가 불분명하다.

09 Paine, *Mark Twain*, p. 1490; "Excerpt from Mark Twain's autobiography, with reprint of letter from Helen Keller to Mr. Twain", vol. 2, pp. 295–303, HKA.

10 Mark Twain, *Autobiography of Mark Twain*, vol. 2, ed. Benjamin Griffin and Harriet Elinor Smith, Berkeley: University of California Press, 2010, p. 374.

11 Ibid., journal entry, Jan. 17, 1901.

12 트웨인 연구자 브렌트 콜리(Brent Colley)가 엮은 마크트웨인스톰필드사업(Mark Twain Stormfield Project, 1908–2012)에서 인용.

13 Keller, *Midstream*, p. 50.

14 Paine, *Mark Twain*, p. 1375.

15 Keller, *Midstream*, p. 48.

16 1900년 10월 27일 뉴욕 여성언론인협회에서 마크 트웨인이 한 연설.

17 Keller, *Midstream*, p. 48.

18 Ibid., p. 54.

19 Helen Keller to Samuel Clemens, Dec. 8, 1905, HKA.

20 Keller, *Midstream*, p. 66.

21 Ibid, p. 49.

22 "Writing by Helen Keller for the Brooklyn Eagle, including a letter in response to a critic", 1916, HKA.

23 Mark Twain, *The Autobiography of Mark Twain*, ed. Charles Neider, New York: Harper & Brothers, 1959, p. 7.

24 Mark Twain, *The Complete Essays of Mark Twain: Now Collected for the First Time*, New York: Doubleday, 1963, p. 679.

25 Mark Twain, *Mark Twain: The Complete Interviews*, ed. Gary Scharnhorst, Tuscaloosa: University of Alabama Press, 2006, p. 542.

26 Keller, *Midstream*, p. 49.

27 Ibid., p. 66.

28 Ibid., p. 52.

29 Ibid., pp. 58 – 59.

30 새뮤얼 L. 클레멘스(마크 트웨인) 전신 사진, Jan. 11, 1909, HKA.

31 Booker T. Washington, "A Tribute to Mark Twain", *North American Review*, vol. 191, June 1910.

32 Author interview, Brent Colley, Sept. 28, 2020.

chaper 7   정치적 개안

01   "How I Became a Socialist", *New York Call*, Nov. 3, 1912.

02   H. G. Wells, *New Worlds for Old: A Plain Account of Modern Socialism*, London: Constable, 1908, p. 354.

03   Henney, *ASM*, p. 211.

04   Ibid., p. 212.

05   Ibid.

06   Nielsen, *BTMW*, p. 187.

07   Ibid.

08   Ibid., p. 186.

09   Dumas Malone, ed., *Dictionary of American Biography*, vol. 6, New York: Scribner's, 1932, pp. 177–178.

10   Elizabeth Emerson, *Letters from Red Farm*, Amherst: Bright Leaf, an imprint of Massachusetts University Press, 2021, p. 40.

11   Helen Keller to J. E. Chamberlin, Feb. 2, 1934, HKA.

12   Lorena A. Hickok, *The Story of Helen Keller*, New York: Scholastic, 1958, p. 77.

13   1944년에는 전미인디언의회(National Congress of American Indians)로 알려진다.

14   Lash, *HAT*, p. 267.

15   Arthur Gilman to Kate Keller, Dec. 1897, HKA.

16   Keller, *Teacher*, p. 81.

17   J. E. Chamberlin to Nella Braddy Henney, Dec. 6, 1933, HKA.

18   Kate Keller to John Hitz, Dec. 28, 1897, HKA.

19   체임벌린의 고손녀 엘리자베스 에머슨이 정리한 연대기, "Chamberlin Timeline: With Helen Keller and Annie Sullivan History", CFA; "Letter from Helen Keller to John Hitz about Her Education in Wrentham", Feb. 9, 1898, HKA.

20   Joseph Edgar Chamberlin, "Helen Keller as She Really Is", *American Annals of the Deaf*, vol. 44, no. 4, 1899, p. 300.

21 Helen Keller, "Joseph Edgar Chamberlin", *American Magazine*, vol. 73, 1912, pp. 421–422.

22 "Helen Keller's journals from 1897–1899 in which she records daily life, education, beliefs", journal entry, Aug. 8, 1898, HKA.

23 Lash, *HAT*, p. 756.

24 "Anne's Final Years (1930–36) and Her legacy: 'Foolish Remarks of a Foolish Woman'", HKA.

25 *60th Annual Report of the Trustees*, 1891, PSB.

26 Henney, *ASM*, pp. 149–150.

27 Ibid.

28 Helen Keller, *My Religion*, New York: Swedenborg Foundation, 1956, p. 48.

29 Lord's New Church, "Who Is Emanuel Swedenborg?"

30 Lash, *HAT*, p. 781.

31 1914년 헬렌은 자신이 바하이(Baha'i)교로 개종했다는 보도를 부인하고 스베덴보리교 신앙을 확언하는 편지를 새교회 총재에게 보냈다. 헬렌은 이렇게 썼다. "아시다시피 저는 열여섯 살 때부터 에마누엘 스베덴보리의 교리를 굳게 믿어 왔습니다." 조지프 래시(*HAT*, p. 927)는 헬렌이 1930년대 초반까지는 "새교회를 포함해" 어떠한 교회에도 정식으로 등록한 적이 없다고 주장했다.

32 "Speech by Helen Keller on the New Church and Its Relevance in the Twentieth Century", 1919, HKA.

33 Charles Arthur Hawley, "Swedenborgianism and the Frontier", *Church History*, vol. 6, no. 3, 1937, pp. 203–222.

34 Peter D'Alroy Jones, *Christian Socialist Revival, 1877-1914*, Princeton: Princeton University Press, 2015, p. 355.

35 "Helen Keller's speech regarding the welfare of the poor and blind children of Atlanta", HKA.

36 "Helen Keller Socialist and Suffragist", *Des Moines Register*, Jan. 30, 1914, p. 7.

37 Annie Sullivan Macy to Michael Anagnos, July 7, 1890, HKA.

38 "Helen Keller—A Wonderful Girl", *Demorest's Family Magazine*, Oct. 1896.

39 "From Helen Keller", *Fall River Daily Evening News*, Mar. 1, 1906, p. 6.

40 "Helen Keller Honored by Governor Guild", *St. Louis Globe Democrat*, July 7, 1906.

41　Keller, *Midstream*, p. 75.

42　Keller, *Teacher*, p. 150.

43　Helen Keller, "I Must Speak: A Plea to the American Woman", *Ladies' Home Journal*, vol. 26, no. 2, Jan. 1909.

44　"Writing by Helen Keller—The World I Live In; Legal—Royalties", HKA.

45　Helen Keller, *The World I Live In*, New York: Century, 1908, pp. xi – xii.

46　Keller, *Midstream*, p. 22.

47　Helen Keller, "Manuscript about the Death of Eugene V. Debs", Oct. 20, 1926, HKA.

48　미국사회당(Socialist Party of America)은 기존의 미국사회민주당과 미국사회주의 노동당에서 떨어져 나온 한 분파가 결합해 만든 당이다.

49　"Mission of the Socialist Party", speech by Eugene Debs, Coliseum Hall Arena, Denver, May 26, 1902.

50　Socialist Party of America Membership 1903 – 1932, WHS.

51　*Helen Keller: Her Socialist Years*, ed. Philip S. Foner, New York: Internationalist Publishers, 1967, pp. 10, 12. 포너는 헬렌이 1909년에 "매사추세츠주에서 사회당에 입당했다"라며 지부에 가입한 것처럼 썼다. 하지만 공식적으로 헬렌이 사회당 전국 단위에 참여했음을 보여 주는 최초의 서류는 1912년으로 표기된 당원증 사본이다. 헬렌이 1912년 이전에 사회주의자를 자처한 사실을 명확히 보여 주는 당시의 이야 기들로 미루어 볼 때 빠르면 1909년에는 이미 전국 단위의 당원이었을 가능성이 있 다. 아쉽게도 포너의 주장에는 근거가 없다.

52　Lash, *HAT*, p. 431.

53　Malone, *Dictionary of American Biography*, pp. 177 – 178.

54　Henney, *ASM*, p. 223.

55　"Marxian Club Socialist", *Ogden Standard*, Oct. 22, 1910, p. 12.

56　"The Gathering Storm", *Appeal to Reason*, Dec. 31, 1910, p. 1.

57　"Helen Keller Writes", *Appeal to Reason*, Dec. 24, 1910.

58　"The Dumb Girl Speaks", *Appeal to Reason*, Jan. 14, 1911, p. 2.

59　"How I Became a Socialist", *New York Call*, Nov. 3, 1912.

60　"Let the Blind See", *Boston Evening Transcript*, Feb. 15, 1911, p. 28.

61　Kenneth E. Hendrickson, "George R. Lunn and the Socialist Era in Schenectady, New York, 1909 – 1916", *New York History*, vol. 47, no. 1, 1966, pp. 22 – 40.

62 "Why a Harvard Man Should Be a Socialist", *Boston Evening Transcript*, Nov. 29, 1911.

63 "The Suffragettes", *Boston Globe*, Mar. 3, 1912, p. 80.

64 메이시는 훗날 기자에게 런 시장의 비서실장으로 지명된 건을 이야기하는 도중에 자신이 대학간사회주의자협회 회원이었다고 밝힌다.

65 공식 당명은 독일사회민주당(Sozialdemokratische Partei Deutschlands)이지만 1912년 독일사회당으로 인정받는다.

66 "German Socialists and the Blind", *Derby Daily Telegraph*, Jan. 9, 1912, p. 4.

67 Joseph Lash to Patricia Smith, Aug. 2, 1978, HKA. 같은 편지에서 래시는 메이시가 1909년에 당원이 된 것이 틀림없지만 헬렌의 입당 시기는 확실치 않다고 말한다. 하지만 이후 발표된 전기에는 메이시의 1909년 입당 서류가 주석으로 제시되지 않았다. 애초에 그런 자료는 존재하지 않았다고 보는 것이 합리적이다.

68 1980년 출간된 래시의 책 『헬렌과 선생님(Helen and Teacher)』에는 주석이 없었다. 하지만 래시가 기증한 AFB와 퍼킨스학교의 기록물 사본에는 상세한 인용문과 주석이 수기로 실려 있었다.

69 Hendrickson, "George R. Lunn", p. 31.

70 "Noted Blind Girl Coming with Macy", *Knickerbocker Press*, Apr. 18, 1912.

71 Ibid.

72 Ibid.

73 "Helen Keller Will Take Up New Work Soon", *Montgomery Times*, June 19, 1912, p. 6.

chapter 8   "산업적 시각장애와 사회적 청각장애"

01 "Article praising Helen Keller's Socialism, and criticizing those who fail to see Socialism as she does", 1912, HKA.

02 Helen Keller, "How Helen Keller Would Try to Make Schenectady Better", *Knickerbocker Press*, July 7, 1912.

03 Ibid.

04 "Writing by Helen Keller for the *Brooklyn Eagle*, including a letter in response to a critic", 1916, HKA.

05 Ibid.

06 Keller, "I Must Speak".

07 Foner, *Helen Keller*, p. 13.

08 Alleyne Ireland, "Helen Keller Enters Politics to Cure Social Blindness", *St. Louis Post-Dispatch*, Sept. 15, 1912, p. 1.

09 Ibid.

10 Ibid.

11 Ibid.

12 Ibid.

13 Henney, *ASM*, p. 231.

14 Helen Keller to Kate Keller, Aug. 15, 1912, HKA.

15 "Helen Keller Will Not Aid Socialists", *Knickerbocker Press*, Sept. 21, 1912.

16 "How I Became a Socialist", *New York Call*, Nov. 3, 1912.

17 "Exploiting Helen Keller", *Common Cause*, New York: Social Reform Press, 1912, p. 204. 예수회 신부 테런스 실리(Terence Shealy)가 운영하던 사회개혁출판사(Social Reform Press)에서 제작한 《코먼코즈》는 1912년에서 1913년 사이에 단 세 차례만 발행되었다.

18 Ibid.

19 "How I Became a Socialist", *New York Call*, Nov. 3, 1912.

20 Ibid.

21 Ibid.

22 Ibid.

23 "The Contemptible Red Flag", *New York Times*, Sept. 21, 1912, p. 10.

24 "How I Became a Socialist", *New York Call*, Nov. 3, 1912.

25 Ibid.

26 Ibid.

27 Ibid.

28 *New York Call*, May 4, 1913.

29 Ibid., p. 274.

30 Lash, *HAT*, p. 371.

31 Helen Keller to Annie Sullivan, Oct. 14, 1912, HKA.

32 Helen Keller to Annie Sullivan, Oct. 7, 1912, HKA.

33 Helen Keller to Annie Sullivan, Oct. 14, 1912, HKA.

34 Ibid.

35 Helen Keller to John Macy, Oct. 9, 1912, HKA.

36 Ibid.

37 James Oppenheim, "Bread and Roses", *The American Magazine*, Dec. 1911.

38 "A Letter by Helen Keller", *Franklin Evening News*, Nov. 23, 1912, p. 4.

39 Ibid.

40 Keller, *Midstream*, p. 269.

41 Andrew Carnegie, "The Gospel of Wealth", *North American Review*, vol. 183, 1906, pp. 526–537.

42 Lucy D. Fuller to Helen Keller, Dec. 17, 1910, HKA.

43 Keller, *Midstream*, p. 41.

chaper 9 급진적 전환

01 June Hannam, "Suffragette", *International Encyclopedia of Women's Suffrage*, Santa Barbara, CA: ABC-CLIO, 2000, p. 287.

02 Mrs. Grindon to Helen Keller, Oct. 4, 1909, HKA.

03 "Letter from Helen Keller to Mrs. Grindon about women's suffrage", Mar. 3, 1911.

04 "Blind Girl Believes Suffrage Will Lead to Socialism", *New York Times*, May 6, 1913.

05 Keller, *Teacher*, p. 105.

06 "Moving Tale of Guiding the Young Woman", *Boston Globe*, Mar. 25, 1913, p. 10.

07 Ibid.

08 "Helen Keller", *Asheville Citizen-Times*, Oct. 12, 1913, p. 4.

09 "Helen Keller Lectures", *Nebraska State Journal*, May 4, 1913, p. 24.

10 "Helen Keller Likes Criticism. For It Helps Her 'See Better'", *Ohio State Journal*, Nov. 10, 1913.

11 Winifred A. Corbally to Lotta Dempsey, Toronto *Daily Star*, June 8, 1967, HKA.

12 Helen Keller to Mildred Keller Tyson, Sept. 23, 1914, HKA.

13 Helen Keller to John A. Macy, Jan. 25, 1914, HKA.

14 Lash, *HAT*, p. 464.

15 Helen Keller to John A. Macy, Jan. 25, 1914, HKA.

16 Helen Keller to John A. Macy, Apr. 4, 1914, HKA.

17   Helen Keller to John A. Macy, Feb. 8, 1914, HKA.

18   Keller, *Teacher*, p. 128.

19   Ibid.

20   "The manuscript of Helen Keller's book *Teacher*", HKA.

21   Keller, *Teacher*, p. 12.

22   Helen Keller to M. C. Migel, Nov. 1, 1935, HKA.

23   Helen Keller to John A. Macy, Feb. 8, 1914, HKA.

24   Ibid.

25   Helen Keller to John A. Macy, Mar. 14, 1914, HKA.

26   "Draft of letter from Helen Keller correcting Mildred Keller about their family life", June 9, 1933, HKA.

27   Keller, *Teacher*, p. 126.

28   Henney, *ASM*, p. 239.

29   Helen Keller, "Why Men Need Woman Suffrage", *New York Call*, Oct. 17, 1913.

30   Helen Keller to I. Graham, Aug. 29, 1911, HKA.

31   Ibid.

32   Ibid.

33   Helen Keller to the editor of the *New York Call*, Apr. 6, 1916, HKA.

34   "Article from the *New York Herald* arguing Helen Keller's radical Socialist beliefs have ended her career", Nov. 4, 1923, HKA.

chaper 10   "결함 있는 인종"

01   "Baby Doomed, Autopsy Shows", *Boston Globe*, Nov. 19, 1915.

02   "Mother Love", *Chicago Tribune*, Nov. 17, 1915, p. 1.

03   "Mother Approves Refusal to Prolong the Life of Deformed Infant", *Chicago Daily Tribune*, Nov. 17, 1915, DHM.

04   Keller, *SOML*, 헌사.

05   Alexander Graham Bell, "Memoir Upon the Formation of a Deaf Variety of the Human Race", 미국국립과학원 제출 논문, New Haven, Nov. 13, 1883.

06   Ibid.

07   Brian H. Greenwald, "Taking Stock: Alexander Graham Bell and Eugenics, 1883 –

1922", in *The Deaf History Reader*, ed. John Vickrey Van Cleve, Washington, DC: Gallaudet University Press, 2007.

08 Alexander Graham Bell, "A Few Thoughts Concerning Eugenics", *Annual Report of the American Genetic Association—Breeding*, vol. 4, 1908.

09 P. R. Reilly, "Involuntary Sterilization in the United States: A Surgical Solution", *Quarterly Review of Biology*, June 1987, pp. 153–170.

10 "Facts about Children and Hearing Loss", Dallas Hearing Foundation. 이에 따르면 "유전정보가 밝혀지지 않은 청각장애인 부모가 청각장애인 자녀를 낳을 가능성은 10%이다".

11 Douglas C. Baynton, *Forbidden Signs: American Culture and the Campaign against Sign Language*, Chicago: University of Chicago Press, 1996, p. 31.

12 Keller, *Midstream*, p. 107.

13 Annie Sullivan, "How Helen Keller Acquired Language", *American Annals of the Deaf*, vol. 37, no. 2, Apr. 1892, p. 132.

14 Ibid., pp. 127–128.

15 Ibid.

16 아나그노스가 인용한 구절을 포함해, 초기 기록에서 애니는 헬렌이 처음 한 말이 "저는 이제 말 못하는 사람이 아니에요"라고 했지만, 나중에 청중에게 말할 때는 "저는 더 이상 말 못하는 사람이 아니에요"라고 했다. "Throng Thrilled as Famous Blind Woman Appears", *Morning Post*, Camden, NJ, Jan. 20, 1926, p. 3.

17 Keller, *Midstream*, p. 98. 1955 Video: *Helen Keller Speaks Out*. 이 영상에서 헬렌이 말을 하지만 대부분 알아들을 수 없는 소리라 헬렌이 청중 앞에서 강연할 때 애니가 했던 것처럼 폴리가 헬렌의 말을 통역한다.

18 미국의 우생학 운동이 히틀러의 정책에 어떤 식으로 영감을 주었는지는 에드윈 블랙의 역작 『약자에 맞서는 전쟁』을 보라.

19 Katie Booth, *The Invention of Miracles*, New York: Simon & Schuster, 2021, p. 513.

20 Diane Paul, "Eugenics and the Left", *Journal of the History of Ideas*, vol. 45, no. 4, Oct.–Dec. 1984, pp. 567–590.

21 Jonathan Freedland, "Eugenics and the Master Race of the Left", *Guardian,* Aug. 30, 1997.

22 "Deformed Baby Dies", *Philadelphia Inquirer*, Nov. 18, 1915, p. 7.

23 "Helen Keller, Blind, Deaf and Dumb Genius, Writes on Defective Baby Case",
Pittsburgh Press, Nov. 28, 1915, p. 14.

24 "The Sins of the Parents Shall Not Be Visited", *Washington Herald*, Dec. 5, 1915,
p. 35.

25 "Helen Keller, Blind, Deaf and Dumb Genius, Writes on Defective Baby Case",
Pittsburgh Press, Nov. 28, 1915.

26 Nathalie Oveyssi, "The Short Life and Eugenic Death of Baby John Bollinger",
Psychology Today, Oct. 12, 2015.

27 "Jury Clears, Yet Condemns, Dr. Haiselden", *Chicago Tribune*, Nov. 20, 1915, p. 8.

28 Nathalie Oveyssi, "The Short Life and Eugenic Death of Baby John Bollinger",
Psychology Today, Oct. 12, 2015.

29 Helen Keller, "Physicians' Juries for Defective Babies", *New Republic*, Dec. 18,
1915.

chaper 11   헬렌 대 짐크로

01 United States Census, 1880, "Population by Race, Sex, and Nativity". 1880년 인
구조사 기록에 따르면 터스컴비아가 속한 콜버트 카운티(Colbert County) 인구 중
9203인이 백인이고 6950인이 "유색인"이었다고 하지만, 조지프 래시는 1880년 터
스컴비아 인구의 "절반 이상"이 흑인이었다고 주장한다(*HAT*, p. 54).

02 United States Federal Census, 1830, fifth census of the United States, microfilm
M19, Record Group 29, NARA; 2022년 6월 14일 수 필킹턴(Sue Pilkington)과 저
자의 인터뷰.

03 United States Federal Census, 1850, Slave Schedule, M432, NARA.

04 "Helen Keller to Mildred Keller Tyson", June 9, 1933, HKA. 1947년 메리 화이트 빈
슨(Mary White Vinson)이라는 여성이 헬렌에게 편지를 보내 자신의 어머니 제시
하트(Jessie Hart)가 1880년대에 켈러가의 요리사로 일했고 자신은 헬렌과 자주 놀
았다고 했다(Mary Vinson to Helen Keller, Oct. 1, 1947, HKA). 1880년 연방 인구
조사 기록에 따르면 "제시 하트(Jessy Hart)"가 아서 켈러와 케이트 켈러의 하인으
로 일한 것으로 나타나 메리의 주장에 신빙성이 더해졌다. 1971년 헬렌켈러유산관
리단에서 메리에게 헬렌과 주고받은 서신을 요청하는 편지를 보냈지만 1969년에 세
상을 떠난 후였다. 수년 후에 앨라배마주 러셀빌 출신의 토머스 맥나이트(Thomas

McKnight)라는 아프리카계 미국인 남성이 자신의 가계를 추적한 결과 "마사 워싱턴"이 실은 그의 주장에 따르면 헬렌의 어린 시절에 아이비그린에서 요리사로 일했다는 자신의 증조모 소피아 네이피어 왓킨스(Sophia Napier Watkins)의 조카 머라이어 왓킨스(Mariah Watkins)라고 주장했다. 1880년 인구조사 기록에서 소피아 네이피어 왓킨스는 "가정부"로 표기되어 있으며 켈러가의 요리사였다는 기록은 찾아볼 수 없다. 맥나이트는 주장을 뒷받침할 추가 증거를 찾기 위한 인터뷰를 요청하는 전화 및 이메일을 수차례 취했으나 응답하지 않았다.

05   Keller, *SOML*, p. 25.

06   Ibid, p. 300.

07   "Captain Arthur H. Keller", Civil War Soldier Service Records, Confederate Army, Fold 3.

08   Lash, *HAT*, p. 53.

09   "The Ku Klux Klan", *North Alabamian*, Jan. 4, 1906, p. 1. 이는 아서가 클랜의 일원이었다고 전하는 유일한 자료로, 지역 사학자 리 프리먼(Lee Freeman)은 이것이 "떠도는 말"이었을 수 있다고 본다.

10   "Tuscumbia", *Nashville Republican Banner*, Sept. 22, 1868, p. 1. 이 신문에서는 터스컴비아신학교에 불을 지른 혐의로 지역 교도소에 수감되어 있던 포트 심슨(Fort Simpson), 제이크 벨(Jake Bell), 벤 쿠퍼(Ben Cooper)라는 흑인 세 명이 "큐클럭스클랜"에게 끌려갔다고 보도했다. 그들은 "다리에 매달려" 있었다. 이튿날《내슈빌테네시언(Nashville Tennessean)》(p. 4)에서는 교수형에 처해진 이들 중 한 명의 등에 "큐클럭스클랜이 그들을 지배한다"라고 적힌 현수막이 달려 있었다고 보도했다. 2022년 7월 7일 플로렌스로더데일공공도서관 지역 사학자 리 프리먼과 저자의 인터뷰.

11   Eugene Debs, "The Negro in the Class Struggle", *International Socialist Review*, vol. 4, no. 5, November 1903.

12   Ray Ginger, *The Bending Cross*, Chicago: Haymarket Books, 1947, p. 260.

13   Richard Iton, *Solidarity Blues: Race, Culture, and the American Left*, Chapel Hill: University of North Carolina Press, 2003, p. 103.

14   Henney, *ASM*, p. 89.

15   Keller, *SOML*, p. 272.

16   Ibid., p. 272.

17   Lash, *HAT*, p. 335.

18　W. E. B. Du Bois, in ed. Edna Porter, *Double Blossoms*, New York: Lewis Copeland, 1931, p. 64.

19　Helen Keller to Van Wyck Brooks, Jan. 28, 1957, HKA.

20　NAACP, "Our History".

21　"Notes and Excerpts from '*The North Alabamian*', A. H. Keller, Editor and Prop'r", HKA.

22　Oswald Garrison Villard, "Socialism and Syndicalism", *The Nation*, May 30, 1912.

23　Helen Keller to Oswald Garrison Villard, Feb. 3, 1916, HKA.

24　Keller, *Midstream*, p. 220.

25　Day 2, 1901 Proceedings, Constitutional Convention of Alabama.

26　"Villard and Letter from Helen Keller", *Selma Journal*.

27　"The Bourbons and Helen Keller", *The Crisis*, June 1916, p. 70.

28　2022년 1월 19일 수전 필리펠리 교수와 저자의 인터뷰.

29　"Lynchings: By State and Race, 1882–1968", TIA.

30　"Helen Keller Indicates Her Attitude anent the Advertisement in Local Paper of Recent Date", *Selma Times*, Apr. 8, 1916.

31　Van Wyck Brooks, *Helen Keller: Sketch for a Portrait*, New York: Dutton, 1956, p. 138.

32　Du Bois, in Porter, *Double Blossoms*, p. 64.

chaper 12　"작은 기쁨의 섬"

01　Keller, *Midstream*, p. 134.

02　Ibid.

03　Ibid., p. 135.

04　"All Should Wed", *Sisseton Weekly Standard*, July 7, 1916.

05　Helen Keller to John A. Macy, Mar. 4, 1914, HKA.

06　"How Helen Keller First Sensed Love", *Boston Post*, Nov. 26, 1916, p. 45.

07　Keller, *Midstream*, p. 178.

08　"Helen Keller Says All Women Should Marry", *Chicago Daily Tribune*, June 9, 1916.

09　Ibid., p. 179.

10 Ibid.

11 2021년 12월 24일 헬렌 켈러의 종증손녀 켈러 존슨-톰슨(Keller Johnson-Thompson)과 저자의 인터뷰.

12 "Rumor Helen Keller to Wed", *Boston Globe*, Nov. 18, 1916, p. 1.

13 "Love Affair Is Ended by Duty", *Tacoma Daily Ledger*, Jan. 7, 1917, p. 37.

14 "Obstacles to Helen Keller's Marrying", *Boston Globe*, Nov. 18, 1916, p. 8.

15 "Helen Keller's Romance Fades", *Boston Post*, Nov. 19, 1916, pp. 1, 13.

16 Keller, *Midstream*, p. 180.

17 "Unalloyed Rot. Says Peter Fagan", *Boston Globe*, Nov. 23, 1916, p. 2.

18 "Mrs. Macy Has Left Her Pupil", *Boston Post*, Nov. 21, 1916, p. 1.

19 Ibid.

20 "Miss Keller Not to Marry", *Selma Times*, Dec. 1, 1916, p. 4.

21 "Helen Keller's Romance Fades", *New York Herald Tribune*, Nov. 19, 1916, p. 1.

22 Kim E. Nielsen, *The Radical Lives of Helen Keller*, New York: New York University Press, 2004, p. 40.

23 2021년 12월 24일 켈러 존슨-톰슨과 저자의 인터뷰.

24 Lash, *HAT*, p. 224.

25 "Love and Socialism on the Front Porch", *San Francisco Chronicle*, May 11, 1984.

26 앤 페이건 진저(Ann Fagan Ginger) 인터뷰, *The Real Helen Keller*, produced by Liz Crow and Ann Pugh, Roaring Girl Productions, 2000.

27 빌 존슨 인터뷰, Ibid.

28 Ann Fagan Ginger to Helen Keller, Feb. 4, 1960, HKA.

29 "Correspondence between Fred Elder and Anne Sullivan Macy searching for a mutual acquaintance in Kansas City", Sept. 20, 1922, HKA.

30 Keller, *Midstream*, p. 182.

31 Ibid., p. 181.

chaper 13 헬렌 대 테디 루스벨트

01 Helen Keller to Anne Sullivan Macy, Mar. 26, 1917, HKA.

02 Ibid.

03 Anne Sullivan Macy to Helen Keller, 1917, HKA.

04   "Helen Keller Helps the Blind in Germany", *Twin-City Daily Sentinel*, Jan. 10, 1917, p. 10.

05   Helen Keller to Kate Keller, Oct. 9, 1914, HKA.

06   "Helen Keller's speech 'America against Wars' delivered on the Midland Chautauqua Circuit", 1916, HKA.

07   Ibid.

08   M. J. Stevenson to Polly Thomson, May 5, 1916, HKA.

09   "Haywood's Expulsion", *South Bend Tribune*, March 5, 1913, p. 8. 헤이우드는 "직접행동"과 "사보타주"를 요구했다는 이유로 당원 총투표를 통해 거의 두 배의 표차로 사회당 전국집행위원회(National Executive Committee)에서 제명되었다. 그 후 곧 당을 떠났다.

10   "Helen Keller Would Be IWW's Joan of Arc", *New York Herald Tribune*, Jan. 16, 1916, p. 41.

11   Ibid.

12   Helen Keller to Woodrow Wilson, Nov. 16, 1915, vol. 35, Woodrow Wilson Presidential Papers, Oct. 1, 1915 – Jan. 27, 1916, LOC.

13   Wilson to Helen Keller, Nov. 17, 1915, Woodrow Wilson Presidential Papers, vol. 35, Oct. 1, 1915 – Jan. 27, 1916, LOC.

14   "Transcript for telegram from Helen Keller to Governor William Spry of Utah asking for a stay of execution for Joe Hill", Nov. 1915, HKA.

15   "Helen Keller Speech at Carnegie Hall", Jan. 5, 1916, HKA; "War-Mad Men and Women to Blame for Europe's Cataclysm", *Buffalo Evening Times*, Jan. 10, 1916, p. 2.

16   "Miss Keller on the War", *Outlook*, Dec. 29, 1915.

17   Helen Keller to Sister Mary Joseph, May 5, 1902, HKA.

18   "War-Mad Men and Women to Blame for Europe's Cataclysm", *Buffalo Evening Times*, Jan. 10, 1916, p. 2.

19   Anne Terry White, *Eugene Debs: American Socialist*, New York: Hill, 1974, p. 93.

20   Helen Keller to Annie Sullivan, Mar. 1, 1917, HKA.

21   "Note from Helen Keller about her letter to Henry Ford and his work for peace", Nov. 30, 1915, HKA.

22   Helen Keller, "The Ford Peace Plan Is Doomed to Failure", *New York Call*, Dec. 16,

1915.

23   "War-Mad Men and Women to Blame for Europe's Cataclysm—Helen Keller",
     Buffalo Evening Times, Jan. 7, 1916.

24   Emma Goldman to Helen Keller, Feb. 8, 1916, HKA.

25   Annie Sullivan to Helen Keller, 1917, HKA.

26   Ibid.

27   "Doing Her Bit", *Lincoln Journal Star*, Oct. 31, 1918, p. 12.

28   "Raids on I.W.W. Show Germans Back of Plots", *Brooklyn Times Union*, Sept. 6,
     1917.

29   "America Calls", *New York Herald Tribune*, Nov. 2, 1917, p. 8.

30   "Letter to Morris Hillquit", *New York Call*, Nov. 5, 1917, p. 3.

31   Ibid.

32   Ibid.

33   Foner, *Helen Keller*, p. 125.

34   Helen Keller to Woodrow Wilson, Dec. 12, 1917, HKA.

35   Ibid.

chaper 14   "인간의 경이"

01   Advertisement, B.F. Keith's, Philadelphia *Evening Ledger*, May 8, 1920, p. 12.

02   Francis T. Miller, for movie "Deliverance" about Helen Keller, HKA.

03   Helen Keller to Horace Traubel, Sept. 25, 1918, Box 152, Folder 22: Communist
     Party of the United States, "Helen Keller Correspondence", WLA.

04   "Film script by Francis T. Miller, for movie *Deliverance* about Helen Keller",
     HKA.

05   Keller, *Teacher*, p. 147.

06   Keller, *Midstream*, p. 194.

07   "Helen Keller Cheers Actors' Strike Pickets", *Illustrated Daily News*, Aug. 21,
     1919.

08   Helen Keller to Judge Nieman, Aug. 13, 1919, HKA.

09   "Stagehands Quit, 3 More Shows Hit; Film Strike, Too?" *Brooklyn Daily Eagle*,
     Aug. 17, 1919, p. 5.

10   Keller, *Midstream*, p. 208.

11   "Eugene V. Debs on the Three L's", *Labor Action*, vol. 13, no. 5, Feb. 1919.

12   *Debs v. the United States*, 249 U.S. 211, 1919.

13   "To Eugene V. Debs", *New York Call*, Apr. 29, 1919.

14   "Letter from the American Civil Liberties Bureau, NYC to Helen Keller, Forest Hills, NYC regarding the restructuring of the Bureau", Dec. 30, 1919, HKA.

15   "Documents relating to Helen Keller and Anne Sullivan's income and investments, including lists of assets and letters", HKA.

16   "1920 Statistics of Income", United States Treasury Department, Internal Revenue. Washington Government Printing Office, 1922. 1920년대 미국 가구 평균 소득은 3269.40달러였다.

17   Helen Keller, *The Story of My Life: The Restored Edition*, New York: Random House, 2003. 마일라에 관해서는 1920년대 초반에 존과의 사이에서 딸을 낳고 5년 후 존과 딸을 남겨 두고 사망했다는 풍문 외에 알려진 것이 거의 없다.

18   Annie Sullivan to Eleanor Hutton, Mar. 22, 1905, HKA.

19   Helen Keller to Kate Keller, July 7, 1920, HKA.

20   Helen Keller to Mildred Keller Tyson, June 9, 1933.

21   "Helen Keller Buys Forest Hills Home", *Brooklyn Daily Eagle*, Sept. 7, 1917.

22   John A. Macy to Helen Keller, Jan. 4, 1918, HKA.

23   John A. Macy to Helen Keller, Jan. 2, 1918, HKA.

24   Ibid.

25   John A. Macy to Helen Keller, Feb. 1, 1918, HKA.

26   John A. Macy to Helen Keller, Jan. 4, 1918, HKA.

27   Keller, *Midstream*, p. 209.

28   Keller, *Teacher*, p. 154.

29   "Script for Helen Keller and Anne Sullivan Macy's Vaudeville Performances", HKA.

30   "Helen Keller Tells of Her Novel Sensations on Stage", *New York Sun and Herald*, Feb. 29, 1920, p. 4.

31   "Helen Keller, as Vaudeville Star, Wins Audience by Her Personality", *Sandusky Star Journal*, Mar. 6, 1920, p. 2.

32   "Receipt from Andrew J. Lloyd Company Opticians, Boston, MA for an artificial

eye for Helen Keller", Sept. 1911, HKA.

33 "Helen Keller Tells of Her Novel Sensations on Stage", p. 43.

34 피터 파이블먼(Peter Feibleman)은 릴리언 헬먼(Lillian Hellman)과의 평생에 걸친 우정을 담은 회고록 『릴리(Lilly)』에서 폴리가 헬렌을 위해 준비한 파티에 관한 이 야기를 전한다(New York: Morrow, 1988, p. 102). 헬먼과 친구 도로시 파커도 함께 초대받았지만 파커는 초대를 거절했다. 이후 파티에서 돌아온 헬먼은 친구에게 경건하기만 한 대화가 지긋지긋했다고 말했다. 그러자 파커는 이렇게 말했다고 한다. "네 잘못이야, 친구야. 그가 여자 사기꾼에 동성애자라고 내가 말했잖아." 이것이 헬렌을 가리키는 말이라고 보는 사람도 일부 있지만, 파커가 언급한 그 파티는 1961년 7월에 코넬이 마서스비니어드에 있는 자신의 별장 칩찹(Chip Chop)에서 주최한 헬렌의 81세 생일 파티였으므로 캐서린 ("키트") 코넬(Katharine "Kit" Cornell)을 가리켰을 가능성이 더 높다. 코넬이 거스리 매클린틱(Guthrie McClintic)과 결혼하기는 했지만 오랫동안 헬렌의 친구 낸시 해밀턴(Nancy Hamilton)과 연인 관계인 레즈비언이라는 사실은 공공연한 비밀이었다. 파이블먼 자신은 참석하지 않았기 때문에 파티에 관한 이야기는 간접적으로 전해 들은 것에 불과했다.

35 "Helen Keller: The Unconquerable", *Coronet*, Mar. 1949, p. 132.

36 헬렌과 애니가 예상 질문을 어느 정도 뽑아 미리 답변을 준비해 갔으므로 헬렌의 모든 답변이 보이는 것처럼 순발력에서 나온 것은 아니었을 수 있다.

37 "List of questions asked to Helen Keller by her Vaudeville audiences", HKA.

38 Ibid.

39 Keller, *Midstream*, p. 210.

40 Ibid., p. 209.

41 Susan Crutchfield, " 'Playing Her Part Correctly': Helen Keller as Vaudevillian Freak", *Disability Studies Quarterly*, vol. 25, no. 3, Summer 2005.

42 Ibid.

43 Helen Keller to Yvonne Pitrois, undated, HKA.

44 Ibid.

45 Ibid.

46 Helen Keller to Daisy Sharpe, Dec. 19, 1923, HKA.

01 Helen Keller to Mildred Keller Tyson, Dec. 1, 1922, HKA.

02 Helen Keller to Mildred Keller Tyson, Dec. 17, 1923, HKA.

03 Ibid.

04 Koestler, *Unseen Minority*, pp. 15–16.

05 M. C. Migel to Charles F. F. Campbell, Nov. 27, 1923, HKA.

06 Charles F. F. Campbell to M. C. Migel, Nov. 30, 1923, HKA.

07 F. F. Campbell to M. C. Migel, Nov. 30, 1923, HKA.

08 M. C. Migel to Charles F. F. Campbell, Apr. 18, 1924, HKA.

09 Annie Sullivan to M. C. Migel, Nov. 10, 1924, HKA.

10 Annie Sullivan to M. C. Migel, Aug. 6, 1924, HKA.

11 Koestler, *Unseen Minority*, p. 69.

12 Ibid., p. 64.

13 S. Stanwood Menken to M. C. Migel, Feb. 6, 1924, HKA. 참고: AFB 디지털 기록보관소에는 멩컨의 이름이 Meuken으로 잘못 표기되어 있다.

14 C. W. Toth, "Samuel Gompers, Communism, and the Pan American Federation of Labor", *Americas*, vol. 23, no. 3, 1967, pp. 273–278.

15 "Letter from Helen Keller with a donation to the Friends of Soviet Russia to benefit Russian children", Feb. 8, 1923, HKA.

16 Helen Keller to Iva Ettor, Nov. 17, 1923, HKA.

17 Helen Keller to Robert La Follette, July 27, 1924, HKA.

18 Ibid.

19 헬렌 켈러가 워싱턴 D.C.에서 AFB 홍보차 한 연설, 1925, HKA.

20 "Average Hours and Earnings by Sex and City, 1926 & 1928, New York, 1926", Bulletin of the Bureau of United States Labor Statistics, US Government Printing Office, 1929, p. 810.

21 Helen Keller to Herbert H. White, July 6, 1926, HKA.

22 Ibid.

23 Helen Keller to Nella Braddy Henney, Sept. 18, 1944, HKA.

24 Keller, *Midstream*, pp. 151–152.

25 "Lecture given by Anne Sullivan Macy about the education of Helen Keller", 1914,

HKA.

26 "Monument of Shame to John D, Her Suggestion", *New Castle News*, Sept. 24, 1914.

27 John Louis Recchiuti, *Civic Engagement: Social Science and Progressive-Era Reform in New York City*, Philadelphia: University of Pennsylvania Press, 2007, p. 117.

28 Koestler, *Unseen Minority*, pp. 98–99.

29 Helen Keller to Olin H. Burritt, Oct. 17, 1926, HKA.

chaper 16   헬렌 대 총통

01 "Nazi Book Burning Fails to Stir Berlin", *New York Times*, May 11, 1933, pp. 1, 12.

02 Ibid.

03 Ibid.

04 「나는 어떻게 사회주의자가 되었나」는 《뉴욕콜》에 기고한 논평 제목이었지만 이후 해당 논평을 포함한 헬렌의 사회주의 저술을 엮은 1913년작 『어둠을 벗어나(Out of the Dark)』가 독일어로 번역 출간될 때 독일어판 제목(*Wie ich Sozialistin Wurde*, 1914)으로 쓰였다.

05 "1933 Book Burnings", USHMM.

06 "Germany Burns Blacklisted Books Tonight", *Herald-News*, May 10, 1933.

07 나의 책 *The American Axis: Henry Ford, Charles Lindbergh, and the Rise of the Third Reich*, New York: St. Martin's Press, 2003, p. 12를 보라.

08 "Protocols of the Elders of Zion", *Holocaust Encyclopedia*, USHMM.

09 "Article from *The Jewish Advocate* with letter from Helen Keller to editor denouncing anti-Semitic comments in the *Dearborn Independent*", Dec. 30, 1920, HKA.

10 Max Wallace, *The American Axis*, New York: St. Martin's Press, 2003, p. 2.

11 "Letter from Helen Keller to Adolf Hitler/German students expressing anger over Hitler's policies", May 9, 1933, HKA; "Helen Keller Warns Germany's Students", *New York Times*, May 10, 1933, p. 10.

12 Ibid.

13 Helen Keller to Governor Franklin D. Roosevelt, Feb. 1929, HKA.

14 "Helen Keller Wins Achievement Prize", *New York Times*, Oct. 19, 1932.

15 Helen Keller to Eleanor Roosevelt, Feb. 19, 1933, HKA.

16 "Letter to Helen Keller regarding employment opportunities for the blind in Washington, D.C. and asking her to write to President Franklin D. Roosevelt in thanks for his assistance", May 21, 1933, HKA; Koestler, *Unseen Minority*, p. 196.

17 헬렌이 어떤 직업적 기회를 마련하고자 했는지는 불분명한데, 킴 닐슨은 저서 『헬렌 켈러의 급진적 생애』에서 헬렌이 주력한 사업이 이후 장애 운동가들에게 "착취적이고 차별적"이라고 비판받은 "보호소식 작업장"이라고 기술했다.

18 "Annual Report of the President", Dec. 5, 1935, AFB.

19 Koestler, *Unseen Minority*, p. 144.

20 Telegram from Helen Keller to M. C. Migel, Sept. 2, 1933, HKA.

21 "Writing by Helen Keller for the *Brooklyn Eagle*, including a letter in response to a critic", 1916, HKA.

22 "Speech given by Helen Keller", Mar. 27, 1930, HKA.

23 Koestler, *Unseen Minority*, p. 153.

24 "Correspondence between Robert Irwin, NYC and Helen Keller, Westport, CT regarding tax bill H. R. 3687 on income taxes on the employed blind", Dec. 8, 1943, HKA. AFB 디지털 헬렌켈러기록보관소에는 이 편지의 수신인이 로버트 바넷으로 잘못 표기되어 있다.

25 "An Epic of Courage: 'Seen' by Helen Keller", *New York Times Magazine*, Jan. 6, 1946, p. 5.

26 Helen Keller to John H. Finley, Oct. 29, 1935, HKA.

27 Ibid., p. 224.

28 Telegram from Polly Thomson to Lenore Smith, Oct. 15, 1936, HKA.

29 Keller, *Teacher*, pp. 225–226.

30 나중에 하스는 헬렌과 폴리의 "만능 일꾼"으로 불리며 이들의 운전사이자 정원사, 수리공으로 일하게 된다.

31 Keller, *Teacher*, pp. 226–227.

32 "Funeral Service for Mrs. A. S. Macy", *New York Times*, Oct. 23, 1936.

33 Herrmann, *Helen Keller*, p. 5.

34 Lash, *HAT*, p. 746.

35 Ibid.

36　Ibid., p. 489.

37　Helen Keller to M. C. Migel, Oct. 26, 1932, HKA.

38　Lash, *HAT*, p. 227.

39　Helen Keller, *Helen Keller's Journal*, New York: Doubleday, 1938, journal entry, Jan. 24, 1937, p. 137.

40　Ibid.

41　"Copy of *The Hour news* bulletin reporting Helen Keller's remarks after Nazi Germany bans her book", Aug. 30, 1939, HKA.

42　Ibid.

43　Helen Keller, *American Viewpoints on Nazi Aggression*, American Council against Nazi Propaganda, 1939.

44　"Article reporting on case of baby with eye tumor for whom Helen Keller advocated surgery rather than death", 1938, HKA.

45　"Blind Can Be Happy, Helen Keller Writes", *Des Moines Register*, May 9, 1938, p. 1.

46　Helen Keller to John H. Finley, Dec. 2, 1938, HKA.

47　Keller, *Journal*, journal entry, Apr. 9, 1937.

48　"Helen Keller Expresses Admiration for the Negro", *The Call*, Kansas City, Dec. 30, 1938.

49　"Helen Keller's letter to James Sun Eagle of the Pawnee Tribe and remarks to the Stoney Indians", July 21, 1939, HKA.

50　Helen Keller to M. C. Migel, Oct. 26, 1932, HKA.

part III
헬렌과 빨갱이들

chaper 17　"저항 정신"

01　Helen Keller to Eleanor Roosevelt, Jan. 30, 1939, HKA.

02　"Uncorrected proof copy of Helen Keller's Journal, published in 1938", HKA.

03   "The Painful Past of Spanish Civil War Refugees in France, 80 Years On", France 24, Sept. 2, 2019.

04   Helen Keller to Eleanor Roosevelt, Dec. 1, 1940, HKA.

05   Koestler, *Unseen Minority*, p. 162.

06   "My Day", *Pittsburgh Press*, Dec. 12, 1940, p. 12.

07   "First Lady Disowns Spanish Aid Drive", *New York Times*, Jan. 7, 1941, p. 1.

08   Ibid.

09   Ibid.

10   Polly Thomson to Nella Braddy Henney, 1941, HKA.

11   Art Young to Helen Keller, Jan. 9, 1941, HKA.

12   "Miss Keller Studies Charges", *New York Times*, Jan. 9, 1941, p. 23.

13   Nella Braddy Henney to Polly Thomson, Jan. 28, 1941.

14   Ibid.

15   Ibid.

16   Ibid.

17   Ibid.

18   Eugene P. Link, *Labor-Religion Prophet: The Times and Life of Harry F. Ward*, Boulder, CO: Westview Press, 1984, p. 148.

19   Lash, *HAT*, p. 832.

20   Ibid., p. 621.

21   "Helen Keller's Liberal Leanings Often Forgotten", *Birmingham News*, May 16, 2005.

22   Philip S. Foner, *Helen Keller: Her Socialist Years*, New York: Internationalist Publishers, 1967.

23   Emma Goldman to Helen Keller, 1918, HKA.

24   Speech by Vladimir Lenin, Second All-Russia Congress of Soviets of Workers' and Soldiers' Deputies, Oct. 25, 1917.

25   Ginger, *Bending Cross*, p. 394.

26   Ibid.

27   "Emma Goldman in Exile", Emma Goldman Papers, Berkeley Library, University of California.

28   Scrapbook entitled "Anne Sullivan Macy's Scrapbook #1— Vaudeville", HKA.

29 "Affidavits affirming Helen Keller's interest in Communism, accompanied by an envelope for the documents", Feb. 1926, HKA.

30 1919년 시틀로는 혁명을 촉구하는 선언문을 발행했다는 이유로 뉴욕주정부 측으로부터 범죄적 아나키(criminal anarchy)로 기소되었다. 그는 유죄 선고를 받고 5~10년간 징역형에 처해졌다. 1925년 뉴욕주지사 앨 스미스(Al Smith)에 의해 사면받았다.

31 Ibid.

32 Keller, *Midstream*, p. 334.

33 Ibid., pp. 334 – 335.

34 Helen Keller to J. E. Chamberlin, Feb. 2, 1934, HKA.

35 Keller, *Journal*, journal entry, Dec. 29, 1936, p. 87.

36 Otto Schramm to Helen Keller, Dec. 3, 1936, HKA.

37 Keller, *Journal*, journal entry, Dec. 29, 1936, p. 87.

38 Ibid.

39 Ibid., journal entry, Jan. 23, 1937, p. 136.

40 Ibid., journal entry, Jan. 26, 1937, p. 149.

41 Ibid.

42 Ibid., Journal entry, Feb. 10, 1937, p. 191.

43 Ibid., pp. 145 – 146.

44 "Americans Who Died in Spain Honored", *New York Times*, Feb. 23, 1939, p. 12.

45 헬렌 켈러 FBI 자료.

46 Ibid.

47 Keller, Journal, journal entry, Jan. 23, 1937, pp. 134 – 135.

chaper 18 공산주의 동조자

01 John Earl Haynes, *Red Scare or Red Menace?*, Chicago: Ivan R. Dee, 1996.

02 "Whose War Is It", speech by Earl Browder, Town Hall, Philadelphia, Sept. 29, 1939.

03 2018년 4월 9일 위니펙의 유대인인민연합(United Jewish People's Order) 대표 로즈 우시스킨(Roz Usiskin)과 저자의 인터뷰. 공산당원의 자녀(Red Diaper baby)로서, 조약이 발표된 당시 아홉 살이던 우시스킨은 스탈린이 전략적으로 행동하고 있으며 러시아는 군사개입을 준비할 시간이 필요하다는 친척들의 이야기를 들으며 어

리둥절해했던 일을 기억한다.

04 Bernard Bellush and Jewell Bellush, "A Radical Response to the Roosevelt Presidency: The Communist Party (1933–1945)", *Presidential Studies Quarterly*, vol. 10, no. 4, 1980, p. 654.

05 Ibid., p. 655.

06 Helen Keller to Phillips Keller, Feb. 6, 1940, HKA.

07 "Helen Keller Pities the Real Unseeing", *New York Times*, June 23, 1940.

08 "Helen Keller on Visit Here, Holds Faith in the Future", *Tallahassee Daily Democrat*, Apr. 22, 1941.

09 Harvey Klehr, *The American Communist Movement*, Woodbridge, CT: Twayne, 1992, p. 96.

10 "Helen Keller Calls Upon America to Stem Barbarism with Faith", *Dallas Times Herald*, Nov. 14, 1941.

11 "Miracle Woman Visits Denver", *Rocky Mountain News*, Nov. 9, 1941.

12 엘리자베스 본브라이트(Elizabeth Bonbright)라는 여성이 헬렌을 "확고한 평화주의 자"로 표현한 《뉴욕타임스》의 인물 소개란을 읽은 지 몇 주 후인 1940년 8월에 미국의 개입을 반대하는 헬렌의 입장에 문제를 제기하는 편지를 보냈다. 헬렌에게 어떻게 나치의 침공을 보고도 그런 입장을 고수할 수 있느냐고 물었다. AFB의 디지털기록보관소에는 본브라이트의 편지와 함께 날짜가 기재되지 않은 헬렌의 답장이 보관되어 있는데, 거기에서 헬렌은 본브라이트의 우려를 인정해 개입 반대 입장을 재검토해 보았으며 "이제 결심이 섰다"라고 말한다. 헬렌은 "비록 해로운 행위를 저지르곤 하지만 자유를 옹호하는 우리 모두는" 독재를 실행하고 "영혼을 말살하며 인권, 자유, 행복, 독립적 사고를 파괴하는" 정책에 굴하느니 "전쟁으로 다 같이 피폐해지는" 편이 낫다고 선언한다. 이 두 편지가 기록보관소에 함께 보관된 것으로 보아 헬렌의 답장은 1940년 여름에 작성되었다고 짐작할 수 있다. 하지만 헬렌이 1년 후 독일이 소련을 침공할 때까지는 계속해서 미국의 개입에 반대하는 입장을 공공연히 밝힌 것으로 보아 1941년까지 본브라이트의 편지에 답장을 보내지 않고 기다린 것으로 보인다. 본브라이트에게 쓴 헬렌의 답장에는 날짜가 없다.

13 2021년 11월 15일 존 헤인즈와 저자의 인터뷰.

14 Bellush and Bellush, "Radical Response to the Roosevelt Presidency", p. 656.

15 Helen Keller to Nella Braddy Henney, Sept. 18, 1944, HKA.

16 2021년 11월 15일 하비 클레어와 저자의 인터뷰.

17   Harvey Klehr, John Earl Haynes, and Kyrill M. Anderson, *The Soviet World of American Communism*, New Haven, CT: Yale University Press, 1998, p. 1.

18   Helen Keller to Walter G. Holmes, Dec. 19, 1941, HKA.

19   "Miss Keller Lauds Russia", *New York Times*, Jan. 7, 1942, p. 2.

20   "What the Negro Means to the War", *New Masses*, Oct. 20, 1942, pp. 23–24.

21   Fred Ho and Bill V. Mullen, eds., *Afro Asia: Revolutionary Political and Cultural Connections between African Americans and Asian Americans*, Durham, NC: Duke University Press, 2008, p. 167.

22   Randolph Boehm, ed., "Papers of the U.S. Commission on Wartime Relocation and Internment of Civilians, Part 1: Numerical File Archives", Frederick, MD: University Publications of America, 1984.

23   Jonathan van Harmelen, "Finding Sunshine among Shadows: The Unknown History of Wartime Disabled Japanese Americans", www.discovernikkei.org, Nov. 2, 2020.

24   Helen Keller to Hannah Takagi, Aug. 2, 1943, HKA.

25   "Helen Keller", *Soviet Russia Today*, Mar. 1943, p. 11.

26   Helen Keller to Clare Heineman, Apr. 28, 1943, HKA.

27   "Blind Awards in Americas", *New York World Telegram*, Sept. 20, 1944.

28   루스벨트는 1934년 6월 의회에 사회보장법 도입을 제안했지만 최종적으로 법이 통과된 것은 특별위원회가 주요 조항을 마련한 후인 1935년 8월이었다.

29   Helen Keller's testimony to a subcommittee of the Committee on Labor (House of Representatives) to investigate Aid to the Physically Handicapped, Oct. 2, 1944.

30   Ibid.

31   Ibid.

32   "Jo Davidson Heads Unit for Roosevelt", *New York Times*, Aug. 24, 1944, p. 32.

33   Bellush and Bellush, "Radical Response to the Roosevelt Presidency", p. 658.

34   Helen Keller to Nella Braddy Henney, Sept. 18, 1944, HKA.

chaper 19   몰려드는 폭풍

01   Richard Gergel, "An Account of the Blinding of Sgt. Isaac Woodard by the Police Officer, Lynwood Shull", *Literary Hub*, Jan. 22, 2019.

02 이 사건이 베이츠버그(Batesburg)에서 발생했다고 전하는 경우가 많지만 우더드의
    증언에 따르면 버스 기사가 경찰을 부르기 위해서 에이킨에 도착할 때까지 기다렸
    다고 한다.

03 Olivia B. Waxman, "How a 1946 Case of Police Brutality against a Black WWII
    Veteran Shaped the Fight for Civil Rights", *Time*, Mar. 30, 2021.

04 1946년 4월 23일 아이작 우더드의 증언 녹취록.

05 "Police Chief Freed in Negro Beating", *New York Times*, Nov. 6, 1946, p. 36.

06 "1946 Orson Welles Commentaries", July 28, 1946; "Aiken Is Angered at Welles
    Charge", *New York Times*, Aug. 9, 1946, p. 15.

07 NBH, Box 11, NBH journal entry, Nov. 26, 1951.

08 Helen Keller to Nella Braddy Henney, Sept. 22, 1946, HKA.

09 Ibid.

10 Nielsen, *The Radical Lives of Helen Keller*, p. 11.

11 Jo Davidson, *Between Sittings*, New York: Dial Press, 1951, p. 333.

12 Ibid., p. 178.

13 Louis Budenz, *Men without Faces: The Communist Conspiracy in the USA*, New
    York: Harper Brothers, 1948, p. 221.

14 진 뮤어(Jean Muir) FBI 자료, p. 10.

15 Jo Davidson to Henry Wallace, Aug. 1, 1944, HW.

16 Helen Keller to Henry Wallace, Oct. 30, 1944, HKA.

17 Henry A. Wallace to Helen Keller, Nov. 7, 1944, HKA.

18 A. L. Hamby, "Henry A. Wallace, the Liberals, and Soviet-American Relations",
    Review of Politics, vol. 30, no. 2, 1968, p. 158.

19 Helen Keller to Nella Braddy Henney, Sept. 22, 1946, HKA.

20 Ibid.

chapter 20 빨갱이 공포

01 "McKellar Will Fight Lilienthal Appointment", *Nashville Banner*, Jan. 2, 1946, p.
    1; "Senator McKellar", *Nashville Banner*, Jan. 27, 1946, p. 2.

02 "Naming of Mr. Lilienthal Urged", Helen Keller to the editor, *New York Times*,
    Feb. 25, 1947, p. 24.

03 미국의 공산당 활동에 관한 월터 스틸의 증언. Hearings before the Committee on Un-American Activities, House of Representatives, Eightieth Congress, first session, on H. R. 1884 and H. R. 2122, bills to curb or outlaw the Communist Party in the United States. Public law 601, section 121, subsection Q (2) July 21, 1947.

04 Ibid.

05 Ibid.

06 "Reagan, Communism Met in Hollywood", Associated Press, Nov. 13, 1985.

07 헬렌 켈러 FBI 자료, p. 10.

08 Ibid.

09 Helen Keller, "We Are Judged by What We Do to Them", *Soviet Russia Today*, Nov. 1946, pp. 21-22.

10 Helen Keller to Eric T. Boulter, Feb. 10, 1947.

11 NBH, Box 11, NBH journal entry, Mar. 21, 1947.

12 Helen Keller to Van Wyck Brooks, Nov. 12, 1940.

13 도로시 파커 FBI 자료.

14 NBH, Box 11, NBH journal entry, Nov. 29, 1947, NBHC.

15 "Correspondence concerning H. Keller's invitation to an American-Soviet Friendship event", Nov. 17, 1947, HKA.

16 Transcript of Proceedings, Un-American Activities Committee, Second Report, Un-American Activities in Washington State, 1948.

17 헬렌 켈러 FBI 자료.

18 Westbrook Pegler, "As I See it", *Charlotte Observer*, Dec. 9, 1947, p. 14.

19 Ibid.

20 "Winning the Battle but Losing the War Over the Blacklist", *New York Times*, Jan. 25, 1998.

21 루실 볼 FBI 자료.

22 Ibid., "Memo to the Director re: Lucille Ball; Desi Arnaz".

23 "Apparently the FBI Did Not Love Lucy", *Washington Post*, Dec. 7, 1989.

24 Lucille Ball FBI file, "Memo to the Director", Dec. 16, 1953.

25 Lucille Ball FBI file, "Memo to the Director", Oct. 21, 1954.

26 Joyce Millman, "The Good, the Bad, the Lucy", *New York Times*, Oct. 14, 2001, p. 30.

27 2021년 11월 19일 존 폭스와 저자의 인터뷰.

28 NBH, book 11, journal entry, Dec. 17, 1947, NBHC.

29 "Correspondence between Robert B. Irwin, William Ziegler, Jr., and Mrs. Walter Fosnot regarding Helen Keller's Communist sympathies", Feb. 3, 1948, HKA. 참고: 후자는 AFB 디지털 기록보관소에 "February 3, 1947"로 잘못 표기되어 있다.

30 Ibid.

31 "Thomas Group Plans New Quiz on Ways to Curb Communism", *Boston Globe*, Jan. 19, 1948, p. 2.

32 헬렌 켈러 FBI 자료.

33 "Wallace Advocates Program of 'Progressive Capitalism'", *Richmond Times Dispatch*, Feb. 29, 1948, p. 20.

34 Osler L. Peterson, "Henry Wallace: A Divided Mind", *Atlantic*, Aug. 1948.

35 Helen Keller, "Albert Einstein", *Home Magazine*, Apr. 1931, p. 6.

36 Nella Braddy Henney to Polly Thomson, March 3, 1948, HKA.

37 NBH, Box 11, journal entry, Feb. 26, 1948, NBHC.

38 Ibid.

39 Helen Keller to Jo Davidson, undated, HKA.

40 Mary D. Blankenhorn to M. R. Barnett, Nov. 24, 1950, HKA.

41 NBH, Box 11, NBH journal entry, Nov. 26, 1950, NBHC.

42 NBH, Box 11, NBH journal entry, Nov. 29, 1950, NBHC.

43 M. R. Barnett to Robert Irwin, Nov. 17, 1949, HKA.

44 Joseph Barry, "At 70, 'New Spirit, New Freedom'", *New York Times Magazine*, June 25, 1950, p. 157.

45 Ibid.

chapter 21   헬렌 대 아파르트헤이트

01 M. C. Migel to Charles A. Thomson, Nov. 19, 1941, HKA.

02 Helen Keller to Nella Braddy Henney, Oct. 14, 1948, HKA.

03 Ken McCormick to Helen Keller, Oct. 1954, HKA.

04 "Helen Keller Operates a Plane", *Philadelphia Inquirer*, Nov. 20, 1946, p. 3.

05 Helen Keller Speech on the Prevention of Blindness, 1951.

06 Chizuru Saeki, "Helen Keller's Civil Diplomacy in Japan in 1937 and 1948", *Japan Review*, no. 27, 2014, pp. 201–220.

07 Lash, *HAT*, p. 553.

08 Nielsen, *The Radical Lives of Helen Keller*, p. 111.

09 Ibid., p. 112.

10 Helen Keller to Nella Braddy Henney, July 2, 1952, HKA.

11 O. Chimere-Dan, "Apartheid and Demography in South Africa", *Etude de la Population Africaine*, Apr. 1992.

12 "Essay by Helen Keller entitled 'An Unforgettable Tour' about her trip to South Africa", Nov. 4, 1951, HKA.

13 Helen Keller to Alexander Graham Bell, Mar. 9, 1900, HKA.

14 Helen Keller, "An Unforgettable Tour", *Journal of Visual Impairment and Blindness*, vol. 46, no. 1, 1952.

15 Helen Keller to Rev. Arthur W. Blaxall, Oct. 26, 1950, HKA.

16 "Helen Keller Pays UN Visit, Meets Dr. Bunche", *Montgomery Advertiser*, Nov. 25, 1949, p. 18.

17 Helen Keller to Jo Davidson, Jan. 24, 1951, HKA

18 John Wilson to Helen Keller, Feb. 27, 1951, HKA.

19 Helen Keller to John F. Wilson, Mar. 13, 1951, HKA.

20 "Article from the Cape Argus reporting Helen Keller's criticism of Cape Town's segregation and failure to provide resources to blind Natives", Mar. 30, 1951, HKA.

21 NBH, Box 11, NBH journal entries, July 13–15, 1951, and Nov. 29, 1950, NBHC.

22 Helen Keller to Jo and Florence Davidson, 1951, HKA.

23 Ibid.

24 Ibid.

25 Arthur William Blaxall, *Helen Keller Under the Southern Cross*, Capetown, South Africa: Juta, 1952, p. 51.

26 NBH, Box 11, NBH journal entry, July 1951, NBHC.

27 "Article from The Friend announcing Helen Keller has arrived in Bloemfontein, South Africa", Apr. 24, 1951, HKA.

28 Ibid.

29 "Article from the *Cape Argus* reporting on Helen Keller's impression of South Africa upon her departure", May 22, 1951, HKA.

30 Helen Keller to Victor Maxwell, Sept. 7, 1951, HKA.

31 Helen Keller to Takeo Iwahashi, Aug. 8, 1951, HKA.

32 Rajmohan Gandhi, *Gandhi: The Man, His People, and the Empire*, Berkeley: University of California Press, 2008, p. 172.

33 Keller, *Journal*, journal entry, Dec. 30, 1936, p. 93.

34 "A Lesson in Courage and Determination", *Graphic*, vol. 1, no. 10, May 1951; "Helen Keller's speech to the Indian Society for the Blind in South Africa urging education for the blind", 1951, HKA.

35 "Keller Aroused Conscience of Many on SA Visit", *Saturday Star*, May 5, 2018.

36 2021년 11월 12일 엘라 간디와 저자의 인터뷰.

37 Ibid.

38 2021년 11월 18일 아룬 간디와 저자의 인터뷰.

39 Ibid.

40 Manilal Gandhi to Helen Keller, Apr. 26, 1951, HKA.

41 B. K. Murray, "Wits as an 'Open' University 1939–1959: Black Admissions to the University of the Witwatersrand", *Journal of Southern African Studies*, vol. 16, no. 4, 1990, pp. 649–676.

42 "Essay draft by Helen Keller entitled 'An Unforgettable Tour' about her trip to South Africa", Nov. 4, 1951, HKA.

43 Blaxall, *Helen Keller under the Southern Cross*, p. 51.

44 Helen Keller to Takeo Iwahashi, Aug. 5, 1951, HKA.

45 "Essay draft by Helen Keller entitled 'An Unforgettable Tour' about her trip to South Africa", Nov. 4, 1951, HKA.

46 Keller, *Midstream*, pp. 81–82.

47 Transcript of unpublished Joseph Lash interview with Robert Barnett, Mar. 11, 1978, Joseph Lash Papers, Box 53—Interviews, FDRL.

48 UC데이비스대학교 박사후과정 연구원 프랭크 비토 몬델리(Frank Vito Mondelli) 박사와 저자의 인터뷰. 헬렌이 일본을 순회하던 1937년과 1948년에 AFB에서 내놓은 보도 자료는 전적으로 시각장애인 공동체에서의 활동에 초점이 맞추어져 있었지만, 몬델리는 당시 헬렌이 수많은 일본 청각장애인 학교를 방문한 일정을 기록했

다. 이와는 대조적으로 1948년 호주 순회 당시에는 "말 못하는 시청각장애인"을 위한 기관 한 곳 외에는 어느 청각장애인 공동체에도 방문 일정을 잡지 않았다.

49   Keller, *Journal*, journal entry, Jan. 18, 1937, p. 126.

50   Ibid., pp. 125–126.

51   Ibid.

52   Jo Davidson to Helen Keller, Oct. 9, 1951, HKA.

53   Helen Keller to Jo and Florence Davidson, 1951, HKA.

54   Helen Keller to Polly Thomson, Feb. 14, 1952, HKA.

55   NBH, Box 11, NBH journal entry, Jan. 10, 1952, NBHC.

56   "Essay by Helen Keller 'My Work in the Near East' about her travels to the Middle East", HKA.

57   Helen Keller to Nella Braddy Henney, July 2, 1952, HKA.

58   Ibid.

59   Ibid.

60   Ibid.

61   Helen Keller, "My Work in the Near East", 1953.

62   "Israelis Stirred by Helen Keller", *New York Times*, May 27, 1952, p. 12; "Essay by Helen Keller 'My Work in the Near East' about her travels to the Middle East", HKA.

chaper 22   헬렌 대 조 매카시

01   "McCarthy as a Symbol", *New York Times*, Aug. 24, 1952, p. 129.

02   "McCarthy Issue Discussed", letter to the editor from Helen Keller, *New York Times*, Aug. 28, 1952, p. 22.

03   헬렌 켈러 FBI 자료.

04   "Letters, press clippings, and a publication about Senator Joseph McCarthy, Communism, and Helen Keller's letter to the *NY Times* criticizing Senator McCarthy", Aug. 28, 1952, HKA.

05   Ibid.

06   Günter Wernicke, "The Race to Tip the Scales: Nuclear Paradox for the Eastern Bloc", *Journal of Peace Research*, vol. 40, no. 4, 2003, pp. 457–477.

07 "Telegram, Helen Keller to World Council for Peace", Nov. 10, 1952, HKA.

08 "Interoffice memorandum denouncing the World Council of Peace by the US Government and encouraging Helen Keller to distance herself from this 'Communist' organization", undated, AFB.

09 Telegram from Helen Keller to Frédéric Joliot-Curie, Nov. 21, 1952, HKA.

10 "Helen Keller Duped into Giving Endorsement", *Asheville Citizen*, Nov. 29, 1952, p. 3.

11 "Statement read by M.R. Barnett broadcast over 'Voice of America' regarding Rude Pravo's misrepresentation of Helen Keller and the World Council of Peace, asking for a reprint of their statement to correctly represent Helen's opinion", Dec. 9, 1952, HKA.

12 NBH, Box 11, NBH journal entry, Dec. 11, 1952, NBHC.

13 Ibid., Nov. 24, 1953.

14 NBH, Box 11, NBH journal entry, Dec. 11, 1952, NBHC. 넬라는 그 여섯 가지 문안이 "헬렌에게서 나온" 것이라고 쓰고 있지만, 정황상 사실은 헬렌이 AFB로부터 받은 문안을 전달한 것이 틀림없다.

15 "Helen Keller's essay 'We Meet a King' about her meeting with King Alexander I of Yugoslavia", July 1931, HKA.

16 Jo Davidson to Helen Keller, Nov. 10, 1949, HKA.

17 NBH, Box 11, NBH journal entry, Feb. 20, 1953, NBHC.

18 Ibid.

19 Helen Keller to William Ziegler Jr., undated, HKA.

20 "Who We Are—Our History", Helen Keller International, www.hki.org.

21 "National Register of Historic Places", NPS Form 10-900, National Park Service.

22 NBH, Box 11, NBH journal entry, Nov. 11, 1951.

23 Ibid.

24 Guthrie McClintic and Katharine Cornell, GLBTQ Encyclopedia Project.

25 "Document entitled 'Memo by Nella Braddy Henney on Dramatic Production of the Helen Keller Story,' outlining various aspects and legal issues surrounding Helen Keller's autobiography and dramatization of her life", undated, HKA.

26 이듬해 텔레비전에서 제목이 〈헬렌 켈러의 인생 이야기(Helen Keller: Her Life Story)〉로 바뀌고 내용도 살짝 바뀌어 상영되었다.

27 Kory Rothman, "Somewhere There's Music: Nancy Hamilton, the Old Girls' Network, and the American Musical Theatre of the 1930s and 1940s", PhD diss., University of Maryland, 2005.

28 "Photograph of Joseph Lash, Helen Keller, Eleanor Roosevelt, Katharine Cornell, Polly Thomson and others at Cornell's home, Massachusetts", 1954, HKA.

29 NBH, Box 11, NBH journal entry, Jan. 1, 1947, NBHC.

30 Transcript of unpublished Lash interview with Winifred Corbally, Apr. 25, 1978, Joseph Lash Papers, Box 53—Interviews, FDRL.

31 Unpublished Joseph Lash interview with Robert Barnett, Mar. 11, 1978, Joseph Lash Papers, Box 53—Interviews, FDRL.

32 Ruth Gordon, "Devotedly, Your Friend, Helen Keller", *New York Times*, Aug. 10, 1969.

33 Nielsen, *The Radical Lives of Helen Keller*, p. 10.

34 "History: Helen Keller Services Historical Timeline", HKS.

35 Transcript of unpublished Joseph Lash interview with Robert Barnett, Mar. 11, 1978, Joseph Lash Papers, Box 53—Interviews, FDRL.

36 "Correspondence regarding the work and graduation of Robert J. Smithdas", May 21, 1953, HKA.

37 2021년 10월 3일, 6일, 23일 폴 리처드 맥갠(Paul Richard McGann)과 저자의 인터뷰. 맥갠은 서펜실베이니아시청각장애인협회 창립자이며 스미스다스의 오랜 제자였다.

38 Ibid.

39 Unpublished Joseph Lash interview with Robert Barnett, Mar. 11, 1978, Joseph Lash Papers, Box 53—Interviews, FDRL.

40 폴 리처드 맥갠은 스미스다스와 헬렌이 나눈 이 대화를 스미스다스에게 들었다고 하지만 헬렌이 벨이 "거짓말을 했다"라고 믿었는지는 확실치 않다.

41 "Printed negatives from the 80th birthday celebration for Helen Keller including Robert J. Smithdas and Anne Bancroft", June 1960, HKA.

42 Evelyn D. Seide to James S. Adams, July 19, 1961, HKA.

43 "Copy of Helen Keller's Will", Mar. 12, 1960, HKA.

44 Transcript of unpublished Lash interview with Robert Barnett, Mar. 11, 1978. 래시는 저서 『헬렌과 선생님』에 굳이 "자기들의 과시용으로"라는 수식어를 생략한 채

로 이 대화를 인용한다. Joseph Lash Papers, Box 53—Interviews, FDRL.

45   Robert Barnett to Gordon Browning, July 16, 1952, HKA.

46   Unpublished transcript of Lash interview with Frances Koestler, Oct. 31, 1978, Joseph Lash Papers, Box 53—Interviews, FDRL.

47   NBH, Box 11, NBH journal entry, Jan. 6, 1954, NBHC.

48   Keller, *World I Live In*, p. 74.

49   2002년 8월 23일 1980년대에 안내견을 활용하도록 시청각장애를 지닌 고객을 훈련하기 시작한 시각장애인안내견(Leader Dogs for the Blind)의 안내견보험(Canine Quality Assurance) 관리자 키스 맥그리거(Keith McGregor)와 저자의 인터뷰.

50   Transcript of unpublished Lash interview with Winifred Corbally, Apr. 25, 1978, Joseph Lash Papers, Box 53—Interviews, FDRL.

51   Joseph Lash to Marguerite Levine, June 1979, AFB.

52   "Helen Keller Pays Tribute to Her Devoted Teacher", *Kansas City Star*, Oct. 15, 1955, p. 9.

53   NBH, Box 11, NBH journal entry, Mar. 11, 1954, NBHC.

54   Nella Braddy Henney to Polly Thomson, Oct. 23, 1955, HKA.

55   Leslie A. Weary to Helen Keller, May 2, 1956, HKA.

56   Ibid.

57   Muriel I. Symington to Helen Keller, July 7, 1955, HKA.

58   "Birthday wishes to Elizabeth Gurley Flynn from Helen Keller", Box 1, Folder 200, WLA.

59   "Publication denouncing Communism entitled *The New Counterattack*, with a paragraph to write to Helen Keller denouncing her support of Elizabeth Gurley Flynn", vol. 9, no. 34, Aug. 26, 1955, HKA.

60   Nella Braddy Henney to Polly Thomson, Sept. 7, 1955, HKA.

61   Ibid.

62   Helen Keller to Lucy McNaught, Sept. 20, 1955, HKA.

63   Helen Keller, *The Open Door*, New York: Doubleday, 1957, p. 5.

64   Unpublished transcript of Lash interview with Ken McCormick, Nov. 8, 1977, Joseph Lash Papers, Box 53—Interviews, FDRL.

65   Helen Keller to Robert La Follette, July 27, 1924, HKA.

66   NBH, Box 11, NBH journal entry, Dec. 19, 1956, NBHC.

67 Marvel Scholl, "Why FBI Hounded Socialist Helen Keller", New York *Militant*, Sept. 9, 1977.

68 Brooks, *Helen Keller*, p. 87.

69 Unpublished transcript of Lash interview with Eric Boulter, Nov. 9, 1978, Joseph Lash Papers, Box 53—Interviews, FDRL.

70 NBH, Box 11, NBH journal entry, Nov. 14 – Dec. 12, 1956, NBHC.

71 P. F. van Mekarh to Helen Keller, Mar. 1951, HKA.

72 Helen Keller to P. F. van Mekarh, date unknown, HKA.

73 "The Freedom Charter", adopted at the Congress of the People at Kliptown, Johannesburg, June 25 – 26, 1955.

74 헬렌의 발언은 원래 1957년 아서 블랙솔에게 보낸 편지에 담겨 있었다가 1958년 10월 공보에 실렸다. "Miss Helen Keller from the United States", *Treason Trial Bulletin*, no. 4, Oct. 1958, p. 9; Helen Keller to Arthur Blaxall, Nov. 8, 1957, HKA.

75 Helen Keller to George M. House[r], Apr. 13, 1959, HKA.

part IV
새로 쓰는 역사

chaper 23 〈미라클 워커〉

01 "Oral history interview with Margaret Brenman-Gibson", 1983, Harvard University Collections, Joint Committee on the Status of Women, HL.

02 Ibid.

03 Clifford Odets testimony before the House Un-American Activities Committee, May 19 – 20, 1952. 오데츠는 증언 당시 자신이 1934년에서 1935년 사이 여덟 달 동안만 공산당원이었다고 주장했다.

04 Ken McCormick to Nella Braddy Henney, Oct. 3, 1956, HKA.

05 NBH, Box 11, NBH journal entry, Dec. 22, 1956, NBHC.

06 Ibid.

07   Press release from CBS News, NYC, "*Miracle Worker* Wins Praise of American Foundation for Blind Upcoming *Playhouse 90* Drama of Helen Keller's Childhood", Jan. 29, 1957, HKA.

08   "Document entitled 'Memo by Nella Braddy Henney on Dramatic Production of the Helen Keller Story', outlining various aspect and legal issues surrounding Helen Keller's autobiography and dramatization of her life", undated, HKA.

09   Nella Braddy Henney to Ken McCormick, Oct. 15, 1956, HKA.

10   "Script of television broadcast from the program *Playhouse 90* entitled *The Miracle Worker* about Helen Keller and Anne Sullivan Macy, by William Gibson", HKA.

11   Nella Braddy Henney to Ken McCormick, Oct. 15, 1956, HKA.

12   "The Lively Arts", *Berkshire Eagle*, Aug. 22, 1957, p. 14.

13   NBH, Box 11, NBH journal entry, Feb. 7, 1957, NBHC.

14   Nella Braddy Henney to Helen Keller, Aug. 5, 1958, HKA.

15   Nella Braddy Henney to Helen Keller, Mar. 15, 1957, HKA.

16   Unpublished transcript of Lash interview with Ken McCormick, Nov. 8, 1977, Joseph Lash Papers, Box 53—Interviews, FDRL.

17   키스 헤니는 사진가이자 편집자, 작가로 불리곤 하지만 전파공학과 전자공학 분야에서 존경받는 전문가이도 해서 매코믹이 그를 "과학자"로 불렀을 것이다.

18   Herrmann, *Helen Keller*, p. 270.

19   Helen Keller to James S. Adams, 1951, HKA.

20   Unpublished transcript of Lash interview with Robert Barnett, Mar. 11, 1978, Joseph Lash Papers, Box 53—Interviews, FDRL.

21   NBH, Box 11, NBH journal entry, July 4, 1959. 넬라는 이 일을 7월 4일 일기에서 처음 언급했지만, 밴크로프트가 〈투나이트 쇼〉에 출연한 날은 4월 9일이었다.

22   "Letter from James S. Adams to Nella Braddy Henney, Garden City, NY", Apr. 23, 1959, HKA.

23   Ibid.

24   Ibid.

25   Helen Keller to James Adams, July 9, 1951, HKA.

26   NBH, Box 11, NBH journal entry, July 4, 1959, NBHC.

27   Nella Braddy Henney to Helen Keller, Oct. 16, 1958, HKA.

28 Ibid.

29 NBH, Box 11, NBH journal entry, July 4, 1959, NBHC.

30 "Letter from Helen Keller, Westport, CT to Nella Braddy Henney, Garden City, NY cancelling her power of attorney", Jan. 15, 1960, HKA.

31 NBH, Box 11, NBH journal entry, Sept. 6, 1960. 넬라가 일기에 밝히기로 키트 코넬이 1960년 6월에 있을 헬렌의 80세 생일 파티에 넬라를 초대해도 되냐고 물었다고 한다. 헬렌은 허락했다고 하지만 넬라가 "대중의 비난"의 대상이 되는 위험을 피하고자 불참하기로 했다고 주장한다. 마지막 몇 년 동안 넬라는 헬렌에게 자주 편지를 썼지만 답장을 전혀 받지 못했다. 몇 년 후에 뉴햄프셔로 가던 중에 예고 없이 아컨리지에 들렀지만 헬렌이 자신을 알아보지 못했다고 한다.

32 Transcript of Lash interview with Peter Salmon, Joseph Lash Papers, Box 53— Interviews, FDRL.

33 "Note and letter from Helen Keller to Nella Braddy Henney, James S. Adams, M.C. Migel, and Jansen Noyes, Jr., regarding the incorporation of a clause in her will bequeathing all royalties from her writings to Nella Braddy Henney and assigning her as her literary agent", July 21, 1958, HKA.

34 James S. Adams to Jansen Noyes Jr., Mar. 17, 1960, HKA.

35 Jansen Noyes Jr. to Helen Keller, July 29, 1960, HKA.

36 "*The Miracle Worker*", IMDB Pro Box Office stats.

37 NBH, Box 11, NBH journal entry, Sept. 18, 1960, NBHC.

38 나는 AFB 측에 그간 〈미라클 워커〉로 재단이 얼마나 벌었는지, 그리고 여전히 저작권료를 받고 있는지 문의했다. AFB의 사업서비스 관리자 헤일리 린빌(Haley Linville)이 답하길 "AFB가 〈미라클 워커〉의 저작권료를 받은 기록을 찾을 수 없"다라고 했다.

39 NBH, Box 11, NBH journal entry, Apr. 4, 1960, NBHC.

40 Transcript of unpublished Lash interview with Keith Henney, Nov. 29, 1977, Joseph Lash Papers, Box 53—Interviews, FDRL.

41 Transcript of unpublished Lash interview with Winifred Corbally, Apr. 25, 1978, Joseph Lash Papers, Box 53—Interviews, FDRL.

42 Ibid.

43 Ibid.

44 Helen Keller to Lail Gillies, Aug. 22, 1960, HKA.

45 NBH, Box 11, journal entry, July 2, 1960, NBHC. 넬라는 이 일을 현장에서 목격하지 못했지만 옛 친구를 꾸준히 지켜보기 위해서 자이드와 위니 코밸리를 통해 정기적으로 소식을 들었다.

46 Dr. Forris B. Chick to Evelyn Seide, Nov. 6, 1961, HKA.

47 "Correspondence between Evelyn D. Seide, Dr. Forris B. Chick, Jansen Noyes, Jr., and James S. Adams regarding the health of Helen Keller, including the course of action after her stroke", Nov. 6, 1961, HKA.

48 2021년 9월 24일 폴 리처드 맥갠과 저자의 인터뷰. 폴이 회고하기로 로버트 스미스 다스는 헬렌이 말년에 "치매 또는 알츠하이머병"이 있었다고 믿었다고 한다.

49 Coretta Scott King to Winifred Corbally, June 3, 1968, HKA.

50 Winifred A. Corbally to Phillips and Ravia Keller, Dec. 9, 1964, HKA.

51 Phillips Keller to Winifred A. Corbally, Apr. 7, 1965, HKA.

52 Ibid.

53 Phillips Keller to Winifred Corbally, Sept. 20, 1965, HKA.

54 Phillips Keller to Winifred Corbally, Apr. 9, 1968, HKA.

55 필립스는 헬렌보다 열한 살 어렸다. 어느 여름에 헬렌은 필립스, 그리고 그와 똑같이 보수적인 아내 라비아(Ravia)와 함께 댈러스에 있는 그들의 집에서 지냈는데 썩 즐거운 경험이 아니어서, 폴리가 넬라에게 전한 바로 헬렌은 필립스와 함께 살 마음이 전혀 없다고 했다.

56 Phillips Keller to Winifred A. Corbally and James S. Adams, Oct. 21, 1967, HKA.

57 "Copy of eulogy given by Senator Lister Hill at Helen Keller's funeral", HKA.

58 "Letter from E. Seide forwarding Helen Keller's final wishes regarding funeral services", July 19, 1961, HKA.

59 M. R. Barnett to Nella Braddy Henney, Oct. 6, 1966, HKA.

60 "Letter from E. Seide forwarding Helen Keller's final wishes regarding funeral services", July 19, 1961, HKA.

61 위니 코밸리는 조지프 래시에게 그 행사를 설명하면서 "천막을 가지고 수도에 모여든 가난한 사람들의 행진"이라고 했다.

62 Dr. Martin Luther King Jr., *Where Do We Go from Here: Chaos or Community?*, Boston: Beacon Press, 1967, p. 165.

63 "Speech written by Helen Keller about the blindness of society to its problems", 1912, HKA.

01 Van Wyck Brooks, *Helen Keller, Sketch for a Portrait*, New York: Dutton, 1956.

02 Catherine Owens Peare, *The Helen Keller Story*, New York: Thomas Y. Crowell, 1959.

03 Jansen Noyes Jr. to Garfield Merner, undated, HKA.

04 Joseph Lash, *Helen and Teacher*, New York: Delacorte, 1980.

05 "Horror Expressed Following Report", *Birmingham News*, July 23, 1981; "Let the Dead Rest Is Reaction to Story on Helen Keller Politics", *Birmingham News*, July 12, 1981.

06 "Joseph Lash Is Dead", *New York Times*, Aug. 23, 1987, p. 40.

07 Ibid.

08 《아메리칸히스토리컬리뷰(American Historical Review)》(vol. 124, no. 2, Apr. 2019, pp. 595–599)에 게재한 서평에서 "조약 체결 후 (유대인 대부분을 포함해) 미국공산당원 4분의 3 이상이 급작스레 공산당을 떠났다"라고 한 제프리 버즈(Jeffrey Burds)의 미심쩍은 주장과 달리, 사학자 존 헤인즈, 하비 클레어, 키릴 M. 앤더슨(Kyrill M. Anderson)은 1998년 출간한 연구서 『미국 공산주의에서 소련이라는 세계(The Soviet World of American Communism)』에서 조약 체결 이후 당원 약 13퍼센트가 떠난 것으로 기록한다. 헤인즈와 클레어는 1939년 1월에 6만 6000명에 달했던 당원이 1941년 1월에는 5만 명으로 떨어졌는데, 이 감소치의 절반에 가까운 7500명이 미국 시민권자가 아닌 이주자들이었다고 말한다. 많은 사학자들이 버즈의 주장은 과하게 부풀려졌다고 본다. 물론 1939년 8월 이후 동조자 중에서 얼마나 많은 이들이 당으로부터 거리를 두게 되었는지는 추정할 수 없다.

09 "Secret Hoover Files Show Misuse of FBI", *Washington Post*, Dec. 12, 1983. 1983년 기밀 해제된 FBI 자료에 담겨 있던 G. C. 버턴(G. C. Burton)이라는 요원의 메모에 따르면, 1943년 육군방첩대가 당시 서른세 살인 육군항공대 병장으로 좌파 단체와 연루된 것으로 의심되어 감시받고 있던 래시와 엘리너 루스벨트가 호텔방에서 성관계를 맺는 장면이 포착된 루스벨트 테이프를 입수했다는 말을 두 대령에게서 들었다고 했다. 이후 래시는 이 건을 강력히 부인했다.

10 Lash, *HAT*, p. 704.

11 Ibid., p. 14.

12 "Biographical interview, article, and letters of congratulations regarding the retirement of archivist Marguerite Levine from the Helen Keller Archive at the American Foundation for the Blind", Apr. 1985, AFB.

13   "Helen Likes Beer", blog post by Justin Gardner, June 1, 2021, APH.

14   "Biographical interview, article, and letters of congratulations regarding the retirement of archivist Marguerite Levine from the Helen Keller Archive at the American Foundation for the Blind", Apr. 1985, AFB.

15   Unpublished transcript of Joseph Lash interview with Robert Barnett, Mar. 11, 1978, Joseph Lash Papers, Box 53—Interviews, FDRL.

16   Joseph Lash to Marguerite Levine, Dec. 26, 1981, AFB.

17   Joseph Lash to William Gibson, Feb. 21, 1981, AFB.

18   Patricia Smith to Joseph Lash, Apr. 7, 1978, AFB.

19   Transcript of unpublished Lash interview with Nancy Hamilton, Joseph Lash Papers, Box 53—Interviews, FDRL.

20   Joseph Lash to Patricia Smith, Aug. 2, 1978, AFB.

21   Joseph Lash to Marguerite Levine, Dec. 26, 1981, AFB.

22   Nielsen, *The Radical Lives of Helen Keller*, p. 9; Nielsen, *Helen Keller: Selected Writings*, New York University Press, 2005, p. 235.

23   Keller, *The Open Door*, p. 134.

24   Nielsen, *BTMW*, introduction.

에필로그

01   Olivia B. Waxman, "Co-Founding the ACLU, Fighting for Labor Rights and Other Helen Keller Accomplishments Students Don't Learn in School", *Time*, Dec. 15, 2020.

02   Ted Cruz tweet, Dec. 17, 2020.

03   Donald Trump Jr. tweet, Dec. 17, 2020.

04   Stella Young TedX Talk, Sydney, Australia, 2014.

05   Cristina Hartmann, "Helen Keller's Shadow: Why We Need to Stop Making Movies about Helen Keller", *Disability Visibility Project*, Nov. 15, 2021.

06   Email from Marc Safman to Paul Richard McGann, Feb. 15, 2022.

07   Haben Girma, "Texas, Keep Helen Keller in Your Schools", *Santa Fe New*

Mexican, Sept. 24, 2018.

08   Haben Girma Facebook post, June 24, 2020.

09   2022년 1월 25일 *Becoming Helen Keller* 감독과 저자의 인터뷰.

10   Keller, *Midstream*, p. 173.

감사의
말

　기적의 일꾼들로 이루어진 나의 팀이 없었다면 이 책은 나오지 못했을 것이다. 우선 이 책을 완성하기까지 변함없이 나를 믿어 주고, 나의 말과 구상이 꼴을 갖추어 열매를 맺도록 인내심을 품고 이끌어 준 그랜드센트럴(Grand Central)사의 뛰어난 편집자 헤일리 위버(Haley Weaver)에게 감사한다. 신선한 시각과 유익한 개선점을 제시해 책의 완성에 기여해 준 그랜드센트럴사의 레이철 켈리(Rachael Kelly), 최고의 실력으로 꼼꼼하게 교열해 준 데버라 와이즈먼(Deborah Wiseman), 언제나 창의적인 아셰트(Hachette)사의 제작편집자 루리아 리텐버그(Luria Rittenberg)에게 감사한다. 또한 안주하지 않고 일어서도록 다시 한번 나를 끌어올려 준 웨스트우드크리에이티브아티스츠(Westwood Creative Artists)의 담당 에이전트 존 피어스(John Pearce)와 크리스 카수치오(Chris Casuccio)에게 감사한다. 나를 사랑하며 지지해 주는 파트너 모락 요크(Morag York)와 아들 더

562

실(Dashiell)에게 깊이 감사한다. 돌아가신 루스(Ruth) 이모에게 정말 큰 빚을 졌다. 내가 처음으로 알게 된 시각장애인인 이모를 통해 장애인이 사회에서 늘 기꺼이 받아들여지거나 존엄하게 대우받지는 못한다는 사실을 일찌감치 깨달았다.

팬데믹이 전 세계를 휩쓰는 중에 이 책을 마무리했다는 것이 믿기지 않는다. 직접 자료를 찾아다닐 수 없는 상황에서 오직 선의로 나를 대신해 잘 알려지지 않은 자료를 파헤치는 수고를 아끼지 않은 사서 및 기록관리자 들의 특별한 노력이 없었다면 불가능했을 것이다. 한 세대에 걸친 헬렌 켈러 연구자들이 다 그렇듯이 나는 헬렌 셀스던(Helen Selsdon)에게 큰 빚을 지고 있다. 미국시각장애인재단 기록관리자였던 셀스던은 보수적이었던 재단이 헬렌 켈러의 진보적 유산을 인정하고 교육안과 홍보활동에 반영하도록 이끄는 데에 중요한 역할을 했다. 셀스던의 후임 저스틴 가드너(Justin Gardner)에게도 진심으로 감사한다. 가드너는 새 임무에 적응하는 와중에 넘겨받은 미국시각장애인인쇄소(American Printing House for the Blind) 소장품 속 자료를 분류하느라 분주한 상황에서도 나를 위해 여러 차례 애를 써 주었다. 퍼킨스학교에는 일반인이 방문할 수 없어 멀리서 기록자료를 파헤쳐야 했던 나를 도와준 퍼킨스학교 기록보관소의 제니퍼 아노트(Jennifer Arnott), 제니퍼 헤일(Jennifer Hale), 수재나 코이트(Susanna Coit)에게도 무한히 감사한다. 도서관과 기록물들이 일반에 개방되지 않았던 시기에도 귀중한 자료를 스캔해 준 프랭클린루스벨트대통령도서관(FDR Presidential Library)의 크리스 벨레나(Chris Belena)에게도 감사한다. 마지막으로 남북전쟁 전후기 켈러 가족의 역사와 19세기 인구조사 자료, 그리고 헬렌 켈러가 회고록에서 "마사 워싱턴"이라 잘못 표기한 소녀의 신원을 찾는 데에 도움을 준 플로렌스로더데일공공도서관(Florence Lauderdale Public Library)의 지역 사학자 리 프리먼(Lee Freeman)에게 특별히 감사한다.

헬렌과 마크 트웨인의 관계에 관한 자료를 짚어 주고 마크 트웨인이 친구 헬렌을 언급한 것으로 유명한 인용구들의 진위와 출처를 밝히는 데 도움을 준 거침없는 마크 트웨인 학자 맷 시볼드(Matt Seybold), 케빈 맥도널(Kevin MacDonnell), 브렌트 콜리(Brent Colley)에게 감사한다.

시청각장애인 교육자이자 활동가이며 내가 처음 만난 시청각장애를 지닌 친구인 폴 리처드 맥갠(Paul Richard McGann)에게 큰 빚을 졌다. 이 작업을 하는 동안 내게 조언과 의견을 보태 주었고, 자신의 조언자이자 "두 번째 아버지"인 로버트 스미스다스에 관해 솔직한 이야기를 들려주었다. 현재의 시청각장애인 공동체를 살펴볼 수 있도록 돕고 안내하는 귀한 역할을 해 주었다.

헬렌 켈러가 남아공을 방문한 1951년 당시의 추억과 자신들의 아버지 모한다스 간디에 관한 기억을 공유해 준 엘라 간디, 아룬 간디와 대화한 것은 대단한 특권이었다.

나는 40년 전부터 MIT의 노엄 촘스키 교수를 알았지만 그간 그의 가장 잘 알려진 연구 주제인 언어학에 관해 토론한 적은 전혀 없었다. 마침내 기회가 생겨 그의 전문 분야에 관해 질문을 던지고 보니 헬렌 켈러의 언어습득에서 애니 설리번의 역할에 관한 논쟁을 잘 알고 있을뿐더러 결코 만족스러운 해답이 나오지 않을 것 같은 질문에 전문가로서의 견해를 아낌없이 나누어 주었기에 무척 감격했다.

오랫동안 작가로서 경력을 쌓아 오면서 전 세계 수십 개 기록보관소를 찾아가 본 나는 역사가에게 꼭 필요한 실물 자료의 디지털전환 작업이 얼마나 느리고 비용이 많이 드는지를 실감했다. 하지만 지구상에서 장애의 역사와 장애인 공동체의 역사적 경험을 연구하는 데 가장 귀중한 자료인 장애사박물관(Disability History Museum)의 기록물과 전시물을 편찬한 로리 블록(Laurie Block)과 동료들의 엄청난 노력에 진심으로 감탄했다.

자신의 고조부인 조지프 에드거 체임벌린과 친구 헬렌 켈러의 오랜 우정이 담긴 집안의 자료를 아낌없이 공유해 준 엘리자베스 에머슨에게 진심으로 감사한다. 마찬가지로 헬렌 켈러의 절친한 친구였던 스튜어트 그루먼과 샌드라 그루먼의 손녀 힐러리 넬슨 제이컵스(Hilary Nelson Jacobs)에게도 마음 깊이 감사한다. 내게 집안의 자료를 공유해 주고 헬렌과 폴리와 함께 시간을 보냈던 자신의 사촌도 연결해 주었다.

팬데믹 이후 마침내 세상이 열리기 시작할 무렵 나는 헬렌 켈러의 종증손녀 켈러 존슨-톰슨과 시간을 보내는 영광을 누렸다. 존슨-톰슨은 2021년 성탄절 이브에 아들 존슨, 그리핀과 함께 시간을 내어 할머니 캐서린 타이슨으로부터 전해 들은 집안의 사연을 내게 들려주어 헬렌과 피터 페이건의 관계를 포함해 가정사에서 비어 있던 부분을 채워 주었다.

중요한 정치 연구를 맡아 준 더실에게 감사한다. 초고를 읽고 귀중한 제안과 의견을 준 캔디다 해들리(Candida Hadley)에게도 감사한다. 혹여라도 이 책에 장애인 차별적 언어나 태도가 담겨 있다면 그것은 오로지 내 책임이다.

또한 아래의 모든 이에게도 감사의 인사를 전한다.

제러마이아 월(Jeremiah Wall), 에마 월리스(Emma Wallace), 제프리 요크(Geoffrey York), 캐이티 부스, 엘런 마이스터(Ellen Meister), 매리언 미드(Marion Meade), M. 리오나 고딘(M. Leona Godin), 노엄 촘스키, 엘라 간디, 아룬 간디, 프랭크 비토 몬델리(Frank Vito Mondelli), 수전 크러치필드, 로라 로치오(Laura Rocchio), 산자이 굴라티 박사, 수 루젠스키(Sue Ruzenski), 존 폭스, 하비 클레어 교수, 제이슨 로버츠 교수(Prof. Jason Roberts), 앤드루 하트먼 교수(Prof. Andrew Hartman), 데이브 스위프트(Dave Swift), 니컬러스 콕스 교수(Prof. Nicholas Cox), 프리다 위신스키(Frieda Wishinsky), 스티브 사이먼(Steve Simon), 윌라 마커스(Willa Marcus), 폴 슈레더(Paul Schroeder), 마이크 허드슨(Mike Hudson), 세라 라타-엘리엇(Sarah Latha-Elliott), 조 제이컵스(Joe Jacobs), 헬렌 암스트롱(Helen Armstrong), 마거

릿 판 누텐(Margaret van Nooten), 기즈모(Gizmo), 블루앤드폴리(Blue and Poly), 재키 찰턴(Jacquie Charlton), 토니 라포포트(Tony Rapoport), 이선 넬슨(Ethan Nelson), 테리사 사이먼(Teresa Simon), 스티브 사이먼(Steve Simon), 시마 마커스, 리처드 마커스(Seema and Richard Marcus), 맥신 허몰린(Maxine Hermolin), 이언 핼퍼린(Ian Halperin), 호프 월리스(Hope Wallace), 마일스 립턴(Myles Lipton), 수 필킹턴, 안토니오 마이클 다우닝(Antonio Michael Downing), 데이비드 나나시(David Nanasi), 바버라 데이비드슨(Barbara Davidson), 하벤 길마, 에드윈 블랙, 조이스 맥피(Joyce MacPhee), 크리스 피츠제럴드(Chris Fitzgerald), 에릭 스콧(Eric Scott), 알리사 투아티(Alysa Touati), 샤힌 투아티(Shaheen Touati), 크리스 뎀프니악(Chris Dempniak), 린 러비츠(Lynn Lubitz), 이언 요크(Ian York), 리 찰턴 수놀(Lee Charlton Sunol), 처나 고드(Charna Gord), 다이애나 밸런(Diana Ballon), 엘리너 머호니(Elinor Mahoney), 로버트 플레밍(Robert Fleming), 메건 허턴(Megan Hutton), 에스터 라이터(Ester Reiter), 에바 벨리코바(Eva Belikova), 주디 베일리(Judy Bailey), 팸 마저리슨, 앨런 마저리슨(Pam and Alan Marjerrison), 마리 드렉슬러(Mari Drexler), 리사 로스(Lisa Ross), 줄리엔 펠드먼(Julien Feldman), 샬리니 로이(Shalini Roy), 안네케 판 누텐(Anneke van Nooten), 자멜 투아티(Jamel Touati), 피터 애스워드(Peter Asswad), 제니퍼 파인버그(Jennifer Feinberg), 에번 벨로프(Evan Beloff), 에스터 딜라일

(Esther Delisle), 토드 셔피로(Todd Shapiro), 폴라 데이비드(Paula David), 바브 린즈(Barb Linds), 해나 블레이저(Hannah Blazer), 로빈 보글(Robin Vogl), 매릴린 테이트(Marilyn Tate), 애덤 샬레프-프로이덴탈러(Adam Chaleff-Freudenthaler), 해리엇 라이언스, 앤디 라이언스(Harriet and Andy Lyons), 유대인인민연합(United Jewish People's Order).

일차자료

AAS— 미국골동품협회(American Antiquarian Society)

AFB— 미국시각장애인재단 기록보관소(American Foundation for the Blind Archives)

APH— 미국시각장애인인쇄소(American Printing House for the Blind)

AVA— 미국보드빌박물관 기록보관소(American Vaudeville Museum Archive), 애리조나대학교 특별소장품

CFA— 엘리자베스 에머슨 기증 체임벌린가기록보관소(Chamberlin Family Archives)

CHS— 코네티컷역사협회(Connecticut Historical Society)

CPUSA— 마르크스주의인터넷기록보관소(Marxists Internet Archive)의 미국공산당, 미국노동당 기록물(Communist Party of the USA and Workers Party of America Archive)

DHM— 장애사박물관 가상기록보관소(Disability History Museum)

FDRL— 뉴욕 하이드파크 프랭클린델러노루스벨트대통령도서관(Franklin Delano Roosevelt Presidential Library)

 — 조지프 래시 자료

 — 엘리너 루스벨트 자료

FLPL— 플로렌스로더데일공공도서관(Florence Lauderdale Public Library)

GFA— 힐러리 넬슨 제이컵스 기증 그루먼가기록보관소(Grummon Family Archives)

GUA— 갤러뎃대학교 기록보관소(Gallaudet University Archives)

HFM— 미시간주 디어본 헨리포드박물관, 그린필드빌리지 기록보관소(Henry Ford Museum, Greenfield Village Archives)

HKA— 미국시각장애인재단 헬렌켈러기록보관소(Helen Keller Archives, American Foundation for the Blind)

HKS— 헬렌켈러서비스(Helen Keller Services)

HL— 하버드대학교 호턴도서관(Houghton Library, Harvard University)

HW— 헨리 월리스 자료(Henry Wallace Papers)

IDL— 아이오와디지털도서관(Iowa Digital Library)

 — 헨리 월리스 자료

IWW— 세계산업노동자연맹 역사기록보관소(Historical Archive, Industrial Workers of the World)

JWA— 유대인여성기록보관소(Jewish Women's Archive)

LOC— 의회도서관(Library of Congress)

　— 알렉산더 그레이엄 벨가 자료

　— 조 데이비드슨 자료

　— 시어도어 루스벨트 자료

　— 헨리 월리스 자료

　— 우드로 윌슨 자료

MHS— 매사추세츠역사협회(Massachusetts Historical Society)

MIA— 마르크스주의인터넷기록보관소(Marxists Internet Archive)

NARA— 워싱턴 D.C. 국가기록물관리소(National Archives and Research Administration)

NBH— 넬라 브래디 헤니(Nella Braddy Henney)

NBHC— 퍼킨스시각장애인학교 인터넷기록보관소의 넬라 브래디 헤니 소장품(Nella Braddy Henney Collection)

NH— 스미스대학교의 낸시해밀턴자료(Nancy Hamilton Papers)

PSB— 퍼킨스시각장애인학교 기록보관소(Perkins School for the Blind Archives)

SP— 마크트웨인스톰필드사업(Mark Twain Stormfield Project)(1908-2012)

THM— 코네티컷주 하트퍼드의 마크트웨인저택박물관(Mark Twain House and Museum)

TIA— 터스키기연구소 기록보관소(Tuskegee Institute Archives)

USHMM— 미국홀로코스트기념관 기록보관소(United States Holocaust Memorial Museum Archives)

WHS— 위스콘신역사협회(Wisconsin Historical Society)

　— 존 리드 자료

WLA— 뉴욕대학교 와그너노동기록보관소(Wagner Labor Archives, New York University)

WWPL— 우드로윌슨대통령도서관(Woodrow Wilson Presidential Library)

FBI 자료

도로시 파커(Dorothy Parker)

루실 볼(Lucille Ball)

알베르트 아인슈타인(Albert Einstein)

얼 브라우더(Earl Browder)

엘리자베스 걸리 플린(Elizabeth Gurley Flynn)

윌 기어(Will Geer)

조지프 래시(Joseph Lash)

진 뮤어(Jean Muir)

해럴드 유리(Harold Urey)

헬렌 켈러(Helen Keller)

저자 인터뷰

노엄 촘스키 교수(Professor Noam Chomsky) - MIT
니컬러스 콕스 교수(Professor Nicholas Cox) - 휴스턴지역대학연합
로라 로치오(Laura Rocchio) - 청소년및성인을위한헬렌켈러국립시청각장애인센터
로즈 우시스킨(Roz Usiskin) - 유대인인민연합
리 프리먼(Lee Freeman) - 플로렌스로더데일공공도서관 지역 사학자
매슈 시볼드 교수(Professor Matthew Seybold) - 마크트웨인연구센터
맬러리 하워드(Mallory Howard) - 마크트웨인저택박물관
브렌트 콜리(Brent Colley) - 스톰필드사업
산자이 굴라티 박사(Dr. Sanjay Gulati) - 하버드대학교
수 루젠스키(Sue Ruzenski) - 청소년및성인을위한헬렌켈러국립시청각장애인센터
수 필킹턴(Sue Pilkington) - 헬렌켈러생가박물관
수전 크러치필드 교수(Professor Susan Crutchfield) - 위스콘신대학교
수전 필리펠리 교수(Professor Susan Fillippeli) - 오번대학교
아룬 간디(Arun Gandhi) - M.K.간디비폭력연구소
앤드루 하트먼 교수(Professor Andrew Hartman) - 일리노이주립대학교
앨런 그리번 교수(Professor Alan Gribben) - 오번대학교
앨리슨 버로스(Allison Burrows) - 청소년및성인을위한헬렌켈러국립시청각장애인센터
엘라 간디(Ela Gandhi) - 간디발전트러스트
엘리자베스 에머슨(Elizabeth Emerson)
제이슨 로버츠 교수(Professor Jason Roberts) - 퀸시대학
조애나 브런소(Joanna Brunso)
존 E. 헤인즈 교수(Professor John E. Haynes) - 의회도서관
존 폭스(John Fox) - FBI
켈러 존슨-톰슨(Keller Johnson-Thompson) - 헬렌 켈러의 종증손녀
키스 맥그리거(Keith McGregor) - 시각장애인안내견(Leader Dogs for the Blind)
폴 리처드 맥갠(Paul Richard McGann) - 서펜실베이니아시청각장애인협회
프랭크 몬델리(Frank Mondelli) - UC데이비스대학교
하비 클레어 교수(Professor Harvey Klehr) - 에모리대학교
헤일리 린빌(Haley Linville) - 미국시각장애인재단
힐러리 넬슨 제이컵스(Hilary Nelson Jacobs)

Philos 032

헬렌 켈러

1판 1쇄 인쇄 2024년 8월 21일
1판 1쇄 발행 2024년 9월 11일

지은이 맥스 월리스
옮긴이 장상미
펴낸이 김영곤
펴낸곳 (주)북이십일 아르테

책임편집 김지영
편집 최윤지
디자인 박대성
기획위원 장미희
출판마케팅영업본부 본부장 한충희
마케팅 남정한
영업 최명열 김다운 김도연 권채영
해외기획 최연순 소은선
제작 이영민 권경민

출판등록 2000년 5월 6일 제406-2003-061호
주소 (10881) 경기도 파주시 회동길 201(문발동)
대표전화 031-955-2100 팩스 031-955-2151
이메일 book21@book21.co.kr

(주)북이십일 경계를 허무는 콘텐츠 리더

북이십일 채널에서 도서 정보와 다양한 영상자료, 이벤트를 만나세요!
인스타그램 instagram.com/21_arte   페이스북 facebook.com/21arte
            instagram.com/jiinpill21   facebook.com/jiinpill21
포스트 post.naver.com/staubin   홈페이지 arte.book21.com
        post.naver.com/21c_editors   book21.com

ISBN 979-11-7117-786-8 03990

천재의 삶과 사명에 대한 참신한 통찰.

— 아룬 간디(Arun Gandhi), 사회운동가

월리스는 헬렌 켈러의 감상적 이미지를 벗겨 내고, 강의하고 여행하고 책을 쓰고 영화를 사랑한 여성의 모습을 그 자체로 드러낸다. 찰리 채플린과 마틴 루서 킹의 친구였던 그는 전쟁, 인종차별, 불평등에 반대한 열정적 정치운동가로서 FBI와 후버의 주목을 받게 된다. 이 책은 매우 흥미진진하며, 그의 삶을 따라가다 보면 생각지 않게 20세기 잔인한 정치사에 대한 놀라운 개요 또한 얻을 수 있다.

— 로즈메리 설리번(Rosemary Sullivan), 토론토대학교 문학부 명예교수, 평전 연구자, 《뉴욕타임스》 베스트셀러 『안네 프랑크의 배신(The Betrayal of Anne Frank)』 저자

이 책을 통해 헬렌 켈러의 삶과 시대에 관한 매우 통찰력 있는 시각을 엿볼 수 있다. 저자는 헬렌 켈러가 창조한 진정한 역사의 중심축으로 독자가 접근할 수 있도록 모든 세부 사항을 정교하게 구성해 냈다. 탁월한 명료함, 전쟁·인종차별·불평등에 대한 포괄적 이해, 설득력 있는 디테일이 이 책을 설명하는 수식어이다.

— 에드윈 블랙(Edwin Black), 역사가, 《뉴욕타임스》 베스트셀러 『IBM과 홀로코스트 (IBM and the Holocaust)』 저자

할리우드에서 찰리 채플린과 친구가 되는 것부터 남아공의 아파르트헤이트 철폐를 외치는 것까지 헬렌 켈러와 함께하는 매혹적 모험! 헬렌 켈러의 유쾌한 재치, 소외된 사람들을 위한 치열한 운동에 대한 서사를 통해 시대를 초월한 롤 모델의 진짜 면모를 살필 수 있다.

— 하벤 길마(Haben Girma), 변호사, 장애인 권리 운동가, 『하벤 길마: 하버드 로스쿨을 정복한 최초의 중복장애인(Haben: The Deafblind Woman Who Conquered Harvard Law)』 저자

맥스 월리스의 이 무결점 연구물은 이른바 펌프장의 기적이라는 주류화된 이야기를 뛰어넘어, [우리가 잘 알지 못했던 급진적 사회주의 선동가였던 헬렌 켈러의] 매혹적인 에필로그에서부터 시작한다. 이 책은 만들어진 페르소나를 고수하라고 종용하는 것에 대항해, 평화와 평등한 권리를 옹호하며 일생을 보낸 한 여성의 복잡하고도 혁명적인 서사를 풀어내는 것에 온 힘을 집중한다.

— 리즈 하이니키(Liz Heinecke), 분자생물학자, 전기작가, 『레이디언트(Radiant)』 저자

깊은 연구를 기초로 한 우아한 필치의 이 책은 천사 같은 대중적 이미지와 부단히 상충하는 헬렌 켈러의 진짜 초상을 설득력 있고도 세밀하게 제공한다. 열정적인 정치운동가이자 사회주의자로서의 급진적 신념을 지닌 한 인간의 묘사, 날것 그대로의 생동감 넘치는 이야기, 독창적인 저자의 접근 방식이 독서를 무척 즐겁게 만든다.

— 엘리자베스 기터(Elisabeth Gitter), 뉴욕시립대학교 영문학 교수, 로라 브리지먼 전기 『갇힌 손님(The Imprisoned Guest)』 저자

깊이 연구되어 가독성이 꽤 높으며, 깊은 울림을 전하는 이 평전을 통해 저자는 헬렌 켈러 일생의 업적을 거의 모든 범위에서 새롭게 재해석했다. 또한 현대적 수준의 명료함으로 그 가치를 한껏 끌어올렸다. 이 책은 기적 이후를 조명한다. 신화를 불식하고, 왜곡되어 전해지는 이야기를 신중히 조사해 새로운 사실을 밝혔다. 우리는 당대의 용감했던 정치운동가, 인종차별 반대 운동가, 급진적 사회주의자로서의 헬렌 켈러에 대한 다차원적 면모를 비로소 만날 수 있다.
— 엘리자베스 에머슨(Elizabeth Emerson), 전기작가, 『레드팜에서 온 편지 (Letters From Red Farm)』 저자

인종차별 반대, 장애와 빈곤 문제에 목소리를 내는 등 선구적인 정치운동가로서의 세계적 인물의 삶을 제대로 조명했다. 헬렌 켈러의 유산에 대해 치밀하게 연구한 이 책은, 사회정의를 옹호하는 진보적 급진주의자의 평생에 걸친 헌신이 시대를 초월한 것이었음을 말한다. 20세기 가장 대담한 인물 중 한 명인 헬렌 켈러에 대한 낡은 이야기를 쇄신하기 위해 반드시 읽어야 한다.
— 재닛 서머빌(Janet Somerville), 영문학·문예창작 교사, 《토론토스타(Toronto Star)》

세계적 아이콘을 새롭게 보기! 헬렌 켈러의 삶과 활동에 대한 신선한 관점이 매력적이다.
— 《커커스리뷰(Kirkus Reviews)》

월리스는 심도 있는 연구로 헬렌 켈러의 초상을 재조명한다. 그는 정치적 혐오감뿐만 아니라 능력주의적 편견이 헬렌 켈러의 목소리를 얼마나 억압했는지 거듭 보여 준다.
— 《월스트리트저널(Wall Street Journal)》

세심한 연구와 저자만의 미묘한 관점이 정의를 향한 헬렌 켈러의 치열한 운동을 드디어 대중적으로 깨닫게 했다.
— 《퍼블리셔스위클리(Publishers Weekly)》

헬렌 켈러와 애니 설리번의 인생 이야기는 영감을 주지만 매우 제한적인 내러티브가 주를 이루는데, 월리스의 이 평전은 그 한계를 뛰어넘어 많은 것을 시사한다. 월리스는 감동적인 이야기 뒤에 가려진, 불완전한 인간성에 대한 완전한 그림을 그려 낸다. 월리스는 성인의 발에 진흙이 묻었다고 해서 덜 성스러운 것은 아니라는 것을 여실히 보여 준다.
— 《북리스트(Booklist)》

서평 대부분에서 이 책이 깨달음을 준다고 평하는데, 이는 극히 과소평가된 것이다. 헬렌 켈러의 정치적 역정을 이보다 더 상세히 알 수 있을까? 잘 연구된 기록물이다.
— 《북트리브(BookTrib)》

시간이 흐르며 유명 인물의 삶과 유산에 대해 새로운 관점을 제시할 수 있다. 기존의 관점인 1962년의 할리우드 영화 〈미라클 워커〉에 의해 구체화된 이야기, 즉 애니 설리번에 의해 길들여지는 '야생의 시청각장애를 지닌 아이'에 대한 이야기들은 매우 극적이지만 한계를 노정한다. 저자는 헬렌 켈러에 대한 광범위한 연구를 통해 그의 진짜 이야기를 선명하게 짚으며, 헬렌 켈러가 어떻게 그 자신의 견해를 얼버무리거나 숨기게 되었는지를 그 기저에 존재한 사회적 압력을 집요히 묘사한다. 계몽적이다.

— 《위니펙프리프레스(Winnipeg Free Press)》

대단한 흡인력, 뛰어난 몰입감! 맥스 윌리스는 헬렌 켈러의 업적을 축소하거나 그의 실수를 간과하지 않는 세심한 균형으로, 그의 인생 이야기를 적확히 묘사한다. 세간의 헬렌 켈러를 신성시하며 기적이라는 감상적 서사를 덧씌운 것에 맞서며, 복잡한 세상을 헤쳐 나간 강한 신념을 지닌 인물의 초상 그 자체를 서술했다.

— 《북브라우즈(BookBrowse)》

매우 매혹적인 평전. 헬렌 켈러는 짐크로법, 나치즘, 매카시즘에 반대하는 목소리를 내는 등 정치적 신념, 사회정의에 대한 확고한 믿음을 강조한다.

— 《크리스천사이언스모니터(Christian Science Monitor)》